"十四五"职业教育国家规划教材

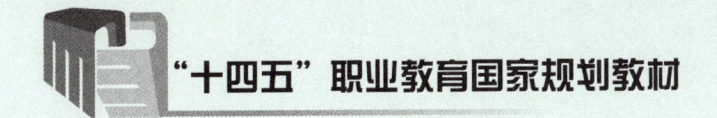

"十三五"江苏省高等学校重点教材
（编号：2018-1-012）

物流信息管理

（第五版）

主　编　谈　慧
副主编　李建萍　张润卓

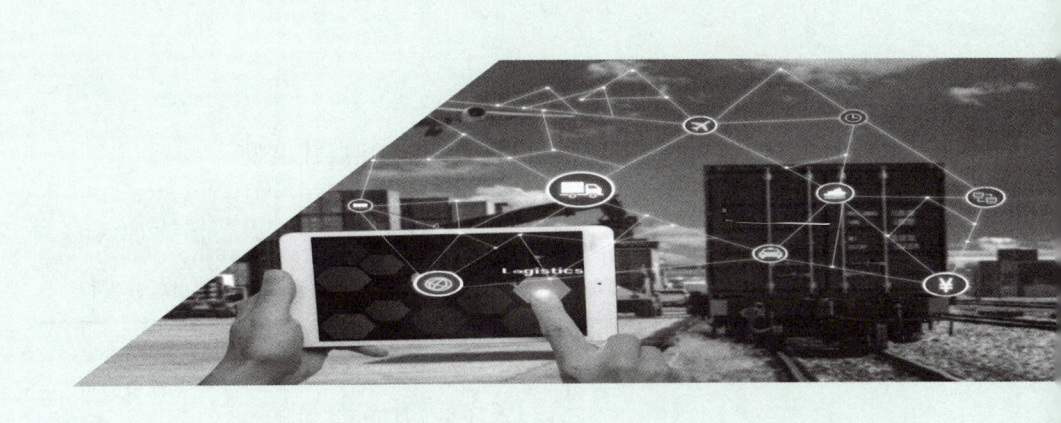

大连理工大学出版社

图书在版编目(CIP)数据

物流信息管理 / 谈慧主编. -- 5版. -- 大连：大连理工大学出版社，2022.1(2024.6重印)
ISBN 978-7-5685-3737-7

Ⅰ.①物… Ⅱ.①谈… Ⅲ.①物流－信息管理－高等职业教育－教材 Ⅳ.①F253.9

中国版本图书馆CIP数据核字(2022)第020072号

大连理工大学出版社出版

地址：大连市软件园路80号 邮政编码：116023
发行：0411-84708842 邮购：0411-84708943 传真：0411-84701466
E-mail:dutp@dutp.cn URL:https://www.dutp.cn
大连永盛印业有限公司印刷 大连理工大学出版社发行

幅面尺寸：185mm×260mm 印张：17.25 字数：420千字
2008年6月第1版 2022年1月第5版
2024年6月第5次印刷

责任编辑：刘丹丹 责任校对：夏圆圆
封面设计：对岸书影

ISBN 978-7-5685-3737-7 定 价：55.80元

本书如有印装质量问题，请与我社发行部联系更换。

前 言

物流信息管理(第五版)是"十四五"职业教育国家规划教材、"十三五"职业教育国家规划教材、"十二五"职业教育国家规划教材,也是"十三五"江苏省高等学校重点教材,还是新世纪高等职业教育现代物流管理专业系列规划教材之一。

物流行业在国民经济活动中占据着重要的地位,现代物流的发展离不开物流信息化的支撑。物流信息技术作为现代物流运作平台和基础,对现代物流企业的经营管理理念和方式产生了深刻的影响,越来越多的企业认识到信息技术和信息系统的应用是物流企业提高竞争力的重要手段。随着全球经济一体化和跨境电商物流的发展,物流信息化对企业越来越重要。

《物流信息管理》自 2008 年出版以来,已经进行四次修订,深受广大师生和社会物流在职人员的好评,取得良好效果。随着大数据、云计算、物联网、人工智能等技术的飞速发展,社会进入了数字经济时代,物流信息的传播、交流发生着日新月异的变化。具备跨学科、跨专业能力的复合型、创新型现代物流管理人才是适应技术创新和社会变革的必然要求。2019 年《国家职业教育改革实施方案》发布后,职业教育教学被赋予了新使命,本次修订出版正好顺应了这种新时代的要求。本次修订全面贯彻落实党的二十大精神,以"信息融合+思政"为主题,体现课程思政特色,注重立德树人,通过物流企业最新案例和工作任务的导入引出知识点、技能点和课程思政内容,将教育部"1+X"物流职业技能等级认证标准有机融入课程内容,同时配套了形式多样的数字化教学资源。

本次修订紧紧围绕长江三角洲、珠江三角洲地区物流产业发展趋势,充分整合行业协会、企业、学校各自的特色资源,组建教材编写团队。在编写人员的组成上,江南地区

院校南京工业职业技术大学的谈慧老师牵头组建团队，邀请了南方地区广州铁路职业技术学院的李建萍老师和北方地区辽宁经济职业技术学院的张润卓老师参加教材开发。此外，还邀请了广东高捷航运物流有限公司总经理蔡树华和江苏省物流行业协会副会长孙雷参与教材的架构和审核。教材内容兼顾了北方和南方地区物流的差异，在编写过程中，始终坚持理论与实践相结合的原则，各章均安排"案例分析"，具体介绍和分析信息技术、信息系统在物流企业中的应用，避免"只讲理论，不讲应用"，坚持基础理论以应用为目的、够用为度，强化应用、培养职业能力为重点的原则，内容设计既考虑当前岗位能力需求，又考虑学生职业迁移能力的培养。每章前面都有"知识目标""技能目标""素质目标"，后面有"关键概念""本章小结"，突出技能训练，"教、学、做"一体化，彰显高职教学特色。

  本教材由南京工业职业技术大学谈慧任主编，广州铁路职业技术学院李建萍、辽宁经济职业技术学院张润卓任副主编，南京工业职业技术大学樊华、广东高捷航运物流有限公司蔡树华、江苏省物流行业协会孙雷和京东集团许闪光任参编。具体编写分工如下：第一、三、四章由张润卓编写；第二章由李建萍编写；第五、七、八章由谈慧编写；第六章由李建萍和樊华共同编写。蔡树华和孙雷参与教材框架结构设计，许闪光编写了教材中的部分案例。南京工业职业技术大学谈慧、刘晓明和樊华参与了微课资源的设计与制作。全书由谈慧负责统稿和定稿。

  本教材可作为高等职业院校现代物流管理、物流信息技术、跨境电商、信息管理及相关专业的教材和参考书，也可作为物流企业从业人员的培训教材和参考读物。

  在编写本教材的过程中，编者参考、引用和改编了国内外出版物中的相关资料以及网络资源，在此表示深深的谢意！相关著作权人看到本教材后，请与出版社联系，出版社将按照相关法律的规定支付稿酬。

  限于作者水平和编写时间，书中仍可能存在疏漏之处，恳请各位专家和广大读者批评指正。

编　者

所有意见和建议请发往：dutpgz@163.com
欢迎访问职教数字化服务平台：https://www.dutp.cn/sve/
联系电话：0411-84707492　84706104

目 录

第一章 物流信息管理基础 … 1
第一节 信息与信息流 … 2
第二节 物流信息技术与物流信息系统 … 5
第三节 物流信息的采集 … 10
第四节 物流信息的处理 … 14
第五节 物流信息标准化 … 17

第二章 物流信息网络与存储技术 … 28
第一节 计算机网络 … 29
第二节 数据库 … 41
第三节 数据仓库及数据挖掘技术 … 51
第四节 云计算 … 57
第五节 大数据技术 … 62

第三章 物流信息采集与交换技术 … 72
第一节 条码技术及其应用 … 74
第二节 射频识别技术及其应用 … 93
第三节 电子数据交换系统及其应用 … 100
第四节 电子订货系统及其应用 … 104

第四章 物流信息地理分析与跟踪定位技术 … 112
第一节 地理信息系统及其应用 … 113
第二节 全球定位系统及其应用 … 117
第三节 北斗卫星导航系统及其应用 … 123

第五章 物联网与智能物流系统 … 132
第一节 物联网概述 … 133
第二节 物联网的基本结构 … 136
第三节 物联网系统的基本组成 … 143
第四节 智能物流系统概述 … 147
第五节 物联网与智能物流系统的应用 … 149

第六章　物流信息系统开发 …… 165
第一节　物流信息系统开发概述 …… 167
第二节　物流信息系统开发方法 …… 168
第三节　物流信息系统规划 …… 172
第四节　物流信息系统分析与设计 …… 176
第五节　物流信息系统实施 …… 184
第六节　物流信息系统的维护 …… 185
第七节　物流信息系统的安全管理 …… 187

第七章　不同行业物流信息系统分析 …… 204
第一节　制造企业物流信息系统分析 …… 206
第二节　流通企业物流信息系统分析 …… 212
第三节　物流企业信息系统分析 …… 216
第四节　物流园区信息平台 …… 221
第五节　公共物流信息平台 …… 226

第八章　常用物流信息系统分析 …… 240
第一节　运输管理信息系统 …… 241
第二节　国际货运代理信息系统 …… 247
第三节　船舶代理信息系统 …… 251
第四节　快递管理信息系统 …… 257
第五节　第三方物流管理信息系统 …… 260
第六节　跨境电商物流信息系统 …… 262

参考文献 …… 270

第一章 物流信息管理基础

知识目标

- 理解信息、物流信息、物流信息采集、物流信息处理、物流信息标准化的内涵；
- 了解典型物流信息技术的范畴；
- 熟悉物流信息系统的特征、分类；
- 理解物流信息采集的方法和物流信息处理的主要内容。

技能目标

- 培养学生采集物流信息的能力；
- 培养学生对物流信息的处理能力。

素质目标

- 理解并遵守与物流信息活动相关的法律法规与伦理道德；
- 树立信息安全的防范意识、安全意识和保密意识。

任务导入

"一带一路"背景下电子商务物流信息管理模式

在"一带一路"背景下,电子商务物流模式以跨境物流为主,包括国际快递、海外仓储与新兴物流专线等模式。国际快递指 FEDFX、TNT、DHL 等快递,这些快递具有明显的优势,如运送速度快、运输全过程监督、丢包率低等。但国际快递通常费用较高,以航空运输为主,对物流运输品要求较高,因此,尚未广泛应用在我国跨境电子商务中。海外仓储指在境外设立包裹仓库,本国物品借助货运、海运、空运等方式,出口到境外仓库进行存储,卖家可对境外仓库直接下达指令,节省运输时间与成本,并且货物能够在境外进行本地销售,为退换货提供便利性,提升企业知名度与信誉度。但这种物流模式只适用于热销物品,否则容易造成物品积压。新兴物流专线主要指借助包舱方式将物品向国外运输,通过当地物流企业派送包裹。这种物流模式具有物品集中、丢包率低、运输成本低、时间短等优势,但目前范围有限,需要进一步扩大覆盖区域。

在新时期背景下,这些物流模式都需要进行信息化建设,才能满足物流的有效管理需求。在"一带一路"背景下,跨境物流管理的信息化建设还存在许多问题,国内各地与各企业的物流信息系统尚未达到统一化的建设水平,并且还未完善各自的物流信息化体系。同时,物流技术数据呈现出不够全面的现象,相关标准建设还需要进一步加强,信息资源共享程度也需要有所提升,需要进一步发挥信息化建设对物流管理的拉动作用。

(资料来源:《现代工业经济和信息化》,2020.02)

通过本章的学习,了解物流信息、物流信息处理、物流信息化与标准化的内涵,了解物流信息技术的引入和物流信息系统平台给物流企业带来的变化。

第一节 信息与信息流

一、信息

(一)数据

所谓数据,就是用来反映客观事物的性质、属性以及相互关系的任何字符、数字和图形。例如:载重 10 吨的东风卡车,其中"10""东风"就是数据,反映了一辆特定的卡车。在信息技术领域中,数据是人们为反映客观事物而记录下来的可以鉴别的符号,是客观事物的基本表达,包括数字、文字、图形及声音等。

随着信息技术的发展,人们借助计算机等各种现代化工具可处理的数据的种类也越来越多,一般人们把数据分为数值型数据和非数值型数据两大基本类别。

数值型数据指可以参加加减乘除计算的数据;其他不可参加加减乘除计算的数据均为非数值型数据。在信息技术中,每个数据都有三个基本特征:数据名、数据类型和数据长度。数据名是数据的唯一标识;数据类型表示数据内容的性质,如数值型、浮点型、字符型、日期型、备注型等,一个数据只能归属某一种类型;数据长度以字节为单位来说明,表示需要占用的存储空间。

(二)信息概述

1. 信息的定义

信息是数据所表达的客观事实,是对某个事件或者事物的一般属性的描述。也可以说,信息就是经过加工处理后有价值的数据。

数据和信息是密切相关的,但是数据不等同于信息。数据和信息的关系可以看成是原材料和成品之间的关系。数据是原材料,信息是加工后的、对决策或行动有价值的数据。信息和数据的关系如图1-1所示。

数据(原材料) → 加工、解释 → 信息(产品)

图1-1 信息和数据的关系

需要注意的是,对某个人来说是信息的东西,对另外一个人来说可能只是一种原始数据,如同工厂的生产一样,一道工序或者一个加工部门的成品,只是另外一道工序或者另一个部门的原材料。

信息是由实体、属性、值所构成的三元组。

信息 = 实体(属性1:值1;属性2:值2……属性n:值n)

例如,某卡车(品牌:"东风";载重:"10 t")就表示了一条有关一辆载重量10 t的东风卡车的信息:实体是卡车;属性是"品牌"和"载重";其属性值分别为"东风"和"10 t"。

2. 信息的特征

(1)客观性。信息是物质的基本属性,由于物质是客观存在的,所以信息的存在也是不以人的意志为转移的。

(2)共享性。信息在同一时间可以为多人所掌握,可以共享信息而共同受益。

(3)时效性。信息的时效性只表现在特定的时间跨度以内,即在信息的有效期内利用信息能产生效益,超过这一跨度,信息有可能会失去其原有的价值。因此,信息是有生命周期的。信息的生命周期即指信息从产生、收集、加工、传输、使用到失效的全过程。

(4)存储性。信息可以被存储在不同的载体上。随着计算机科学技术的飞速发展,存储设备的容量也日益增大,可以最大限度地实现信息的重复使用。

(5)可加工性。信息可以经过加工提炼变成新的信息。例如,供应商可以把市场需求信息加工成数量信息,零售商可以将商品的条码信息加工成与商品销售量有关的信息。

(6)不对称性。人们的认知程度受文化水平、实践经验、获得途径等因素限制,造成了双方对事物认识的不对称性。在市场中,交易双方所需要的信息不同,掌握信息的程度也各有不同。企业掌握的信息越充分,对其决策越有利。

二、信息流

(一)信息流的定义

信息流的广义定义是指人们采用各种方式来实现信息交流,从面对面的直接交谈直到采用各种现代化的传递媒介,包括信息的收集、传递、处理、储存、检索、分析等渠道和过程。

信息流的狭义定义是指从现代信息技术研究、发展、应用的角度看,信息处理过程中信息在计算机系统和通信网络中的流动。

评价企业成功与否,一个简易的办法是看其物流、工作流和信息流("三流")的情况,其中,信息流的质量、速度和覆盖范围,尤其可以"映照"企业的生产、管理和决策等各方面的"成色"。因为物流、工作流在企业的"生命活动"中无不最终以信息流的"高级形式"展现,就像生物体的所有活动都是基于神经系统传递的生物电信号一样,所以,深入认识信息流,将掀开企业发展的新视角。

(二)信息流的运动过程

1. 信息收集

信息收集是信息流运行的起点,是分散的信息向收集者集中的过程。信息的收集者成为信息的信宿,他按照自己的目的和需要来集中有关信息。信息的质量,即信息的真实性、可靠性、准确性、及时性,决定着能否达到预定目的和能否满足需要。

2. 信息处理

收集来的信息往往是零乱的,有时甚至是片面的、虚假的,必须经过处理才能去伪存真,归纳出结果,提高信息的使用价值。信息处理主要包括以下内容:

(1)分类及汇总。将零乱的信息按照一定的标准进行分类整理,重新组合后,才能显示出信息之间的相互联系,为分析、比较、判断创造条件。分类采用统一的国家标准或者系统标准,简便易行,而且使信息容易传递,有较强的通用性,但也不排除为了特殊的目的建立专门的标准。编码或编目是分类的方法之一,它是存储信息、利用计算机进行处理的重要手段。

(2)分析、判断、形成结果。大量的信息罗列在一起,有真有假、有主有次、各自孤立、形式各异,既不容易存储和检索,也难以观察到信息所反映的事物的本质内容。特别是有关决策和市场营销的信息,如果只是大量的数据,应用起来将非常困难。因此,要对信息进行比较、分析、计算,使之有条理、有规范、有序列,进而做出判断,形成结果,信息才有较高的使用价值。所以可以说,信息处理是对信息进行再创造的过程,是信息流运行中非常重要的环节。

(3)存储和更新。经过处理的信息,有时不能立刻投入使用,有的虽然已经使用过,但仍然有再利用的价值,这就需要进行存储。传统的信息存储方式,主要是依靠图书馆、资料室,以卡片、档案、汇总报表等形式存储信息。现代的存储方式,主要是利用电子计算机技术建立数据库进行大量信息存储。流通信息具有很强的时效性,过时的信息失去使用价值,需要及时更新,才能保持信息的生命力。当然,一些反映长期动态和趋势的信息,是需要较长时间的保存和积累的。

3. 信息传递

信息传递是信息从信息源发出,通过一定的媒介和信息渠道传输给接收者的过程。信息传递有纵向传递和横向传递两种流向。从流通体制来看,纵向传递是同一组织内部上下级之间的传递,横向传递是不同经营组织之间的传递;纵向传递是组织传递,横向传递是市场传递。从流通过程来看,纵向传递是不同环节之间的传递,横向传递是相同环节之间的传递;纵向传递是有序的传递,横向传递是无序的传递。商流过程以横向传递为主,物流过程以纵向传递为主。

信息传递到接收者之后,接收者就成为信息的使用者,对信息加以利用,实现信息的使用价值。信息的使用价值是信息的知识性、效用性对人类特定需要的满足。在商品流通中,信息的应用过程就是经营管理过程。应用信息可以做出合理决策,调节流通活动,引导消费,从而为企业和社会带来巨大的经济效益。

第二节 物流信息技术与物流信息系统

一、物流信息技术

根据 GB/T 18354—2021《物流术语》,物流信息技术(Logistics Information Technology)是指以计算机和现代通信技术为主要手段实现对物流各环节中信息的获取、处理、传递和利用等功能的技术总称。

物流信息技术其实就是指现代信息技术在物流各个作业环节的应用,是物流现代化的重要标志。根据物流的功能及特点,物流信息技术主要包括自动识别技术(如条码技术、射频识别技术、智能标签技术等)、物流信息接口技术(如电子数据交换技术等)、自动跟踪与定位类技术(如全球卫星定位系统、地理信息系统等)、数据管理技术(如数据库技术、数据仓库技术等)和计算机网络技术等现代高端信息科技。在这些高端技术的支撑下,形成了由移动通信、资源管理、监控调度管理、自动化仓储管理、运输配送管理、客户服务管理、财务管理等多种业务集成的现代物流一体化信息管理体系。

(一)自动识别技术(条码与射频识别技术)

(1)条码(Bar Code)技术,是 20 世纪在计算机应用中产生和发展起来的自动识别技术,是集条码理论、光电技术、计算机技术、通信技术、条码印制技术于一体的综合性技术。条码技术具有制作简单、信息收集速度快、准确率高、信息量大、成本低和条码设备方便易用等优点,所以从生产到销售的流通转移过程中,条码技术起到了准确识别物品信息和快速跟踪物品历程的重要作用,它是整个物流信息管理工作的基础。条码技术在物流数据采集、快速响应、运输中的应用极大地促进了物流业的发展。例如,在货物保管环节中,由于使用了条码技术,商品的出入库、库存保管、统计查询、托盘利用等所有保管作业实现了自动检测、自动操作和自动管理,大幅度降低了保管成本,提高了仓储的效率,发挥了模块化单元包装、机械化分类分拣和电子化显示作用,大幅度提高了装卸搬运和包装作业效率,提高了对用户的服务水平。

(2)射频识别(Radio Frequency Identification,简称 RFID)技术,也称无线射频识别技术,是从 20 世纪 90 年代开始兴起的一种基于电磁理论的通信技术,适用于物料跟踪、运载工具和货架识别等要求非接触数据采集和交换的场合,对于要求频繁改变数据内容的场合尤为适用。它的优点是不局限于视线,识别距离比光学系统远;无须可见光源,穿透性好,抗污染能力和耐久性强;对环境要求低,可以在恶劣环境下工作;使用了防冲撞技术,能够识别高速运动的物体,可同时识别多个射频识别卡;射频识别卡具有读写能力,可携带大量数据,难以伪造,且智能化。目前,通常利用便携式的数据终端,通过非接触式的方式从射频识别卡上采集数据,采集的数据可直接通过射频通信方式传送到主计算机,由主计算机对各种物流数据进行处理,以实现对物流全过程的控制。例如,我国香港地区的车辆自动识别系统——驾易通,采用的主要技术就是射频识别技术。装有电子标签的车辆通过装有射频扫描器的专用隧道、停车场或高速公路路口时,无须停车缴费,大大加快了行车速度,提高了效率。

(二)电子数据交换(EDI)技术

电子数据交换(Electronic Data Interchange,简称 EDI)技术是计算机、通信和管理相结合的产物。EDI 按照协议的标准结构格式,将标准的经济信息,通过电子数据通信网络,在商业伙伴的电子计算机系统之间进行交换和自动处理。

EDI 的基础是信息,这些信息可以由人工输入计算机,但更好的方法是通过扫描条码获取数据,因为速度快、准确性高。EDI 的运用改善了贸易伙伴之间的联系,使物流企业或单位内部运作过程合理化,增加了贸易机会,改进了工作质量和服务质量,降低了成本,扩大了竞争优势。例如,物流活动的各参与方通过 EDI 交换库存、运输、配送等信息,各参与方能够一起改进物流活动效率,提高客户满意度。对于全球经营的跨国企业来说,EDI 技术的发展可以使其业务延伸到世界的各个角落。

(三)全球定位系统(GPS)

全球定位系统(Global Positioning System,简称 GPS)是利用空中卫星全天候、高准确度地对地面目标的运行轨迹进行跟踪、定位与导航的技术。GPS 最初只是运用于军事领域,近年来,GPS 已在物流领域得到了广泛的应用,如应用在汽车自定位及跟踪调度、铁路车辆运输管理、船舶跟踪及最佳航线的确定、空中运输管理、防盗反劫、服务救援、远程监控、轨迹记录和物流配送等领域。例如,利用卫星对物流及车辆运行情况进行实时监控,用户可以随时"看到"自己货物的状态,包括运输货物车辆所在位置(如某城市的某条道路上)、货物名称、数量、重量等,同时可实现物流调度的即时接单、即时排单以及车辆动态实时调度管理;GPS 提供交通气象信息、异常情况报警信息和指挥信息,以确保车辆、船只的运营质量和安全;客户经授权后也可以通过互联网随时监控运送自己货物车辆的具体位置;GPS还能进行各种运输车辆工具的优化组合、运输网络的合理编织,如果货物运输需要临时变化路线,可随时指挥调度,大大降低了车辆的空载率,提高了运输效率,实现了资源的最佳配置。

(四)地理信息系统(GIS)

地理信息系统(Geographic Information System,简称 GIS)是人类在生产实践活动中,为描述和处理相关地理信息而逐渐产生的软件系统。GIS 以地理空间数据为基础,以计算机为工具,采用地理模型分析方法,对具有地理特征的空间数据进行处理,实时地提供多种空间和动态的地理信息。它的诞生改变了传统的数据处理方式,使信息处理由数值领域步入空间领域。通过各种软件的配合,地理信息系统可以建立车辆路线模型、网络物流模型、分配集合模型、设施定位模型等,更好地为物流决策服务。GIS 用途十分广泛,除应用于物流外,还应用于能源、农林、水利、测绘、地矿、环境、航空、国土资源综合利用等领域。

(五)数据管理技术

数据库技术将信息系统中大量的数据按一定的结构模型组织起来,提供存储、维护、检索数据的功能,使信息系统方便、及时、准确地从数据库中获得所需信息,并以此作为行为和决策的依据。现代物流信息量大而复杂,如果没有数据库技术的有效支持,物流信息系统根本无法运作,更不用说为企业提供信息分析和决策帮助。

数据仓库(DW)是决策支持系统(DSS)和联机分析应用数据源的结构化数据环境。数据仓库研究和解决从数据库中获取信息的问题。数据仓库是一个面向问题、集成化、稳定化、包含历史数据的数据集合,它用于支持经营管理中的决策制定过程。与数据库相比较,数据仓库中的信息是经过系统加工、汇总和整理的全局信息,而不是简单的原始信息;系统记录的是企业从过去某一时点到目前各个阶段的实时动态信息,而不仅是关于企业当时或某一时点的静态信息。因此,数据仓库的根本任务是将信息加以整理归纳,并及时提供给相应的管理决策人员,支持决策过程,对企业的发展历程和未来趋势做出定量分析和预测。

(六)遥感技术(RS)

遥感(Remote Sensing,简称 RS)技术是指从高空或外层空间接收来自地球表层各类地物的电磁波信息,并通过对这些信息进行扫描、摄影、传输和处理,从而对地表各类地物和现象进行远距离探测和识别的现代综合技术。遥感技术可用于植被资源调查、气候气象观测预报、作物产量估测、病虫害预测、环境质量监测、交通线路网络与旅游景点布局等方面。例如,在大比例尺的遥感图像上,可以直接统计烟囱的数量、直径、分布以及机动车辆的数量、类型,找出其与燃煤、烧油量的关系,求出相关系数,并结合城市实测资料以及城市气象、风向频率、风速变化等因素,估算城市大气状况。同样,遥感图像能反映水体的色调、灰阶、形态、纹理等特征的差别,根据这些影像显示,一般可以识别水体的污染源、污染范围、面积和浓度。另外,利用热红外遥感图像能够对城市的热岛效应进行有效的调查。

3S技术是遥感(RS)技术、地理信息系统(GIS)和全球定位系统(GPS)的统称,是空间技术、传感器技术、卫星定位与导航技术和计算机技术、通信技术相结合,多学科高度集成地对空间信息进行采集、处理、管理、分析、表达、传播和应用的现代信息技术。

二、物流信息系统

(一)物流信息系统的定义

物流信息系统是利用计算机硬件和软件、网络通信设备及其他设备,进行物流信息的收集、传输、加工、储存、更新和维护,以支持物流管理人员和基层操作人员进行物流管理和运作的人机系统。

物流信息系统是整个物流系统的心脏,是现代物流企业的灵魂。对于物流企业来说,拥有物流信息系统在某种意义上比拥有车队、仓库更为重要。物流信息系统在物流运作过程中非常关键,并且自始至终发挥着不可替代的中枢作用。随着信息经济的发展,物流信息系统在现代物流中占有越来越重要的地位。

(二)物流信息系统的功能

物流信息系统具有数据处理功能、业务管理功能和决策支持功能。

(1)数据处理功能包括数据的收集、输入、储存、加工、检索、传输和输出。

(2)业务管理功能是指利用数据处理功能提供的信息,组织、协调和控制物流活动,完成各种业务管理工作。

(3)决策支持功能是指利用物流管理信息系统向管理人员提供决策数据,利用辅助决策的计算机软件帮助管理人员和领导者进行决策、制订计划等。

(三)物流信息系统运行的要求

(1)开放性:便于和外部系统连接。

(2)可扩展性:便于系统功能逐步完善,不一定要一步到位。

(3)安全性:一要防止信息丢失、被篡改,二要防止信息被盗。

(4)快速反应:争取第一时间获得信息,对不正常事件及时预警。

(5)协同性:企业内部各部门间信息协同,和外部信息协同。

(6)信息的集成性:便于统一管理。

(7)支持远程处理:适应信息网络化要求。

(四)物流信息系统的特征

1. 实现了物流系统的协同运作

物流系统的协同运作就是整个物流链上各个节点之间的统一协调。物流的目标就是将一系列物流流程连接在一起形成一条整合链。实现这条整合链的流程,就是实现从物流起点的原材料、中间产品的运输、存储、配送等活动到物流终点客户的最佳流动,并始终围绕着最终客户这一中心。只有物流信息系统能够实现这一整合,并且是通过信息流的整合来实现物流的整合,从而实现物流、信息流的合二为一,才能最终实现降低物流成本的目标。

2. 实现了物流的动态快速反应

一般来说,物流信息的生命周期很短,动态性很强。为了顺应这种快速变化的客户需求,提高客户服务水平,物流信息系统从数据的采集、传输、储存、处理,到显示和分析,都需要即时完成,即要有实时处理信息系统。例如,沃尔玛开发设计的连续库存补充系统、越库作业系统等,其货物在信息系统的控制管理下被连续不断地运送到沃尔玛超市的货架上,而根本不入仓库或只在配送仓库中周转,货物从进货到出货不超过 48 个小时,避免了大量货物长时间积压在仓库里。这就是要实现在正确的时间、正确的地点完成正确的事情。

3. 大大提高了物流的自动化程度

物流信息来源广泛,种类很多,造成信息采集源点很多,信息量很大,处理也很繁杂,如企业内部订单信息、库存信息,企业外部供应商信息、承运商信息等。为了实现物流的整合管理,需要快速采集数据的自动化,以及快速进行搬运、递送、分拣、加工处理的自动化工具等。由此,自动数据采集技术、自动分拣技术、自动仓储技术、自动数据存储技术等在物流信息系统中发挥了很大作用。

4. 物流决策分析过程更加便捷

各种渠道收集来的物流信息很复杂,且大量分散的物流活动需要很多的协调、监控和决策过程。这就需要对收集的大量数据进行整合、标准化处理,然后进行计算分析。物流信息系统能够使所采集的数据规范化,使所有分散的物流作业流程标准化,并且能够在一个统一的平台上实现数据的汇总和分析,最终辅助管理活动的决策过程。

(五) 物流信息系统的分类

物流信息系统可以按照很多标准来分类,这里主要从处理的对象来进行分类。按照处理对象的不同,可以把一个组织的物流信息系统分为物流作业层面的信息系统和物流管理层面的信息系统。

1. 物流作业层面的信息系统

物流作业层面的信息系统主要处理物流作业过程中的相关物流运作业务、控制物流运作的过程和支持物流运作的办公事务,实时采集有关的数据,并更新、查询、使用和传递、存储及维护这些数据。物流作业层面的信息系统包括以下三种类型:

(1) 物流业务处理系统。该类系统是为及时、正确地处理日常物流运作中的大量信息而服务的,如客户订单处理系统、货物存储信息系统、仓储调度系统、运输分派系统等,目的是提高日常运作的管理水平和工作效率。

(2) 自动化设施系统。该类系统采用各种由计算机控制的自动化设施,配合相关的业务处理系统,来提高物流作业的工作效率。例如,自动化仓库系统中配备有自动拣选设备、自动输送设备、自动搬运设备等自动化设施,这些设施配合企业资源计划(ERP)软件,可以实现企业仓库"无人化"管理。

(3) 办公自动化系统。该类系统采用先进的信息技术和自动化办公设备来支持人的部分办公业务活动,如文字处理设备、电子邮件、扫描系统、文字识别系统等。目前,在企业内部建设基于因特网协议的企业内联网,是为了协助企业内的日常办公事务,如公文流转和签发、信息交流、公告发布等办公信息处理过程;而对外宣传、企业公共信息发布等,依靠的则是企业门户网站。

2. 物流管理层面的信息系统

物流管理层面的信息系统是对一个物流企业进行全面管理的由人、物流信息资源和计算机相结合组成的系统。它综合运用了计算机技术、信息技术、决策分析技术与现代物流管理理论和方法,目的是辅助企业管理者进行各种物流运作的监控、管理和决策。物流管理层面的信息系统包括以下两种类型:

(1)物流管理信息系统。该系统主要为物流组织的管理层服务,目的是实现管理层面上的计划、控制和决策等。物流管理信息系统的数据主要来源于物流作业层面的信息系统,通过对组织日常业务运作的数据进行统计、汇总,数据按照规定的时间、格式显示在分析报告中。

(2)物流管理决策系统。任何对物流运作管理起到决策支持作用的系统都称为物流管理决策系统。同样,物流管理决策系统也是为物流组织的管理层服务的,但它与物流管理信息系统的辅助决策方式不同。物流管理决策系统的数据有的是来源于组织内部业务的数据,但更多的是外部数据,包括市场数据、客户数据、同行业数据、政策经济数据等。采用的分析方法有建立数学模型、利用各种智能的数据分析工具,如数据仓库、数据挖掘等。可见,与物流管理信息系统相比,物流管理决策系统处理的对象更复杂,采用的方法更先进,其目标是辅助物流管理者制定具有随机性、不确定性或需要快速反应的决策。

行业前瞻

海关物流监控系统

南京海关新一代物流监控系统全面上线,实现江苏中欧班列全天候自动智能验放,全面提升铁路进出口(过境)物流信息化水平。企业无须跑海关办理转关等通关手续,铁路货物的通关窗口时间从原来的 5×8 小时拓展到 7×24 小时,在江苏省内实现了深水码头与中欧班列物流的无缝快速对接,连云港新东方集装箱码头、中哈连云港物流合作基地装卸作业可实现"电子申报+自动审核",海关监管场所可实现"电子放行+自动抬杆",货代公司报关可实现"自助申报+在线验核"。

请思考: 物流信息技术的高速发展,未来还能给企业带来哪些降本增效的变化?

第三节 物流信息的采集

信息的采集是指企业和组织的信息系统根据一定的目的将系统内外各种形态的信息找出并汇集起来,供自身系统或其他系统使用的过程。对物流信息进行实时、准确的采集,是物流信息自动化管理的要求。实现自动识别及数据自动录入,就是及时捕捉商品在出库、入库、分拣、运输等过程中的各种信息,以突破数据录入和数据采集的"瓶颈"。

一、物流信息的采集原则

物流信息的采集原则包括:具有明确的目的性;确定深度和精度;选择信息源,建立信息渠道;可靠性;完整性;实时性;准确性;易用性。

(一)具有明确的目的性

采集信息的目的决定着信息收集的范围、深度、方法和费用。流通活动中所需的信息量非常大,但并非所有的信息都有用,只有与目的相关的信息才是采集的对象。目的不明确将会导致无边际的采集,降低采集质量,造成不必要的资源浪费。采集信息的目的是根据企业的经营需要而确定的,如果是战略性的目的,所涉及的范围就比较大;如果是具体某一方面的目的,如竞争商品、竞争对手、物流线路等,所涉及的范围就要小得多。

(二)确定深度和精度

根据采集信息的目的和要求的不同,对信息采集的深度和精度要求也不同。比如,进行销售信息的采集,是对销售数量信息的采集,还是对购买者结构信息的采集;是以日为单位采集,还是以周或月为单位采集。显然,信息采集的深度和精度决定着采集的信息结构、时间长短、难易程度和费用高低,这是采集者必须考虑的问题。

(三)选择信息源,建立信息渠道

信息源的选择取决于采集目的及信息内容。一般来讲,选择信息源先要利用现有信息和现有信息渠道,当现有信息不够用时,就要寻找新的信息源。由于流通活动是连续进行的,其中有些内容是不断重复的,因此,确定具有连续性、相对稳定的信息源和信息渠道,是非常有意义的。

(四)可靠性

可靠性原则是指采集的信息必须是真实对象或环境所产生的,必须保证信息来源是可靠的,且采集的信息能反映真实的状况。可靠性原则是信息采集的基础。

(五)完整性

完整性原则是指采集的信息在内容上必须完整无缺,信息采集必须按照一定的标准要求,采集反映事物全貌的信息。完整性原则是信息利用的基础。

(六)实时性

实时性原则是指能及时获取所需的信息,一般有三层含义:一是指信息自发生到被采集的时间间隔越短就越及时,最快的是信息采集与信息发生同步;二是指在企业或组织执行某一任务急需某一信息时能够很快采集到该信息,谓之及时;三是指采集某一任务所需的全部信息所花的时间越短,谓之越快。实时性原则保证了信息采集的时效。

(七)准确性

准确性原则是指采集到的信息与应用目标和工作需求的关联程度比较高,采集到信息的表达是无误的,是属于采集目的范畴之内的,相对于企业或组织自身来说具有适应性,是有价值的。关联程度越高,适应性越强,信息就越准确。准确性原则保证了信息采集的价值。

(八)易用性

易用性原则是指采集到的信息按照一定的形式表示,便于使用。易用性原则保证了信息容易使用。

二、物流信息的采集途径

(一)内部途径

1. 各职能部门

从物流管理的各职能部门的资料、文档中获取物流信息是一个重要途径。这类信息包括对企业各项生产经营活动及其效益进行记载的原始记录;具有保存价值、完成了某种特定任务、经过整理后归档的技术文件材料,即技术档案;物流从业人员在多年的生产操作等实践中积累的有关生产计划的制订、执行情况以及规章制度、人员管理等方面的经验性信息。

2. "葡萄藤"渠道,即"小道消息"

这是指企业内部传播小道消息的非正规组织信息流。总体来说,通过"葡萄藤"渠道获取信息是弊大于利。但高明管理者也利用这个渠道来收集反馈信息,了解群众的意见和愿望,有利于决策,也可提高工作效率。

3. 内部信息网络

物流发展到今天,通过企业内部的信息系统,获取物资在流通过程中各个环节的信息比以往任何时候都更加重要,包括每种物资到达每个地点的时间和数量、离开每个地点的时间和数量、在途时间和数量、生产量和需求量等各种信息。这些信息对整个生产过程的控制和管理起着至关重要的作用。比如,根据顾客订单的信息,可以进行订单准备,在确定的时间发货,合理配备物流成本费用,准备仓库、车辆等物流设施,制订相应的生产计划。当货物库存不足时,还需要将订货信息与现有货物库存信息相比较,结合生产情况安排生产。同时,通过订单管理系统,可以了解许多有关的物流信息,包括市场需求信息、市场占有信息、市场产品与价格信息、销售渠道和销售技术信息等。

(二)外部途径

1. 大众传媒

通过广播、电视、互联网等大众信息传播与交流媒体,企业管理者可以收集国家政策、法律、技术、产品、市场等多方面的信息。信息的载体几乎涉及所有媒体,如文档、表格、图形、影像、声音以及它们的组合。通过这种途径收集信息的广度是其他途径所不及的。

2. 政府机关

通过行政手段从国家机关和企业主管部门等获取有关信息。通过这一途径收集的信息主要是有关国民经济的各种统计数据,国家宏观经济动向、经济管理方针、政策,各种计划指标等。

3. 社团组织

企业还可以通过一些学术团体和经营组织,收集本企业所需的科技、经济、经营等方面的信息。这些信息可以用于企业的多层次管理和经营活动。

4. 各种会议

企业参加的会议繁多,如计划会、交易会、产品展销会、展览会、看样订货会、信息发布会、技术(产品)鉴定会、研讨会等。通过这些会议,企业管理人员可以获取大量的第一手资料,这些资料往往是通过其他途径难以得到的。

5. 个人关系

这是企业利用其工作人员,通过非组织、非正式的个人接触和个人通信方式获取企业管理信息的一种非正式途径。这种途径的优点是简单易行,有利于多方面的信息采集。

6. 协作伙伴交往

通过与同行或相关行业的协作伙伴交往可以收集对方生产、经营方面的各种信息,借鉴其他企业的经营管理经验,同时根据行业情况制定本企业的经营管理决策。

7. 用户和消费者

通过与用户和消费者沟通可以获取关于企业产品与生产经营方面的各种反馈信息,这些信息可直接用于企业管理。

8. 外部信息网络

通过企业信息网、协作网等外部信息网络,企业可以收集网内企业的各种经营信息,同时也可以与协作企业交流商品调控计划、市场价格等方面的信息。

三、物流信息的采集方法

(一)基于人工系统的信息采集方法

人工信息采集方法一般有三种:直接观察、社会调查和查阅资料。

1. 直接观察

直接观察是指在信息源现场,信息采集者对客观现象不加任何干预,只凭视觉、听觉和基于上述感知的思维以及借助录音机、摄像机等设备记录客观信息源所产生的信息的行为过程。

2. 社会调查

社会调查的方式有普遍调查、典型调查和抽样调查。

对于个体的调查,若涉及人,则主要采用两种调查方式:问卷调查法和访问调查法。

(1)问卷调查法

问卷调查法是以书面的形式让被调查者回答问题,从而获得资料的方法。问卷调查法是一种包含统计调查和定量分析的信息收集方法。这种方法主要考虑的问题是:所收集信息的内容范围和数量,所选定调查对象的代表性和数量,问卷的设计,问卷的回收率控制等。问卷调查法具有调查面广、费用低的特点,但对调查对象无法控制,问卷回收率一般都不高,答案的质量也较差,被调查者的态度会对结果产生决定性影响。

问卷调查法的优点是:可根据调查者的实际需要灵活地设计问题,从而在短时间内获得大量资料;调查的结果既可进行定性分析,也可进行定量分析。问卷调查法的缺点是:调查结果依据的是被调查者的主观回答,与实际情况难免存在一定偏差,为弥补这一缺陷,需要大量样本调查。

(2)访问调查法

访问调查法又称访谈法,是通过访问信息收集对象,与之直接交谈而获得有关信息的方法。它又分为座谈采访、会议采访、电话采访和信函采访等方式。

访谈需要做好充分准备,认真选择访谈对象、了解访谈对象,收集有关业务资料和相关的背景资料。其主要优点是：可以就问题进行深入的讨论，获得高质量的信息；缺点是：费用高，采访对象不可能很多，因此访谈对象要具有代表性。它对访谈者的语言交际素质要求较高。

3.查阅资料

查阅资料是指利用图书、报纸、期刊等对信息进行查阅，目前也可以利用网络尤其是搜索引擎来查阅资料。搜索引擎是指根据一定的策略、运用特定的计算机程序从互联网上收集信息，在对信息进行组织和处理后，为用户提供检索服务，将与用户检索相关的信息展示在用户的系统上。

(二)基于计算机系统的信息采集方法

利用计算机处理信息，是将信息输入计算机，经过处理后输出并存储到计算机中。数据只有经过计算机加工处理后才能变成有用的信息。对于计算机来说，数据的形式多种多样，如图形、声音、视频、文字等，这些数据必须经过数据采集(数字化)后才能变成计算机里的数据，基于计算机系统的信息必须数字化。

信息采集技术多种多样，包括语音信息的采集与数字化、图像信息的采集与处理、视频信息的采集与处理、文字信息的采集与处理、条码技术等。

警钟长鸣

郑州查处某学校泄露学生信息案

2020年5月，郑州某学校在安排学生分批分时返校报到复课工作中，工作人员违规通过即时通信软件发送学生名单，导致部分学生信息泄露。经查，该校未履行网络安全保护义务，未采取防止信息泄露、损毁、丢失的必要防护措施，警方依据《中华人民共和国网络安全法》第64条的规定，对该学校给予行政罚款10万元，对相关责任人分别给予行政罚款2万元和1万元。

请思考：互联网时代，信息技术的发展既给我们带来了生活和工作的便利，但同时也带来了信息泄露的风险，我们应该如何做好安全防范呢？

第四节 物流信息的处理

一、物流信息处理概述

(一)物流信息处理的概念

物流信息处理是指对物流过程中各种信息的汇集、加工、处理，从而形成物流过程中的信息流。

物流信息处理离不开物流信息技术，如条码技术、EDI技术、激光扫描技术、射频识别技术(RFID)、地理信息系统(GIS)、全球定位系统(GPS)、电子自动订货系统(EOS)、销售时点系统(POS)、智能运输系统(ITS)等。

(二)物流信息处理的主要内容

1. 订货信息处理

(1)计划阶段:选定订货方法;选定订货信息的传递手段。

(2)实施阶段:订货处理;核对库存;核对装卸能力;核对配送能力;制作出货单;制作进货单;迟进货的管理。

(3)评价阶段:订货统计分析;退货处理;进货管理。

2. 库存管理中的信息处理

(1)计划阶段:决定库存地点的数量;商品库存的合理配置;设定库存预算;拟订标准的库存周转率。

(2)实施阶段:回答库存;进出库处理;移送处理;卸现货货架。

(3)评价阶段:库存预算与库存实绩的对比;标准库存周转率与实际库存周转率的对比;分析过剩库存;分析缺货库存;分析商品的恶化和破损;计算保管费;计算保险费。

3. 进货信息处理

(1)计划阶段:选定进货方法;选定进货信息的传递手段。

(2)实施阶段:进货;掌握和督促未进仓库的商品。

(3)评价阶段:分析进货统计。

4. 仓库管理中的信息处理

(1)计划阶段:决定租用储运公司的仓库或使用自有仓库;决定仓库容积和设备的设计;保管形式的设计;仓库设备投资的经济核算。

(2)实施阶段:自有仓库的经营;容纳场所的指示;故障对策,完善仓库的安全设备;安置管理。

(3)评价阶段:分析仓库设备的调动;空架表;故障分析;计算修理费用;计算保安设施费用。

5. 装卸信息处理

(1)计划阶段:装卸方法的设定;装卸机械投资的经济核算。

(2)实施阶段:装卸作业指示;商品检查。

(3)评价阶段:装卸费用分析;装卸机械调动分析。

6. 包装信息处理

(1)计划阶段:决定包装形式;决定运输货物的形态;拟定包装标准;设计自动包装。

(2)实施阶段:包装材料的管理;包装工程的管理;空集装箱的管理。

(3)评价阶段:包装费用分析;事故统计。

7. 运输信息处理

(1)计划阶段:运输工具的选定;运输路线的决定;运送大宗货物的决定。

(2)实施阶段:调配车辆;货物装载指示;货物跟踪管理。

(3)评价阶段:运费计算;装载效率分析;车辆调动分析;迂回运输分析;事故分析。

8. 配送信息处理

(1)计划阶段:配送中心数量、位置的确定;配送区域的确定。

(2)实施阶段:配送指示;与配送的货物抵达点联络;货物跟踪管理。

(3)评价阶段:运费计算;装载效率分析;车辆调动分析;退货的运费分析;误差分析。

9.综合系统信息处理

(1)计划阶段:物流综合系统的设计;需求的预测。

(2)实施阶段:订货处理的流向跟踪。

(3)评价阶段:综合实绩的掌握和分析;综合流通费用的分析;服务时间和服务效率的分析。

(三)物流信息处理的方式

1.成批处理方式

这种信息处理方式是将通信线路传来的不需要立即处理的信息积存在磁盘上,选定一定的时间后再进行处理。成批处理的优点在于处理费用较低,但不适用于数据产生之后需要立即处理的场合。

2.实时处理方式

这种处理方式就是每当物流信息出现以后,马上将数据输入计算机,立即进行处理。这种方式显然适用于有实时性要求的场合。

由于物流管理方式存在着多方向性和多功能性,因此上述两种信息处理方式通常在不同的场合选用。一般来说,对于物流现场的管理多采用实时处理方式,物流决策部门多采用成批处理方式。

二、物流信息数据管理

(一)错误的来源

在处理数据的不同阶段中,都有可能出现错误。

(1)收集数据阶段。当人们为源文件提供不正确的数据,或漏填某些项目时,错误便会出现。有时候,潦草的字迹也可能导致错误的产生。

(2)准备数据阶段。在准备源文件以便输入的过程中,数据有可能被误读、误解或忽略。例如,为源文件进行编辑时,有可能将"8"误写成"3"。

(3)输入数据阶段。输入数据时,操作员可能会错误键入、误读或遗漏数据,从而造成错误。

(4)处理数据阶段。不正确的计算机程序或处理步骤也会造成处理上的错误。

(5)输出信息阶段。有时,即使所有的数据和处理程序都正确无误,但错误仍然会因为采用了有问题的输出设备而出现。

一般而言,错误大多产生在处理数据之前,而这些错误会导致所谓无用输入、无用输出的情况。输入错误的数据,便会得到没有用的信息。要避免这种情况,需要采取一些数据控制的措施。

(二)数据控制

数据控制是为确保所输入数据的准确性和完整性而采取的一些措施。数据控制涉及两个方面的工作:数据校验和数据有效性检验。

1.数据校验

数据校验是检查输入的数据与源文件中的数据是否一致的措施,通常通过以下两种方式进行:

(1)输入的数据会实时或以成批的方式输出,然后跟源文件比较,以检查是否有不吻合的情况。

(2)由两名操作员独立地输入相同的数据,然后由计算机程序检测两组输入的数据是否一致。

若能广泛和适当地进行数据校验,则输入的数据就会与原来的数据一致。数据校验一般会在准备数据阶段进行,其缺点是要花费很多时间和成本。

2. 数据有效性检验

数据有效是指输入的数据是合理的和可接受的。要保证数据的有效性,输入的数据都要经由一个有效性检验程序来检测,这个过程称为数据有效性检验。若有效性检验程序检测到任何无效的数据,便会向用户显示错误列表或错误报告,提醒用户再次输入有关的数据部分。以下是一些常用的数据有效性检验方法:

(1)类型检查。类型检查可用来检查输入数据的类型是否正确。输入的数据一般可分为两类:数字和字母。

(2)范围检查。范围检查可以确保输入的数据限制在一定范围内。

(3)长度检查。长度检查可以确保输入的数据含有正确数目的字符或数字。

(4)合理性检查。合理性检查会尝试确定输入的数据是否合理。

(5)数位检查。数位检查是检查附加在某个代码末尾处的一个数字,可用来检查输入的代码是否正确。

行业规范

信息安全三要素——CIA

保密性(Confidentiality)、完整性(Integrity)和可用性(Availability)是信息安全的三大基石。

1. 保密性:保证信息不泄露给未经授权的用户。

2. 完整性:保证信息从真实的发信者传送到真实的收信者手中,传送过程中没有被非法用户添加、删除、替换等。

3. 可用性:保证授权用户能对数据进行及时可靠的访问。

除 CIA 外,还有一些属性也是信息安全要求达到的,如可控性(Controllability)和不可否认性(Non-Repudiation)。

请思考: 我们已经进入了大数据时代,我们的很多信息都可能通过各种途径被传播出去,这就必然导致信息安全问题的产生。那么,我们靠什么来保障我们的信息安全呢?

第五节 物流信息标准化

一、物流信息标准化的概念

(一)物流标准化的内涵

标准化是指在经济、技术、科学及管理等社会实践中,为在一定的范围内获得最佳秩序，对实际的或潜在的问题制定共同的重复使用的规则的活动。

物流标准化是指以物流为一个大系统，制定系统内部设施、机械装备，包括专用工具等的技术标准，包装、仓储、装卸、运输等各类作业标准，以及作为现代物流突出特征的物流信息标准，并形成全国以及和国际接轨的标准化体系。

物流标准主要包括：物流基础标准（含物流术语标准、计量单位标准、模数尺寸标准）；物流信息标准（含编码与标识标准、数据采集标准、物流数据结构标准、物流信息交换标准、物流信息系统及相关标准）；物流设施与技术装备标准（含基础设施标准、运输工具标准、储运设备标准、装卸设备标准、包装容器标准）；物流作业流程标准（含运输作业标准、包装作业标准、装卸搬运标准、配送作业标准）；物流管理标准（含规划与设计标准、评估类标准、统计类标准）；物流服务标准（含物流服务设计规范、物流服务分类标准、物流服务质量规范、从事物流管理企业资质认证标准）等。

(二)物流信息标准化的内涵

物流信息标准化包括以下三个方面的含义：

(1)从物流系统的整体出发，制定各子系统的设施、设备、专用工具等的技术标准以及业务工作标准。这些标准主要包括：专业计量单位标准；物流基础模数尺寸标准；物流建筑基础模数尺寸标准；集装模数尺寸标准；物流专业名词标准；物流核算、统计标准等。

(2)研究各子系统技术标准和业务工作标准的配合性，按配合性要求，统一整个物流系统的标准。这些标准主要包括：运输车船标准；作业车辆（指叉车、台车、手车等）标准；传输机具（如起重机、传送机、提升机等）标准；仓库技术标准；站场技术标准；包装、托盘、集装箱标准；货架、储罐标准等。

(3)研究物流系统与相关其他系统的配合性，谋求物流大系统的标准统一。

以上三个方面是分别从不同的物流层次上考虑将物流实现标准化。要实现物流系统与其他相关系统的沟通和交流，在物流系统和其他系统之间建立通用的标准，首先要在物流系统内部建立物流系统自身的标准，而整个物流系统标准的建立又必然包括物流各个子系统的标准。因此，物流要实现最终的标准化必然要实现以上三个方面的标准化。

(三)物流信息标准化的形式

1. 简化

简化是指在一定范围内缩减物流信息标准化对象的类型数目，使之在一定时间内满足一般需要。如果对产品生产的多样化趋势不加限制地任其发展，就会出现多余、无用和低功能的产品品种，造成社会资源和生产力的极大浪费。

2. 统一化

统一化是指把同类事物的若干表现形式归并为一种或限定在一个范围内。统一化的目的是消除混乱。物流信息标准化要求对各种编码、符号、代号、标志、名称、单位和包装、运输中机具的品种、规格、系列和使用特性等实现统一。

3. 系列化

系列化是指按照用途和结构把同类型产品归并在一起，使产品品种典型化；把同类型产品的主要参数、尺寸，按优先数理论合理分级，以协调同类产品和配套产品及包装之间的关系。系列化是使某一类产品的系统结构、功能标准化形成最佳形式。系列化是改善物流、促进物流技术发展最为明智而有效的方法。比如,按 ISO 标准制造的集装箱系列,可广泛适用于各类货物,大大提高了运输能力,还为计算船舶载运量、港口码头吞吐量和公路与桥梁的载荷能力等提供了依据。

4. 通用化

通用化是指在互相独立的系统中,选择与确定具有功能互换性或尺寸互换性的子系统或功能单元的标准化形式。互换性是通用化的前提。通用程度越高,其对市场的适应性越强。

5. 组合化

组合化是按照标准化原则,设计并制造若干组通用性较强的单元,再根据需要进行合拼的标准化形式。对于物品编码系统和相应的计算机程序同样可通过组合化使之更加合理。

(四)物流信息标准化的体系

全国物流信息管理标准化技术委员会在 2004 年 8 月 18 日编制了《物流信息标准体系表》,该标准体系表确立了物流信息方面的国家标准体系,给出了物流信息国家标准体系框架、国家标准明细表及国家标准体系表说明。该标准体系表从需求角度出发,第一层为物流信息基础标准,是物流信息系统建设中通用的标准。该标准包括物流信息技术术语、物流信息管理术语、物流信息服务术语的定义。按照物流信息标准化对象特征的不同,第二层分为技术标准、管理标准、服务标准和其他。对物流信息技术标准、物流信息管理标准和物流信息服务标准进一步分层,成为第三层。第四层由第三层扩展而成,共分若干个方面,每个方面都可以继续扩展成若干个更小方面,每一个更小方面都可以组成本专业的一个标准系列或是一个标准。

1. 物流术语标准

物流用语常常因国家、地区、行业、人员的不同而具有不同含义,在传递物流信息时可能引起误解和发生差错,因此,必须统一物流专业术语,为物流信息交流提供标准化的语言,这是物流信息标准化的基础工作。2001 年 8 月,中国物流与采购联合会和中国物流学会颁布施行的国家标准《物流术语》,收入并确定了物流领域已基本成熟的 145 条术语及其定义,为我国物流信息标准化创造了一个良好的开端。2006 年和 2021 年,《物流术语》进行了修订,现行标准是 GB/T 18354—2021。

2. 物流信息分类编码标准

物流信息分类编码标准是物流信息标准化工作的一个专业领域和分支,核心就是将大量物流信息进行合理化的统一分类,并用代码加以表示,构成标准信息分类代码,以便人们借助代码进行手工方式或计算机方式的信息检索和查询,这是物流信息系统正常运转的前提。物流信息分类编码标准由三个层次组成:第一层次为门类,第二层次为类别,第三层次为项目。美国从 1945 年起就开始研究标准信息分类编码问题,1952 年起正式着手物资编码标准化工作,经过 6 年的时间完成了国家物资分类编码。我国从 1979 年起着手制定有关标准,到现在已经发布了几十个信息分类编码标准,特别是干部、人事管理信息系统指标体系分类与代码,基本做到了数据元与分类代码齐备,构筑了一个较为完整的代码体系。

3. 物流信息采集标准

对物流信息的采集方法、手段、格式等进行统一规定。如在条码标准中,对使用条码的种类、使用范围以及每种条码的排列规则、起始符、终止符、数据符、校验符和空白区等参数进行规定,并统一条码的阅读和处理程序标准等;在射频识别技术的电子标签(TAG)标准中,对电子标签的信息存储格式、外形尺寸、电源形式、工作频率、阅读方式、有效距离、信号调制方式等进行统一规定;在全球定位系统技术标准中,对覆盖范围、可靠性、数据内容、准确性以及多用性等指标进行规定。

4. 物流信息传输与交换标准

对物流信息的通信协议、传输方式、传送速度、数据格式、安全保密、交换程序等进行统一规定。如在电子数据交换标准中,国际物品编码协会(EAN)对数据格式和报文标准进行了规定,在联合国的 UN/EDIFACT 标准基础上制定了流通领域的 EANCOM 标准;通信标准在国际标准化组织开放系统互连参考模型的基础上,针对不同的对象采取不同的标准,如对于食品杂货采用 UCS(Uniform Communication Standards,统一通信标准),对于大多数商人采用 VICS(Voluntary Inter-Industry Standards Committee,自发的行业内通信标准委员会)标准、对仓库采用 WINS(Warehouse Information Network Standards,仓库信息网标准)、对运输经营者采用 TDCC(Transportation Data Coordinating Committee,运输数据协调委员会)标准、对汽车行业采用 AIAG(Automotive Industry Active Group,汽车行业行动小组)标准;通信方式采用点对点(PTP)、增值网络(VAN)和报文处理系统(MHS)三种方式。我国在 EDI 方面应用较多的有 GB/T 15191—2010《贸易数据交换 贸易数据元目录 数据元》、GB/T 16833—2011《行政、商业和运输业电子数据交换(EDIFACT)代码表》等标准。

5. 物流信息记录与存储标准

对物流信息的记录、存储和检索模式等进行规定。如对存储介质、存储形式、存储过程、数据库类型、数据库结构、索引方法、压缩方式、查询处理、数据定义语言、数据查询语言、数据操纵语言、完整性约束等制定统一标准。目前有关的标准有 ISO 8571-2:1988(国际标准化组织公布,现已成为我国国家标准 GB/T 16505.2—1996《信息处理系统 开放系统互连 文卷传送、访问和管理 第 2 部分:虚文卷存储器定义》)、ISO 3788:1976(国际标准化组织公布,现已成为我国国家标准 GB/T 6550—1986《信息处理交换用 9 磁道 12.7 毫米宽 63 行/毫米调相制记录磁带》)等。

6. 物流信息系统开发标准

对物流信息系统的需求分析、设计、实现、测试、制造、安装检验、运行和维护直到软件引退(为新的软件所代替)等建立标准或规范,如过程标准(方法、技术、度量等)、产品标准(需求、设计、部件、描述、计划、报告等)、专业标准(职别、道德准则、认证、特许、课程等)、记法标准(术语、表示法、语言等)。目前有关的标准有 ISO 5807(国际标准化组织公布,现已成为我国国家标准 GB/T 1526—1989《信息处理 数据流程图、程序流程图、系统流程图、程序网络图和系统资源图的文件编制符号及约定》)、ISO 8631:1986(国际标准化组织公布,现已成为我国国家标准 GB/T 13502—1992《信息处理 程序构造及其表示的约定》)、ISO/IEC 10165-1:1993(国际标准化组织公布,现已成为我国国家标准 GB/T 17175.1—1997《信息技术 开放系统互连 管理信息结构 第 1 部分：管理信息模型》等。

7. 物流信息安全标准

为防止或杜绝对物流信息系统（包括设备、软件、信息和数据等）的非法访问（包括非法用户的访问和合法用户的非法访问）而制定一系列技术标准。如物流信息系统中的用户验证、加密解密、防火墙技术、数据备份、端口设置、日志记录、病毒防范等。当前我国的有关标准有 GB/T 15278—1994《信息处理 数据加密 物理层互操作性要求》、GB 17859—1999《计算机信息系统 安全保护等级划分准则》、GB/T 15851.3—2018《信息技术 安全技术 带消息恢复的数字签名方案 第 3 部分：基于离散对数的机制》等。

8. 物流信息设备标准

对交换机、集线器、路由器、服务器、计算机、不间断电源、条码打印机、条码扫描器、存储器、数据终端等一系列物流信息设备制定通用标准和技术规范。

9. 物流信息系统开发管理标准

对物流信息系统开发的质量控制、过程管理、文档管理、软件维护等一系列管理工作制定统一标准。

二、物流信息标准化的作用

（一）物流信息标准化的重要性

只有实现了物流信息标准化，才能在国际经济一体化的条件下有效地实施物流系统的科学管理，加快物流系统建设，促进物流系统与国际系统和其他系统的衔接，有效地降低物流费用，提高物流系统的经济效益和社会效益。物流信息标准化的重要性具体体现在：

1. 物流信息标准化是实现物流管理现代化的重要手段和必要条件

物料从厂商的原料、产品，经市场流通到消费环节，再到回收再生，是一个综合的大系统。由于社会分工日益细化，因此物流系统的高度社会化显得更加重要。为了实现整个物流系统的高度协调统一，提高物流系统管理水平，必须在物流系统的各个环节制定标准，并严格贯彻执行。以往同一物品在生产领域和流通领域的名称和计算方法互不统一，严重影响了我国的物资流通，GB 7635—87《全国工农业产品（商品、物资）分类与代码》的发布，使全国物品名称及其标识代码有了统一依据和标准，有利于建立全国性的经济联系，为物流系统的信息交换提供了便利条件。

2. 物流信息标准化是物流产品的质量保证

物流活动的根本任务是将工厂生产的合格产品保质保量并及时地送到用户手中。物流信息标准化对运输、保管、配送、包装、装卸等各个子系统都制定了相应标准，形成了物流质量保证体系，只要严格执行这些标准，就能将合格的物品送到用户手中。

3. 物流信息标准化是降低物流成本、提高物流效益的有效措施

物流的高度标准化可以加快物流过程中运输、装卸的速度，降低保管费用，减少中间损失，提高工作效率，因而可获得直接或间接的物流效益，否则就会造成经济损失。中国

铁路与公路在使用集装箱统一标准之前,运输转换时要"倒箱",全国"倒箱"数量很大,为此损失巨大。

4. 物流信息标准化是中国物流企业进军国际物流市场的通行证

物流信息标准化已是全球物流企业提高国际竞争力的有力武器。中国物流企业在物流信息标准化方面面临全球经济一体化带来的物流国际化挑战,实现物流标准的国际化已成为中国物流企业开展国际竞争的资格和必备条件。

5. 物流信息标准化是消除贸易壁垒、促进国际贸易发展的重要保障

在国际经济交往中,各国或地区标准不一是重要的技术贸易壁垒,严重影响国家进出口贸易的发展。因此,要使国际贸易更快发展,必须在运输、保管、配送、包装、装卸、信息,甚至资金结算等方面采用国际标准,实现国际物流标准统一化。

(二)物流信息标准化推动供应链体系建设

为深化商贸物流标准化工作,进一步以标准化引领推动供应链体系建设,商务部联合财政部于 2017 年 8 月 11 日发布了《关于开展供应链体系建设工作的通知》(商办流通函[2017]337 号文),要求按照"市场主导、政策引导、聚焦链条、协同推进"原则,重点围绕物流标准化、供应链平台、重要产品追溯,打基础、促协同、推融合;从 1 200 mm×1 000 mm 标准托盘和全球统一编码标识(GS1)商品条码切入,提高物流链标准化、信息化水平,推动供应链各环节设施设备和信息数据的高效对接;以供应链平台为载体,推动上下游协同发展、资源整合、共享共用,促进供应链发展提质增效;以物流链为渠道,利用物联网、对象标识符(OID)等先进技术设备,推动产品从产地、集散地到销地的全链条追溯,促进追溯链与物流链融合。

围绕建设标准规格统一、追溯运行顺畅、链条衔接贯通的供应链体系,重点企业标准托盘使用率达到 80%,装卸货效率提高 2 倍,货损率降低 20%,综合物流成本降低 10%;形成一批模式先进、协同性强、辐射力广的供应链平台,供应链平台交易额提高 20%,供应链交易管理成本下降 10%;建成并运行重要产品追溯管理平台,供应链项目支持的重点企业肉菜、中药材、乳制品等重要产品追溯覆盖率达到 80%,流通标准化、信息化、集约化水平显著提升。

供应链体系建设的首批重点城市要积极发挥辐射带动周边的作用,形成城市间联合互动局面,提高区域供应链标准化、信息化、协同化水平。其主要任务如下:

1. 推广物流标准化,促进供应链上下游相衔接

以标准托盘及其循环共用为主线,重点在快消品、农产品、药品、电商等领域,推动物流链的单元化、标准化。一是加快标准托盘应用。鼓励使用符合国家标准 1 200 mm×1 000 mm 规格和质量要求的标准托盘,支持托盘租赁、交换(不支持用户自购);推广"集团整体推进""供应链协同推进""社会化服务推进""平台整合推进"等成熟模式,引导商贸连锁、分销批发、生产制造、第三方物流、托盘运营、平台服务等企业合作开展带托运输;推广"回购返租"模式,加速非标托盘转换。二是建立社会化托盘循环共用体系。扩大托盘循环共用规模,完善运营服务网络,由托盘向周转箱、包装等单元器具循环共用延伸;推动"物联网+托盘"平台建设,拓展"配托+配货"服务,鼓励"带托运输+共同配送""带托运输+多式联运";探索托盘交易、租赁、交换、回收可自由转换的市场流通机制。三是支持

与标准托盘相衔接的设施设备和服务流程标准化。支持仓库、配送中心、商超、便利店等配送设施的标准化改造,以及存储、装卸、搬运、包装、分拣设备和公路货运车辆(外廓 2 550 mm)等标准化更新;鼓励以标准托盘和周转箱(符合 600 mm×400 mm 包装模数系列尺寸)为单元进行订货、计费、收发货和免验货,促进物流链全程"不倒托""不倒箱";推动利用配送渠道、押金制等对标准包装物进行回收使用;探索标准托盘箱替代快递三轮车箱体,以循环共用推动分拣前置、环节减少。四是支持物流链数据单元的信息标准化。支持探索基于全球统一编码标识(GS1)的托盘条码与商品条码、箱码、物流单元代码关联衔接,推动托盘、周转箱由包装单元向数据单元和数据节点发展,促进供应链和平台相关方信息数据传输交互顺畅;探索用数据单元优化生产、流通、销售管理,转化为商业价值,促进降本增效,满足不同商品的不同用户需求和服务体验。

2. 建设和完善各类供应链平台,提高供应链协同效率

以平台为核心完善供应链体系,增强供应链协同和整合能力,创新流通组织方式,提高流通集约化水平。一是建设流通与生产衔接的供应链协同平台。支持供应链核心企业建设连接个性化需求与柔性化生产的智能制造供应链协同平台,促进流通与生产的深度融合,实现大规模个性化定制,促进降本增效;支持流通企业与供应商实现系统对接,打造供应链采购协同平台,实现需求、库存和物流信息的实时共享,提高协同计划、自动预测和补货能力。二是建设资源高效整合的供应链交易平台。支持建设商品现货交易类平台,聚集供需信息,提供信息发布、支付结算、仓储物流、质量追溯等综合服务,提高资源配置效率,降低交易和物流成本;支持传统实体商品交易市场转型升级,打造线上线下融合的供应链交易平台,延伸提供物流、结算、报关等供应链服务,促进商品交易市场与产业融合发展。三是建设专业化的供应链综合服务平台。支持供应链服务型企业建设供应链综合服务平台,提供研发设计、集中采购、组织生产、物流分销、终端管理、品牌营销等供应链服务,融通物流、商流、信息流、资金流;通过平台直接服务需求终端,减少流通环节和成本,构建跨界融合、共享共生的供应链商业生态圈。四是建设供应链公共服务平台。支持有条件的地方建设供应链公共服务平台和供应链科创中心,完善供应链公共服务,提供政策咨询、信息聚集、经济预警、研发支持和人才培训等服务,加强供应链创新发展的协同监管和治理。同时,鼓励供应链核心企业牵头制定相关产品、技术、管理、数据、指标等关键共性标准,提高供应链协同和整合效率,服务于产业供应链体系。

3. 建设重要产品追溯体系,提高供应链产品质量保障能力

一是建设城市重要产品追溯管理平台。优化提升原有肉菜、中药材流通追溯管理平台,推进现有各类重要产品追溯体系统一接入重要产品追溯管理平台;应用对象标识符(OID)技术实现不同编码体系的兼容与交互,实现跨部门、跨区域追溯信息的互联互通,以及与重要产品追溯管理平台实时对接;鼓励第三方追溯平台建立追溯数据对接评价或认证机制;强化追溯数据分析与成果应用,增强追溯体系对供应链产品质量安全管理和问题事件应急处置能力。二是扩大供应链产品追溯覆盖范围。在完善原有肉菜、中药材追溯体系建设的基础上,进一步扩大重要产品追溯覆盖范围,提高肉菜等预包装产品的追溯覆盖率,肉类产品力争实现全覆盖;扩大节点企业覆盖面,供应链上下游企业全部纳入追溯体系;延伸追溯链条,将相关种植养殖、生产加工、仓储物流、终端消费等环节纳入追溯体

系。三是支持供应链核心企业追溯系统创新升级。重点推进二维码、无线射频识别、视频识别、区块链、GS1、对象标识符、电子结算和第三方支付等应用,推动追溯系统创新升级;推动大中型批发市场及大型商超、物流企业等开展信息化改造,鼓励商超利用GS1进行结算实现追溯功能,将产品追溯融入现有ERP系统,实现企业信息系统与追溯系统的对接;鼓励供应链核心企业线上线下融合发展,形成全渠道整合、线上线下无缝衔接的追溯网络。

案例分析

利用仓储管理系统优化仓储管理

随着市场不断透明化,降本增效成为每个企业的净利增长点。仓库在人们眼中一直是低效、高成本的地方,即便是增加人手也很难做好仓库管理。那么企业如何利用仓储管理系统(WMS)软件来做到降本增效呢?

某仓储公司主要存储一汽大众备件物资,品种约60 000种,每种零件都实施定置定位方式存储。但随着公司的发展及一汽大众备件物资的库存品种及库存量增加,部分常发备件市场需求量有很大的波动,使得现有货位不能有效满足一货一位的存储需求。因此,就需要对超出设计库存的备件重新寻找新的区域进行存储,这就形成了超储区。

公司在实施WMS的过程中,主要通过"智能计算系统"与"网络集成化管理"两大支柱来解决所面临的问题,最后取得了如下成效:

(1)物资补货更及时、准确;
(2)一次性盘点准确性提升;
(3)资产监管成本降低;
(4)业务模式正常开展;
(5)网络集成化,实现信息实时共享;
(6)录入时间缩短。

讨论分析:

1.该公司实施仓储管理系统后仓储管理水平有哪些提升?
2.请列举两个现代信息技术在智慧物流领域应用的案例。

关键概念 >>>

信息,物流信息,物流信息技术,物流信息系统,物流信息化,物流标准化

本章小结

本章首先介绍了信息与信息流的概念、特征;接着分析了物流信息技术与物流信息系统;简要介绍了物流信息的相关技术,如自动识别技术、全球定位技术、遥感技术等;然后

分析了物流信息采集、物流信息处理的概念、原则、内容和方式方法,最后讲述了物流信息化、物流信息标准化的内涵及标准化体系。

实训项目

一、实训目的

1. 利用关键词信息,通过对检索过程的操作进一步加深学生对信息、物流信息技术的认识,达到巩固所学知识的目的。

2. 通过具体企业相关业务流程的分析,学生了解企业的具体业务并掌握如何用信息系统提升管理效率。

3. 加强学生的团队合作精神和沟通交流能力。

二、实训组织

以4～6人为一组,通过走访企业、网络调查(某公司网址及中国知网),调查我国企业(生产企业、商业企业或物流企业)当前物流信息化的现状及存在的主要问题,并通过分析有针对性地提出建设性意见,提交成果。

三、实训内容与成果要求

1. 调研分析。学生分组,每组确定调研企业或者平台,通过网络、数据库等文献资料了解该企业基本情况,设计调研问卷或调研访谈提纲。

2. 调研实施。与企业联系调研时间,进行调研与参观,并做好相关记录,注意拍照片,并整理调研材料,撰写调研报告与制作PPT。调研报告包括该企业物流信息化建设现状报告,分析其物流业务信息管理中存在的问题,提出改进建议。

3. 撰写实验报告。学生分组撰写实验报告,详细分析每个问题,小组讨论并给出可行的解决方案,每个小组内部进行恰当分工,最后在课堂上进行结果汇报。

思考与练习

一、判断题

1. 有效的物流信息传递和管理可以降低物流费用,提高物流服务水平。( )

2. 物流信息能够有效地减少库存和人力资源的需要。( )

3. 物流信息仅指与物流活动有直接关系的信息,而不包括与物流活动间接相关的信息。( )

4. 物流信息可以对供应链中各企业的计划、协调、顾客服务和控制活动等进行有效的管理。( )

5. 物流信息是与企业的物流活动同时发生的,是实现物流功能必不可少的条件。( )

二、单选题

1. 信息对物流活动效率的影响是( )。
A. 间接改善　　　　　　　　B. 直接改善
C. 不能改善　　　　　　　　D. 没有影响

2. 信息的采集是指企业和组织的信息系统根据一定的目的、将系统内外各种形态的信息采出并汇集起来,供(　　)或其他系统使用的过程。

A. 软件开发　　　　　　　　　　B. 硬件开发

C. 自身系统　　　　　　　　　　D. 生产调度

3. 以下不属于物流信息的特征的是(　　)。

A. 限制物流活动的灵活性　　　　B. 信息量大

C. 更新快　　　　　　　　　　　D. 来源多样化

4. 提高服务水平和降低物流总成本之间存在效益背反的关系,而物流信息系统在其间起的作用是(　　)。

A. 降低成本　　　　　　　　　　B. 提高服务

C. 协调二者关系　　　　　　　　D. 与以上二者没有关系

5. 现代物流信息系统中包括四个层次,最基础的层次是(　　)。

A. 交易系统　　　　　　　　　　B. 管理信息系统

C. 制造资源计划　　　　　　　　D. 企业资源计划

三、多选题

1. 从广义的范围看,物流信息不仅指与物流活动有关的信息,而且包括与其他流通活动有关的信息,如(　　)。

A. 供应商信息　　　　　　　　　B. 销售商信息

C. 商品交易信息　　　　　　　　D. 动态分析信息

E. 市场信息

2. 企业物流信息系统主要包括(　　)。

A. 第三方物流信息系统　　　　　B. 仓储企业物流信息系统

C. 生产企业物流信息系统　　　　D. 流通企业物流信息系统

E. 运输企业物流信息系统

3. 物流按其作用不同可分为(　　)。

A. 回收物流　　　　　　　　　　B. 供应物流

C. 生产物流　　　　　　　　　　D. 销售物流

E. 废弃物物流

4. 物流信息系统中交易系统层次的特征包括(　　)。

A. 高成本的硬件和软件系统　　　B. 对众多使用者进行结构化培训

C. 以提高效率为重点　　　　　　D. 功能评估反馈

E. 功能控制系统

5. 以下属于流通企业物流管理信息系统特点的有(　　)。

A. 调配物流的高度化　　　　　　B. 销售物流的高度化

C. 通过物流中心或配送中心实现效率化   D. 商品配送的计划性与集约化

E. 物流系统设置成本的合理分担

四、问答题

1. 简述现代物流信息的含义。
2. 简述物流信息系统与物流管理的关系。
3. 物流信息有哪些分类?
4. 物流信息系统有什么作用?
5. 简述第三方物流信息管理的功能。

第二章 物流信息网络与存储技术

知识目标

- 理解基本的企业内部网建设方案;
- 了解数据库技术的概念与类型;
- 理解关系数据库的数据模型;
- 了解数据仓库与数据挖掘技术的概念与应用;
- 理解数据仓库与数据库技术的区别;
- 了解云计算的概念及其在物流行业中的应用;
- 了解大数据技术及其在现代物流中的应用。

技能目标

- 学会计算机局域网(计算机机房)的组网设计;
- 学会数据模型中 E-R 图的设计;
- 学会数据库设计中表、查询、窗体和报表的基本设计。

素质目标

- 具有利用大数据和云计算资源解决问题的意识;
- 具有创新意识,能理解和支持利用大数据和云计算进行的创新。

第二章　物流信息网络与存储技术　29

> ### 任务导入
>
> **达达"云物流"保障"最后 3 公里"高效配送**
>
> 　　达达集团是中国领先的本地即时零售和配送平台,截至 2020 年底,业务覆盖全国 2 700 多个县、区、市,日单量峰值超 1 000 万单。
>
> 　　京东云(JD Cloud)是京东集团旗下的全平台云计算综合服务提供商,拥有全球领先的云计算技术和丰富的云计算解决方案经验。京东云携手达达,利用云计算、大数据和人工智能等数字化技术助力达达打造物流信息服务开放平台的生态体系,连接 O2O 商业平台、品牌商家、骑手和消费者,致力于解决"最后 3 公里"的配送问题,帮助众多面向消费者的线上平台实现 O2O 的商业闭环。
>
> 　　达达业务系统具备典型的互联网特征,年度或季节商家大促期间,每日用餐高峰期,流量呈爆发式增长,并且业务 7×24 小时不停顿,对专线延时、接入负载均衡性能、应用服务器弹性伸缩能力、分库分表后数据库数据一致性、大数据实时计算的实时性和架构双活能力有极高的要求。
>
> 　　2020 年 6 月 1 日至 18 日,达达快送骑手配送总里程达到 5.8 亿公里,相当于绕赤道 1.4 万圈。6 月 18 日当天,达达快送平台最快送达订单发生在重庆,骑手用时 2 分钟 31 秒就将货物送到用户手中。大促期间,以医药订单为代表的对配送时效和安全性要求很高的订单类型,达达快送平均 30 分钟内就能送达。达达以庞大的运力迎接物流配送挑战,帮助电商平台和众多商家化解大促期间激增的订单压力,保障了末端"最后 3 公里"的高效履约。在这张覆盖全国几百个城市和几百万配送员的强大运力网络背后,有京东云保障达达系统的稳定性和高效性。达达快送通过对智慧物流系统和苍穹大数据平台的持续升级应用,优化智能路径规划、智能订单合并等功能,进一步提升骑手配送效率。
>
> (资料来源:达达官网)

　　以上案例涉及了计算机网络、数据库技术、数据挖掘技术、云计算和大数据技术,合理地使用这些技术对提升企业管理效率、降低管理成本、提高服务水平和发展绿色经济起到了很大的作用。通过本章的学习,你会对这些技术及其应用有不同程度的了解。

第一节　计算机网络

一、计算机网络基础

　　计算机网络是指将地理位置不同的具有独立功能的多台计算机及其外部设备,通过通信线路连接起来,在网络操作系统、网络管理软件及网络通信协议的管理和协调下,实现资源共享和信息传递的计算机系统。

(一)计算机网络的类型

从地理范围划分可以把网络类型分为局域网、城域网、广域网和互联网四种。

1. 局域网(Local Area Network,LAN)

局域网是最常见、应用最广的一种网络。局域网随着计算机网络技术的发展和提高得到了充分的应用和普及,几乎每个单位都有自己的局域网,有的家庭还有自己的小型局域网。局域网就是在局部范围内的网络,它所覆盖的地区范围较小。

局域网在计算机数量配置上没有太多的限制,少的可以只有两台,多的可达几百台。一般来说,在企业局域网中,工作站的数量可以为几十到几百台。网络所涉及的地理距离一般可以是几米至十千米。

局域网的特点:连接范围小,用户数少,配置容易,连接速率快。

如图 2-1 所示的是家庭或办公室的无线局域网。

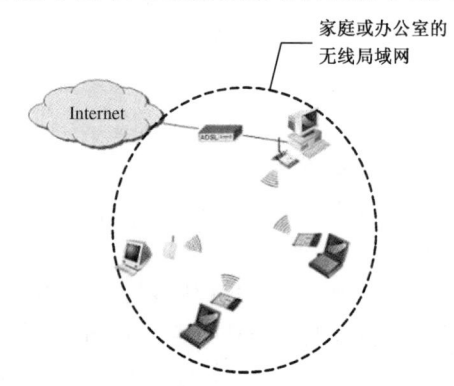

图 2-1　家庭或办公室的无线局域网

2. 城域网(Metropolitan Area Network,MAN)

这种网络一般来说是指在一个城市,但不在同一地理范围内的计算机互联,这种网络的连接距离一般在 10~100 千米。MAN 与 LAN 相比扩展的距离更长,连接的计算机数量更多,在地理范围上是 LAN 的延伸。在一个大型城市或都市地区,一个 MAN 通常连接着多个 LAN。如连接政府机构的 LAN、医院的 LAN、校园的 LAN、企业的 LAN 等。如图 2-2 所示的是宽带 IP 网络结构。

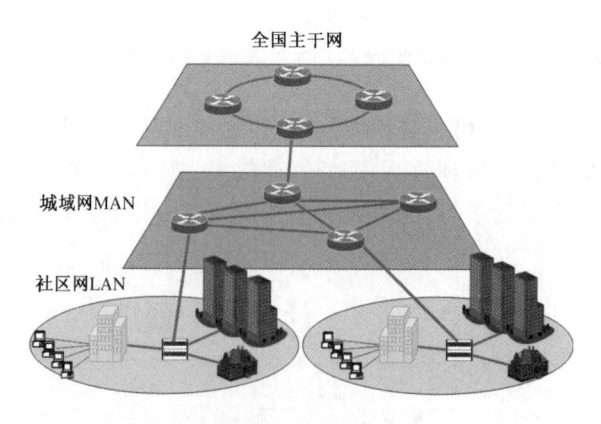

图 2-2　宽带 IP 网络结构

3. 广域网(Wide Area Network,WAN)

广域网也称为远程网,所覆盖的范围比城域网更广,它一般是指在不同城市之间的 LAN 或者 MAN 网络互联,地理范围可覆盖几百千米到几千千米。因为距离较远,信息衰减比较严重,所以这种网络一般需要租用专线。

4. 互联网(Internet)

无论从地理范围,还是从网络规模来看,互联网都是最大的网络。从地理范围来看,它是全球计算机的互联,这种网络的最大特点就是不定性,整个网络每时每刻随着计算机的接入在不停地变化。当计算机联网的时候,计算机是互联网的一部分,一旦计算机与互联网断开连接,该计算机就不属于互联网了。

(二)网络传输介质与网络互联设备

1. 网络传输介质

网络传输介质是网络中计算机、路由器、交换机等节点之间的物理通路,它对网络的数据通信具有一定的影响。常用的传输介质有双绞线、同轴电缆、光纤等。

(1)双绞线。双绞线简称 TP。将一对以上的双绞线封装在一个绝缘外套中,就形成了电缆。为了降低信号的干扰程度,电缆中的每一对双绞线一般是由两根绝缘铜导线相互缠绕而成的。双绞线适合于短距离通信,一般用于星型网的布线连接,两端安装有 RJ-45 接头(水晶头),连接网卡与集线器,最大网线长度为 100 米。例如,办公室内部的局域网,一般使用双绞线把交换机和计算机连接起来。双绞线与 RJ-45 接头如图 2-3 所示。

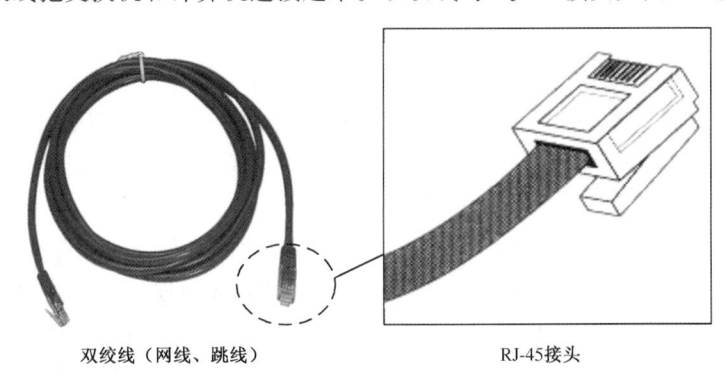

图 2-3 双绞线与 RJ-45 接头

(2)同轴电缆。同轴电缆由一根空心的外圆柱导体和一根位于中心轴线的内导线组成,内导线和外圆柱导体及外界之间用绝缘材料隔开。它具有抗干扰能力强、连接简单等特点,信息传输速度可达每秒几百兆,是中、高档局域网的首选传输介质。双绞线与同轴电缆如图 2-4 所示。

(3)光纤。光纤又称为光缆或光导纤维,由光导纤维纤芯、玻璃包层和能吸收光线的外壳组成,如图 2-5 所示。光纤是由一组光导纤维组成的用来传播光束的、细小而柔韧的传输介质。与其他传输介质相比,光纤的电磁绝缘性能好、信号衰减小、频带宽、传输速度快、传输距离长,主要用于传输距离较长、布线条件特殊的主干网连接。它具有不受外界电磁场的影响、无限制的带宽等特点,可以实现每秒几十兆位的数据传送。

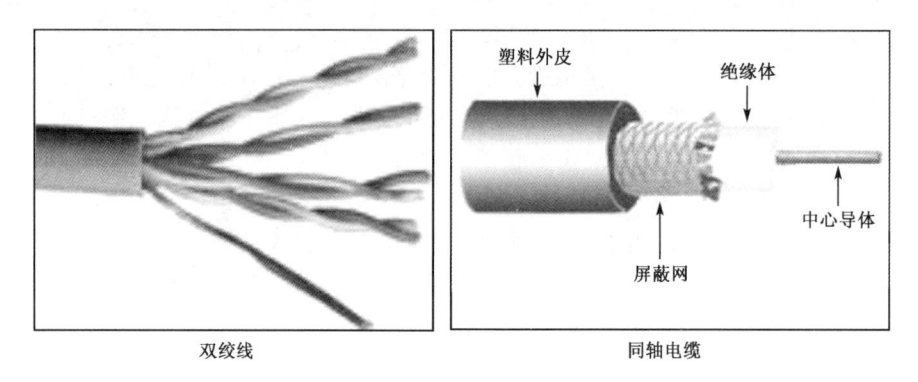

图 2-4　双绞线与同轴电缆

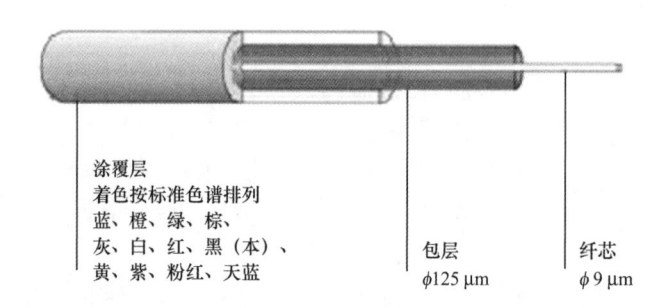

图 2-5　光纤的结构

2. 网络互联设备

网络互联时，需要用网络互联设备在物理上把两种网络连接起来，并解决两种网络之间协议的差别、速率与带宽的差别，使两种网络能够互访与通信。解决网络间的协调和转换机制的部件就是网卡、集线器、交换机、路由器、中继器、网桥和网关等网络互联设备。下面以网卡为例，介绍这种设备的基本知识。

网卡也称为网络接口板或网络适配器，网络上的每一台服务器和终端计算机都安装了网卡，它是计算机局域网中最重要的连接设备，是局域网中连接计算机和传输介质的接口。在网络中，网卡担负双重工作：一方面，它负责接收网络中传过来的数据包，把数据包解包后，将数据通过主板上的总线传输给本地计算机；另一方面，它将本地计算机上的数据打包后送入网络。如图 2-6 所示的是台式计算机主机内置网卡。

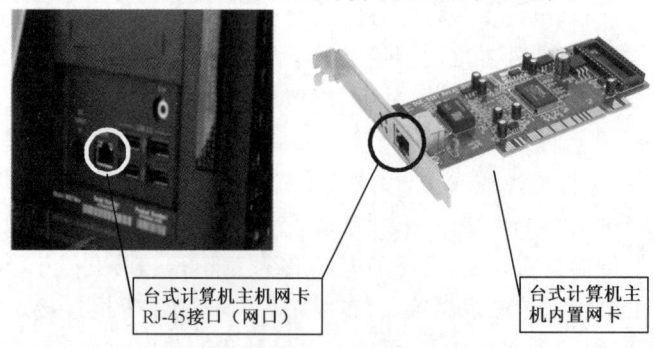

图 2-6　台式计算机主机内置网卡

如图 2-7 所示的是小型办公室通过工作站的内置网卡与集线器连接而成的局域网。

无线网卡的作用和功能跟普通计算机网卡一样，是一个信号收发设备，通过无线信号进行网络连接。无线网卡只能在已布有无线局域网的范围内使用。如图 2-8 所示的局域网中，计算机通过无线网卡与路由器连接，从而实现对 Internet 的访问。

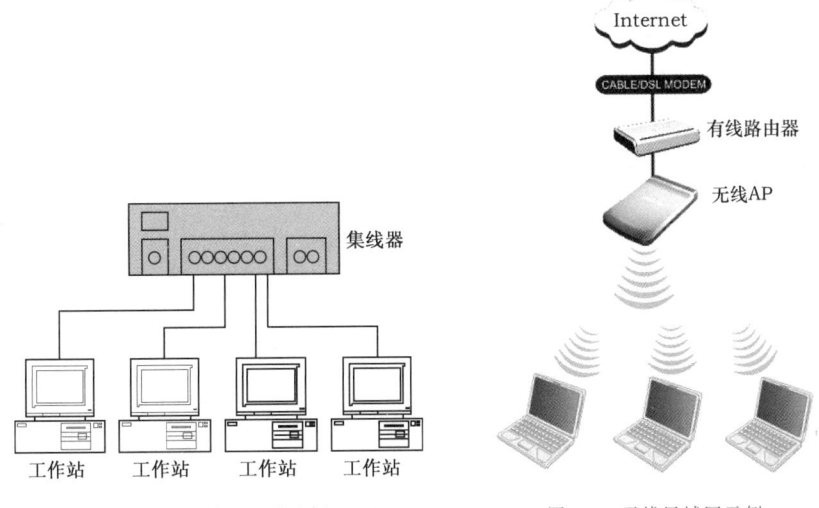

图 2-7　局域网互联示例

图 2-8　无线局域网示例

(三)网络协议

网络上的计算机之间是如何交换信息的呢？就像我们用某种语言交流一样，网络上各台计算机之间也需要"语言"进行信息交换，它就是网络协议，计算机之间必须使用相同的网络协议才能进行通信。网络协议就是计算机网络中为进行数据交换而建立的规则、标准或约定的集合。例如，网络中一个微机用户和一个大型主机的操作员进行通信，由于这两个数据终端所用字符集不同，因此操作员所输入的命令彼此都不认识。为了能进行通信，规定每个终端都要将各自字符集中的字符先变换为标准字符集中的字符后，才进入网络传送，到达目的终端之后，再变换为该终端字符集中的字符。网络协议一般以软件的形式出现。常见的协议有 TCP/IP 协议、IPX/SPX 协议、NetBEUI 协议等。Internet 上的计算机使用的是 TCP/IP 协议。

TCP/IP(Transmission Control Protocol/Internet Protocol，传输控制协议/互联网协议)是 Internet 采用的一种标准网络协议，是由 ARPA 于 1977 年到 1979 年推出的一种网络体系结构和协议规范。随着 Internet 的发展，TCP/IP 也得到了进一步的研究开发和推广应用，成为 Internet 上的"通用语言"。TCP/IP 协议是 Internet 的基础和核心，主要解决了异种计算机网络的通信问题，使网络在互联时能够为用户提供一种通用的、一致的通信服务。

通过局域网访问 Internet 时，通常要设置计算机的 IP 地址、网关、子网掩码、DNS 服务器等参数。局域网计算机 TCP/IP 协议参数的设置示例如图 2-9 所示。

图 2-9　局域网计算机 TCP/IP 协议参数的设置示例

二、互联网（Internet）

如前所述，Internet 是覆盖范围最大的计算机网络，根据音译也被称为因特网、英特网。Internet 是由无数网络（设备）互相连接而形成的网际网络，其中有交换机、路由器等网络设备，种类繁多的服务器，各种类型的计算机、终端（如手机、iPad、收银机等）以及各种不同的连接链路，并且网络之间以一组通用的网络协议（TCP/IP）实现信息互通，从而形成逻辑上的一个超大型全球化网络，使人们通过互联网可以远隔万里实现即时通信。全球互联网自 20 世纪 90 年代进入商用以来迅速拓展，已经成为推动世界经济发展和社会进步的重要信息基础设施。

（一）互联网的优点

(1) 信息交互不受时空限制。

(2) 即时性，能实现人与人之间、人与信息之间的即时信息交互。

(3) 开放性，能随时让接入设备、网络或使用者进入和退出互联网。

(4) 多样性，信息能以多种形式存在（如视频、图片、文字等）。

(5) 个性化，信息交互趋向个性化，容易满足每个人的个性化需求。

(6) 低成本，以极低成本实现信息交互。

(7) 整合性，有价值的数据被资源整合，数据储存量大、高效、快速。

（二）互联网服务提供商

互联网服务提供商（Internet Service Provider，ISP）是面向公众提供下列信息服务的经营者：一是接入服务，即帮助用户接入 Internet，是网络最终用户进入 Internet 的入口和桥梁，如中国电信、中国移动、中国联通等基础运营商以及广电宽带、长城宽带等其他运营商；二是导航服务，即帮助用户在 Internet 上找到所需要的信息，如百度等；三是信息服务，即建立数据服务系统，收集、加工、存储信息，定期维护更新，并通过网络向

用户提供信息内容服务,如新浪等。目前按照主营业务划分,中国 ISP 主要有以下几类:

(1)搜索引擎 ISP,如百度等。

(2)即时通信 ISP,主要提供基于互联网和基于移动互联网的即时通信业务,如腾讯(QQ、微信)。

(3)移动互联网业务 ISP,主要提供移动互联网服务,包括 WAP 上网服务、移动即时通信服务、信息下载服务等。

(4)门户 ISP,以提供新闻信息、文化信息等信息服务为主业,如新浪、搜狐、网易等门户网站(包括行业门户)。

(5)电子邮箱服务商,是为终端用户提供邮件发送、接收、存储服务的公司或组织,包括电子邮件托管服务以及自主管理邮件服务器的公司、大学、机构和个人,如网易、腾讯、新浪、搜狐等主流 ISP。

(三)互联网的应用模式

互联网的应用模式可划分为网络信息获取应用模式、电子商务应用模式、网络交流互动应用模式、网络娱乐应用模式和电子政务应用模式。

(1)网络信息获取应用模式。这种模式主要满足信息需求,包括网络新闻模式(如新浪网)、搜索引擎模式(如百度)、信息分类模式(如 58 同城)、知识分享模式(如知乎)等。

(2)电子商务应用模式。这种模式主要满足交易需求,包括 B2B 电子商务模式(如阿里巴巴)、B2C 电子商务模式(如京东)、C2C 电子商务模式(如 eBay)、O2O 电子商务模式(如美团网)等。

(3)网络交流互动应用模式。这种模式主要满足交流需求,包括即时通信模式(如微信)、个人空间模式(如新浪微博)、社交网络模式(如豆瓣网)、网络论坛模式(如百度贴吧)等。

(4)网络娱乐应用模式。这种模式主要满足娱乐需求,包括网络文学模式(如起点中文网)、网络视频模式(如优酷视频)等。

(5)电子政务应用模式。这种模式主要满足办公需求,包括 G2G 电子政务模式(上下级政府、不同地方政府和不同政府部门之间实现的电子政务)、G2E 电子政务模式(指政府与政府公务员之间的电子政务)、G2B 电子政务模式(主要是利用 Intranet 建立起有效的行政办公和企业管理体系,如网上年检等)、G2C 电子政务模式(指政府通过互联网系统为公民提供各种服务的模式,如个税申报等)。

(四)移动互联网

移动互联网是移动无线通信和互联网融合的产物,由移动通信运营商提供网络接入服务,互联网企业提供各种应用,继承了移动通信能随时、随地、随身进行与互联网开放、共享、互动的特点,是互联网的移动接入形态。此外,移动互联网也是一种通过智能移动终端,采用移动无线通信方式获取业务和服务的新兴业务,包含终端、软件和应用三个层面。终端层包括智能手机、平板电脑、电子书等。软件层包括操作系统、中间件、数据库和安全软件等。应用层包括休闲娱乐类、工具媒体类、商务财经类等不同应用与服务。

前沿视角

高质量数字经济发展与国内国际双循环新发展格局

中国互联网络信息中心发布的第 48 次《中国互联网络发展状况统计报告》显示,我国工业互联网"综合性＋特色性＋专业性"的平台体系基本形成,具有一定行业和区域影响力的工业互联网平台超过 100 家,连接设备数超过 7 000 万台(套),工业 APP 超过 59 万个,"5G＋工业互联网"在建项目已超过 1 500 个,覆盖 20 余个国民经济重要行业。中国高质量的数字经济发展为破解人类共同挑战提供了可行方案。2021 年上半年,互联网进一步发挥支撑引领作用,促进数字经济规模不断扩大,质量日益提升、结构优化升级、创新更加活跃,成为未来产业的核心引擎,成为构建国内国际双循环新发展格局的重要力量。

请思考:为什么我国工业互联网"综合性＋特色性＋专业性"的平台体系是高质量数字经济发展和国内国际双循环新发展格局构建的重要力量?

三、企业内部网(Intranet)

物流信息化是物流企业运用现代信息技术对物流过程中产生的全部或部分信息进行采集、分类、传递、汇总、识别、跟踪、查询等一系列处理活动,以实现对货物流动过程的控制,从而降低成本、提高效益的管理活动。物流企业对业务信息进行交流和共享常用到局域网。下面介绍物流企业内部网络的结构和组建。

(一)企业内部网概述

企业内部网是 Internet 技术在企业内部的应用。它实际上是运用 Internet 技术在一个企业或组织的内部为其成员提供信息的共享和交流等服务,例如万维网、文件传输、电子邮件等。

Internet 是面向全球的网络,而 Intranet 则是 Internet 技术在企业机构内部的实现,它能够以极少的成本和时间将一个企业内部的大量信息资源高效合理地传递到每个人。Intranet 为企业提供了一种能充分利用通信线路、经济而有效地建立企业内联网的方案。应用 Intranet,企业可以有效地进行财务管理、供应链管理、进销存管理、客户关系管理等。

(二)企业内部网建设

企业内部网由硬件系统和软件系统组成。

1. 硬件系统

(1)线路系统。Intranet 一般使用星型拓扑结构,如图 2-10 所示。它的优点是扩充容易、灵活性强,所连接的设备相对独立。

企业内部网络系统的线路铺设一般应遵守建筑物综合布线系统(Premises Distribution System,PDS)的标准,它由六个独立的子系统组成,如图 2-11 所示。

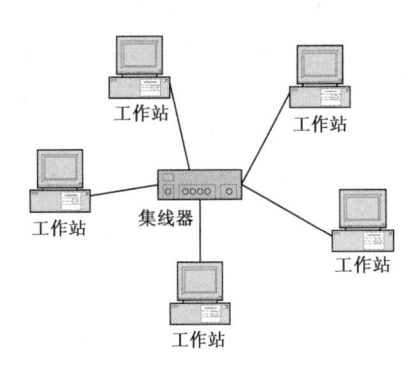

图 2-10　星型拓扑结构

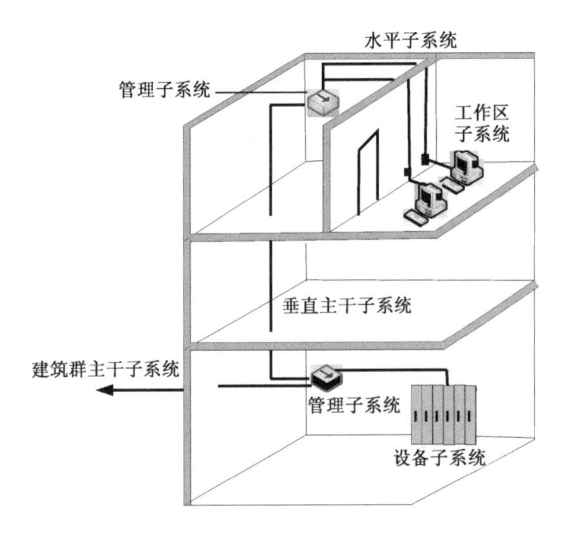

图 2-11　Intranet 的六个子系统

工作区子系统的目的是实现工作区终端设备与水平子系统之间的连接,由终端设备连接到信息插座的连接线缆组成。

水平系统的目的是实现信息插座和管理子系统(跳线架)间的连接,将用户工作区引至管理子系统,并为用户提供一个符合国际标准、满足语音及高速数据传输要求的信息点出口。该子系统由一个工作区的信息插座及其经水平布置到管理区的内侧配线架的线缆组成。

管理子系统由交连、互连配线架组成。管理点为其他子系统提供连接手段。交连和互连允许将通信线路定位或重定位到建筑物的不同部分,以便更容易地管理通信线路,使在移动终端设备使用时能方便地进行插拔。

垂直主干子系统的目的是实现计算机设备、控制中心与各管理子系统间的连接,是建筑物干线电缆的路由。

(2)网络节点。网络节点包含了服务器、终端计算机、网卡、网络设备等。其中服务器是高性能的计算机或专用服务器,是整个网络的控制中心,提供各项网络服务。终端计算机也叫工作站,用户使用它进行业务数据处理、通信和资源共享。

如图2-12所示,连锁超市门店计算机、连锁超市配送中心计算机、连锁超市总部计算机、决策分析计算机、后台数据库服务器和通信服务器等都是网络节点。

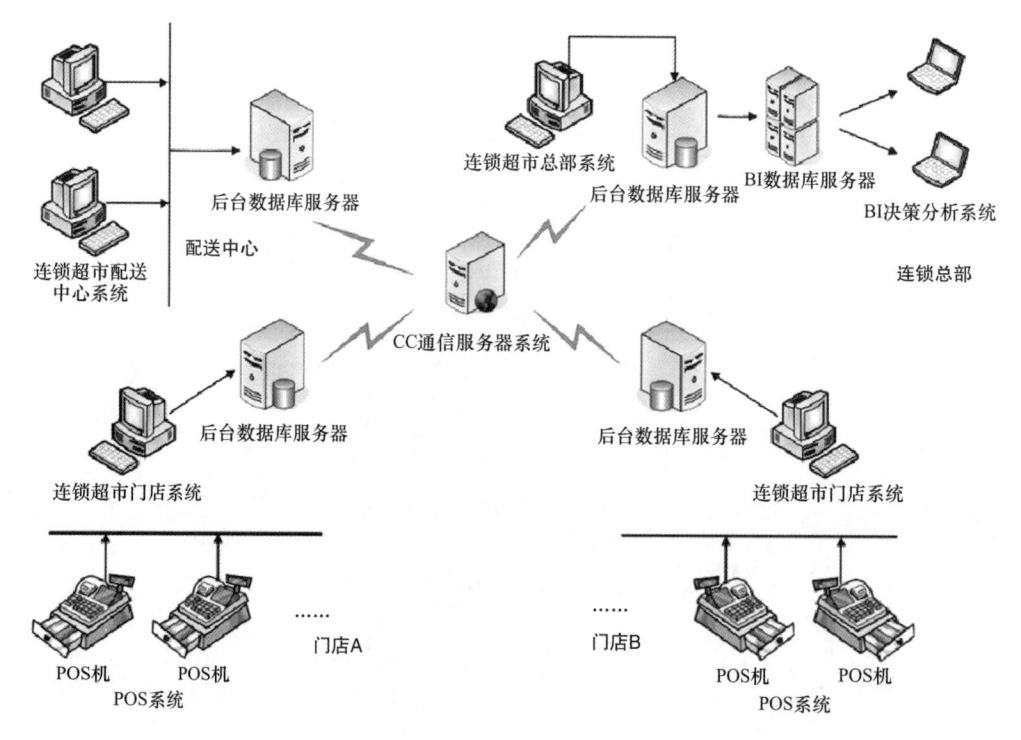

图 2-12 某连锁企业网络拓扑结构

2. 软件系统

计算机网络软件系统按功能可划分为系统软件和应用软件。

(1)系统软件。系统软件是指控制和协调计算机及外部设备、支持应用软件开发和运行的系统,是无须用户干预的各种程序的集合,主要功能是调度、监控和维护计算机系统。此外,编译系统和各种工具软件也属此类,它们从另一方面辅助用户使用计算机。系统软件包括操作系统(如 Windows 10、Windows Server 2019 等)、数据库管理系统(如 SQL Server、Oracle 和 Access 等)、语言处理系统(翻译程序)、服务程序(如计算机上使用的诊断程序、调试程序等)。

(2)应用软件。为解决各类实际问题而设计的程序系统被称为应用软件,如杀毒软件、文字处理软件等。

(三)中小企业内部网络构建方案

1. 现状调查与情况分析

当前以计算机网络为代表的信息技术的高速发展已经影响到社会的每个角落,网络已成为传递信息和进行交流快速、有效的纽带和桥梁,网络技术给人们带来了新的生活和工作方式,信息技术为我们带来了全面而深刻的社会变革。

我国企业尤其是中小企业的信息化建设正在如火如荼地进行,但是,在现阶段中小企业中,普遍存在着资金不足、信息基础薄弱、技术人员匮乏等特点,使它们不能有效地将自身的传统业务与信息系统很好地结合起来。究其原因,在于企业信息化观念不够强,信息化建设缺乏统一规划,致使企业协同运作存在严重障碍,运营成本居高不下。

中小企业要实现信息化管理,首要工作就是要建立企业局域网,然后在该系统的基础上开发、应用各种基础和专业软件。企业局域网可以有效地实现企业内部的资源共享、信息发布、技术交流、生产组织。

2. 需求分析

GS 有限公司是一家成立多年的通信元件生产企业,拥有员工 600 人左右。公司是由 4 栋建筑物组成的建筑群,主要有后勤行政部、市场销售部、技术研发部、财务部等部门,共约 800 个信息点。信息点主要集中在后勤行政部、市场销售部、技术研发部和财务部。在网络项目实施之前,以普通交换机和路由器作为主要的网络连接设备,在使用的过程中,员工普遍反映带宽低、速度慢。随着公司人员与规模的不断扩大,各部门间为提高办公效率、加强信息交流以适应办公信息化、自动化的需求,需要组建一个完善的企业办公局域网。

根据用户需求,该企业内部局域网主要实现以下几个方面的功能:

(1)资源共享功能。网络内的各个桌面用户可共享数据库、共享打印机,实现办公自动化系统中的各项功能。

(2)通信服务功能。最终用户通过广域网连接可以收发电子邮件、实现 Web 应用、接入互联网、进行安全的广域网访问。

(3)多媒体功能。支持多媒体组播,具有卓越的服务质量保证功能。

(4)远程 VPN 拨入访问功能。系统支持远程 PPTP 接入,外地员工可利用 Internet 远程访问公司资源。

3. 网络结构设计

企业网络系统的设计与实施遵从一切从实用性出发,经济、适用的原则。

(1)总体规划

①该网络采用通用的企业三层网络结构模式,包括工作组交换机、可管理的部门交换机(部门汇聚层)、企业交换机(网络中心核心层),以保证高效、快速的数据交换率与网络系统的稳定性,同时对于核心设备保留一定的冗余,以保证出现故障时网络的可靠运行。

②由于企业数据与信息的集中性与保密性,网络中心设在企业内部的第二层,内设中心交换机、服务器、电源、配线设备,各服务器间使用万兆以太网进行连接。

③该企业同企业的本部或者外部企业使用 VPN 连接,在该企业网的设计中为此 VPN 连接预留一个高速交换端口。

(2) 分层设计原则

从逻辑上来讲,该企业网采用了大型网络的分层原则,也分为三个层次,即核心层、分布层和接入层,每层都有其各自的特点,其优点有可扩展性、简单性、设计的灵活性以及可管理性。

① 网络拓扑结构的选定。在局域网的实际应用中,一般采用星型拓扑的组合和扩展方式。目前比较流行的智能大楼布线技术中,就是在每个楼层安置集线器或者交换机、连接节点,并连接到总线型的主干上。结合公司实际,通过对公司电脑分布进行调研查看,我们发现,公司电脑主要集中在二号楼层,且按照公司要求二号楼层上网的电脑最多。和一号楼层、三号楼层的各自作用相比较,重点应放在二号楼层。

按照组网原则,规划网络要规划到未来的 3~5 年,按行政部门的资料,在未来的 3~5 年里,公司的计算机会增至 150 台左右,主要增加在二号楼层研发部,计划增加两间专用的网络机房用于新产品的开发与设计。而按现在公司要求只有销售部的计算机可以连接外部网络,使公司的产品信息能及时地向网上发布。其他计算机一律不能上网。因此,根据因地制宜的构思,选择网络拓扑结构应根据网络中各节点的分布状况。例如,对于节点比较集中的场合多选用星型拓扑结构,而节点比较分散的场合则可以选用总线型拓扑结构。另外,若单一的网络拓扑结构不能满足要求,则可选择混合的拓扑结构。例如,假设一个网络中节点主要分布在两个不同的地方,则可以在这两个节点密集的场所选用星型拓扑结构,然后使用总线型拓扑结构将这两个地方连接起来。

② 楼层拓扑结构具体规划模型如图 2-13 所示。

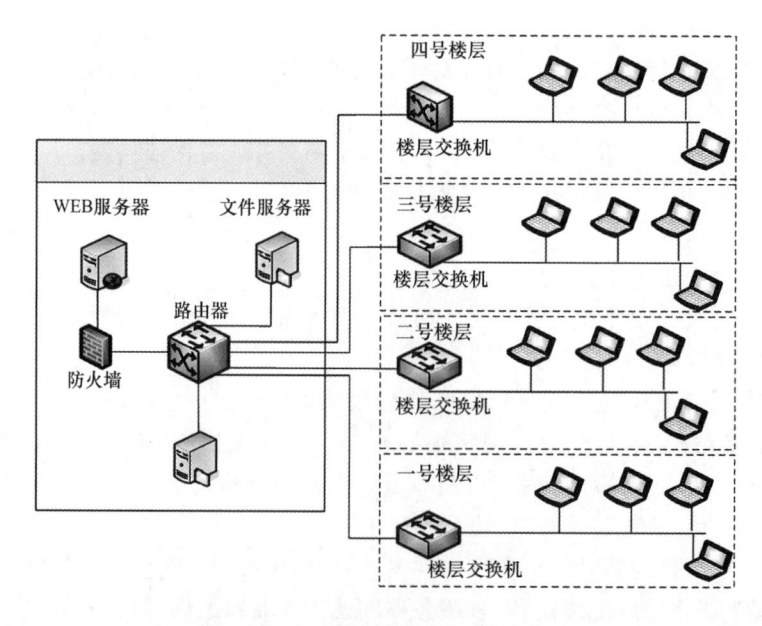

图 2-13 楼层拓扑结构

4.结束语

网络时代已经到来,中小企业只有做到与网络技术有机结合,真正地实现办公信息化、自动化才能跟上时代发展的步伐。而中小企业的网络建设不仅仅是网络硬件环境的建设,还必须包括企业网络的维护与保障、企业网络的资源建设和企业网络的有效应用这三个环节。为了更好地适应网络时代的要求,必须对中小企业网络建设采取"整体规划、分步实施"的战略。一个中小企业网络系统的组建需要从多方面进行考虑,不但涉及许多技术问题,而且包括网络设施、信息资源、专业应用、费用预算和人员安排等以及众多的综合化、信息化办公系统的建设。

第二节 数 据 库

数据库技术是20世纪60年代后期产生和发展起来的一项计算机数据管理技术,它是计算机科学技术中发展最快、应用最广泛的重要分支之一,并成为计算机信息系统和计算机应用系统的重要技术基础和支柱。从20世纪70年代末开始,国外大学已把数据库技术作为重要课程,我国在20世纪80年代开设了这门课程。

数据库技术研究和解决计算机在信息处理过程中如何有效地组织和存储大量数据的问题,在数据库系统中能够减少数据存储冗余、实现数据共享、保障数据安全以及高效地检索数据和处理数据。随着计算机技术与网络通信技术的发展,数据库技术已成为信息社会中对大量数据进行组织与管理的重要技术手段及软件技术,是网络信息化管理系统的基础。

一、数据库技术概述

信息技术(Information Technology,IT)是当今使用频率较高的名词之一,它随着计算机技术在工业、农业以及日常生活中的广泛应用,已经被越来越多的个人和企业作为自己赶超世界潮流的标志之一。数据库技术是信息系统的核心技术之一,是一种计算机辅助管理数据的方法,它研究如何组织、存储数据和如何高效地获取、处理数据。没有数据库技术,人们在浩瀚的信息世界中将显得手足无措。

(一)数据和数据处理

1.数据(Data)

数据是关于自然、社会现象和科学试验的定量或定性记录。在计算机系统中,各种字母及数字符号的组合、语音、图形、图像等统称为数据,数据经过加工后就成为信息。在数据库中,数据按一定的格式或结构来组织和存储,如采用记录的方式。

例如,某零售企业供应商信息库中的一条记录为(1001,杭州滨江有色金属材料有限公司,王彬,1390800××××,中国浙江杭州横山东路1388-8号,310017),这条记录反映的供应商的信息是:供应商编号是1001,供应商名称是杭州滨江有色金属材料有限公司,联系人是王彬,联系电话是1390800××××,地址是中国浙江杭州横山东路1388-8号,邮政编码是310017。

2.数据处理

数据处理是指对各种形式的数据进行收集、存储、加工和传播的一系列活动的总和。

(二)数据库(Database)

数据库是指存储在计算机存储设备中的、结构化的相关数据的集合。数据库的三个基本特征：长期存储、有组织和可共享。

(三)数据库应用系统(Database Application System,DBAS)

DBAS 是指面向某一类应用的软件系统，如图书管理系统、仓储管理系统(WMS)、运输管理系统(TMS)等。

(四)数据库管理系统(Database Management System,DBMS)

DBMS 是用于管理数据库的软件，它是位于用户与操作系统之间的数据管理软件，其作用是实现数据库的建立、使用和维护。目前比较流行的 DBMS 产品有 SQL Server、Oracle 和 Access 等。

(五)数据库系统(Database System,DBS)

数据库系统是指采用了数据库技术后的计算机系统，它由硬件系统、数据库、操作系统、数据库管理系统、应用系统和用户（数据库管理员、最终用户等）组成。如图 2-14 所示的是数据库系统和仓库数据库系统组成示例。

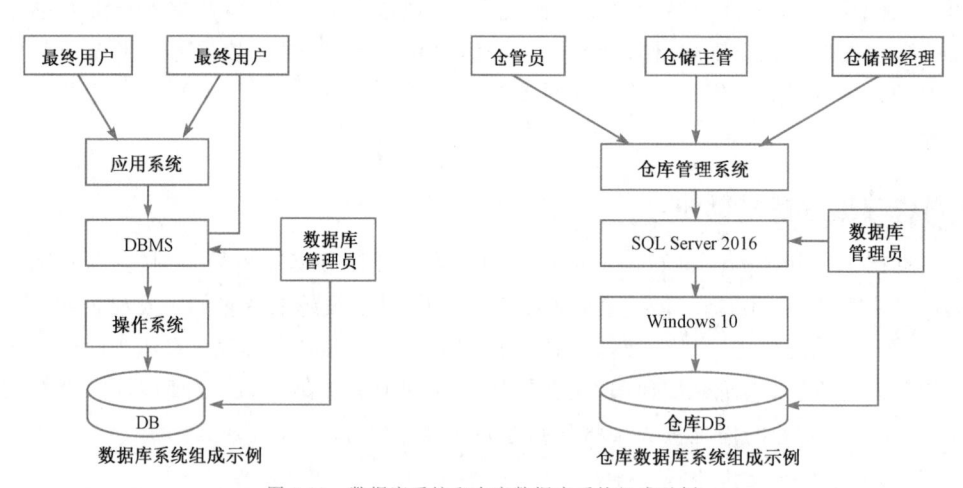

图 2-14　数据库系统和仓库数据库系统组成示例

二、数据库技术的应用与发展

(一)数据库技术的应用

数据库最初在大公司或大机构中被用作大规模事务处理的基础。随着个人计算机的普及，数据库技术被移植到 PC(Personal Computer，个人计算机)上，供个人用户使用。由于 PC 在工作组内联网，因此数据库技术也移植到工作组级。目前，数据库在因特网(Internet)和内联网(Intranet)中被广泛使用。

(二)数据库技术的发展

数据库技术的发展经历了人工管理阶段、文件系统阶段和数据库系统阶段三个阶段。

1. 人工管理阶段

20世纪50年代中期之前,计算机的软硬件均不完善。硬件存储设备只有磁带、卡片和纸带,软件方面还没有操作系统,当时的计算机主要用于科学计算。在这个阶段,程序员在程序中不仅要规定数据的逻辑结构,还要设计其物理结构,包括存储结构、存取方法、输入输出方式等。当数据的物理组织或存储设备改变时,用户程序就必须重新编制。由于数据的组织面向应用,不同的计算机程序之间不能共享数据,这就使不同的应用之间存在大量的重复数据,很难维护应用程序之间数据的一致性。

这一阶段的主要特征可归纳为如下几点:

(1)计算机中没有支持数据管理的软件,所有数据完全由人工管理。

(2)数据组织面向应用,数据不能共享,数据重复。

(3)在程序中要规定数据的逻辑结构和物理结构,数据与程序不独立。

(4)数据处理方式——批处理。

图2-15描述的是人工管理阶段数据与应用程序之间的对应关系。

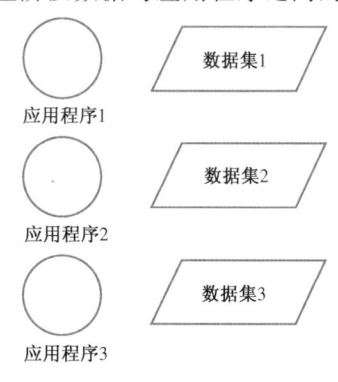

图2-15 人工管理阶段数据与应用程序之间的对应关系

2. 文件系统阶段

这一阶段的主要标志是计算机中有了专门管理数据库的软件——操作系统。操作系统有了专门的数据管理软件,称为文件系统。数据处理的方式有批处理和联机实时处理两种方式。

20世纪50年代中期到20世纪60年代中期,计算机大容量存储设备(如硬盘)的出现,推动了软件技术的发展,而操作系统的出现标志着数据管理步入一个新的阶段。在文件系统阶段,数据以文件的形式存储在外部存储设备(如磁盘)上,且由操作系统统一管理,并可多次进行存储操作。文件的逻辑结构与物理结构脱钩,应用程序与数据分离,即应用程序一般不直接操作数据,而是通过文件系统提供的存取方法对数据进行处理,使数据与应用程序有了一定的独立性(应用程序访问数据只需知道文件名即可,不必关心数据的物理位置)。由于应用程序与数据可分别存放在外存储器上,各个应用程序可以共享一组数据,因此实现了以文件为单位的数据共享。

但由于数据的组织仍然是面向程序,所以存在大量的数据冗余。由于文件之间互相独立,因而它们不能反映现实世界中事物之间的联系,操作系统不负责维护文件之间的联系信息。文件系统数据共享性差,数据冗余度大,浪费存储空间。再者,由于相同的数据面向不同的应用,并由应用程序各自管理,给数据的修改和维护带来了困难,容易造成数据的不一致。例如,一个仓库管理系统,包含仓库代码、仓库名称、仓库类型、仓库地址等信息,由于文件系统之间无法实现数据共享,所以系统中多个数据文件都会出现相同的数据项,例如:

- 仓库信息数据文件:仓库代码、仓库名称、仓库类型、仓库地址等数据项;
- 仓储区域信息数据文件:仓库代码、仓库名称、存储区域代码、存储区域名称等数据项;
- 仓位信息数据文件:仓库代码、仓库名称、存储区域代码、仓位代码等数据项。

通过以上三个数据文件存储的数据,可以看到:关于任何一个仓库的某些数据,如仓库代码和仓库名称,在这里存储了三次,极大地浪费了存储空间,即数据冗余度高。此外,如果修改了某些数据文件中的数据项的值,而其他数据文件中相关数据项的值没有修改,则会出现数据不一致的问题。例如,修改了仓库信息数据文件中的仓库名称,则其他两个数据文件的仓库名称也必须要修改,否则会出现数据不一致的问题。这些问题都是由于数据独立、缺乏共享造成的。图 2-16 描述了文件系统阶段数据与应用程序之间的对应关系。

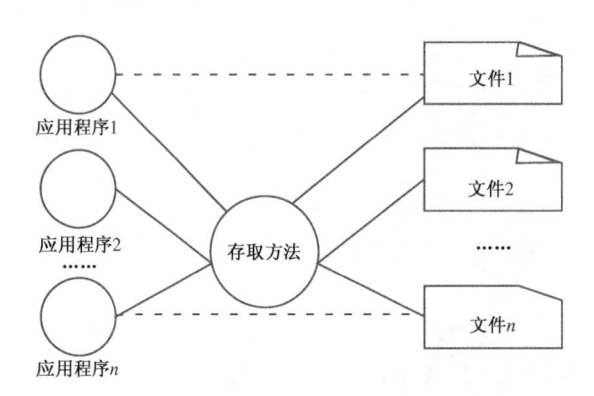

图 2-16　文件系统阶段数据与应用程序之间的对应关系

3. 数据库系统阶段

20 世纪 60 年代后期,出现了数据库管理技术。数据库系统阶段的数据管理有如下特点:

(1)数据结构化。数据库系统实现了整体数据的结构化,这是数据库系统与文件系统的本质区别,也是数据库系统的主要特征之一。数据库的特点是数据不再只针对某一特定应用,而是面向全组织,具有整体的结构性。

(2) 数据共享性高,冗余度小。数据不再面向具体的应用,而是可以被多个用户和多个应用程序共享使用,大大减少了数据冗余,节约了存储空间,避免数据之间的不相容性与不一致性。

(3) 数据具有一定的应用程序与数据间的独立性,并且实现了由专门的软件系统(数据库管理系统)对数据进行统一的管理和控制。

(4) 方便的用户接口。用户可以使用 SQL 语言或终端命令操作数据,也可以使用高级语言(如 C 语言、JAVA 语言等)对数据库中的数据进行操作。

图 2-17 描述的是数据库系统阶段应用程序与数据之间的关系。

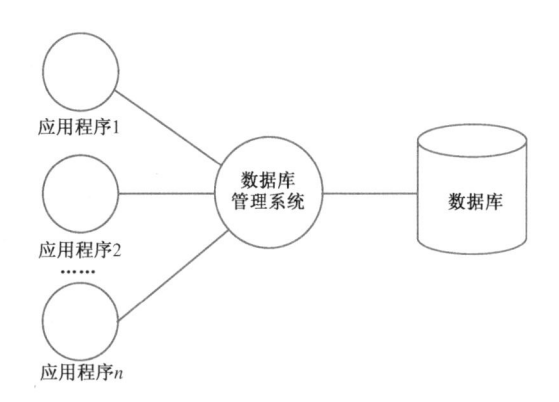

图 2-17 数据库系统阶段应用程序与数据之间的关系

三、数据模型

模型是对现实世界中客观事物的某些特征的模拟和转换。参照实物的形状和结构按比例制成的物体称为实物模型,例如,船舶模型、汽车模型和建筑模型等。揭示客观事物某些本质的固有特征的模型,一般称为抽象模型,例如,在体育实践中常常提到优秀运动员的数学模型。经调查统计,现代的世界级短跑运动健将模型为身高 1.80 米左右,体重 70 公斤左右,100 米成绩 10 秒左右或更好等。

现实世界中的客观事物不能被计算机直接处理,只能按照一定的方法把它们的某些特征转换成计算机能够处理的数据格式,这种数据格式就是数据模型。数据模型是数据库技术的核心和基础。

在数据库系统中,要将现实世界的客观事物转换成 DBMS 能够管理的数据,一般要进行两个层次的转换:从现实世界到信息世界的转换,然后从信息世界到机器世界的转换,如图 2-18 所示。

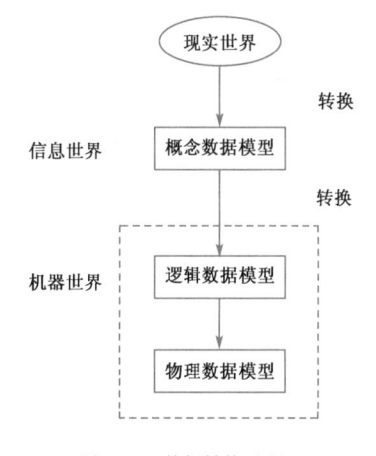

图 2-18 数据转换过程

(一)概念数据模型

概念数据模型简称概念模型,它是对现实世界的转换,主要用来描述现实世界的概念化结构,是数据库设计人员和用户交流的工具。概念模型最常用的表示方法是 E-R 方法(Entity Relationship Approach,实体联系方法)或 E-R 模型。

1. E-R 模型常用术语

(1)实体。现实世界中客观存在并可以相互区别的事物就叫实体。

例如,一辆汽车、一名教师、一个苹果、一次竞赛等都是实体。

(2)实体集。同一类型实体的集合称为实体集。

例如,全体教师是一个实体集,全班学生是一个实体集。

(3)属性。实体通常有多个属性,实体的每一个特征称为实体的一个属性。

例如,一个教师实体有教工号、姓名、性别、年龄等属性。实体集中的每个实体都具有相同的属性,属性的具体取值称为属性值。例如,某个教师的教工号为 10012,姓名为张亮,则对于这名教师而言,其教工号属性值是 10012,姓名属性值是张亮。

(4)键(Key)。能唯一标识每个实体的属性或属性组,称为实体的键,也称为实体的关键字、关键码或码。

例如,一个学校中,每个教工的教工号能唯一标识一名职工,则教工号就可以作为教工实体的键。汽车的车牌号能唯一标识一辆汽车,则车牌号就可以作为汽车实体的键。我国居民的身份证号码能唯一标识每一个公民,则身份证号码可以作为公民实体的关键字。

(5)域。属性的可取值范围称为属性的域。

例如,教师实体的性别属性的域是{男,女};历史课程实体的成绩属性的域是{0~100};洗衣机实体的库存数量属性的域是大于或等于 0。

(6)联系。现实世界,事物内部或事物之间通常存在一定的联系,表现在实体中,就是实体内部的联系和不同实体之间的联系。

例如,学生实体和学校实体之间存在"就读"联系;学生实体和宿舍实体之间存在"住宿"联系;洗衣机实体和仓库实体之间存在"存放"联系。联系也可能具有属性,用来描述联系的特征,例如,"住宿"联系,具有宿舍号、床位数等属性。

E-R 模型由实体、属性和联系构成。实体间的联系类型有三种,分别是一对一 ($1:1$)、一对多联系($1:n$)和多对多联系($n:m$)。图 2-19~图 2-21 描述了两个实体间的联系类型与 E-R 图设计的过程。

2. 设计 E-R 图的步骤

设计一个 E-R 图,可分为三步:

(1)确定实体及其属性。

(2)确定实体间的联系。

(3)画出 E-R 图。

第二章　物流信息网络与存储技术

【例1】　学校的宿舍实体与学生实体的E-R图。

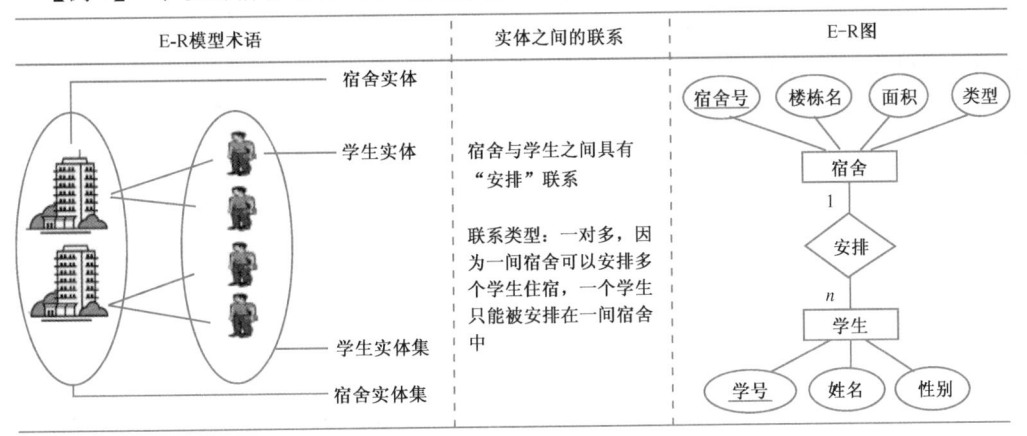

E-R模型术语	实体之间的联系	E-R图
宿舍实体 学生实体 学生实体集 宿舍实体集	宿舍与学生之间具有"安排"联系 联系类型：一对多，因为一间宿舍可以安排多个学生住宿，一个学生只能被安排在一间宿舍中	宿舍（宿舍号、楼栋名、面积、类型）—1—安排—n—学生（学号、姓名、性别）

图 2-19　一对多联系的 E-R 图

【例2】　学校的学生实体与床实体的E-R图。

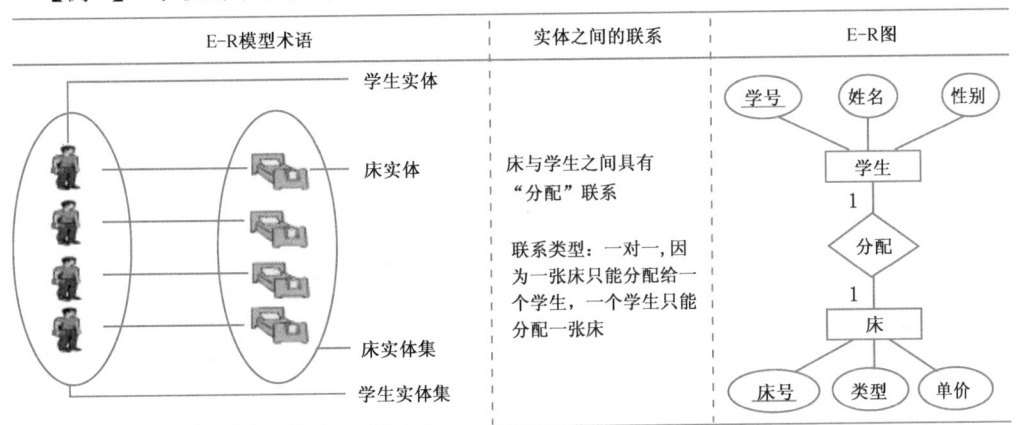

E-R模型术语	实体之间的联系	E-R图
学生实体 床实体 床实体集 学生实体集	床与学生之间具有"分配"联系 联系类型：一对一，因为一张床只能分配给一个学生，一个学生只能分配一张床	学生（学号、姓名、性别）—1—分配—1—床（床号、类型、单价）

图 2-20　一对一联系的 E-R 图

【例3】　学校的课程实体与学生实体的E-R图。

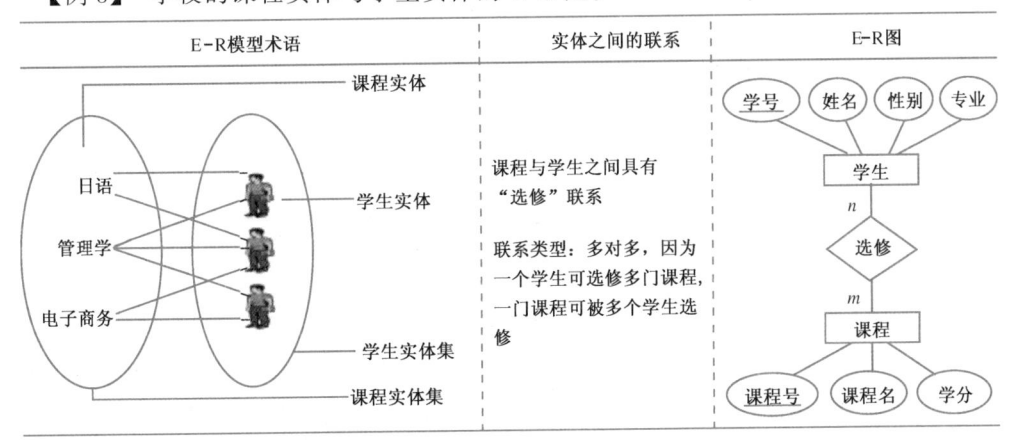

E-R模型术语	实体之间的联系	E-R图
课程实体 学生实体 日语、管理学、电子商务 学生实体集 课程实体集	课程与学生之间具有"选修"联系 联系类型：多对多，因为一个学生可选修多门课程，一门课程可被多个学生选修	学生（学号、姓名、性别、专业）—n—选修—m—课程（课程号、课程名、学分）

图 2-21　多对多联系的 E-R 图

注：E-R图中，具有下划线的属性是该实体的关键字。例如，宿舍号是宿舍实体的关键字，课程号是课程实体的关键字。

3. 多个实体之间的联系

3个或3个以上的实体之间的联系称为多元联系，它们之间也存在一对一、一对多和多对多的联系类型。

图2-22表示的是3个实体之间的联系：一个学生可以选修多门课程，一门课程可被多个学生选修；一名教师可以开设多门课程，一门课程可以被多个教师开设；一名教师可以给多个学生授课，一个学生可以上多个教师的课程。

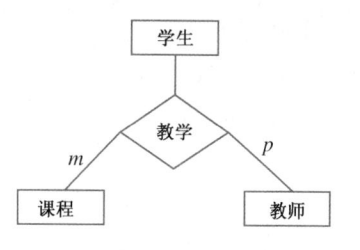

图2-22 3个实体之间的联系

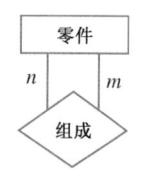

4. 单个实体集内各实体之间的联系类型

在同一实体集内各实体之间的联系称为一元联系，各实体之间也存在一对一、一对多和多对多的联系类型。图2-23表示的是零件实体集中，零件实体之间的多对多联系。一个零件可以由多个子零件组成，同时一个零件又可以是多个零件的组成部分，这种"组成"联系是多对多联系。

图2-23 单个实体集内的联系

从以上示例可以看出，E-R模型是数据库设计人员与用户进行交流的最有效的工具之一，用E-R图可以清晰地表示现实世界中事物之间的联系。

(二)逻辑数据模型

把概念数据模型转换成逻辑数据模型，能使数据被DBMS管理。逻辑数据模型是一组严格定义的概念的集合，由数据结构、数据操作和数据完整性约束三部分组成，这三部分通常被称为数据模型三要素。为便于理解三要素的相关概念和作用，相关内容将在下述关系数据模型中进行介绍。

(三)关系模型

常用的逻辑数据模型有层次模型、网状模型、关系模型、面向对象模型和对象关系模型。自20世纪80年代以来，计算机厂商新推出的数据库管理系统几乎都支持关系模型。关系模型在目前仍处于主流地位。

1. 关系模型常用术语

(1)关系(Relation)：一张规范化的二维数据表。

学生信息表是一张二维数据表，见表2-1。

表2-1　　　　　　　　　　学生信息表

学号	姓名	性别	班级	出生日期	民族	是否团员
1001001	刘畅	男	金融1001	1991-9-2	汉	是
1001002	黎明	女	金融1001	1991-10-19	汉	否
1001003	王丽娟	女	金融1001	1991-5-11	汉	是
1001004	黎明	男	金融1001	1990-12-21	汉	否

(2)元组(Tuple)：表中的一行称为一条记录，一条记录也被称为元组。关系是元组(或记录)的集合。

例如，表2-1中，第一行(1001001,刘畅,男,金融1001,1991-9-2,汉,是)是一条记录，也被称为元组。表中有4条记录，这4条记录的集合就称为学生关系。

(3)属性(Attribute):表中的一列称为属性,属性的名称称为属性名,属性也被称为字段。

例如,表2-1中有7个属性名,分别是学号、姓名、性别、班级、出生日期、民族和是否团员。

(4)键(Key):也称关键字,由表的一个或多个属性组成。键的值可以唯一标识一个元组。

表2-1中,学生入学注册时,学校给每个学生分配一个学号。学生通过输入自己的学号和密码登录学生管理系统,就能查询个人的基本信息。但每个学号仅能查询到特定的某个学生的基本信息,而查不到其他学生的信息,这是因为每个学生的学号在整个学校的学号中是唯一的。因此,可以选取"学号"属性作为关键字。不能选取"姓名"属性作为关键字,因为一个学校中存在姓名相同的学生,例如表2-1中,就有两个姓名是"黎明"的人。

例如,我国公民的身份证号码就可以唯一标识一个公民的身份信息记录,因此,可以选取"身份证号"属性作为关键字,而不能选取"姓名"属性作为关键字。

(5)域(Domain):属性的可取值范围称为属性的域。

如在表2-1中,"性别"属性,其域是{男,女};"是否团员"属性,其域是{是,否}。

(6)分量:元组中的一个属性值称为一个分量。

例如,在表2-1中,学号"1001001"就是"学号"属性的一个分量,姓名"刘畅"是"姓名"属性的一个分量。

2.关系模型的数据结构

【例1】中学校的宿舍与学生之间的联系可转换成如图2-24所示的关系模型,图2-25所示的是该关系模型的具体实例。

关系模型要求关系遵守一定的规范条件,其中最基本的一个要求是关系的每一个分量必须是一个不可分的数据项,即不允许表中嵌有小表。

关系—宿舍

宿舍号	楼栋名	面积(m^2)	类型
1-101	春晖苑	30	标准间
2-203	松林苑	30	标准间
3-101	真知苑	40	一房一厅

关系—学生

学号	姓名	性别
020101001	王可	男
020101002	李菲	女
020101003	汪霞	女
020101004	雷明	男
020101005	谭天彩	女
020101007	黄文广	男
020101008	李琳	女
020101010	汤志华	男
010201008	李香兰	女
010201016	王可	女

关系—安排

宿舍号	学号
1-101	020101001
1-101	020101004
1-101	020101007
1-101	020101010
2-203	020101002
2-203	020101005
2-203	020101003
2-203	020101008
3-101	010201008
3-101	010201016

关系模型 宿舍
(宿舍号,楼栋名,面积,类型)
关系模型 学生
(学号,姓名,性别)
关系模型 安排
(宿舍号,学号)

图2-24 宿舍与学生关系模型

图2-25 宿舍与学生关系模型实例

例如,表 2-2 中的成绩关系就不符合关系模型要求,因为"成绩"这个分量又可分为平时成绩、期末成绩和总评成绩。

表 2-2　　　　　　　　　成绩关系(1)

学号	姓名	性别	课程名	成绩		
				平时成绩	期末成绩	总评成绩
020101001	王可	男	管理学	80	85	83
020101002	李菲	女	管理学	78	80	79

正确的成绩关系见表 2-3。

表 2-3　　　　　　　　　成绩关系(2)

学号	姓名	性别	课程名	平时成绩	期末成绩	总评成绩
020101001	王可	男	管理学	80	85	83
020101002	李菲	女	管理学	78	80	79

3. 关系模型的数据操作和完整性约束

关系模型的数据操作通常有数据查询、增加、删除、修改等。关系模型的数据操作必须满足 3 类关系完整性约束条件,即实体完整性、参照完整性和用户自定义完整性。这些规则用于限定关系数据库中数据的状态及状态的变化,以保证数据的正确性、有效性和相容性。

(1)实体完整性。实体完整性指关系在组成元组主键的属性上不能取空值。

例如,图 2-25 中,宿舍和学生关系表中,作为主键的宿舍号和学号的值都不能为空值,必须填上每个宿舍的宿舍号和每个学生的学号。而安排关系中的宿舍号和学号共同组成了安排关系的主键,所以宿舍号和学号的值都不能为空。

例如,图 2-26 所示的情况是不允许的。

关系—宿舍

宿舍号	楼栋名	面积(m^2)	类型
1-101	春晖苑	30	标准间
	松林苑	30	标准间
3-101	真知苑	40	一房一厅

关系—学生

学号	姓名	性别
020101001	王可	男
020101002	李菲	女
020101003	汪霞	女
020101004	雷明	男
020101005	谭天彩	女
020101007	黄文广	男
020101008	李琳	女
020101010	汤志华	男
010201008	李香兰	女
	王可	女

关系—安排

宿舍号	学号
1-101	020101001
1-101	020101004
1-101	
1-101	020101010
2-203	020101002
2-203	020101005
	020101003
2-203	020101008
3-101	010201008
3-101	010201016

图 2-26　实体完整性示例

如图 2-26 所示的宿舍关系表中,宿舍号是主键,松林苑这行没有宿舍号;学生关系表中,学号是主键,而姓名是"王可"的同学有两名,但最后一条记录的"王可"没有学号,以致无法区分姓名同为"王可"的两名同学;安排关系表中,1-101 这行缺一个学号,020101003 这行没有宿舍号。这些操作违反了实体完整性规则。实体完整性规则的实质是"要保证实体集中的实体能相互区分"。

(2)参照完整性。参照完整性的实质是"不允许引用不存在的实体"。例如,图 2-27 所示的安排关系表中,斜体表示的 5-203 宿舍号,它在宿舍关系表中不存在,即学校不存在 5-203 宿舍,因此不能安排学生住进不存在的宿舍;同理,斜体表示的 030201020 学号,在学生关系表中不存在,即学校不存在学号为 030201020 的学生,因此不能安排不存在的学生入住。这两个操作都违反了参照完整性规则。

关系—宿舍

宿舍号	楼栋名	面积(m²)	类型
1-101	春晖苑	30	标准间
2-203	松林苑	30	标准间
3-101	真如苑	40	一房一厅

关系—学生

学号	姓名	性别
020101001	王可	男
020101002	李菲	女
020101003	汪霞	女
020101004	雷明	男
020101005	谭天彩	女
020101007	黄文广	男
020101008	李琳	女
020101010	汤志华	男
010201008	李香兰	女
010201016	王可	女

关系—安排

宿舍号	学号
1-101	020101001
1-101	020101004
1-101	020101007
1-101	020101010
2-203	020101002
2-203	020101005
5-203	020101003
2-203	020101008
3-101	010201008
3-101	*030201020*

图 2-27 参照完整性示例

(3)用户自定义完整性。用户自定义完整性约束是用户针对某一关系数据库所设置的约束条件,它反映了某一具体应用领域中的数据所应满足的特定语义要求。例如,用户设定了学生成绩取值范围为 0~100,如果教师在输入学生成绩时,输入了-45,则系统会提示该数据不符合取值规定,要求重新输入。

第三节 数据仓库及数据挖掘技术

一、数据仓库

(一)数据仓库的定义与作用

数据仓库(Data Warehouse,DW)是一种概念,是企业内部一种专门的数据存储方式,专门用于支持分析型数据查询。同时,数据仓库是一种数据组织和管理技术,并且逐渐成为支持分析与决策的技术,它最根本的特点是物理地存放数据,而且这些数据来源于其他数据库。

(二)分析型数据仓库与操作型数据库的区别

分析型数据仓库与操作型数据库的区别见表 2-4。

表 2-4　　　　　　　　分析型数据仓库与操作型数据库的区别

项目	分析型数据仓库	操作型数据库
设计目的	支持管理需求，获取信息	支持日常操作
使用人员	经理，管理人员，分析专家	办事员，数据库管理员，数据库专家
数据内容	历史数据，派生数据	当前数据
数据特点	历史的或提炼的	细节的
数据组织	面向主题	面向应用
存取类型	查询、聚集	增加、更改、查询、删除
数据稳定性	相对稳定	动态的
操作需求特点	操作需求事先不知道	操作需求事先可知道
操作特点	一个时刻操作一集合	一个时刻操作一单元
数据库设计	基于星型模式、雪花模式	基于 E-R 图
一次操作数据量	一次操作数据量大	一次操作数据量小
存取频率	相对较低	比较高
响应时间	几秒至几分钟	1～3 秒

操作型数据库在企业中应用普遍；运输管理系统、仓储管理系统、货代管理系统、学生学籍管理系统、财务管理系统等都属于操作型数据库。这些系统支持日常业务工作，如车辆管理、车辆调度、货物出入库、货物盘点、学生注册、会计凭证的填写等。系统的使用人员为调度员、仓管员、记账员等。由这些业务系统生成的数据是当前的数据，并且是细节数据，如货物入库单、车辆调度单、学生学籍信息等，这些数据随着日常业务工作不断地被增加、修改或删除。操作型数据库系统都有明确的操作流程和数据处理方法，一次操作的数据量较小，例如，填制一份出库单，填制的出库单数量可能很大，所以操作的次数很多，这就要求存取的频率高且响应时间要短。

建立数据仓库的目的是有效地获取有用的信息，用于指导企业战略、进行经营决策，而不是用于日常业务操作。数据仓库提供的是综合的、经过提炼的信息，并且保存数据以分析未来的发展趋势。例如，信息使用者在利用数据仓库进行企业运行状态监控时，所涉及的监控指标可能有：资金的流动速度、客户的满意度、客户平均采购量、未兑现票据量等。再如，可以根据企业 4 年的销售情况来预测未来的销售趋势。

（三）数据仓库的体系结构

数据仓库的体系结构如图 2-28 所示，包括数据源、数据存储、应用工具和可视化用户界面。数据源提供原始数据，原始数据一部分来源于自有的管理系统，另一部分来源于外部数据，如来自企业调查或部门的统计数据。为满足趋势分析的需要，数据源还要能够提供历史数据信息。由此可见，企业中的管理信息系统的成功开发和使用是数据仓库的基础。在对源数据进行接收、分析、抽取、净化、汇总、变换、存储等之后，为了得到数据仓库的数据存储，首先要确定数据仓库的分析主题和指标体系，再从源数据库中分析抽取面向主题的集成数据。以该主题数据作为分析型应用的数据基础,可以大大地缩短系统的响应时间,并能更好地满足相应主题的分析要求。

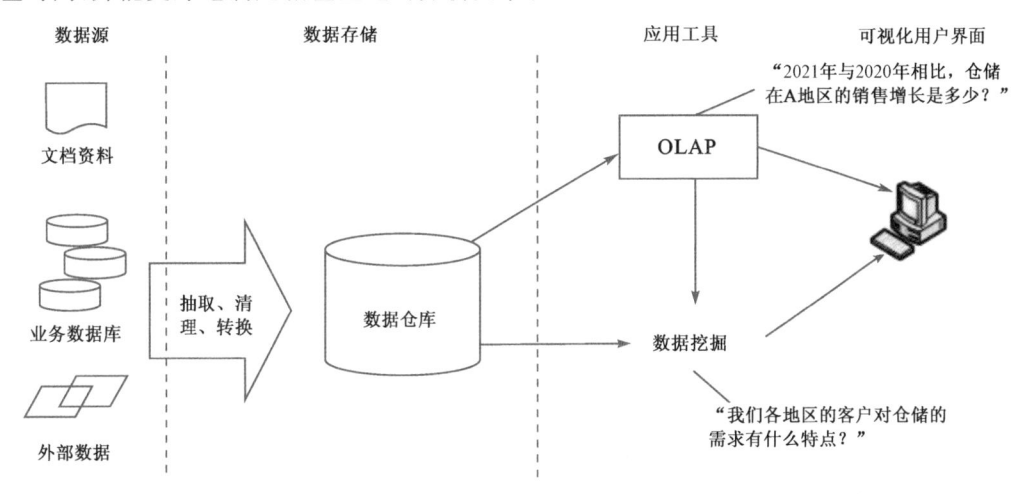

图 2-28 数据仓库的体系结构

应用工具主要是指 OLAP(On-Line Analytical Processing)和数据挖掘(Data Mining)工具。OLAP 用于支持复杂但目的明确的分析操作。例如,"2021 年与 2020 年相比,仓储在 A 地区的销售增长是多少?"其特点是可以应分析人员的要求快速灵活地进行大量数据的复杂查询处理,并可以通过可视化前端服务以一种直观易懂的方式将分析的结果呈现给分析人员。

可视化前端服务是面向用户的需求将分析结果以方便用户理解的方式呈现给用户,以支持用户进行决策。数据挖掘工具主要从一个系统内部自动获取知识,从大量数据中寻找尚未发现的知识。例如,"我们各地区的客户对仓储的需求有什么特点?"前端服务的主要内容是用户指定分析主题,确定分析粒度与维度,对数据仓库中的主题数据进行进一步的汇总集成,以同步数据表、分析报告、折线图、直方图、雷达图、圆饼图等方式将分析结果呈现给用户。

二、数据挖掘

(一)数据挖掘的定义

从商业的角度来看,数据挖掘是一种新的商业信息处理技术,其主要特点是对商业数据库中的大量业务数据进行抽取、转换、分析和其他模型化处理,从中提取辅助商业决策的关键性数据。数据挖掘习惯上又称为数据库中的知识发现,也有人把数据挖掘视为数据库中知识发现过程的一个基本步骤。

(二)数据挖掘与数据仓库的关系

数据仓库技术源于数据库技术,它的主要设计思想是将分析决策所需的大量数据从传统的操作环境中分离出来,把分散的、难以访问的操作数据转换成集中统一的、随时可用的信息,从而建立的一种数据库存储环境。

数据仓库完成了数据的收集、集成、存储、管理等工作,因而数据挖掘面对的是经过初步加工的数据,这使得数据挖掘能更专注于知识的发现。数据挖掘技术和数据仓库技术结合起来,能够更充分地发挥潜力。

(三)数据挖掘的方法

比较典型的数据挖掘方法有关联分析、序列模式分析、分类分析、聚类分析等。它们可以应用到以客户为中心的企业决策分析和管理的各个不同领域和阶段。

1. 关联分析

关联分析,即利用关联规则进行数据挖掘。关联分析的目的是挖掘隐藏在数据中的相互关系。它能发现数据库中的顾客在一次购买活动中购买商品 A 的同时购买了商品 B 之类的知识。例如著名的"啤酒与尿布"的数据挖掘案例,某超市对顾客的购买清单信息的分析表明,啤酒和尿布经常同时出现在顾客的购买清单上。原来,很多男士在为自己小孩买尿布的时候,还要为自己带上几瓶啤酒。而在这个超市的货架上,这两种商品离得很远,因此,超市就重新分布货架,把啤酒和尿布放得很近,这使购买尿布的男士很容易看到啤酒,最终使得啤酒的销量大增。再如,在股票预测中,预测一只股票的走势几乎是不可能的,但是通过关联分析,可以找出一只股票的走势与另一只股票走势的潜在规律。比如,数据挖掘曾经得到过这样的结论:"如果 A 股票下跌 4%,那么 B 股票将在两周内下跌 5%。"

2. 序列模式分析

序列模式分析和关联分析相似,但侧重点在于分析数据间的前后序列关系。它能发现数据库中某一段时间内,顾客购买商品 A,接着购买商品 B,而后购买商品 C,即序列 A—B—C 出现的频度之类的知识。序列模式分析描述了在给定交易序列数据库中,每个序列是按照交易时间排列的一组交易集。例如,通过序列模式分析挖掘网页之间的关联性,如果客户在一次访问行为中,访问了页面 1,一般也会访问页面 2。进行 Web 上的数据挖掘,构建关联模型,我们可以更好地组织站点,建立网站之间的关联。

3. 分类分析

设有一个数据库和一组具有不同特征的类别(标记),该数据库中的每一个记录都被赋予一个类别的标记,这样的数据库称为示例数据库或训练集。分类分析就是通过分析示例数据库中的数据,为每个类别做出准确的描述,建立分析模型或挖掘出分类规则,然后用这个分类规则对其他数据库中的记录进行分类。例如,通过分类分析进行欺诈甄别。银行或商业上经常发生诈骗行为,如恶性透支等,这些给银行和商业单位带来了巨大的损失。对这类诈骗行为进行预测,哪怕正确率很低的预测,都会减少发生诈骗的机会,从而减少损失。进行诈骗甄别主要是通过总结正常行为和诈骗行为之间的关系,从而得到诈骗行为的一些特征,这样当某项业务符合这些特征时,可以向决策人员提出警告。

4. 聚类分析

聚类分析输入的是一组未分类记录,并且这些记录应分成几类事先也不知道。通过分析数据库中的记录数据,根据一定的分类规则,合理地划分记录集合,才能确定每个记录所在的类别。它所采用的分类规则是由聚类分析工具决定的。采用不同的聚类方法,对于相同的记录集合可能有不同的划分结果。例如,通过聚类分析进行市场细分。通过客户聚类分析可以找出顾客需求的相同之处,使得属于同一类别的客户之间的需求距离尽可能小,而不同类别的客户群体之间的需求距离尽可能大。通过对聚类的客户特征的提取,可以把客户群分成更细的市场,提供有针对性的服务。

三、数据仓库与数据挖掘在信息管理中的应用

(一)客户关系管理

客户信息是客户关系管理的基础。数据仓库、商业智能、知识发现等技术的发展,使得收集、整理、加工和利用客户信息的质量大大提高。数据挖掘在零售行业中的应用,通常也称为货篮分析(Basket Analysis)。它是通过对市场销售数据(如 POS 数据)的分析,来识别顾客的购买行为模式,从而帮助确定商店货架的布局排放以促进某些商品的销售。例如,通过货篮分析发现"在购买个人电脑的顾客中,90%也购买了打印机"。

(二)销售预测

例如,海南航空引入领先的数据挖掘工具马克威分析系统,分析客流、燃油等数据的变化趋势,以航线收益为主题进行数据挖掘,制定精细的销售策略,有效地提高了企业收益。

(三)物流企业中的数据挖掘

一般来讲,数据挖掘在物流企业中可以应用在以下几个方面:

1. 市场预测

产品在进入市场后,并不会永远保持最高销量。一般来讲,随着时间的推移,产品会遵守销量变化的模式,经历四个阶段,即导入期、增长期、成熟期和衰退期。在各个阶段,产品的生产要求和实物分拨策略是不同的。如在导入期,产品逐步得到市场的认可,销售量可能会快速地增长,这时需要提前安排生产计划、生产作业以及适当的库存和运输策略,指导企业的生产,合理地控制库存和安排运输。数据挖掘可以作为市场预测的手段,通过聚类和预测工具,达到上述目的。

2. 物流中心的选择

物流中心(流通中心、配送中心)选址问题即求解运输成本、变动处理成本和固定成本等之和为最小的问题。

物流中心选址需要考虑到中心点数量和中心点如何分布等情况。针对这一问题,可以用数据挖掘中的分类树方法来加以解决。分类树(Classification)的目标是连续地划分数据,使依赖变量的差别最大。分类树的真正目的是将数据分类(Classify)到不同组或分支中,在依赖变量的值上建立最强划分。用分类树的方法解决这个问题时,通常需要以下四个方面的数据:①中心点的位置;②每个中心点的业务需求量;③备选点的位置;④中心点和备选点之间的距离。

通过分类树的方法,不仅能确定中心点的位置,同时也能确定每年各个地址间物品的运输量,整个企业必要的销售量可得到保证,企业长期折现的总成本也会达到最小值。

3. 优化配送路径

配送路径是个典型的非线性问题,它一直影响着物流企业的配送效率。在许多配送

体系中,管理人员需要采取有效的配送策略以提高服务水平、降低货运费用,其中就要考虑车辆的路径问题。车辆路径问题是为一些车辆确定一些客户的路径,每一客户只能被访问一次,且每条路径上的客户需求量之和不能超过车辆的承载能力。其次还应考虑车辆的利用能力,如果车辆在运输过程中的空载率过高或整车的承载力未完全利用,都会增加企业的运输成本。另外涉及车辆的运输能力,就必须考虑货品的规格和利润的大小。

数据挖掘中的遗传算法为配送路径的优化提供了新的工具,它可以把在局部优化时的最优路线继承下来,应用于整体,而其他剩余的部分则结合区域周围的剩余部分(非遗传的部分)进行优化。如此下去,逐渐把其他的区域并入优化的范畴,最后扩展到整体,模型得出的信息可用来决策输出,即根据每次配送顾客数量的不同、顾客位置的不同以及相应订货量的不同,输出本次送货线路车辆调度的动态优化方案。

4. 合理安排商品的仓储

商品的储位合理对于提高仓容利用率和储存搬运分拣效率具有重要的意义。对于商品量大、出货频率高的物流中心来讲,商品储位就意味着工作效率和效益,要真正解决好这个问题,数据挖掘是必不可少的。

如何合理地安排货品的存储、压缩货品的存储成本成为现代物流管理者不断思考的问题。对于货品的存放,哪些货品放在一起可以提高拣货效率?哪些货品放在一起却达不到这样的效果呢?这时,可以利用以往的商品流动数据,采取数据挖掘中的关联模式来分析解决这个问题。

关联模式分析的目的就是挖掘出隐藏在数据间的相互关系,即通过量化的数字,描述 A 类产品的出现对 B 类产品的出现有多大影响。可以用四个属性来描述关联规则:

- 可信度:在产品集 A 出现的前提下,产品集 B 出现的概率。
- 支持度:产品集 A、B 同时出现的概率。
- 期望可信度:产品集 B 出现的概率。
- 作用度:可信度与期望可信度的比值。

通过上述关联分析可以得出一个关于同时购买的商品的简单规则,从而决定这两种货品在货架上的配置,可以战略性地布置货品在仓库中的位置,以促进交叉销售和某类交易模式。

5. 顾客价值分析

根据市场营销的原则,对待不同类型的顾客所提供的服务水平也应该有所不同。通过分析客户对物流服务的应用频率、持续性等指标来判别客户的忠诚度;通过对交易数据的详细分析来鉴别哪些是物流企业希望保持的客户;通过挖掘找到流失客户的共同特征,以在那些具有相似特征的客户还未流失之前有针对性地采取措施。

6. 物流需求预测

物流企业规划和控制物流活动需要准确估计供应链中所处理的产品和服务的数量,这些估计主要采用预测和推算的方式。数据挖掘可以对物流活动中的产品和服务类型随时间变化的规律和趋势进行建模描述。时间趋势分析可以找出现有商品在时间上的变化趋势,然后确定需要注意和开发的商品的类型。空间趋势分析可以根据地理位置的变化找到趋势,然后确定以往重点发展的区域,这对于物流企业长远的发展也是至关重要的。

> **前瞻技术**
>
> **大数据分析决策对供应链的影响**
>
> 电商平台对用户的历史购物行为等大数据进行分析以预测销量,并为其供应链、库存以及物流配送提供参考。通过对用户行为数据的收集和分析,可以对用户的年龄、性别、消费喜好、消费水平等做出细致精准的描绘,也就是用户画像,以此来预测用户需求,并推送用户想要购买的产品,给用户带来更好的体验。例如,通过分析用户浏览、收藏和购买行为等大数据,可以预测出配送中心或配送站周边顾客对扫地机器人的需求量,提前把商品运输到离客户最近的配送中心或配送站。这样,在用户下单以后,离客户最近的配送中心就可以发货,或者配送员直接在配送站提取扫地机器人配送给用户,无疑提高了配送时效,增强了用户体验。
>
> **请思考:** 依据大数据分析可以提高预测准确性和物流配送服务质量,你作为一名消费者有什么好的体验?

第四节 云计算

一、云计算概述

(一)云计算的定义

根据美国国家标准与技术研究院(NIST)的定义:云计算是一种按使用量付费的模式,这种模式提供可用的、便捷的、按需的网络访问,进入可配置的计算资源共享池(资源包括网络、服务器、存储、应用软件、服务),这些资源能够被快速提供,只需投入很少的管理工作或与服务供应商进行很少的交互。

云计算实质上是一种让用户能够方便获取的、资源共享的、随机应变的和可实时访问的网络模式。进一步说,就是通过把计算部署在大量的分布式计算机上,用户能够将资源切换到需要的应用上,根据需求访问计算机和存储系统。

(二)云计算的产生和发展

云计算是继20世纪80年代大型计算机到客户端-服务器的大转变之后的又一种巨变。云计算的出现并非偶然,早在20世纪60年代,麦卡锡就提出了把计算能力作为一种像水和电一样的公用事业提供给用户的理念,这成为云计算思想的起源。在20世纪80年代网格计算、90年代公用计算,21世纪初虚拟化技术、SOA、SaaS应用的支撑下,云计算作为一种新兴的资源使用和交付模式逐渐被学界和产业界所认知。中国云发展创新产业联盟评价云计算为"信息时代商业模式上的创新"。

中国云计算产业分为准备阶段、起飞阶段和成熟阶段三个阶段。

准备阶段(2007—2010年):主要是技术储备和概念推广阶段,解决方案和商业模式尚在尝试中。用户对云计算认知度仍然较低,成功案例较少。准备阶段以政府公共云建设为主。

起飞阶段(2011—2015年):产业高速发展,生态环境建设和商业模式构建成为这一时期的关键词,进入云计算产业的"黄金机遇期"。此时期,成功案例逐渐丰富,用户了解和认可程度不断提高。越来越多的厂商开始介入,出现大量的应用解决方案,用户主动考虑将自身业务融入云。公共云、私有云、混合云建设齐头并进。

成熟阶段(2016年至今):云计算产业链、行业生态环境基本稳定;各厂商解决方案更加成熟稳定,提供了丰富的 XaaS 产品。用户云计算应用取得良好的绩效,并成为 IT 系统不可或缺的组成部分,云计算成为一项基础设施。

云计算的发展阶段如图 2-29 所示。

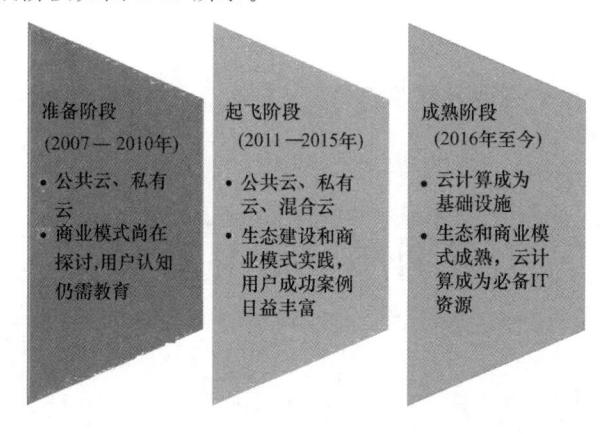

图 2-29　云计算的发展阶段

继个人计算机变革、互联网变革之后,云计算被看作第三次 IT 浪潮,是中国战略性新兴产业的重要组成部分。它将带来生活、生产方式和商业模式的根本性改变,云计算将成为当前全社会关注的热点。

目前,云计算概念被大量运用到生产环境中,如国内的"阿里云"与云谷公司的 Xen-System,以及在国外已经很成熟的 Intel 和 IBM,各种云计算的服务范围正日渐扩大,影响力也不可估量。

(三)云计算的特点

云计算具有快速部署资源或获得服务、按需扩展和使用、按使用量付费、通过互联网提供等特征。

(1)快速部署资源或获得服务。提供资源的网络被称为"云"。专业网络公司搭建计算机存储、运算中心,用户通过一根网线借助浏览器就可以很方便地访问,把"云"作为资源存储以及应用服务的中心。

(2)按需扩展和使用。"云"中的资源在使用者看来是可以无限扩展的,并且可以随时获取,按需使用,随时扩展,这种特性经常使其被称为像使用水、电一样使用信息技术基础设施,就像用水不需要自己建立水厂,用电不需要家家装备发电机,可以直接从水厂、电力公司购买一样。

(3)按使用量付费。在云计算模式中,用户按需获取资源,并只为这部分资源付费。

(4)通过互联网提供。云计算是将互联网看作一个大的资源池,用户除了具有基本功能(可视、可输入、发声、网络接入)的终端设备(如个人计算机、手机、电视等)之外,其余的功能直接从互联网上获取。这种形式如同有线电视中的"点播"和"回看"系统,用户只要配备电视和机顶盒即可收看所需的电视节目。

(四)云计算的服务层次

云计算主要包括基础设施即服务(Infrastructure as a Service,IaaS)、软件即服务(Software as a Service,SaaS)、平台即服务(Platform as a Service,PaaS)。

(1)基础设施即服务。消费者可以通过互联网从完善的计算机基础设施中获得服务。

(2)软件即服务。这是一种通过互联网提供软件的模式,用户无须购买软件,而是向提供商租用基于 Web 的软件进行企业管理经营活动。

(3)平台即服务。这实际上是指将软件研发的平台作为一种服务,以软件即服务的模式提交给用户。因此,平台即服务也是软件即服务模式的一种应用,但它的出现可以加快软件即服务的发展,尤其是加快其应用的开发速度。

(五)云计算中云的分类

按照美国国家标准与技术研究院的分类方法,云计算可分为私有云、公共云等。这种分类方法是以"云"服务提供者和服务对象来区分的,没有把应用和数据考虑进去。从未来信息化发展趋势看,应增加应用和数据两个维度,实际上"云物流"是云计算在应用维度上的一个分支,即云分类中的行业云。

(1)公共云。公共云是可为公众所使用的平台。在"云"的概念没有提出来以前,我们就已经使用了符合现代云计算概念的产品,最早期的雅虎搜索就是其产品中的佼佼者。公共云通过公开途径获取数据,并利用公开数据和独有的算法为客户提供服务,其核心竞争力是它独有的算法和庞大的数据业务系统。

(2)行业云。行业云的概念是由国产服务器厂商浪潮集团提出的,它是由行业内或某个区域内起主导作用或者掌握关键资源的组织建立和维护,以公开和半公开的方式,向行业内部、相关组织及公众提供有偿或无偿服务的云平台。行业云还可以按不同的行业进一步细分。

公共云与行业云的主要区别在于数据来源、服务对象、组织构架模式及服务提供者的核心竞争力。公共云的特点是数据来源公开,服务对象是不特定的社会公众;而行业云的特点则是数据主要来源于行业内部的核心组织或其他成员,绝大部分数据是私有数据,因此,不可能无偿提供给第三方。但由于市场上存在需要提供服务的用户,所以,行业云可以提供这种服务,满足市场需求。

云计算是一个刚刚发展的领域,其分类并不完善,人们对如何分类观点还不统一。但就应用而言,应尽快对云计算的大致分类理出头绪,找到应用方向。

(六)云计算的应用

从 1983 年太阳电脑(Sun Microsystems)提出"网络是电脑",到 2006 年 3 月亚马逊(Amazon)推出弹性计算云(Elastic Compute Cloud,EC2)服务,再到今天,云计算的发展时间并不长。尽管如此,云计算依然显示出广阔的应用前景。

(1)计算能力的汇集。云计算最主要的应用,也是它最初提出的应用概念,就是计算能力的汇集,比如你需要计算一个特别大的数据,但是自己的计算机配置不够,那么你就可以向云计算平台发出申请,通过这个平台调度各种空闲的运算资源,云平台调度后得到的结果会反馈给你,你再根据所用的计算资源付费。

(2)数据检索服务。人们在互联网上进行检索的时候,实际上使用了互联网上的检索服务,这样的服务是由网络服务器收集了海量的网络信息,再通过多台检索计算机用特定的算法分析出所需要的信息,但使用这一检索的人,不知道也不需要其检索的过程。

(3)信息系统软件能力的交付。管理信息系统的使用,在网络出现以前是需要购买全部的系统软硬件的。在云计算时代,企业可以不去购置软件,而找到云计算服务公司,由这些专业公司来提供相关服务,同样能达到管理好企业的目的。在这一应用中,企业获得的不仅仅是软件能力,相关的硬件平台也通过购买其工作能力而获得。

(4)云安全。云安全(Cloud Security)是一个从云计算演变而来的新名词。云安全的策略构想是:使用者越多,每个使用者就越安全,因为如此庞大的用户群足以覆盖互联网的每个角落,只要某个网站有病毒出现,就会立刻被截获。云安全通过网状的大量客户端对网络中行为异常的软件进行监测,获取互联网中病毒或某些恶意程序的最新信息,推送到服务端进行自动分析和处理,再把病毒或某些恶意程序的解决方案分发到每一个客户端。

(5)云存储。云存储(Cloud Storage)是在云计算基础上延伸和发展出来的一个新概念,是指通过集群应用、网格技术或分布式文件系统等功能,将网络中大量各种不同类型的存储设备通过应用软件集合起来协同工作,共同对外提供数据存储和业务访问功能的一个系统。当云计算系统运算和处理的核心是大量数据的存储和管理时,云计算系统就需要配置大量的存储设备,那么云计算系统就转变成为一个云存储系统,所以,云存储是一个以数据存储和管理为核心的云计算系统。值得指出的是,云计算在物联网中的应用已经得到市场关注。随着物联网业务量的增加,对数据存储和计算量的需求会对云计算能力提出更新、更高的要求。

(6)云计算应用中的问题。从现有实践看,云计算应用中存在的主要问题是隐私问题。云计算要求大量用户参与,从而获取用户的某些数据,这就引发用户对数据安全的担心,不可避免地出现隐私问题。参与的用户越多,其隐私被厂商收集并扩散的可能性就越大。虽然在加入云计算的时候,很多厂商都承诺尽量避免收集用户隐私,即使收集到了也不会泄露或使用,但由于泄露事件时有发生,用户在怀疑厂商承诺的同时也对云计算望而却步。如果泄露事件不能通过制度层面加以有效防控,将会大大影响云计算的应用前景。

行业前瞻

云计算助力企业降本增效

在工业电子信息化时代,高性能计算由单机处理发展到集群化,企业主要以自建高性能计算集群为主,但其在企业生产及使用方面存在诸多问题:

高性能计算集群属于重资产,建设成本高、周期长、运营成本高,难以满足企业灵活变化的业务形态,造成资源的浪费或不足;维护工作繁重,需要投入大量物力、人力,企业难以全力聚焦自身业务。

随着工业云时代的兴起,PC、工作站、集群机全面云化,高性能计算云化发展是大势所趋;云计算的到来,使数据和计算全部可以在云上完成,企业数据不下云,内部协同更高效,减少企业重资产以及维护工作,使客户聚焦在自身的业务发展上。

(资料来源:华为云官网)

请思考:云计算助力企业降本增效,会对你的工作和生活产生什么影响?

二、云计算与云物流的关系

(一)云物流

云物流是云计算在物流行业的应用服务,即云计算派生出云物流。

云物流利用云计算的强大通信能力、运算能力和匹配能力,集成众多的物流用户的需求,形成物流需求信息集成平台。用户利用这一平台,最大限度地简化应用过程,实现所有信息的交换、处理、传递,用户只需专心管理物流业务。同时,云物流还可以整合零散的物流资源,实现物流效益最大化。

从长远看,云物流具有广阔的发展前景。计算机的信息系统不仅仅能支撑起物流系统的运营,发挥物流系统中枢神经的作用,而且在充分利用云计算的基础上,云物流有可能使物流的许多功能发生质的变化。

(二)云计算与云物流

快递业提出云物流概念的本质是利用了云计算数据共享的特性,把快递行业的数据进行集合、整理,并用整理后的数据指导、控制快递公司的业务运作,最终提高快递的运输效率。

所谓云计算,就是作为终端用户,只需使用终端设备得到所需要的最终结果,而这一切往往是普通用户的终端设备力所不及的。因为这样的结果可能经过多种方式进行处理,甚至多个云计算供应商都对数据进行整合。在这一过程中,终端用户只使用不过问。这正是云计算的魅力所在。

云物流与云计算相仿,是实践在前,提出概念在后。物流领域中常常见到的第三方物流、第四方物流,从概念上说应该是云物流的雏形。物流终端用户并不直接管理物流的中间过程,而是交由专业的物流公司运作。这些专业的物流公司所承揽的业务特别是大型复杂的物流业务,并不一定是由一家物流公司完成的,多数情况下要由几家不同的专业物流公司配合完成,而终端用户不需要了解这些情况,只关心业务完成的最终结果。这与云计算的特征非常相似。这样促使人们在思考云物流的时候,就不仅仅局限在利用云计算技术开展物流运作,而是在更高的层次上思考云物流的发展。如利用云计算的网络与成果,研究完善云物流的概念,尽快发展与云物流相关的实体经济。

三、云计算在物流行业中的应用

云物流与云计算的关系紧密。云物流属于云计算中行业云的范畴,是应用维度上的一个范例。如何更好地把云计算应用到物流生产活动中,让云计算在物流领域乃至更大范围的流通领域发挥作用,是当务之急。

(一)云计算在快递业的应用

从快递业应用云物流的实例看,云物流的作用主要体现在物流信息方面。在实际运作中,快递业中的某个企业首先搭建一个行业云的平台,集中行业中的私有数据,即集中来自全球发货公司的海量货单;其次,对海量货单和货单的目的路径进行整理;再次,指定运输公司发送到快递公司,最后送达收件人。在这一过程中,云物流对快递业的收货、运输、终端配送的运作模式进行了整合,实现了批量运输,部分解决了我国运输行业长期存在的空驶(或是半载)问题,提高了运输公司的效率,降低了成本。但是,快递业只是物流行业中的一小部分。

(二)云计算在整个物流行业的应用

物流从经济层面上可以分为宏观物流和微观物流。宏观物流通常是指物流范围较广、工程量较大、具有带动经济作用的物流活动。宏观物流方式会影响社会流通方式,也会影响国民经济。相对于宏观物流而言,微观物流主要是指局部的、小范围的物流作业。除此之外,还有社会物流、企业物流、国际物流、区域物流、特殊物流等不同的分类。

物流活动是由包装、装卸、运输、存储、流通加工、配送和物流信息流转等活动构成的。提高物流活动效率就是提高上述各个活动的效率。

当一个企业承担物流的全部功能时,实际上是承担了所有的物流活动。第三方或第四方物流出现以后,通过对物流活动进行细分,实现了物流作业专业化,提高了物流活动效率。第三方或第四方物流能够提高物流活动效率的本质,实际上是对物流活动进行重新组合,即业务重构,实现了业务活动的专业化。所以,与快递业一样,业务重构对提升物流活动效率起到了巨大的作用。

在业务重构过程中,云计算是可以利用的工具。目前,在物流领域中有些运作已经有了"云"的身影,如车辆配载、运输过程监控等。借助云计算中的行业云,多方收集货源和车辆信息,并使物流配载信息在实际物流运输能力与需求发生矛盾以前得以发布,加快了物流配载的速度,提高了配载的成功率。

云存储也是可以发展的方向之一,可以利用移动设备将在途物资作为虚拟库存,即时进行物资信息交换和交易,将物资直接出入库,并直接将货物运送到终端用户手中。

受益于云物流的还有供应链,零售业在云物流的影响下也将发生变化。

如果说,云计算为快递业降低生产成本发挥了很大作用,那么,云计算在物流行业应用带来的直接效果就是降低物流成本,这将大大提高物流业的社会效益。仅凭此一点就可以断定,云计算在物流行业将有巨大的发展空间。

第五节 大数据技术

一、大数据技术的概念

(一)大数据与大数据技术

大数据作为一个抽象的概念,目前还没有统一的定义。麦肯锡的定义是:大数据指的是大小超出了典型的数据库软件工具采集、存储、管理和分析等能力的数据集。互联网数据中心(IDC)认为大数据是"为更经济地从高频率的、大容量的、不同结构和类型的数据中获取价值而设计的新一代架构和技术"。大数据是一种新型的智力资源。大数据技术是对数据集合进行一系列收集、存储、管理、处理、分析、共享和可视化等操作的技术。大数据技术的核心功能是预测,即对海量数据进行数学计算以预测未来事情发生的可能性。

(二)大数据的4V特征

(1) Volume(数据体量巨大)。随着信息化技术的高速发展,数据开始爆发性增长。大数据中的数据不再以吉字节(GB)或太字节(TB)为单位来衡量,而是以拍字节(PB)、艾字节(EB)或泽字节(ZB)为计量单位。

(2) Variety(数据类型多样)。大数据与传统数据相比,数据来源广、维度多、类型杂。大数据不仅包括传统的结构化数据,还包括网页、网络日志、视频、音频、图片、地理位置信息等半结构化和非结构化的数据,而非结构化数据越来越成为数据的主要部分。

(3) Value(价值密度较低)。大数据虽然有巨大的潜在价值,但为了获得事物的全部细节,会直接采用原始数据,导致存在大量的无用信息,并且相对于高速增长的数据量,某一模块或对象数据的价值密度低,无疑增加了开发海量数据的难度和成本。

(4) Velocity(数据处理快速)。随着现代感知技术、互联网技术和计算机技术的发展,数据生成、储存、分析、处理的速度大大提高,把握数据的时效性,快速地从各种数据类型中获取高价值的信息,是大数据时代处理数据的基本要求。

(三)大数据的意义

大数据的核心价值在于对体量巨大、类型繁多的数据进行分析处理,发掘许多看似毫不相干的现象之间的潜在联系,使人们能够更简洁、更清晰地认知事物和把握局势。由于大数据技术可以实时地为企业撷取、管理、处理、整理数据,生成企业所需要的数据资料,因此大数据也蕴含着很高的商业价值,被称为"数字生产力"。而其数据分析和预测非常精准,越来越多的企业开始重视大数据建设,有目的地去搜集、处理、分析、索引数据,以便实时洞察经济发展变化,预测市场发展趋势,优化相关业务,把握客户需求,改进产品,提升服务水平。例如,通过采集驾驶员手机的GPS数据,就可以分析出当前哪些道路正在堵车,并可以及时发布道路交通提醒;通过采集汽车的GPS位置数据,就可以分析城市的哪些区域停车较多,这也代表该区域有着较为活跃的人群,可以把这些分析数据卖给广告投放商从而创造价值。又如,零售业巨头沃尔玛的分析人员会对每个阶段的销售记录进行全面的分析,有一次他们无意中发现虽不相关但很有价值的数据:在美国的飓风来临季节,超市的蛋挞和抵御飓风物品竟然销量都有大幅增加。于是他们做了一个决策:将蛋挞的销售位置移到了抵御飓风物品销售区域旁边,看起来是为了方便用户挑选,但是没有想到蛋挞的销量因此提高了很多。

就IT产业界而言,IBM、Google、亚马逊、Facebook等国际知名企业相继推出了各自的大数据产品,为企业赢得了巨大的经济效益,是大数据的主要推动者。就政府方面,美国于2012年3月公布了旨在提高和改进人们从海量信息数据中获取信息能力的"大数据研发计划",并认为其是"未来发展的新石油"。在此之后,英国、日本及欧盟等国家也积极研究和发展大数据并有了相应的战略举措。纵观国际形势,对大数据的研究与应用已成为各国政府和企业的研究重点及重要战略布局方向,在未来世界,竞争核心必将转为大数据的竞争。

在我国,国内企业百度、阿里巴巴、腾讯等已从不同角度进行数据挖掘,以此改善自身服务,创造更大的商业价值,成为国内大数据企业的代表。政府方面,我国于2012年批复了总投资额为几百亿元的"十二·五国家政务信息化建设工程规划",且同年国务院在广东、上海、北京等地启动了大数据研发进程,构建了大数据产业链,以此来推动商业企业加快信息基础设施演进升级。目前,大数据已在通信、医疗、农业、金融、气象、交通等方面广泛应用,并带来了巨大的社会价值和产业空间。总体而言,大数据背后隐藏着巨大价值,使得大数据研究成为社会发展和技术进步的迫切需要。

从技术上看,大数据与云计算的关系就像一枚硬币的正反面一样密不可分。大数据无法用单台的计算机进行处理,必须采用分布式架构,依托云计算的分布式处理、分布式数据库和云存储、虚拟化技术。大数据的特色在于对海量数据进行分布式数据挖掘。

(四)大数据的挑战和展望

大数据的不断爆发性增长和对大数据应用需求的发展,势必给大数据技术带来一定的难点和需要改变而带来的挑战。目前主要的困难和挑战:

(1)当代大数据以泽字节级的倍数增长速度给大数据的存储能力带来了挑战。

(2)越来越丰富的大数据类型给大数据挖掘技术带来了挑战。

(3)处理大数据所需要的极高速度的时效要求,给大数据处理技术的速度带来了挑战。

(4)涉及隐私、保密、个人信息、国家安全等在线数据的不断增加,给大数据技术的安全性带来挑战。

(5)大数据时代到来,未来大数据人才需求旺盛但现实不足以满足旺盛的市场需求,特别是大数据资深分析人才和大数据的技术支持人才,这给大数据技术带来了人才库不足的挑战。

大数据不能单纯看到数据体量大这个定义,也在于为了利用好对与日俱增的庞大数据进行收集、存储、分析、处理和共享等所需要的技术。而通过大数据技术的整合、提取,我们能找到事物新的价值、新的发现,以及与之带来的重大的科技、社会利益,商业价值和社会以及时代的发展。

二、大数据在现代物流中的应用

(一)大数据背景下的智慧物流发展

智慧物流,是让物流具有智能性,让物流系统具有思维、感知、学习和自行解决问题的能力。最重要的是,智慧物流主要从供需平衡角度出发,为供方(物流企业)提供最大化的利润,为需方提供最佳的服务,这就是智慧物流的本质,同时在供需平衡前提下资源利用最大化。智慧物流业包括最大限度地减少社会资源和自然资源的消耗,最终形成完备的综合管控体系。

从现代物流的发展角度上看,智慧物流的起源可概括为如下五个过程:粗放型物流——系统化物流——电子化物流——智能物流——智慧物流。其中,粗放型物流属于现代物流的雏形阶段,系统化物流是现代物流的发展阶段,电子化物流是现代物流的成熟阶段,而现代物流的未来和希望是由智能物流向智慧物流发展。

智慧物流要求具备信息化、数字化、网络化、集成化、可视化等先进技术特征,依据大数据对物流信息处理流程,总结大数据背景下的智慧物流信息技术(主要包括智慧物流信息捕捉技术、智慧物流信息推送技术、智慧物流信息处理技术、智慧物流信息分析技术和智慧物流信息预测技术)。

(1)智慧物流信息捕捉技术。在智慧物流中,及时、准确地掌握货物在物流链中的相关信息是实现物流信息化的核心之一,物流信息能否实时、方便、准确地捕捉并且及时有效地进行信息传递,将直接影响整个物流系统的效率及物流信息化的发展。

(2)智慧物流信息推送技术。传统智慧物流信息推送主要通过移动通信网、互联网、无线传感器网络完成。经过十余年的快速发展,移动通信、互联网等技术已比较成熟,基本能够满足物流数据传输的需要。

(3)智慧物流信息处理技术。最核心的就是实时性。

(4)智慧物流信息分析技术。利用数据挖掘技术对物流市场数据进行聚类分析,能够有效帮助物流企业规避风险、做出合理决策。

(5)智慧物流信息预测技术。预测技术是近年来需要特别关注的问题。比如预计路径、运输路线和配送路线,首先预测客户的需求,然后根据客户的需求,将商品物流环节和客户的需求同步进行。

大数据技术对物流业务的一个显著影响就是横向流程延伸和拓展,纵向流程压缩简化。智慧物流供应链如何设计呢?微观层面智慧物流包括智能运输、自动仓储、动态配送和信息,中观层面智慧物流包括物流供应链,宏观层面智慧物流包括供需平衡。一体化服务涉及资源整合、企业协作、信息共享等问题。还有一种服务模式就是云物流的服务模式。目前,现代物流业正处于蓬勃发展时期,人们对物流业提出了更高的要求,物流业逐步迈向数字化、信息化、自动化、协同化、一体化和智能化。在大数据背景下,智慧物流运营呈现出新的趋势与特点。

对于物流来说,物品的智能化应该从制造开始,所有这些环节的智能化,就是真正的智慧物流阶段的到来。智慧物流的发展方向是:信息化,包括基于空间的信息化,以及基于时间的信息化;智能化,从决策出发,从企业决策和领导决策出发;绿色化,从节约自然资源和社会资源出发;全球化和国际化,服务的优质化;协同化,交通行业需要协同,物流领域更需要协同。

总之,智慧物流的发展,还是需要在智慧制造基础上,在物流载体智慧化的基础上,才能真正实现智慧物流。

(二)大数据在京东仓储物流中的应用

京东拥有全品类的仓库,又有全国较复杂的新物流网络,还有密集的终端配送系统。基于这三个维度,在京东的物流系统中每天都在产生数以亿万计的实时作业数据,这些真实有效的数据是京东构建人工智能算法平台的基础。在这个大数据基础之上,京东能够实现平台的自主进化和推演,帮助企业选择出符合业务模型的算法模型,从而让执行系统实现真正意义上的智能。

1. 科学库存布局

电商企业向全品类扩张时必然面临一个问题——如何在全国范围内进行合理的库存布局,以此实现成本和效率之间的最优化。库存布局包含两个维度的含义:第一个维度是在各个仓库里面放哪些品类的商品,如何在跨仓之间解决高拆单率的问题;第二个维度是在同一个库内,哪些商品放在一起是最合适仓储作业的问题。对于这个痛点,京东在以往运营过程中积累的海量数据起到了作用。通过大数据可以解析出不同的季节、不同的区域订单和商品的关联度,系统可以知道哪些商品会非常频繁地被同一个客户下单购买。通过京东的智能算法,形成京东独有的对于商品的第四级分类,该分类方式能够帮助企业更好地实现物流服务水平和成本之间的最优。

对于京东的仓储系统来说,已经深入挖掘了订单数据,构建起一个基于时间序列的数据立方体,萃取稳定可信的商品关联度,在此基础上集中应用先进算法,自主研发了全品类商品布局解决方案。该方案能够精细化梳理数百万甚至上千万 SKU(库存量单位)在 550 万平方米库房中的布局结构,在仓间级、仓内级、巷道级三个维度系统性地推动京东运营体系商品布局最优化。

2. 拣货路径优化

在拣货过程中,一般是由系统下传拣货集合单给拣货人员,拣货人员按照集合单上的商品顺序依次完成拣货作业。京东原有的仓储系统虽然采用订单的批次处理策略,但主要依赖于仓库人员的经验,人工设置筛选条件来生成拣货集合单任务,从而造成拣货位置分布极其分散、拣货行走路径冗长、拣货路径选择不合理等问题,严重阻碍了仓库的运转效率。

而现在,利用大数据和机器学习,京东的仓内系统可以根据商品的历史出库数据和储位数据情况来进行自我学习,对具有相似属性的订单进行地理位置上的分类,将局部区域的订单集中在一起,用算法取代人脑规划超过 550 万平方米库房的最优拣货路径,用代码代替人腿协助近万名拣货员奔跑,让巨型物流中心的拣货员像行走在 7-11 便利店一样,每穿越一个货架都满载而归,从而节省拣货行走时间,提升仓库的运转效率。

3. 智能单量预测

利用大数据进行预测是大数据应用中的一个重要方向,通过大数据预测技术,可以挖掘出消费者的消费偏好及习惯,预测消费者需求,从而使商品物流环节和客户需求同步进行,将商品提前布局到消费需求周围,并预计运输路线和配送路线,缓解运输高峰期的物流压力,提高客户的满意度和客户黏度。目前京东已经将销售预测和销售计划相结合,建立了一套独有的智能单量预测系统。该系统基于实时计算的大数据平台,主要通过对历史销售数据的学习,自动抓取营销方案,可预测某商品在未来的销售单量,输出叠加的单量预测。通过大数据支撑的智能单量预测系统能够支持京东全品类千万级自营商品的需求预测,单量预测品类仓维度准确率提高,是库存管控相关系统重要的基础数据来源,也是京东数字化驱动智慧运营的基础。

4. 仓储作业人效提升

每年的"6.18""双十一",京东的订单交易额都会增长几倍甚至十几倍,需要在仓库站点完成配送的包裹数也倍增,这种倍增对于物流交互体系来说产生的压力毋庸置疑,随着人力成本的提升,依靠传统的人海战术已经越来越难以解决。京东已经开始采用基于大数据的人工智能和自动化技术来解决人效问题。在京东"亚洲一号"系列仓库中,投入使用了大量的自动化立体仓库(AS/RS)、输送线、自动分拣机等物流自动化设备,在这些环节提高了库内作业效率;在京东无人仓中,利用数据感知、机器人融入和算法指导进行生产,全面改变了目前仓储的运行模式,极大提升效率并降低人力消耗。

在这些人工智能和自动化设备背后,大数据支撑的算法是核心和灵魂。在上架环节,算法将根据上架商品的销售情况和物理属性,自动推荐最合适的存储货位;补货环节,补货算法的设置让商品在拣选区和仓储区的库存量分布达到平衡;出库环节,定位算法将决定最适合被拣选的货位和库存数量,调度算法将驱动最合适的机器人进行货到"人/机器人"的搬运,以及匹配最合适的工作站进行生产。大数据使得京东能够有足够大的信心去迎接因为消费升级而带来的更大规模的物流交付体系的压力。

大数据对于未来仓储物流的发展有着变革性的意义。仓内的各种物资如何完成高效的运转作业,其核心在于如何挖掘出仓储相关大数据的价值,并把它与仓内的各种设备和作业策略结合起来。未来,物联网技术可以捕捉仓内的每一个资源的状态,包括人、设备、设施、库存、订单,通过这种动态状态的捕捉,可以即时获取生产线上的瓶颈,然后把这些数据汇聚到中央调度系统去做柔性的、动态的安排。利用大数据也可以突破现有仓库不同商品、不同作业模式的限制,大数据驱动的策略引擎可以根据当前的订单结构和仓库产能,自主地调控对不同订单、不同业务流程的作业模式,从而解决全领域、全业务形态、全品类商品的同仓生产问题。大数据为仓储物流的精细化作业、智能化作业提供了无限畅想的空间,同时如何有效收集、处理、分析指数级增长的分散数据以服务于仓储物流的现场运营和决策指引,也是企业当前面临的一个巨大挑战。

大数据赋能

大数据助力顺丰选址规划

顺丰控股采用大数据、运筹优化算法、机器学习技术,综合考虑场地功能定位、中转能力协同、客户体验、场地成本、时效等各项因素,构建了适用于物流行业的选址规划系统,解决了集散点、接驳点、网点选址规划以及中转场规划等难题。同时,构建了一套高标准、可视化、能支撑场地规划与运营管理的信息系统,通过线上精简流程、模型智能推荐,科学辅助公司规划投入管理决策。

请思考:传统的选址方法有哪些?综合大数据等技术的选址规划可解决哪些痛点?

案例分析

云平台为疫苗冷链运输构筑"安全岛"

自2019年12月1日开始实施的《中华人民共和国疫苗管理法》要求:疫苗上市许可持有人应当建立疫苗电子追溯系统,与全国疫苗电子追溯协同平台相衔接,实现生产、流通和预防接种全过程最小包装单位疫苗可追溯、可核查。

在新形势的要求下，企业的原有ERP系统、信息系统无法适用，必须创新模式，通过构筑云平台，实现全过程可追溯、可核查。与普通物品不同，疫苗对温度极其敏感，超出2℃~8℃的区间，疫苗存在失效风险。此前的疫苗物流事件表明，传统的方法会产生疏漏，而用技术的方式解决问题，不仅高效，而且能够避免人为的失误。按照规定，每支疫苗的数据要保留5年。越来越多疫苗数据的存储，将耗费大量的存储资源。靠建机房、买服务器的传统方式，需要花费大量的资金、人力和物力，以及需要解决监管、安全、业务支持和扩展方面的难题。而在云平台服务模式下，靠"云"可实现资源用多少扩展多少。

云平台可以使数据库摆脱"孤岛模式"。在传统模式下，系统在数据机房，与客户进行外部衔接是个问题。物流车开出去，数据的采集不太可能直接传到机房，而云业务系统可以解决这个问题。以上海为例，当生产源头的疫苗由于质量问题需要召回时，由于所有系统都在云平台上，上海能在15分钟内把全市的百万支以上的疫苗从物流、供应链直到医院全部冻结，即使有人已预约当天要打疫苗，也无法进行操作。这依靠的是云平台提供的异常控制，此前类似的操作时间大概是两周。

云平台让老百姓的用药安全"看得见、摸得着"。在云平台下，整个系统可以进行权限调degree，可以开放给监管部门和客户，甚至个人。通过医药追溯码，可以了解药从哪里来，到哪里去，以及整个过程发生的状况。随着万物互联（IoT）时代的到来，对海量时序数据进行收集和分析，从中提取出关键、有价值的信息可能会在终端完成。有了云平台，进一步的数据挖掘有可能回答"什么是最优化"的问题。例如，政府希望提供诸如如何监管数据才能做得更有效、更安全以及加强监管的情况下，如何保障疫苗的充足供应等问题的决策支持。

（资料来源：科技日报第七版，2019年8月22日）

讨论分析：

1. 为什么云平台可以使数据库摆脱"孤岛模式"？
2. 利用云平台为什么可以做到快速协同？

关 键 概 念 >>>

计算机网络，互联网，企业内部网，数据库技术，数据模型，数据仓库，数据挖掘，云计算，云物流，大数据技术

本章小结

本章首先介绍了计算机网络的定义、网络类型、组建计算机网络所需的网络传输介质与网络互联设备以及网络通信协议；接着分析了物联网系统的体系结构，并通过计算机组网案例阐述了计算机网络技术的应用；然后讲解了数据库技术、数据仓库和数据挖掘技术的基本概念和应用；再次介绍了云计算技术以及其派生出的云物流，列举了云计算在物流行业中的应用案例；最后介绍了大数据技术及其应用。

实训项目

一、实训目的

1. 促进学生对数据库基本概念和数据转换过程的理解。
2. 促进学生对计算机网络基本概念和组成的深入认识。
3. 提高学生利用软件工具辅助完成工作任务的能力。
4. 提高学生逻辑思维和抽象思维能力。

二、实训组织

由学生个人单独完成。

三、实训任务与成果要求

项目 1　局域网组网设计训练

根据以下对图书馆计算机网络的描述,设计图书馆内部的网络,使其内部设备互连并能接入 Internet。要求:画出网络拓扑图,并列出所使用设备的详细情况。图书馆内部情况如下:

某图书馆共有三层楼。其中,一楼管理员区有 3 台电脑,图书检索区有 10 台电脑;二楼杂志阅览室、借书室各有 3 台电脑;三楼电子阅览室共有 50 台电脑。

项目 2　校园网或计算机机房组网认知训练

了解本学校的校园网建设或到本校的计算机机房观察,完成如下工作:

1. 画出校园网或计算机机房的网络拓扑结构图,并在图中标注网络介质和网络设备的类型和型号。建议使用 Microsoft Visio 软件制图。
2. 写一篇文章简要介绍校园网或计算机机房的建设情况与功能,字数控制在 300 字左右。

项目 3　数据模型设计

观察和思考身边的事物,分别用 E-R 图表示实体之间的联系类型:一对一,一对多,多对多。建议使用 Microsoft Visio 软件制图。作业以电子文档形式发给老师。

思考与练习

一、判断题

1. 数据管理技术发展到人工管理阶段,所有数据完全由人工管理。　　　　(　　)
2. 仓储管理系统和 Access 都属于数据库应用系统。　　　　　　　　　　(　　)
3. 空间数据库系统和工程数据库系统属于专用数据库系统。　　　　　　(　　)
4. 光纤是一种网络传输介质,它的传输距离比双绞线短。　　　　　　　(　　)
5. 企业内部网系统线路的铺设一般应遵守建筑物综合布线系统的标准,由六个子系统组成。　　　　　　　　　　　　　　　　　　　　　　　　　　　　(　　)
6. 网络设备包括交换机(集线器)、网关、路由器等不属于计算机网络的网络节点。
　　　　　　　　　　　　　　　　　　　　　　　　　　　　　　　　(　　)
7. 云物流是云计算在物流行业的应用服务,即云计算派生出云物流。　　(　　)
8. 大数据是一种新型的智力资源。　　　　　　　　　　　　　　　　　(　　)

9. 大数据可以用单台的计算机进行处理。（   ）
10. 数据库技术的关系模型中的"关系"是一张规范化的二维数据表。（   ）

二、单选题

1. 数据管理技术经历了人工管理阶段、（   ）阶段和数据库系统阶段三个阶段。
   A. 批处理   B. 数据共享   C. 文件系统   D. 电子商务
2. 数据处理是指对各种形式的数据进行收集、存储、加工和（   ）的一系列活动的总和。
   A. 共享   B. 传播   C. 交换   D. 分享
3. 在数据库中，数据按一定的格式或结构来组织和存储，如采用（   ）的方式。
   A. 记录   B. 列表   C. 段   D. 报表
4. （   ）结构的数据库系统无须在用户计算机上安装客户端应用程序，用户只需要通过 Web 浏览器对数据库进行访问。
   A. B/S   B. C/S   C. 通用数据库   D. 专用数据库
5. 概念数据模型简称概念模型，它是对现实世界的转换，主要用来描述现实世界的概念化结构，是数据库设计人员和用户交流的工具。概念模型最常用的表示方法是（   ）。
   A. 翻译   B. 平面映射   C. E-R 方法   D. 鱼刺图法
6. 实体间的联系类型有三种，分别是多对多、一对多和（   ）。
   A. 网络   B. 点对多点   C. 点对点   D. 一对一
7. 常用逻辑数据模型有层次模型、网状模型、面向对象模型、对象关系模型和（   ）。
   A. 关系模型   B. E-R 模型
   C. 物理数据模型   D. 实物模型
8. 关系模型中，关系是指（   ）。
   A. 一条记录   B. 一张规范化的二维数据表
   C. 实体间的联系   D. 实体及其属性
9. 如果企业需要有效地获取有用的信息，用于指导企业战略、进行经营决策，则需要建立（   ）。
   A. 数据库   B. 数据仓库   C. 信息系统   D. 实物模型
10. 数据挖掘是（   ）。
    A. 对商业数据库中的大量业务数据进行抽取、转换、分析和其他模型化处理，从中提取辅助商业决策的关键性数据的技术
    B. 企业内部一种专门的数据存储方法，专门用于支持分析型数据查询
    C. 研究如何组织和存储数据，如何高效地获取和处理数据
    D. 负责数据的收集、集成、存储、管理等工作

三、多选题

1. 数据库技术在数据库系统阶段的特点有（   ）。
   A. 数据共享性高，冗余度小
   B. 数据结构化
   C. 数据具有一定程序与数据间的独立性
   D. 方便的用户接口

2. 数据是关于自然、社会现象和科学试验的定量或定性的记录。在计算机系统中,属于数据的是(　　)。
　　A. 语音　　　　　　　　　　　B. 图形
　　C. 图像　　　　　　　　　　　D. 各种字母、数字符号的组合
3. 数据库管理系统是用于管理数据库的软件,它是位于用户与操作系统之间的数据管理软件,实现数据库的建立、使用和维护。目前比较流行的数据库管理系统有(　　)等。
　　A. SQL Server　　B. Oracle　　C. Access　　D. Delphi
4. 以下属于数据仓库的特点的是(　　)。
　　A. 面向主题　　　　　　　　　B. 面向应用
　　C. 数据相对稳定　　　　　　　D. 数据是动态的
5. 数据挖掘在物流企业中可以应用于(　　)。
　　A. 物流中心的选择　　　　　　B. 优化配送路径
　　C. 合理安排商品的仓储　　　　D. 物流需求预测
6. 数据库的三个基本特征是(　　)。
　　A. 长期存储　　B. 面向应用　　C. 有组织　　D. 可共享
7. 比较典型的数据挖掘方法有(　　)。
　　A. 关联分析　　B. 序列模式分析　　C. 分类分析　　D. 聚类分析
8. 大数据的4V特征是指(　　)。
　　A. Volume　　B. Value　　C. Variety　　D. Victory
　　E. Velocity
9. 数据挖掘技术可应用于(　　)。
　　A. 市场预测　　B. 优化配送路径　　C. 质量分析　　D. 客户关系管理
10. 大数据面临的挑战包括(　　)。
　　A. 个人隐私安全　　　　　　　B. 国家安全
　　C. 大数据资深分析人才不足　　D. 仓储数据分散

四、问答题

1. 数据库按网络体系结构分类,可分为哪些类型?各种类型的特点是什么?
2. 什么是数据仓库?它与操作型数据库的区别是什么?
3. 数据仓库与数据挖掘在信息管理中的应用有哪些?试举三个例子。
4. 简述计算机网络的概念及分类。计算机网络常用的传输介质和网络互联设备有哪些?
5. 简述云计算的应用。
6. 请调查大数据应用成功和失败的案例各一个,谈谈大数据应用的积极意义和风险。

第三章 物流信息采集与交换技术

知识目标

- 掌握常用条码和物流条码的组成;
- 掌握射频识别系统的特点、组成及工作原理;
- 掌握 EDI 的基本概念、基本特点及业务流程;
- 了解 EOS 系统的概念、工作流程。

技能目标

- 掌握物流条码技术在分拣运输、仓储保管、运动中称量等方面的应用能力;
- 掌握物流供应链中应用射频识别技术解决问题的能力;
- 了解 EOS 系统在物流管理中的作用。

素质目标

- 培养收集物流信息和应用交换技术赋能企业发展的能力;
- 培养求真务实、诚信可靠、创新发展的价值观。

任务导入

RFID技术运用在铁路运送物流行业

传统式冷链物流与仓储物流监控器全过程不够透明，发货人和第三方物流服务提供商相互信任感低。超低温食品类冷藏运输、仓储物流、派送步骤，应用RFID温度电子标签和托盘同用系统软件，来保持冷链物流的高效率运行，以确保食品在供应链管理中的安全系数。

例如，商品在企业A生产制造并进行包装后，放到生产厂家的冻库中储存。商品立即堆垛在地面上或是托盘上。生产制造企业A通告货运公司送货，能够立即配送至零售企业C，或是生产制造企业A在仓储物流企业B租赁一部分库房，货物发至仓储物流企业B，必要时再根据仓储物流企业B开展分拨。

RFID解决方案为：

将置入温度电子标签的托盘，完全免费提供或租给协作生产商，供生产商在铁路线冷链物流中心应用，保持托盘工作一贯化运送，加快托盘在生产制造企业、运送企业、冷链物流中心和零售企业中间循环系统应用，推动托盘货运和专业化工作，能够提升货运物流效率，缩短供货时间，大幅度降低运输成本。

列车到站后，冷藏集装箱立即运到仓储物流企业B冻库装卸站台，开展拆签查验，达标后进库。电动叉车将货物连托盘取下，置放在输送机上，输送机前端有一道检验门，门上安装移动式阅读软件。货物箱和托盘上的RFID电子标签进到阅读软件覆盖范围后，在托盘越过检验门的一瞬间，就被阅读软件获取并传到计算机软件中。工作人员看一下显示器就可以把握这批货物的总数、类型等一系列数据信息，彻底不用手动实际操作查验。假如显示屏上显示的货物信息内容与企业A出示的出货单符合，表明达标，工作人员按住输送机旁的确定按键，货物和托盘将储存在仓储物流智能管理系统分派的储位上。

A企业接到C企业的订单信息后，通告B企业货车配货。B企业依据A企业推送的订单信息，分配货物快递分拣，升级托盘货物的RFID信息内容，快递分拣后的货物装进新托盘，另外将新的货物信息内容关联RFID电子标签，放进仓储货架，等候生产调度送货。

（资料来源：RFID世界网，2020.4）

物流信息采集与交换技术能给我们带来什么变化？本章的学习给出了部分答案。

第一节 条码技术及其应用

一、一维条码

(一)条码概述

条码(Bar Code)技术是在计算机应用中产生并发展起来的,广泛应用于商业、邮政、图书管理、仓储、工业生产过程控制、交通等领域的一种自动识别技术,具有输入速度快、成本低、可靠性强等优点,在当今的自动识别技术中占有重要的地位。条码技术在仓储业的自动化立体仓库中发挥着重要作用,特别是对于小型物品的管理更显示出其优越性。

微课:一维条码

1. 条码的定义

条码是由一组规则排列的条、空及其对应字符组成的标记,用以表示一定的信息。"条"指对光线反射率较低的部分(一般表现为黑色),"空"指对光线反射率较高的部分(一般表现为白色),这些条和空组成的标记,能够用特定的设备(如光电扫描器等)识读,标识了物品的各种信息,如名称、单价、规格等。

由于白色反射率比黑色高很多,而且黑白条粗细不同,因此在用光电扫描器进行扫描后,通过光电转换设备可以将条码中这些不同的反射效果转换为不同的电脉冲,形成可以传输的电子信息。当经过转换的与计算机兼容的二进制的条码信息传输到计算机时,通过计算机数据库中已建立的条码与商品信息的对应关系,条码中的商品信息就被读出。条码不仅可以用来标识物品,还可以用来标识资产、位置和服务关系等。

2. 条码符号的结构

一个完整的条码的组成次序为:静区(前)、起始符、数据符(对于 EAN 码,则含有中间分隔符)、校验符(可选)、终止符、静区(后),如图 3-1 所示。

图 3-1 条码的结构

(1)静区:指条码左右两端外侧与空的反射率相同的限定区域,它使阅读器进入准备阅读的状态。

(2)起始/终止符:指位于条码开始和结束的若干条与空,标志条码的开始和结束,同时提供码制识别信息和阅读方向的信息。

(3)数据符:位于条码中间的条、空结构,它包含条码所表达的特定信息。

(4)校验符:校验符是通过对数据字符进行一种算术运算而确定的。当符号中的各字符被解码后,译码器将对其进行同一种算术运算,并将结果与校验符比较。若两者一致,则说明读入的信息有效,否则不予读入。

3.条码的分类

(1)按码制分类

按编码规则(码制)的不同,条码可以分为多类。表3-1给出了常见条码及其主要指标。

表3-1　　　　　　　常见条码及其各项指标比较

种类	长度	连续型	支持符号	标准字符集	其他
EAN-13 EAN-8	13位 8位	连续	数字式	0~9	EAN-13为标准版 EAN-8为缩短版
UPC-A UPC-E	12位 8位	连续	数字式	0~9	UPC-A为标准版 UPC-E为消零压缩版
39码	非定长	非连续	自校验 字母数字式	0~9、A~Z、-、$、/、+、%、*、.、空格	用于运输、仓储、工业生产、图书情报、医疗卫生等领域
93码	非定长	连续	字母数字式	0~9、A~Z、-、$、/、+、%、.、空格	密度较高,可替代39码
ITF-14码	定长	连续	自校验 数字式	0~9	用于标识非零售商品,其结构中包含保护框
交叉25码	非定长	连续	自校验 数字式	0~9	EAN、UPC的物流码采用该码制
库德巴码	非定长	非连续	自校验 数字式	0~9、A~D、$、+、-、/	用于仓库、图书馆、血库和航空快递包裹等的跟踪
128码	非定长	连续	自校验 数字式	三个字符集覆盖了128个全ASCⅡ码	有功能码,数字码的密度最高

(2)按维数分类

①一维条码

一维条码自问世以来,很快得到了普及和广泛应用。按照应用,一维条码又可分为商品条码和物流条码。商品条码包括EAN码和UPC码,物流条码包括128码、39码、库德巴码等。但由于一维条码的信息容量很小,如商品上的条码仅能容纳13位的阿拉伯数字,更多的描述商品的信息只能依赖数据库的支持,离开了预先建立的数据库,这种条码就变成了无源之水、无本之木,因而其应用范围受到了一定的限制。

②二维条码

二维条码是在一维条码的基础上发展而来的信息储存和解读技术。除具有一维条码的优点外,二维条码还具有信息容量大、可靠性高、保密防伪性强、易于制作、成本低等优点,被称为"便携式数据文件"。

美国 Symbol 公司于 1991 年正式推出名为 PDF417 的二维条码。PDF417 条码是一种高密度、高信息量的便携式数据文件,是实现证件及卡片等大容量、高可靠性信息自动存储、携带并可用机器自动识读的理想手段。

(二)EAN.UCC 系统编码体系

EAN.UCC 系统是全球开放的物流信息标识和条码表示系统。条码技术是在计算机应用发展过程中,为消除数据录入的"瓶颈"问题而产生的。1973 年,美国统一代码委员会选定 IBM 公司的条码系统作为北美的通用产品代码,即 UPC 码,应用于食品零售业,利用条码技术进行自动销售,大大加快了食品的流通。

1977 年,欧洲共同体在 12 位的 UPC-A 商品条码的基础上,开发出与 UPC-A 商品条码兼容的欧洲物品编码系统(European Article Numbering System,简称 EAN 系统),并签署了欧洲物品编码协议备忘录,正式成立了欧洲物品编码协会(European Article Numbering Association,简称 EAN)。到 1981 年,由于 EAN 已发展成一个国际性组织,改称为国际物品编码协会(International Article Numbering Association,简称 EAN International)。国际物品编码协会建立了全球统一的商品标识代码系统及条码标识。以条码识读为基础的 POS 自动销售系统带来了销售、库存管理、订货、结算方式的变革,同时也促进了条码体系的发展及其在更大范围、更多领域的应用,逐步从供应链的零售末端前推到配送、仓储、运输等物流各个环节。

近年来,EAN 与 UCC 合作建立了全球统一的开放系统的物品编码体系及条码标识,为供应链物流环节的条码应用问题提供了解决方案。

可以说,EAN.UCC 系统是国际物品编码协会和美国统一代码委员会经过近 30 年的努力而建立的标准化物流标识体系,是全球贸易和供应链管理的共同语言,包括对贸易项目、物流单元、资产、服务等的标识系统,是开放系统中应用自动识别技术的标准化解决方案。

EAN.UCC 系统目前有六大应用领域,分别是贸易项目的标识、物流单元的标识、资产的标识、位置的标识、服务关系的标识和特殊应用。随着用户需求的不断增加,EAN.UCC 系统的应用领域也将不断扩大和发展。图 3-2 是 EAN.UCC 系统应用领域框图。

1.通用商品条码

全球通用商品项目代码 GTIN 有四种数据结构:EAN/UCC-14、EAN/UCC-13、EAN/UCC-8 和 UCC-12,如图 3-3 所示。这四种结构可以对不同包装形态的商品进行唯一编码。其中,EAN/UCC-14、EAN/UCC-13 和 UCC-12 主要用于对非零售商品的标识,EAN/UCC-13、UCC-12 和 EAN/UCC-8 主要用于对零售商品的标识。

EAN 码有两种版本——标准版和缩短版。标准版表示 13 位数字,又称为 EAN-13 码;缩短版表示 8 位数字,又称为 EAN-8 码。两种条码的最后一位为校验位,由前面的 12 位或 7 位数字计算得出。两种版本的编码方式可参考国标《商品条码 零售商品编码与条码表示》(GB 12904-2008)。

(1)EAN-13 码的结构

EAN-13 商品条码(EAN-13 Bar Code for Commodity)是标准版 EAN 商品条码,是

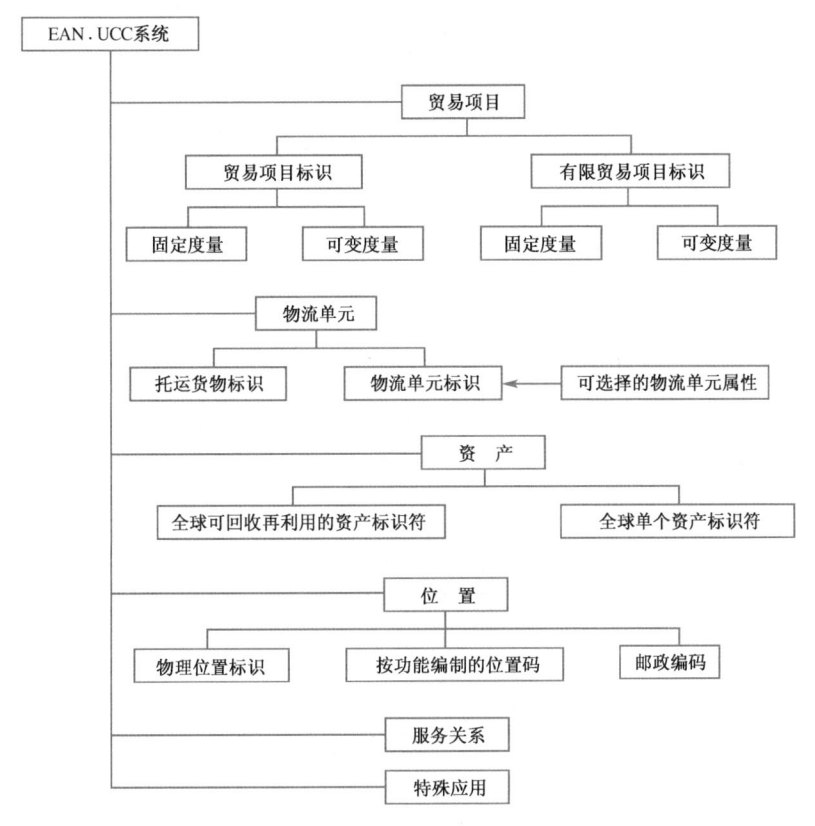

图 3-2　EAN.UCC 系统应用领域框图

EAN/UCC-14 数据结构	指示符	内含项目的GTIN（不含校验位）												校验位
	N_1	N_1	N_2	N_3	N_4	N_5	N_6	N_7	N_8	N_9	N_{10}	N_{11}	N_{12} N_{13}	N_{14}

EAN/UCC-13 数据结构	厂商识别代码						项目代码						校验位
	N_1	N_2	N_3	N_4	N_5	N_6	N_7	N_8	N_9	N_{10}	N_{11}	N_{12}	N_{13}

UCC-12 数据结构	厂商识别代码						项目代码					校验位
	N_1	N_2	N_3	N_4	N_5	N_6	N_7	N_8	N_9	N_{10}	N_{11}	N_{12}

EAN/UCC-8数据结构	前缀码			项目代码			校验位
	N_1	N_2	N_3	N_4	N_5	N_6	N_7	N_8

图 3-3　GTIN 的四种数据结构

EAN/UCC-13 代码结构的一种条码符号,是国际物品编码协会在全球广泛应用的商品条码。它是定长、无含义的条码,没有自校验功能,使用字符为 0~9 共 10 个字符。

EAN-13 商品条码由 13 位的 EAN/UCC-13 代码转换而成,它采用模块组配编码方法,总共由 113 个模块组成。EAN-13 码符号构成如图 3-4 所示。

EAN-13 的代码结构有三种,每种结构由三部分组成,见表 3-2。

图 3-4　EAN-13 码符号构成

表 3-2　　　　　　　　　　EAN-13 的代码结构

结构种类	厂商识别代码	商品项目代码	校验码
结构一	$X_{13}X_{12}X_{11}X_{10}X_9X_8X_7$	$X_6X_5X_4X_3X_2$	X_1
结构二	$X_{13}X_{12}X_{11}X_{10}X_9X_8X_7X_6$	$X_5X_4X_3X_2$	X_1
结构三	$X_{13}X_{12}X_{11}X_{10}X_9X_8X_7X_6X_5$	$X_4X_3X_2$	X_1

①厂商识别代码。厂商识别代码用来在全球范围内唯一标识厂商,由 7～9 位数字组成,其中包含前缀码。前缀码由 2～3 位数字($X_{13}X_{12}$ 或 $X_{13}X_{12}X_{11}$)组成,是 EAN 分配给各个成员国家或地区编码组织的代码,EAN 分配给中国物品编码中心的前缀码是 690～695。部分 EAN 成员国(地区)及其代码(前缀码)见表 3-3。在我国大陆地区,厂商识别代码统一由中国物品编码中心负责分配和管理。当厂商的商品品种很多,超过了商品项目代码的编码容量时,允许厂商申请注册一个以上的厂商识别代码,但只有在商品项目代码全部用完时才能再次申请。

表 3-3　　　　　　部分 EAN 成员国(地区)及其代码(前缀码)

代码	国家或地区	代码	国家或地区	代码	国家或地区
00～13	美国、加拿大	30～37	法国	40～44	德国
471	中国台湾	489	中国香港	45、49	日本
460～469	俄罗斯	50	英国	54	比利时、卢森堡
560	葡萄牙	57	丹麦	64	芬兰
690～695	中国	76	瑞士	80～83	意大利
84	西班牙	87	荷兰	888	新加坡
890	印度	88	韩国	93	澳大利亚
94	新西兰	90、91	奥地利	958	中国澳门

商品条码的前缀码只表示商品条码的注册地,不表示产品的产地。另外,图书和期刊作为特殊的商品也采用了 EAN-13 来表示 ISBN 和 ISSN。前缀 977 被用于期刊号 ISSN,图书号 ISBN 则用 978 作为前缀,我国被分配使用 7 开头的 ISBN 号,因此我国出版社出版的图书上的条码全部以 9787 开头。

②商品项目代码。商品项目代码由 3～5 位数字组成,由厂商自行编码,是用以表示商品的代码。厂商编码时必须遵守商品编码的基本原则:一个商品项目只有一个代码,一个代码只标识同一商品项目,要保证商品项目代码的唯一性。

③校验码。校验码是 1 位数字,用于校验条码被识读时的正误。它是根据条码字符的数值按一定的数学方法计算得出的。校验码的计算方法见表 3-4。

表 3-4　　　　　　　代码 690123456789X_1 校验码的计算

步　骤	说　明
由右至左编排代码位置序号	位置序号 13 12 11 10 9 8 7 6 5 4 3 2 1 代　码 6 9 0 1 2 3 4 5 6 7 8 9 X_1
偶数位的数字代码求和,得出 S_1	9+7+5+3+1+9=34
$S_1 \times 3 = S_2$	34×3=102
奇数位的数字代码求和,得出 S_3	8+6+4+2+0+6=26
$S_3 + S_2 = S_4$;取 S_4 的个位数为 S_5	102+26=128
若 S_5 为 0,校验码为 0;若 S_5 不为 0,校验码 $X_1 = 10 - S_5$	10-8=2

(2)EAN-13 码的编码规则

EAN-13 码必须遵循如下规则:

①唯一性。同种规格同种产品对应同一个产品代码,同种产品不同规格对应不同的产品代码。

②永久性。产品代码一经分配,就不能再更改,并且是终身的。当此种产品不再生产时,其对应的产品代码只能搁置起来,不得重复启用再分配给其他商品。

③无含义。为了保证代码有足够的容量以适应产品频繁更新换代的需要,最好采用无含义的顺序码。

(3)EAN 缩短版商品条码(8 位)

EAN-8 码是 EAN-13 码的压缩版,由 8 位数字组成,如图 3-5 所示,用于包装面积较小的商品上。与 EAN-13 码相比,EAN-8 码没有制造厂商代码,仅有前缀码、商品项目代码和校验码。一般只有当标准码尺寸超过总印刷面积的 25% 时,才允许申报使用缩短码。缩短码尺寸为 26.73 mm×21.64 mm,放大系数取值范围是 0.80~2.00,间隔为 0.05。

2.储运单元条码

为了便于运输、装卸、搬运、保管、配送等作业,需要将商品的消费单元按照需求组成新的储运单元,储运单元条码正是伴随着这种需要而产生的。储运单元条码又分为定量储运单元条码(由定量消费单元组成的储运单元)和变量储运单元条码(由变量消费单元组成的储运单元)。

(1)定量储运单元条码

定量储运单元是指由按件数计价销售的商品组成的储运单元,如成箱的牙膏、药品、服装、饮料等。定量储运单元条码采用 13 位或 14 位数字编码,通常按以下三种情况编码:

①当定量储运单元同时又是定量消费单元时,应按定量消费单元进行编码,如电冰箱、洗衣机等大件家用电器,其定量消费单元的编码等同于通用商品编码(如 EAN-13 码)。

②当含相同种类的定量消费单元组成定量储运单元时,可给每一定量储运单元分配

图 3-5　EAN-8 条码符号

一个区别于它所包含的消费单元代码的 13 位数字代码，也可用 14 位数字进行编码。例如，用 ITF-14 码(属于 EAN/UCC-14 标识代码)进行编码标识。

当要标识的货物内含有多个包装等级，如装有 24 瓶饮料的一整箱饮料，或装有 6 箱饮料的托盘等，其标识代码可以选用 EAN/UCC-14、EAN/UCC-13 和 UCC-12。

③当含有不同种类的定量消费单元组成定量储运单元时，可给储运单元分配一个与包装内所含消费单元 13 位数字代码有区别的标识代码，如可用 EAN-13 码，也可用 14 位交叉 25 码(即 ITF-14 码)。当用 ITF-14 码标识定量储运单元的 13 位数字代码时，须在 13 位数字代码前加一位"0"变成 14 位数字代码，然后用 ITF-14 码标识。图 3-6 是 ITF-14 码标识的定量储运单元条码。

图 3-6　ITF-14 码标识的定量储运单元条码

(2)变量储运单元条码

变量储运单元是指由按基本计量单位计价、以随机数量销售的变量组成的储运单元，例如，水果、蔬菜、肉类、乳酪、绳索、布料、一卷地毯等。

变量储运单元编码由 14 位数字的主代码和 6 位数字的附加代码组成，都用交叉 25 码表示。附加代码($Q_1 \sim Q_5$)是指包含在变量储运单元内，按确定的基本计量单位(如千克、米等)计量所取得的商品数量。变量储运单元的主代码用 ITF-14 码标识，附加代码用 ITF-6(6 位交叉 25 码)标识。变量储运单元的主代码和附加代码也可用 EAN-128 码标识。

3. 贸易单元 128 条码

通用商品条码与储运单元条码都属于不携带商品相关信息的条码,如果在物流过程中需要将生产日期、有效期、运输包装序号、重量、尺寸、体积、送出地址、送达地址等重要信息条码化,以便扫描输入,则可以使用贸易单元 128 条码(EAN-128)。贸易单元 128 条码是一种可变长度的连续型条码,可携带大量信息。其印刷要求较为宽松,在许多粗糙、不规则的包装上都可以印刷,EAN-128 码的识别要比 EAN-13 码和交叉 25 码容易得多。

EAN-128 码的应用领域非常广泛,包括制造业的生产流程、仓储管理、车辆调配、货物追踪、血液样本管理、药品的控制追踪等。EAN/UCC-128 条码是由国际物品编码协会、美国统一代码委员会和自动识别制造商协会共同设计而成的,其样式如图 3-7 所示。贸易单元 128 条码是物流条码实施的关键。

(02) 6 6901234 00004 9(17)050101(37)10(10)ABC
应用标识符

图 3-7　EAN/UCC-128 条码的样式

贸易单元 128 条码是根据 EAN/UCC-128 码的结构标准将数据转变成条码符号,其采自于 EAN/UCC 系统的系列货运包装箱代码(Serial Shipping Container Code,简称 SSCC)。为识别所携带信息的意义,需要用不同的应用识别码进行识别,如图 3-8 和表 3-5 所示。

(00) 0 6901414 1234567898
 A   B   C   D   E

图 3-8　货运代码结构图

表 3-5　　　　应用标识码在系列货运包装代码结构中的含义

代号	类别	长度	说明
A	应用识别码	18	00 代表其后数据内容为运输容器编号,为固定 18 位
B	包装形态指示码	1	0:纸箱;1:托盘;2:集装箱;3:没有规定;4:内部使用;5:供应商与顾客双方定义
C	前置码与企业代码	7	代表 EAN 前置码与企业代码
D	自行编订序号	9	由企业指定的,表示货品的连续的顺序编码
E	校验码	1	校验码

(三)一维条码在物流中的应用

条码技术在商品零售业中的应用(商品条码)与在物流业中的应用有着较大的不同。

在零售业中,条码主要作为消费包装单元(POS结算的贸易单元)的标识,采用的是贸易单元 EAN-13 码或 EAN-8 码。而在物流领域,条码则作为运输货物仓储包装(由消费包装单元组合而成)的标识,物流条码根据消费包装单元属性的不同可采用 EAN-128 码、ITF-14 码和 EAN-13 码。

随着物流行业在国内日益受到重视,物流信息化建设提上了日程,条码在物流企业中的应用前景也逐步显现。具体来看,作为物流管理的工具,条码的应用主要集中在以下环节:

1. 物料管理

(1)通过将物料编码,打印上条码标签,不仅便于物料跟踪管理,也有助于做到合理的物料库存准备,提高生产效率,便于企业资金的合理运用。对采购的生产物料按照行业及企业规则建立统一的物料编码,可以杜绝因物料无序而导致的损失和混乱。

(2)对需要进行标识的物料打印条码标签,以便于在生产管理中对物料的单件进行跟踪,从而建立完整的产品档案。

(3)利用条码技术对仓库进行基本的进、销、存管理,有效地降低库存成本。

(4)通过产品编码,建立物料质量检验档案,生成质量检验报告,与采购订单挂钩,建立对供应商的评价。

2. 生产线物流管理

生产线物流管理是产品条码应用的基础,它建立了产品识别码。在生产中应用产品识别码监控生产,采集生产测试数据和生产质量检查数据,进行产品完工检查,建立产品识别码和产品档案,能有序地安排生产计划,监控生产及流向,提高产品下线合格率。

(1)制定产品识别码格式。根据企业规则和行业规则确定产品识别码的编码规则,保证产品规则化、唯一标识。

(2)建立产品档案。通过产品标识条码在生产线上对产品生产进行跟踪,并采集生产产品的部件、检验等数据作为产品信息,在生产批次计划被审核后建立产品档案。

(3)通过生产线上的信息采集点来控制生产的信息。

(4)通过产品标识条码在生产线上采集质量检测数据,以产品质量标准为准绳判定产品是否合格,从而控制产品在生产线上的流向并判断是否建立产品档案,打印合格证。

3. 分拣运输

铁路运输、航空运输、邮政通信等许多行业都存在货物的分拣搬运问题,大批量的货物需要在很短的时间内准确无误地装到指定的车厢或航班上;一个生产厂家如果生产上百个品种的产品,并需要将其分门别类,以送到不同的目的地,那么就必须扩大场地、增加人员,还常常可能会出现人工错误。解决这些问题的办法就是应用物流标识技术,使包裹或产品被自动分拣到不同的运输机上。我们所要做的只是将预先打印好的条码标签贴在发送的物品上,并在每个分拣点装一台条码扫描器。

为了实现物流现代化,出现了很多配送中心。这些配送中心要提高吞吐能力,采用自动分拣技术是十分必要的。

典型的配送中心的作业从收货开始。送货卡车到达后,叉车司机在卸车的时候用手持式扫描器识别所卸的货物,条码信息通过无线数据通信技术传送给计算机,计算机向叉车司机发出作业指令,显示在叉车的移动式终端上,或者把货物送到某个库位存放,或者直接把货物送到拣货区或出库站台。在收货站台和仓库之间一般都有输送机系统,叉车把货物放到输送机上后,输送机上的固定式扫描器识别货物上的条码,计算机确定该货物的存放位置。输送机沿线的转载装置根据计算机的指令把货物转载到指定的巷道内。随即,巷道堆垛机把货物送到指定的库位。出库时,巷道堆垛机取出指定的托盘,由输送机系统送到出库站台,叉车到出库站台取货。首先用手持式扫描器识别货物上的条码,计算机随即向叉车司机提出作业指令,或者把货物直接送到出库站台,或者为拣货区补充货源。拣货区有多种布置形式,如安置普通重力式货架、水平循环式货架、垂直循环式货架等。拣货员在手持式终端上输入订单号,计算机通过货架上的指示灯指出需要拣货的位置,拣货员用手持式扫描器识别货物上的条码,计算机确认无误后,在货架上显示出拣选的数量。拣出的货品放入货盘内,连同订单一起运到包装区。包装工人进行检验和包装后,将实时打印的包含发运信息的条码贴在包装箱上。包装箱在通过分拣机时,根据扫描器识别到的条码信息被自动拨到相应的发运线上。

4. 仓储管理

仓储管理实际上是条码应用的传统领域,其应用已经贯穿出入库、盘点、库存管理等多方面。在出入库过程中,条码可以加快出入库的速度,也能减少出入库操作的差错。条码给仓储管理带来的最大的变化是在盘点业务方面,传统的手工方式盘点一般是利用纸笔记录,效率不高,同时存在数据失实的可能。在利用了条码后,就有可能采用自动化技术。例如,在某仓库中使用了手持终端,现在的盘点方式只需要利用手持终端扫描箱体,所有盘点数据都会被记录在手持终端中,手持终端也会自动处理盘点重复等错误。手持终端数据可以很方便地被导入管理系统中去。

在库存管理中,条码的重要意义在于货位保证。物流管理系统在做资源计划时,常常需要引用货位信息,但是传统方式下的货架操作,难以避免货物与货位信息的脱节。往往出现的情况是,物流管理信息系统指示在某处出库某样物品,但操作工将叉车开到货位后却发现并不存在这样的物品。条码技术不仅可以标识所有物品,而且可以标识货位。它要求只有扫描了货位条码和货物条码后才能完成上下架过程,这就可以确保货物的货位信息总是准确的。在仓储系统中,条码可以通过应用标识符分辨不同的信息,经过计算机对信息进行处理后,更有利于对商品的采购、保管和销售。

此外,在仓储过程中,我们除了需要商品的生产厂家和产品种类外,还需要产品的数量、保质期、重量、体积等很多信息。目前,我国许多城市出现了食品连锁店,而食品的保质期一般都很短。如果食品过期,就会损害顾客的利益,同时也给销售者带来经济上的损失。物流标识技术可以标识出该产品的生产日期和保质期,计算机管理系统可以随时提醒销售者,哪些食品接近了保质期,这时,对这些食品可以打折出售或采取其他处理方法,以免带来不必要的损失。物流标识技术给仓储现代化带来了更多的方便,它不仅能使保管者提高效率、减少劳动量,也为顾客带来了间接的经济效益。

5. 机场通道

当机场的规模达到一个终端要在两小时内处理10个以上的航班时,就必须实现自动化,否则会因为来不及处理行李而导致误机。在自动化系统中,物流标识技术的优势充分体现出来,人们将条码标签按需要打印成纸牌,系在每件行李上。根据国际航空运输协会(IATA)的要求,条码应包含航班号和目的地等信息。当运输系统把行李从登记处运到分拣系统时,一组通道式扫描器(通常由 8 个扫描器组成)包围了运输机的各个表面:上、下、前、后、左、右。扫描器对准每一个可能放标签的位置,甚至是行李的底部。当扫描器读到条码时,会将数据传输到分拣控制器中,然后根据对照表,行李被自动分拣到目的航班的传送带上。

大型机场每小时可能要处理 80~100 个航班,这使得首读率特别重要。任何未被扫描器读出的行李都将被分拣到人工编码点,由人工输入数据,速度是每分钟 10~20 件。对于印刷清晰、装载有序的自动分拣系统,首读率应该大于 90%。

6. 货物通道

在美国有三个较大的邮包投递公司,即联邦快递、联合包裹服务和 RPS(联邦快递地面投递公司),每天要处理大约 1 700 万件包裹,其中 700 万件是要在 1~3 天内送达的快件。这些包裹的处理量之大令人难以置信,而且数量还在不断增长,这使得运输机系统变得更复杂,运作速度要求比以往更快。包裹运输公司不能像制造厂家那样决定条码位置,它只可以指定一种码制,因为包裹在传送带上的方向是随机的,且以 3 m/s 的速度运动。为了保证快件及时送达,不可能采用降低处理速度的办法。因此,面临的问题不是如何保持包裹的方向,使条码对着扫描器,而是如何准确地阅读这些随机摆放的包裹上的条码。解决的办法就是利用扫描通道。

和机场的通道一样,扫描通道也由一组扫描器组成。全方位扫描器能够从所有的方向识读条码,上、下、前、后、左、右。这些扫描器可以识读任意方向、任意面上的条码,无论包裹有多大,无论运输机的速度有多快,无论包裹间的距离有多小,所有制式的扫描器一起作用,决定当前哪些条码需要识读,然后把信息传送给主计算机或控制系统。

扫描通道为进一步采集包裹数据提供了极好的机会。新一代的扫描通道可以以很高的速度同时采集包裹上的条码标识符、实际的包裹尺寸和包裹的重量信息,因为包裹投递服务是按尺寸和重量收费的,且这个过程不需要人工干预。这就可以准确高效地获取这些信息,以满足用户的需要。

7. 运动中称重

运动中称重与条码自动识别相结合,是把电子秤放在输送机上从而得到包裹的重量而不需中断运输作业或人工处理,使系统能保持很高的通过能力,同时实时提供重量信息,计算净重,检验重量误差,验证重量范围。在高效的物料搬运系统中,运动中称重可以与其他自动化过程,如条码扫描、标签打印及粘贴、包裹分拣、码托盘、库存管理、发运及其他功能集成在一起。

二、二维条码

(一)二维条码简介

条码给人们的工作和生活带来巨大变化是有目共睹的。然而,一维条码仅仅是一种商品的标识,它不含有对商品的任何描述,人们只有通过后台的数据库,提取相应的信息才能明白这种商品标识的具体含义。在没有数据库或联网不便的地方,这一商品标识就变得毫无意义。例如,当看到 6901028072151 的条码标识时,我们从 690 可知它产于中国,但还是不清楚它究竟是什么商品。只有通过网络连接数据库后,在数据库中找到其对应的信息才能知道这是什么商品。此外,一维条码无法表示汉字和图像信息,在有些应用汉字和图像的场合,显得十分不便。同时,即使我们建立了数据库来存储产品信息,这些大量的信息也需要一个很长的条码标识。如应用储运单元条码,应用 EAN/UPC-128 条码,都需要占用很大的印刷面积,这给印刷和包装带来的困难就可想而知了。于是人们迫切希望不从数据库中查找信息,就能直接从条码中获得大量产品信息。现代高新技术的发展,迫切要求条码在有限的几何空间内表示更多的信息,从而满足千变万化的信息需求。

二维条码正是为了解决一维条码无法解决的问题而诞生的,在有限的几何空间内印刷大量的信息。这一问题的解决可用两种方法:一是在一维条码的基础上向二维条码方向发展;二是利用图像识别原理,采用新的几何图形和结构设计出二维条码码制。

1. 二维条码的特点

二维条码[图 3-9(b)]除了左右(条宽)的粗细及黑白线条有意义外,上下的条高也有意义。与一维条码[图 3-9(a)]相比,二维条码由于左右(条宽)、上下(条高)的线条皆有意义,故可存放的信息量就比较大。

从符号学的角度讲,二维条码和一维条码都是信息表示、携带和识读的手段。但从应用角度讲,尽管在一些特定场合我们可以选择其中的一种来满足我们的需要,但它们的应用侧重点是不同的:一维条码用于对"物品"进行标识,二维条码用于对"物品"进行描述。信息容量大、安全性高、读取率高、错误纠正能力强等是二维条码的主要特点。一维条码和二维条码的比较见表 3-6。

(a)一维条码　　(b)二维条码

图 3-9　一维条码与二维条码

表 3-6　　　　　　　　　　一维条码和二维条码的比较

条码类型	项目					
	信息密度与信息容量	错误校验及纠错能力	垂直方向是否携带信息	用途	对数据库和通信网络的依赖	识读设备
一维条码	密度低容量小	可通过校验字符检查错误,但不能纠错	不携带信息	对物品的识别	多数场合依赖	可用扫描器识读,如光笔、激光枪等
二维条码	密度高容量大	具有错误校验和纠错能力,可根据需求设置不同的纠错级别	携带信息	对物品的描述	可不依赖,可单独使用	行排式:可用扫描器多次扫描;矩阵式:仅能用图像识别器识读

2. 二维条码的分类

根据实现原理、结构形状的差异,可将二维条码分为堆积式或层排式二维条码(Stacked Bar Code)和棋盘式或矩阵式二维条码(Dot Matrix Bar Code)两大类型。

(1)堆积式或层排式二维条码

堆积式二维条码的编码原理建立在一维条码的基础之上，按需要堆积成两行或多行。它在编码设计、校验原理、识读方式等方面继承了一维条码的特点，识读、设备、条码印刷与一维条码技术兼容。但行数的增加，使行的鉴定、译码算法与软件和一维条码不完全相同。具有代表性的堆积式二维条码有 Code49、PDF417、Code 16K 等，如图 3-10 所示。

(a)Code49　　　　(b)PDF417　　　　(c)Code 16K

图 3-10　常见的堆积式二维条码

(2)棋盘式或矩阵式二维条码

矩阵式二维条码是建立在计算机图像处理技术、组合编码原理等基础上的一种新型图形符号自动识读处理码制。在矩阵相应元素位置上，用点(方点、圆点或其他形状)的出现表示二进制"1"，点的不出现表示二进制"0"，点的排列组合确定了矩阵式二维条码所代表的意义。具有代表性的矩阵式二维条码有 QR Code、Code-one、Maxicode 等，如图 3-11 所示。

(a)QR Code　　　　(b)Code-one　　　　(c)Maxicode

图 3-11　常见的矩阵式二维条码

一维条码和二维条码将产品信息以一定的编码原则制作在条码符号中，需要时再将其解码，具体应用时可选择其中一种来满足我们的实际要求。由于一维条码和二维条码具有不同特征，所以它们各有各的优点。

(二)常见的二维条码介绍

1. PDF417 码

PDF417 码是一种常见的堆积式二维条码，是由留美华人王寅敬(音)博士发明的。PDF 是英文 Portable Data File 三个单词的首字母缩写，意为"便携数据文件"。因为组成条码的每一个字符都是由 4 个条和 4 个空构成的，如果将组成条码的最窄条或空称为一个模块，则上述 4 个条和 4 个空的总模块数一定为 17，所以称其为 417 码或 PDF417 码。

(1) PDF417 码的符号结构

每一个 PDF417 码的符号由空白区包围的一系列层组成。

PDF417 码的符号结构包括左空白区、起始符、左层指示符字符、1 到 30 个数据符号字符、右层指示符字符、终止符、右空白区,如图 3-12 所示。

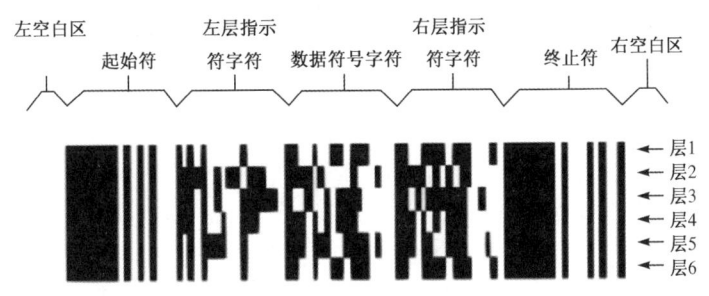

图 3-12　PDF417 码的符号结构

其中每一层都包括下列五个部分:起始码;左标区,在起始码后面,为一指示符号字元;资料区,可容纳 1~30 个资料字元;右标区,在资料区的后面,为一指示符号字元;结束码,在横列的最右边。

(2) PDF417 码的特点

PDF417 码是一种快速、准确、灵活的前端数据采集技术和信息载体,在证件、票据、货物运输等方面都可以进行普遍的应用。

PDF417 码具有如下特点:

① 信息容量大——PDF417 码比普通条码信息容量大几十倍。

② 编码范围广——可以将照片、文字等可以数字化的信息进行编码。

③ 保密、防伪性能好——具有多重防伪特性,它可以采用密码防伪、软件加密及利用所包含的信息进行防伪,因此具有极强的保密、防伪性能。

④ 译码可靠性高——误码率不超过千万分之一,译码可靠性极高。

⑤ 修正错误能力强——采用了世界上先进的数学纠错理论,只要破损面积不超过 50%,条码由于玷污、破损等所丢失的信息就可以照常破译出来。

⑥ 容易制作且成本低廉——利用现有激光、热敏/热转印、制卡机等打印技术,即可在纸张、卡片、PVC 甚至金属表面上印出 PDF417 码。由此所增加的费用仅是油墨的成本。

⑦ 条码符号的形状可变——同样的信息量,PDF417 码的形状可以根据载体面积及美工设计等进行自我调整。

(3) PDF417 码的纠错功能

二维条码的纠错功能是通过将部分信息重复表示(冗余)来实现的。比如,在 PDF417 码中,某一行除了包含本行的信息外,还有一些反映其他位置上的字符(错误纠正码)的信息。这样,即使当条码的某部分遭到损坏,也可以通过存在于其他位置的错误纠正码将信息还原出来。

PDF417 码的纠错能力依错误纠正码字数的不同分为 0~8 共 9 级,级别越高,错误纠正码字数越多,纠正能力越强,条码也越大。当纠正等级为 8 时,即使条码污损 50% 也能被正确读出,如图 3-13 所示。

(a)部分污损 (b)缺角破洞

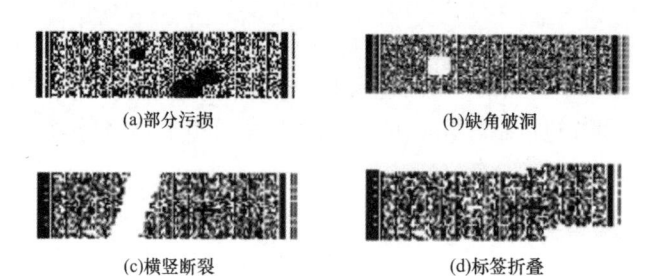

(c)横竖断裂 (d)标签折叠

图 3-13　PDF417 码的错误复原能力

2. QR Code

QR Code(QR 码)，英文全称是 Quick Response Code，又称为快速响应矩阵码，它是由日本的 Denso 公司于 1994 年 9 月研制的一种矩阵式二维条码。它除具有一维条码及其他二维条码所具有的信息容量大、可靠性高、可表示图像等多种信息、保密和防伪性强等优点外，还具有以下特点：

(1)超高速识读

从 QR Code 的英文名称 Quick Response Code 可以看出，超高速识读特点是 QR Code 区别于 PDF417 码、Data Matrix 码等二维条码的主要特性。由于在用 CCD 识读 QR Code 时，整个 QR Code 符号中信息的读取是通过 QR Code 符号的位置探测图形用硬件来实现的，因此，信息识读过程所需时间很短。用 CCD 二维条码识读设备，每秒可识读 30 个含有 100 个字符的 QR Code 符号；对于含有相同数据信息的 PDF417 码符号，每秒仅能识读 3 个符号；对于 Data Matrix 码，每秒仅能识读 2~3 个符号。QR Code 的超高速识读特性使它能够广泛应用于工业自动化生产线管理等领域。

(2)全方位识读

QR Code 具有全方位(360°)识读特点，这是 QR Code 优于层排式二维条码(如 PDF417 码)的另一主要特点。由于 PDF417 码是通过将一维条码符号在行排高度上截短来实现的，因此，它很难实现全方位识读，其识读方位角仅为±10°。

而 QR Code 呈正方形，通常在图像的左上角、左下角和右下角印有"回"字形的定位图案，这三个是帮助解码软件定位的探测图形，只要它们不被遮挡或者涂抹，QR Code 都可以在 360°范围内任一方向快速正确读取。

(3)纠错功能强

QR Code 具备很好的"纠错功能"，即使部分编码变脏、破损或者变形，也可以恢复数据。QR Code 的纠错能力有四个级别，分别是 L 级、M 级、Q 级和 H 级，它们对应的容差率分别是 7％、15％、25％和 30％。也就是说，如果选择了最高的 H 级，就算二维条码被遮挡或者涂抹了 30％，它的数据也是可以被扫描读取出来的。

(4)能够有效地表示汉字

由于 QR Code 用特定的数据压缩模式表示汉字，因此仅用 13 bit 就可表示一个汉字。而 PDF417 码、Data Martix 码等二维条码没有特定的汉字表示模式，仅用字节模式来表示汉字，在用字节模式表示汉字时，需用 16 bit(两个字节)表示一个汉字，因此 QR Code 比其他二维条码表示汉字的效率提高了 20％。

近几年,随着智能手机的普及,人们通过手机下载软件就可以轻松实现 QR Code 的解码,微信、微博、QQ、支付宝等多数 APP 也都在使用 QR Code,QR Code 的应用规模不断加大,最终将会深入整个社会。

(三)二维条码的应用

1.电子票务系统的应用

票务系统中的"票"是一种享受服务的权利凭证,具有一次使用、唯一存在、使用时间短暂等特点,主要应用于演出票务系统、交通票务系统、大型主题活动中。尤其演出票务系统、交通票务系统更是要求具备防伪、辨别时间快速等特点。

传统票务系统的"票"一直以来以纸质、塑料等其他物质形式存在,同时售票、验票、退票等过程要求必须由人来完成。传统票务系统存在着售票窗口少、取票时间长、人工验票效率低、退票手续烦琐、一旦丢失无法补办等诸多弊病。传统票务系统升级为电子票务系统后的商家和代理商,可以直接接入各种网银平台,用户在线支付完成后,凭得到的电子凭证或票据即可到此电子票务系统的对应实体商家消费,无须排队、无须等待、无须烦琐验证,让用户立即获得一系列完美的消费体验。目前,火车票、飞机票、景点门票、展会门票、演出门票、电影票等都可以通过二维条码实现完全的电子化。用户通过网络购票,完成网上支付,手机即可收到二维条码电子票,用户可以自行打印或保存在手机上作为入场凭证,验票者只需通过设备识读二维条码,即可快速验票,大大降低了票务耗材和人工成本。例如,在苏州拙政园、虎丘景区,由税务部门统一监制的二维条码电子门票,一票一码,用后作废,仿制无用,杜绝假票。

2.电子证照的应用

随着"互联网+政务服务"改革的不断深入,电子证照作为具有法律效力和行政效力的专业性、凭证类电子文件,日益成为市场主体和公民办事的主要电子凭证,是支撑政府服务运行的重要基础数据。例如:开车在外,打开手机就能展示电子驾驶证(图3-14);入住酒店,用电子身份证即能办理手续;企业办事人员不必带着公章、纸质材料到处跑,线上上传文件也可加盖电子印章……电子证照的推广为人们生活、工作带来的便利有目共睹。

3.报表管理系统的应用

海关报关单、税务报表、保险登记表、政府部门的各类申请表等任何需重复录入或禁止伪造、删改的表格,都可以将表中的信息编在二维条码中,以解决表格自动录入问题,改善服务质量。二维条码税务申报系统工作流程如下:

(1)由税务部门统一开发税务报表应用软件,纳税人可以随时免费从网上下载应用软件,或到各地税务局申领。

(2)纳税人按照税务报表系统提示将税务申报表填写好,并进行计算机自动逻辑审核。

(3)利用系统中的二维条码生成按钮,将审核过的报表生成二维条码,采用普通A4纸将带有条码的报表在打印机上输出。

(4)纳税人将带有二维条码的报表直接送交当地税务局,或通过邮局发往税务局信箱。

图 3-14　应用二维条码的驾驶证正、反面

（5）税务局采用二维条码识读设备读取二维条码中的内容存入计算机中，完成税务收缴手续。

（6）纳税人直接从税务局或通过邮箱收取回执和缴款通知书，然后到银行缴纳税款。

西班牙的税务部门已将二维条码技术成功引入税务申报系统，全面提高了税收征管的水平和工作效率。

4. 自动追踪系统的应用

自动追踪系统的应用包括公文自动追踪、生产线零件自动追踪、客户服务自动追踪、邮购运送自动追踪、维修记录自动追踪、危险物品自动追踪、后勤补给自动追踪、医疗体检自动追踪、生态研究自动追踪、食品追溯系统等。

例如，二维条码食品安全追溯系统是以产品为监控对象，以二维条码为媒介，将食品的生产和物流信息加载在二维条码里，可实现对食品的追踪溯源，消费者只需用手机扫描食品的二维条码，就能查询食品从生产到销售的所有流程，切实做到产品的安全追溯、防伪、防窜货，缩短信息沟通的渠道，从而提高对顾客和市场的反应速度，实现食品的双向溯源追寻。

自原材料供应商向食品厂家提供原材料开始，需要进行原材料批次管理，将原材料的原始生产数据（如制造日期、食用期限、原产地、生产者等信息）录入到二维条码中并打印带有二维条码的标签，粘贴在包装箱上后交与食品厂家。在食品厂家进行原材料入库时，使用数据采集器读取二维条码，取得原材料的原始生产数据。从该数据就可以马上确认交货的产品是否符合厂家的采购标准。然后将原材料入库。

根据当天的生产计划，制作配方。根据生产计划，员工从仓库中提取必要的原材料，按各个批次要求使用各种原材料的重量进行称重、分包，在分包的原材料上粘贴带有二维条码的标签,二维条码中含有原材料名称、重量、投入顺序、原材料号码等信息。

根据生产计划指示,打印带有二维条码的看板并放置在生产线的前方。看板上的二维条码中有作业指示内容。在混合投入原材料时使用数据采集器按照作业指示读取看板上的二维条码及各原材料上的二维条码,以此来确认是否按生产计划正确进行投入并记录使用原材料的信息。在原材料投入后的各个检验工序,使用数据采集器录入以往手写记录的检验数据,可以省去手工记录。将数据采集器中登录的数据上传到电脑中,电脑生成生产原始数据,使得产品、原材料追踪成为可能,摆脱以往使用纸张的管理方式。使用该数据库,可以在互联网上向消费者公布产品的原材料信息。运用先进的二维条码技术,可以实现食品生产企业的综合管理,包括生产计划管理、辅助生产管理、库存管理、物流跟踪管理、促销管理、防伪管理、防窜货管理、客户管理、市场信息反馈等全方位的立体管理系统。

5. 交通管理系统的应用

二维条码在交通管理中可应用在管理车辆本身的信息、行车证、驾驶证、年审保险、电子眼等。交警在查车时,就不需要再呼叫总台协助了,直接扫描车辆的二维条码即可,大大提高了交通违章的处理速度,保障道路畅通和交通安全等,整体提高了交警的执法效率。以二维条码为基本信息载体,还可以建立全国性的车辆监控网络。

(1)行车证和驾驶证:采用印有二维条码的行车证,将有关车辆的基本信息,包括发动机号、车型、颜色等车辆信息转化保存在二维条码中,其信息的隐含性起到防伪的作用,信息的数字化便于管理部门的管理网络实时监控。

(2)车辆基本信息:可以在车辆上牌登记的时候在车辆隐蔽处贴上带有二维条码的标签,以便在车辆损坏、被盗、改装、违章时对其进行识读,及时发现车辆的基本信息。

(3)年审保险:由于年检标签上的二维条码中包含了汽车的重要参数,在汽车年检时,工作人员不需要重复进行数据抄录,只需扫描二维条码,所有数据不到一秒就可以录入数据库中,年检速度可以得到明显提高。

(4)二维条码罚单:交警在现场使用警务通终端 POS 将决定书编号、违法记分、罚款金额、处理时间、采集机关、处理机关、号牌号码、号牌种类等重要信息转换为二维条码,打印"交通管理简易程序处罚决定书"。打印告知单的 PDA 终端系统,还可实时查询车辆的基本信息,对查处套牌、假车牌有所帮助。车主用手机扫描处罚决定书上的二维条码,可在网上处理罚单,在线缴纳罚款。在发生违章但不严重影响交通安全的情况下,交通管理人员还可通过扫描车辆基本信息二维条码通知车主限时离开,如超时则进行处罚。

6. 会议服务的应用

目前,很多大型会议由于来宾众多,签到非常烦琐,花费很多时间。二维条码会议服务是二维条码技术在移动商务服务中的另一种应用,主要用于会议签到。采用二维条码签到方式,主办方可在会前向参会人员发送二维条码电子邀请票、邀请函、来宾入住安排、会议议程提示、短信温馨提示;来宾签到时,只需扫描验证通过即可完成会议签到,整个签到过程无纸化、低碳环保、高效便捷、省时省力;会议进行中,到会嘉宾凭二维条码参加抽奖、现场互动等活动,同时可享受议程提醒、就餐安排、彩信会刊、会后感谢等系列周到的会议服务,省去了过去传统中签名、填表、会后再整理信息的麻烦,可大大提高签到的速度和效率。签到二维条码彩信识别终端设备会实时将会议记录通过 GPRS 传输至二维条码签到记录平台,可以对会议的参与情况和促销活动的效果进行清楚分析,真正实现会议营销的闭环,从会议主办邀请直到最后的参与情况都会非常高效地记录下来,这是未来势必会普及推广的会议签到形式,不仅高效而且低碳,是移动商务领域中的一项重大革新应用。

7. 报纸的应用

二维条码是一种连接报纸、手机和网络的新兴数字媒体。报纸利用二维条码技术打造"立体报纸"以来,看报的用户通过使用智能手机上的各类二维条码软件扫描报纸上的二维条码,报纸立即成"立体报纸",同时还可以轻松阅读和观赏报纸的延伸内容,如采访录音、视频录像、图片动漫等。国内应用二维条码的报纸有《华西都市报》《长江日报》《成都商报》等。二维条码应用使报纸的容量大大扩展,读报的乐趣也大大增加,这意味着报纸、期刊已经不仅仅是平面的新闻纸媒,更可以为我们带来全新 3D 视听影像感受,并且为产品提供更为全面的资讯以及更为便捷的购买方式,缔造了全方位的移动互联网商务平台。

三、条码印刷与识读设备

(一)条码印刷设备的类型

条码是实现电子计算机数据自动输入的一种现代化手段,条码印刷品的质量是确保条码被正确识读的关键因素,是整个条码应用系统的重要组成部分。

目前条码印刷设备有以下三种:普通打印机、专用条码打印机(图 3-15)和胶版印刷设备。这几种印刷条码的技术设备在质量等方面有很大区别。如何根据自己的情况选用合适的技术和设备使条码符合标准,是建立条码系统必须考虑的问题。所以,选用哪种条码印制方式,主要从三个方面考虑,即印制质量(包括精度、尺标)、打印介质和打印速度。

图 3-15 专用条码打印机

微课:手持终端

(二)条码识读设备的种类

目前,条码识读设备由条码扫描器和条码编译器两部分组成,是整个条码系统的核心部分。大部分条码识读器将扫描器和编译器集成在一起。根据扫描方式、扫描方向等的不同,条码扫描器有不同的分类方法。目前常用的有手持式条码扫描器、小滚筒式条码扫描器和平台式条码扫描器等,如图 3-16~图 3-18 所示。

(a)   (b)   (c)

图 3-16 手持式条码扫描器

(a)   (b)

图 3-17 小滚筒式条码扫描器　　　　图 3-18 平台式条码扫描器

第二节　射频识别技术及其应用

一、射频识别技术的基础知识

(一)射频识别技术的概念

射频识别(Radio Frequency Identification,RFID)技术是自 20 世纪 90 年代开始兴起的一种自动识别技术。与其他自动识别技术一样,射频识别技术也是由信息载体和信息获取装置组成的。其中信息载体是射频标签,信息获取装置为射频识读器。射频标签和射频识读器之间利用感应、无线电波或微波进行非接触双向通信,实现数据交换,从而达到识别的目的。

(二)射频识别系统的优点

目前在商品物流管理过程中,条形码是产品识别的主要手段,但条形码仍存在许多无法克服的缺点:条形码是只读的,需要对准标的,一次只能读一个且容易破损;更重要的是目前全世界每年生产超过五亿种商品,而全球通用的商品条形码,由 12 位排列出来的条形码号码已经快要用完了。而 RFID 是可擦写的,使用时不需对准标的,同时可读取多个,坚固且可全天候使用,可不需人力介入操作。和传统条形码识别技术相比,RFID 技术有以下优势:

微课:RFID技术

1.快速扫描

条形码扫描一次只能读取一个,而 RFID 辨识器可同时读取数个 RFID 标签。

2. 体积小型化、形状多样化

RFID 在读取上并不受尺寸大小与形状限制,不需要为了读取精度而配合纸张的固定尺寸和印刷品质。此外,RFID 标签可向小型化与多样化方向发展,以应用于不同产品。

3. 抗污染能力和耐久性强

传统条形码的载体是纸张,因此容易受到污染,而 RFID 对水、油和化学药品等物质具有很强的抵抗性。此外,由于条形码是附于塑料袋或外包装纸箱上的,所以特别容易受到折损;RFID 卷标是将数据存储在芯片中,因此可以免受污损。

4. 可重复使用

现今的条形码印刷上去之后就无法更改了,而 RFID 标签可以重复地新增、修改、删除 RFID 卷标内储存的数据,信息的更新更加方便。

5. 穿透性强和可实现无屏障阅读

在被覆盖的情况下,RFID 能够穿透纸张、木材和塑料等非金属或非透明的材质,并能够进行穿透性通信。而条形码扫描器必须在近距离而且没有物体阻挡的情况下才可以辨读条形码。

6. 数据的记忆容量大

一维条码的数据容量是 50 Bytes,二维条码最多可储存 3 000 个字符,RFID 最大的数据容量则有数兆字节。随着记忆载体的发展,其数据容量也有不断扩大的趋势。未来物品所需携带的数据量会越来越大,对卷标所能扩充的容量也提出了更高的要求。

7. 安全性高

由于 RFID 承载的是电子式信息,其数据内容可由密码保护,所以其内容不易被伪造及变造。

近年来,RFID 因其所具备的远距离读取、高储存量等特性而备受瞩目。它不仅可以帮助一个企业大幅提高货物、信息管理的效率,还可以让销售企业和制造企业互联,从而更加准确地接收反馈信息,控制需求信息,优化整个供应链。

(三)射频识别系统的构成及工作原理

1. 射频识别系统的构成

从射频识别系统的工作原理来看,系统一般都由信号发射机、信号接收机、编程器、天线等部分组成,如图 3-19 所示。

(1)信号发射机(标签)

在射频识别系统中,信号发射机为了不同的应用目的,会以不同的形式存在,典型的形式是标签(Tag)。标签相当于条码技术中的条码符号,用来存储需要识别和传输的信息。另外,与条码不同的是,标签必须能够自动或在外力的作用下,把存储的信息主动发射出去。标签一般都带有线圈、天线、存储器与控制系统的低电压集成电路。

按照不同的标准,标签有许多不同的分类,如图 3-20 所示。

① 主动式标签与被动式标签。主动式标签内部自带电池进行供电,用自身的射频能量主动地发射数据给阅读器,其工作可靠性高,信号传送距离远。被动式标签内部不带电

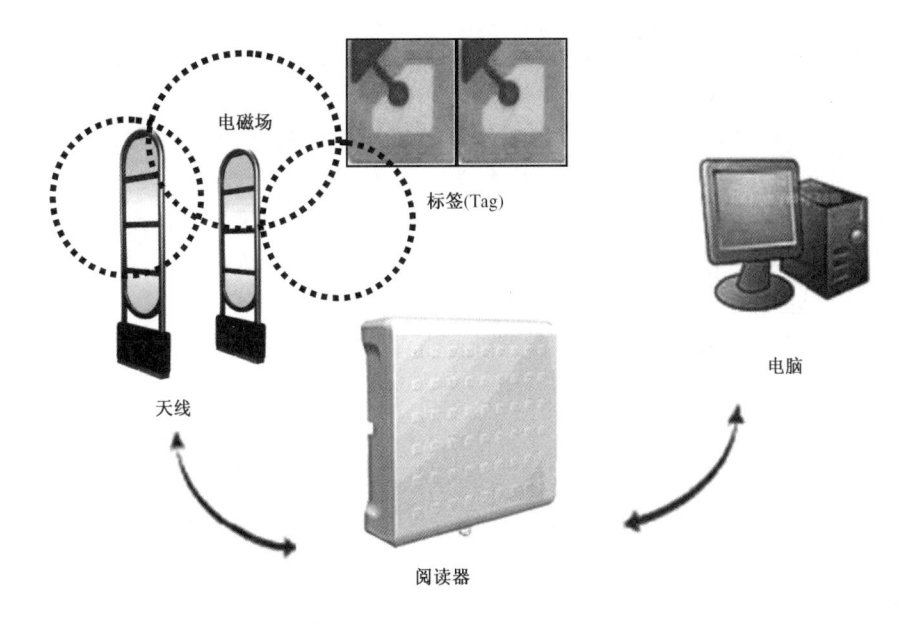

图 3-19 射频识别系统的构成

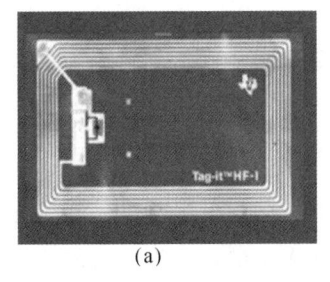

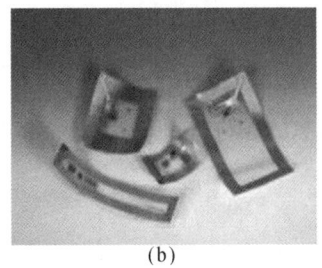

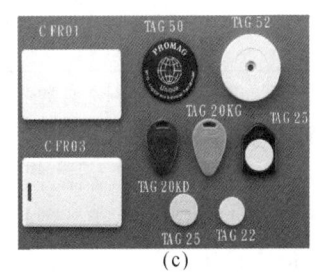

图 3-20 标签

池,要靠外界提供能量(从阅读器发射的电磁波中获得)才能正常工作。主动式标签与被动式标签的比较见表 3-7。

表 3-7　　　　　　　　主动式标签与被动式标签的比较

类型	优点	缺点	应用领域
主动式标签	电能充足,工作可靠性高,信号传递的距离远,限制标签的使用时间或次数	寿命受到限制,随着电池电力的消耗,数据传输的距离会越来越短,因而影响正常工作	可用在需要限制数据传输量或使用数据有限制的领域
被动式标签	有永久的使用期,支持长时间的传输,永久的数据存储	数据传输的距离比主动式标签短,电能较弱,数据传输的距离和信号强度受到限制	用于标签信息需要每天读写或频繁读写的地方

②只读型标签与可读可写标签。根据内部使用存储器类型的不同,标签可以分为只读型标签与可读可写标签。在识别过程中,内容只能读出不可写入的标签是只读型标签。只读型标签所具有的存储器是只读型存储器。

只读型标签又可分为以下几种:

• 只读标签:只读标签的内容在标签出厂时已被写入,识别时只可读出,不可再改写,其存储器一般由 ROM 组成。

•一次编程只读标签:标签的内容只可在应用前一次性编程写入,识别过程中标签内容不可改写,其存储器一般由 PROM、PAL 组成。

•可重复编程只读标签:标签内容经擦除后可重新编程写入,识别过程中标签内容不可改写,其存储器一般由 EPROM 或 GAL 组成。

可读可写标签既可以被阅读器读出,又可由阅读器写入,其既可具有读写型存储器,如 RAM 或 EEROM,也可以同时具有读写型存储器和只读型存储器。可读可写标签在应用过程中数据是双向传输的。

③低频标签、中高频标签与高频标签。低频标签、中高频标签与高频标签的比较见表 3-8。

表 3-8　　　　　　　　低频标签、中高频标签与高频标签的比较

类型	工作频率	工作距离	应用领域
低频标签	30 KHz～300 KHz,主要有 125 KHz 和 134.2 KHz 两种	短	主要用于短距离、低成本的应用中,如多数的门禁控制、校园卡、动物监管、货物跟踪等
中高频标签	3 MHz～30 MHz,典型工作频率为 13.56 MHz	长	电子车票、电子身份证、电子闭锁防盗(电子遥控门锁控制器)等
高频标签	典型工作频率为:433.92 MHz、862(902)～928 MHz、2.45 GHz、5.8 GHz	可达几米甚至十几米	移动车辆识别、集装箱自动识别、高速公路不停车收费、电子身份证、仓储物流应用、电子闭锁防盗(电子遥控门锁控制器)等

④标识标签与便携式数据文件。标识标签中存储的只是标识号码,用于对特定的标识项目(如人、物、地点)进行标识,而关于被标识项目的详细的特定信息,只能在与系统相连接的数据库中进行查找。

便携式数据文件就是说标签中存储的数据非常大,可以看作一个数据文件。这种标签一般都是用户可编程的,标签中除了存储标识码外,还存储大量的被标识项目的其他相关信息,如包装说明、工艺过程说明等。在实际应用中,关于被标识项目的所有的信息都是存储在标签中的,识读标签就可以得到关于被标识项目的所有信息,而不用再连接到数据库进行信息读取。另外,随着标签存储能力的提高,还可以提供组织数据的能力,在读标签的过程中,可以根据特定的应用目的控制数据的读出,在不同的情况下读出数据的不同部分。

(2)信号接收机

在射频识别系统中,信号接收机一般叫作阅读器。根据支持的标签类型不同与实现的功能不同,阅读器的复杂程度有显著不同。阅读器的基本功能就是提供数据传输的途径。另外,阅读器还提供相当复杂的信号状态控制、奇偶错误校验和更正功能等。标签中除了存储需要传输的信息外,还必须含有一定的附加信息,如错误校验信息等。识别数据信息和附加信息按照一定的结构编制在一起,并按照特定的顺序向外发送,阅读器通过接收到的附加信息来控制数据流的发送。一旦到达阅读器的信息被正确地接收和译解后,阅读器就会通过特定的算法决定是否需要发射机对发送的信号重发一次,或者指导发射器停止发信号,这就是"命令响应协议"。使用这种协议,阅读器即便在很短的时间、很小的空间内也可阅读多个标签,一次可以同时处理 200 个以上标签,也可以有效地防止"欺骗问题"的产生。

(3)编程器

只有可读可写标签系统才需要编程器,编程器是向标签中写入数据的装置。编程器写入数据一般来说是离线(Off-line)完成的,也就是预先在标签中写入数据,等到开始应用时直接把标签黏附在被标识项目上。也有一些 RFID 应用系统,写入数据是在线(On-line)完成的,尤其是在生产环境中作为交互式便携数据文件来处理时。

(4)天线

天线是标签与阅读器之间传输数据时的发射、接收装置。在实际应用中,除了系统功率,天线的形状和相对位置也会影响数据的发射和接收,需要专业人员对系统的天线进行设计、安装,如图 3-21 所示。

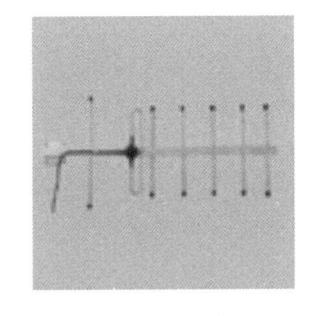

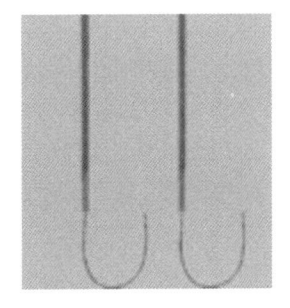

图 3-21　天线

2.射频识别系统的工作原理

在射频识别系统的工作过程中,通常由识读器在一个区域内发射射频能量形成电磁场,作用距离的大小取决于发射功率。标签通过这一区域时被触发,发送存储在标签中的数据,或根据识读器的指令改写存储在标签中的数据。识读器可接收标签发送的数据或向标签发送数据,并能通过标准接口与计算机网络进行通信。射频识别系统的工作原理如图 3-22 所示。

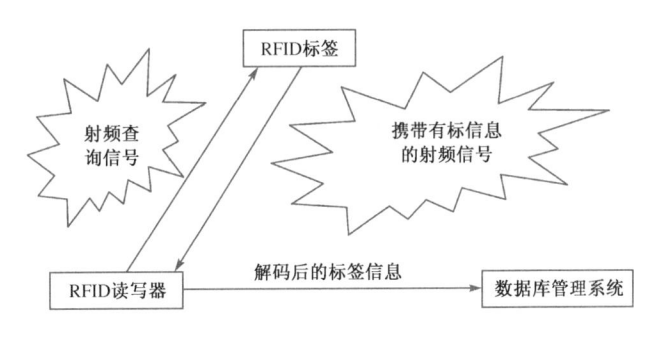

图 3-22　射频识别系统的工作原理

(1)识读器通过发射天线向外发射无线电载波信号。

(2)射频标签进入发射天线的工作区时,射频标签被激活后即将自身信息经天线发射出去。

(3)系统的接收天线接收到射频标签发出的载波信号,经天线的调节器传给识读器。识读器对接到的信号进行解调解码,并发送到后台计算机控制器。

(4)计算机控制器根据逻辑运算判断射频标签的合法性,针对不同的设定做出相应的处理和控制,发出指令信号控制执行机构的动作。

(5)执行机构按计算机的指令动作。

(6)通过计算机通信网络将各个监控点连接起来,构成总控信息平台。根据不同的项目可以设计不同的软件来实现不同的功能。

二、射频识别技术在物流领域的应用

射频识别技术目前已经应用于多个领域,常见的有如下几个方面:

1. 交通运输管理

高速公路自动收费系统是RFID技术最成功的应用之一,它充分体现了非接触识别的优势。在车辆高速通过收费站的同时自动完成缴费,解决了交通瓶颈问题,避免拥堵,同时也防止了在现金结算中贪污路费等问题。美国Amtch公司、瑞典Tagmaster公司都开发了用于高速公路收费的成套系统。

一般来说,对于公路收费系统,根据车辆的大小和形状不同,需要大约4米的读写距离和很快的读写速度,也就要求系统的频率应该在9 MHz~2 500 MHz。射频卡一般在车的挡风玻璃后面。现在最现实的方案是将多车道的收费口分为两部分:自动收费口和人工收费口。天线架设在道路的上方。在距收费口50~100米处,当车辆经过天线时,车上的射频卡被头顶上的天线接收到,判别车辆是否带有有效的射频卡。识读器指示灯指示车辆进入不同车道。人工收费口仍维持现有的操作方式,进入自动收费口的车辆,过路费被自动从用户账户中扣除,且用指示灯及蜂鸣器告诉司机收费是否完成,不用停车就可通过,挡车器用于阻拦恶意闯入的车辆。

在城市交通方面,城市交通日趋拥挤,解决交通问题不能只依赖于修路,加强交通的指挥、控制、疏导,提高道路的利用率,深挖现有交通潜能也是非常重要的手段。而基于RFID技术的实时交通督导和最佳路线电子地图很快将成为现实。用RFID技术实时跟踪车辆,通过交通控制中心的网络在各个路段向司机报告交通状况,指挥车辆绕开堵塞路段,并用电子地图实时显示交通状况,能够使交通流量均匀,大大提高道路利用率。RFID技术还可用于车辆特权控制,比如在信号灯处给警车、应急车辆、公共汽车等行驶特权;自动查处违章车辆,记录违章情况。另外,公共汽车站实时跟踪、指示公共汽车到站时间及自动显示乘客信息的做法,大大方便了乘客。利用RFID技术能使交通的指挥自动化、法制化,有助于改善交通状况。

2. 生产线的自动化及过程控制

RFID技术用于生产线能够实现自动控制、监控质量、改进生产方式、提高生产率,如用于汽车装配生产线。国外许多著名轿车如奔驰、宝马都可以按用户要求定制,也就是说从流水线下来的每辆汽车都是不一样的,没有一个高度组织、复杂的控制系统很难胜任这样复杂的任务。德国宝马公司在汽车装配线上配有RFID系统,以保证汽车在流水线上毫不出错地完成装配任务。

在工业过程控制中,很多恶劣的、特殊的环境都采用了RFID技术,摩托罗拉、SGS-THOMSON等集成电路制造商采用加入了RFID技术的自动识别工序控制系统,满足了半导体生产对于超净环境的特殊要求,而像其他的自动识别技术,如条码,在如此苛刻的化学条件和超净环境下就无法工作了。

3. 物品跟踪与管理

很多货物运输需准确地知道它们的位置,像运钞车、危险品等,滑线安装的 RFID 设备可跟踪运输的全过程,有些还结合了 GPS 系统实施对物品的有效跟踪。RFID 技术用于商店,可防止某些贵重物品被盗,如电子物品监视(Electronic Article Surveillance,EAS)系统。

电子物品监视系统是一种设置在需要控制物品出入的门口的 RFID 技术。这种技术的典型应用场合是商店、图书馆、数据中心等地方,当未被授权的人从这些地方非法取走物品时,EAS 系统会发出警告。在应用 EAS 技术时,首先在物品上黏附 EAS 标签,当物品被正常购买或者合法移出时,在结算处通过一定的装置使 EAS 标签失活,物品就可以被取走。当物品经过装有 EAS 系统的门口时,EAS 装置能自动检测标签的活动性,发现活动性标签时 EAS 系统会发出警告。EAS 技术的应用可以有效防止物品被盗,不管是大件的商品,还是很小的物品。应用 EAS 技术,商品不用再锁在玻璃橱柜里,可以让顾客自由地观看、检查商品,这在自选日益流行的今天有着非常重要的现实意义。典型的 EAS 系统一般由三部分组成:附着在商品上的电子标签、电子传感器;电子标签灭活装置,用来授权商品能正常出入;监视器,在出口形成一定区域的监视空间。

EAS 系统的工作原理是:在监视区,发射器以一定的频率向接收器发射信号。发射器与接收器一般安装在零售店、图书馆的出入口,形成一定的监视空间,当具有特殊特征的标签进入该区域时,会对发射器发出的信号产生干扰,这种干扰信号也会被接收器接收,再经过微处理器的分析判断,就会控制警报器的鸣响。

RFID 技术还可用于动物跟踪,研究动物生活习性,例如,新加坡利用 RFID 技术研究鱼的洄游特性等。RFID 技术还可用于标识牲畜、提供现代化管理牧场的手段。此外,还可将 RFID 技术用于信鸽比赛、赛马识别等,以准确测定到达时间。

4. 仓储管理

在仓库里,射频识别技术最广泛的应用是存取货物与库存盘点,它能用来实现自动化的存货和取货等操作。在整个仓库管理中,通过将供应链计划系统所制订的收货计划、取货计划、装运计划等与射频识别技术相结合,能够高效地完成各种业务操作,如指定堆放区域、上架/取货与补货等,这样,既增强了作业的准确性和快捷性,提高了服务质量,降低了成本,节省了劳动力(8%~35%)和库存空间,又减少了整个物流中由于商品误置、送错、被盗、损害和出货错误等造成的损失。

RFID 技术的另一项好处就是在库存盘点时节省人力。RFID 的设计就是要让商品的登记自动化,盘点时不需要人工检查或扫描条码,更加快速准确,并且减少损耗。RFID 解决方案可提供有关库存情况的准确信息,管理人员可由此快速识别并纠正低效率运作情况,从而实现快速供货,并最大限度地降低储存成本。

行业前瞻

基于 RFID 技术的智能仓储解决方案

2021年1月26日,京东在智能物流领域的一项自主创新技术——RFID智能仓储解决方案在重庆渝北大件自动化仓全面应用。接下来,该项技术将在包括"亚洲一号"在内的上百个大件仓进行复制推广,同时,该项技术具有极高的可复制性,将向家电家具领域的品牌商全面开放共享,应用于新仓规划及旧仓改造,为大件物流领域提供了数智化升级的路径。这意味着,京东物流科技在"以简驭繁"理念的引导下,在大件仓储自动化领域实现了新的突破。据预测,RFID智能仓储解决方案将使仓内盘点效率提升10倍以上,复核效率提升5倍,仓库运营的整体效能将增长300%。

请思考:请列举更多的RFID技术应用案例。

第三节 电子数据交换系统及其应用

在现代企业管理活动中,每个企业每天都要与供应商、客户、其他企业以及企业内部各部门之间进行通信或数据交换,每天都会产生大量的纸张单证。例如,全球贸易额的上升带来了各种贸易单证、文件数量的激增。纸张单证是企业管理中重要的信息流,而这些单证中有相当大一部分数据是重复出现的,需要反复地键入,如订单、发票、运单、采购单、银行对账单等。国际贸易还有报关单、商检证明、保单等更多的单证。交易文件要经过许多环节的传递与处理,涉及海关、商检、港口、船代、运输、场站、银行、保险等政府部门以及服务企业和中间企业。在企业交易量与信息量日益扩大的情况下,交易文件靠传统的纸质单证、物理邮寄传递及人工处理已不能适应需求。正是在这种背景下,电子数据交换(EDI)技术应运而生。

一、EDI 系统的结构组成

(一)EDI 的定义

EDI是英文Electronic Data Interchange的缩写,中文译为"电子数据交换"。它是一种在公司之间传输订单、发票等作业文件的电子化手段。它通过计算机网络将贸易、运输、保险、银行和海关等行业信息,用一种国际公认的标准格式,在各有关部门或公司与企业之间进行数据交换与处理,并完成以贸易为中心的全部过程。它是20世纪80年代发展起来的一种新颖的电子化贸易工具,是计算机、通信和现代管理技术相结合的产物。

EDI的定义至今没有一个统一的规范,但所有规范中有三个方面的内容是相同的。

(1)资料用统一标准。

(2)利用电信号传递信息。

(3)计算机系统之间的连接。

国际标准化组织(ISO)于1994年确认了EDI的技术定义:"将贸易(商业)或行政事务处理按照一个公认的标准变成结构化的事务处理或信息数据格式,从计算机到计算机的电子数据传输"。而ITU-T将EDI定义为"从计算机到计算机之间的结构化的事务数据互换"。又由于使用EDI可以减少甚至消除贸易过程中的纸张文件,因此EDI又被人们通俗地称为"无纸贸易"。

EDI是一套报文通信工具,它利用计算机的数据处理与通信功能,将交易双方彼此往来的商业文档(如询价单、订货单等)转换成标准格式,并通过通信网络传输给对方。通俗地讲,EDI就是一类电子邮包,按一定规则进行加密和解密,并以特殊标准和形式进行传输。

总之,EDI指的是:按照协议,对具有一定结构特征的标准经济信息,经过电子数据通信网,在商业贸易伙伴的计算机系统之间进行交换和自动处理的全过程。

(二)EDI的构成要素

从EDI的定义不难看出,EDI的基本框架包含了三个方面的内容,即计算机应用、通信网络和数据标准化。其中计算机应用是实现EDI的前提条件,通信网络是实现EDI的技术基础,数据标准化是实现EDI的关键。这三方面相互衔接、相互依存,共同构成EDI的基础框架。

1. 数据标准化

EDI的关键就在于用标准报文来解决企业之间不同单证与传递方式而引起的问题。为解决EDI的标准问题,联合国行政、商业及运输电子数据交换委员会(UN/EDIFACT)制定了世界通用的EDI标准。

目前加入UN/EDIFACT的有北美洲、欧洲、亚洲、大洋洲和非洲五个洲。亚洲EDIFACT理事会成立于1990年,其正式成员包括中国。中国EDIFACT委员会成立于1991年,到1996年已完成对EDIFACT标准的研究与制定工作,并通过国家标准监督局批准,正式执行。

2. EDI软硬件

实现EDI需要配备相应的EDI软件和硬件。

(1)EDI软件需求

如果企业已经有了管理信息系统,而且可以生成要传给交易对象的标准单证报文,并且能够利用收到的单证报文,则企业可以只使用前端软件。前端软件的功能包括:可以转换各类标准报文;将企业生成的单证报文转换成EDI标准报文,并传至网络中心。

EDI软件具有将用户数据库系统中的信息译成EDI的标准格式,以供传输交换的能力。EDI标准具有足够的灵活性,可以适应不同行业的众多需求。由于每个公司有其自己规定的信息格式,因此,当需要发送EDI报文时,必须用某些方法从公司的专有数据库中提取信息,并把它翻译成EDI标准格式进行传输,这就需要EDI相关软件的帮助。

①转换软件。它可以帮助用户将原有计算机系统的文件转换成翻译软件能够理解的平面文件,或是将从翻译软件接收来的平面文件转换成原计算机系统中的文件。

②翻译软件。翻译功能是EDI软件的一项主要功能,翻译软件把平面文件翻译成EDI标准报文,或将接收到的EDI标准报文翻译成平面文件。

③通信软件。EDI标准报文的实际传递是由通信软件控制的,将EDI标准格式的文

件外层加上通信信封,再送到 EDI 系统交换中心的邮箱,或在 EDI 系统交换中心内,将接收到的文件取回。

(2)EDI 所需硬件设备

EDI 所需硬件设备是计算机广域网或 Internet。拨号连接的网络硬件大致有计算机、调制解调器及电话线。由于使用 EDI 进行电子数据交换需要通过通信网络,目前采用电话网络进行通信是很普遍的方法,因此调制解调器是必备硬件设备。此外,如果对传输时效及资料上传量有较高要求,可以考虑租用专线。

3.通信网络

通信网络是 EDI 实现的基础,只有计算机之间能进行通信,才能使数据通过计算机进行传输和处理。EDI 通信网络的发展在时间上可以分为 3 个阶段:

(1)专线连接的 EDI:早期的 EDI 通信一般都采用专线连接点到点的传输。

(2)增值网络的 EDI:增值网络的 EDI 是那些增值数据业务(VADS)公司,利用已有的计算机与通信网络设备,除完成一般的通信任务外,增加 EDI 的服务功能。

(3)基于 Internet 的 EDI:Internet 是世界上最大的计算机网络,可以大大扩大参与交易的范围。EDI 交易信息经过加密压缩后作为电子邮件的附件在网上传输,它使用了一种称作 MIME 格式的传输协议。

(三)EDI 系统的基本结构

在 EDI 的工作过程中,所交换的报文都是结构化的数据,整个过程都是由 EDI 系统完成的。EDI 系统的结构如图 3-23 所示。

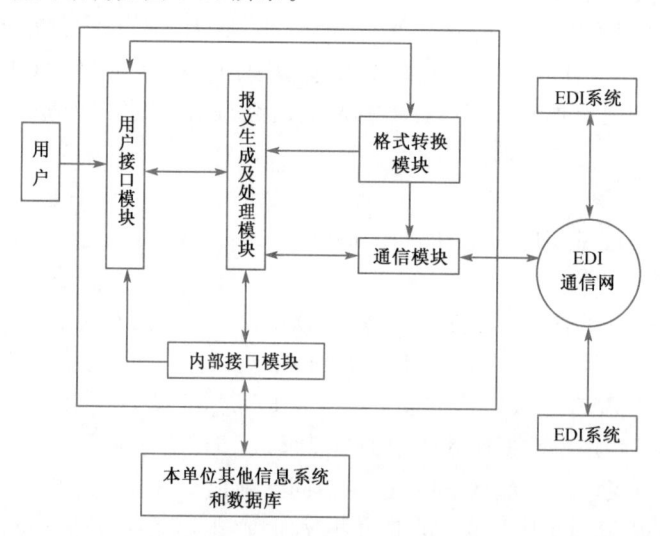

图 3-23 EDI 系统的结构

1.用户接口模块

业务管理人员可用此模块进行输入、查询、统计、中断、打印等,及时了解市场变化,调整策略。

2.内部接口模块

这是 EDI 系统和本单位内部其他信息系统及数据库的接口,一份来自外部的 EDI 报文,经过 EDI 系统处理之后,大部分相关内容都需要经内部接口模块送往其他信息系统,或查询其他信息系统,才能给对方 EDI 报文以确定的答复。

3. 报文生成及处理模块

该模块有两个功能:

(1) 接收来自用户接口模块和内部接口模块的命令和信息,按照 EDI 标准生成订单、发票等各种 EDI 报文和单证,经格式转换模块处理之后,由通信模块经 EDI 网络发给其他 EDI 用户。

(2) 自动处理由其他 EDI 系统发来的报文。在处理过程中要与本单位信息系统相连,获取必要信息并给其他 EDI 系统答复,同时将有关信息发给本单位其他信息系统。如因特殊情况不能满足对方的要求,经双方 EDI 系统多次交涉后不能妥善解决的,则需把这一类事件提交用户接口模块,由人工干预决策。

4. 格式转换模块

所有的 EDI 单证都必须转换成标准的交换格式,转换过程包括语法上的压缩、嵌套、代码的替换以及必要的 EDI 语法控制。在格式转换过程中要进行语法检查,对于语法出错的 EDI 报文应拒收并通知对方重发。

5. 通信模块

该模块是 EDI 系统与 EDI 通信网络的接口,具有执行呼叫、自动重发、合法性和完整性检查、出错报警、自动应答、通信记录、报文拼装和拆卸等功能。

二、EDI 的业务流程

当今世界通用的 EDI 通信网络是建立在 MHS(国际电子邮件服务系统)数据通信平台上的信箱系统,其通信机制是信箱间信息的存储和转发。具体实现方法是在数据通信网上加挂一个大容量的信息处理计算机,在计算机上建立信箱系统,通信双方需申请各自的信箱,其通信过程就是把文件传到对方的信箱中。文件交换由计算机自动完成,在发送文件时,用户只需进入自己的信箱系统。EDI 的业务流程如图 3-24 所示。

EDI 业务流程中各功能模块说明如下:

1. 映射(Mapping)——生成 EDI 平面文件

EDI 平面文件(Flat File)是利用应用系统将用户的应用文件(如单证、票据)或数据库中的数据,映射成的一种标准的中间文件。这一过程称为映射。

平面文件是用户通过应用系统直接编辑、修改和操作的单证和票据文件,它可直接阅读、显示和打印输出。

2. 翻译(Translation)——生成 EDI 标准格式文件

其功能是将平面文件通过翻译软件(Translation Software)生成 EDI 标准格式文件。

EDI 标准格式文件,就是所谓的 EDI 电子单证,或称电子票据。它是 EDI 用户之间进行贸易和业务往来的依据。EDI 标准格式文件是一种只有计算机才能阅读的 ASCII 文件。它是按照 EDI 数据交换标准的要求,将单证文件(平面文件)中的目录项,加上特定的分割符、控制符和其他信息,生成的一种包括控制符、代码和单证信息在内的 ASCII 文件。

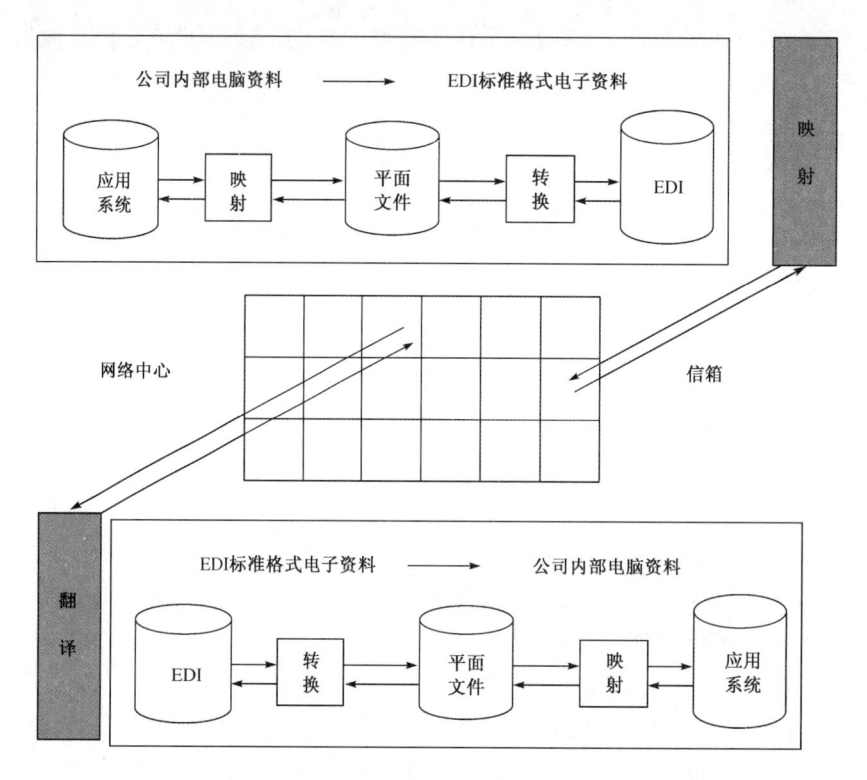

图 3-24　EDI 的业务流程

3.通信

这一步由计算机通信软件完成。用户通过通信网络,接入 EDI 信箱系统,将 EDI 电子单证投递到对方的信箱中。

EDI 信箱系统则自动完成投递和转接,并按照 X.400(或 X.435)通信协议的要求,为电子单证加上信封、信头、信尾、投送地址、安全要求及其他辅助信息。

4.EDI 文件的接收和处理

接收和处理过程是发送过程的逆过程。首先需要接收用户通过通信网络接入 EDI 信箱系统,打开自己的信箱,将来函接收到自己的计算机中,经格式校验、翻译、映射,还原成应用文件。最后对应用文件进行编辑、处理和回复。

在实际操作过程中,EDI 系统为用户提供的 EDI 应用软件包,包括了应用系统、映射、翻译、格式校验和通信连接等全部功能。其处理过程,用户可看作一个"黑匣子",完全不必关心里面的具体过程。

第四节　电子订货系统及其应用

一、电子订货系统(EOS)概述

(一)EOS 的概念

电子订货系统(Electronic Ordering System,EOS)是指将批发、零售商场所产生的订货数据输入计算机,即以计算机通信网络连接的方式将资料传送至总公司、批发商、商品供货商或制造商处。因此,EOS能处理从新商品资料的说明直到会计结算等所有商品交易过程中的作业,可以说,EOS涵盖了整个物流。在寸土寸金的情况下,零售业已没有更多空间用于存放货物,在要求供货商及时补足售出商品的数量且不能有缺货的前提下,必须采用EOS系统。EOS涵盖了许多先进的管理手段,在国际上使用非常广泛,并且越来越受到商业界的青睐。

EOS的基本流程如图3-25所示。

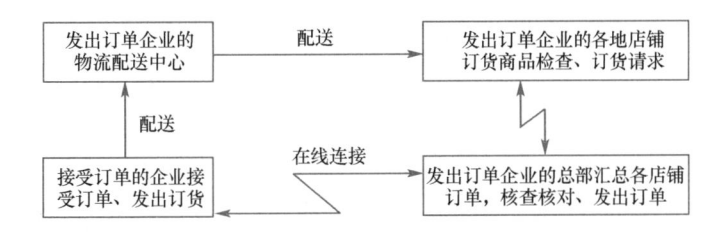

图 3-25　EOS 的基本流程

电子订货系统采用电子手段完成供应链上从零售商到供应商的产品交易过程,因此,一个EOS必须有:

(1)供应商:商品的制造者或供应者(生产商、批发商)。
(2)零售商:商品的销售者或需求者。
(3)网络:用于传输订货信息(订单、发货单、收货单、发票等)。
(4)计算机系统:用于产生和处理订货信息。

(二)EOS 的特点

(1)商业企业内部计算机网络应用功能完善,能及时产生订货信息。
(2)POS 与 EOS 高度结合,能产生高质量的信息。
(3)能满足零售商和供应商之间的信息传递。
(4)通过网络传输信息来订货。
(5)信息传递及时、准确。
(6)EOS是许多零售商和供应商之间的整体运作系统,而不是单个零售店和单个供应商之间的系统。

EOS在零售商和供应商之间建立起了一条高速通道,使双方的信息及时得到沟通,使订货过程的周期大大缩短,既保障了商品的及时供应,又加速了资金的周转,实现了零库存战略。

(三)EOS 的结构

电子订货系统的构成内容包括:订货系统、通信网络系统和接单电脑系统。就门店而言,只要配备了订货终端机和货价卡(或订货簿),再配上电话和数据机,就可以形成一套完整的电子订货配置。就供应商而言,凡能接收门店通过数据机的订货信息,并可利用终端机设备系统直接做订单处理,打印出出货单和拣货单,就可以说已具备电子订货系统的功能。但就整个社会而言,标准的电子订货系统绝不是"一对一"的格局,即并非单个的零售店与单个的供应商组成的系统,而是"多对多"的整体运作,即许多零售店和许多供货商组成的大系统的整体运作方式。

EOS 的系统结构如图 3-26 所示。

图 3-26 EOS 的系统结构

电子订货系统根据整体运作程序来划分,大致可以分为以下三种类型:

1. 连锁体系内部的网络型

连锁体系内部的网络型即连锁门店有电子订货配置,连锁总部有接单电脑系统,并用即时、批次等方式传输订货信息。这是"多对一"与"一对多"相结合的初级形式的电子订货系统。

2. 供应商对连锁门店的网络型

供应商对连锁门店的网络型的具体形式有两种:一种是直接的"多对多",即众多的不同连锁体系下属的门店,由供应商直接接单发货;另一种是以各连锁体系内部的配送中心为中介的间接的"多对多",即连锁门店直接向供应商订货,并告知配送中心有关订货信息,供应商按商品类别向配送中心发货,并由配送中心按门店组配且送货,这可以说是中级形式的电子订货系统。

3. 众多零售系统共同利用的标准网络型

众多零售系统共同利用的标准网络型的特征是利用标准化的传票和社会配套的信息管理系统完成订货作业。其具体形式有两种:一是地区性社会配套的信息管理系统网络,即成立由众多的中小型零售商、批发商构成的区域性社会配套的信息管理系统营运公司和地区性的咨询处理公司,为本地区的零售业服务,支持本地区 EOS 的运行;二是专业性社会配套信息管理系统网络,即按商品的性质划分专业,从而形成各个不同专业的信息网络。这是高级形式的电子订货系统,必须以统一的商品代码、统一的企业代码、统一的传票和订货的规范标准的建立为前提条件。

(四)EOS 的配置

无论何种形式的电子订货系统,皆以门店订货系统的配置为基础。门店订货系统配置包括硬件设备配置与电子订货方式确立两个方面。

1. 硬件设备配置

硬件设备一般由三部分组成:

(1)电子订货终端机。其功能是将所需订购的商品和条码及数量,以扫描和键入的方式,暂时储存在记忆体中,当订货作业完毕时,再将终端机与后台电脑连接,取出储存在记忆体中的订货资料,存入电脑主机。电子订货终端机与手持式扫描器的外形有些相似,但功能却有很大差异,其主要区别是:电子订货终端机具有存储和运算等电脑基本功能,而扫描器只有阅读及解码功能。

(2)数据机。它是传递订货主与接单主电脑信息资料的主要通信装置,其功能是将电脑内的数据转换成线性脉冲资料,通过专有数据线路,将订货信息从门店传递到商品供方的数据机,供方以此为依据来发送商品。

(3)其他设备。此外,还有个人电脑、价格标签及店内码的印制设备等。

2.电子订货方式确立

EOS的运作除硬件设备外,还必须有记录订货情报的货架卡和订货簿,并确立电子订货方式。

电子订货,顾名思义是借由电子传递方式,取代传统人工书写、输入、传送的订货方式,也就是将订货资料转为电子资料形式,借由通信网络传送,此系统即称为电子订货系统(采用电子资料交换的方式取代传统商业下单、接单动作的自动化订货系统)。其做法可分为以下三种:

(1)订货簿或货架标签配合手持终端机(H. T-Handy Terminal)及扫描器

订货簿是记录包括商品代码/名称、供应商代号/名称、进/售价等商品资料的书面表格样式。货架标签是装设在货架槽上的一张商品信息记录卡,显示内容包括:中文名称、商品代码、条码、售价、最高订量、最低订量、厂商名称等。

订货人员携带订货簿、手持终端机及扫描器巡视货架,若发现商品缺货则用扫描器扫描订货簿或货架上的商品标签,再输入订货数量,当所有订货资料皆输入完毕后,利用数据机将订货资料传给供应商或总公司。

(2)POS(销售时点管理系统)

客户若有POS收款机则可在商品库存档里设定安全存量,每当销售一笔商品资料,电脑自动扣除该商品库存,当库存低于安全存量时,就自动产生订货资料,待订货资料确认后即可通过通信网络传给总公司或供应商。亦有客户将每日的POS资料传给总公司,总公司将POS资料与库存资料比对后,再根据采购计划向供应商下订单。

(3)订货应用系统

客户信息系统里若有订单处理系统,可将应用系统产生的订货资料,经由特定软件转换功能转成与供应商约定的共通格式,在约定时间里将资料传送出去。

一般而言,通过电脑直接连线的方式最快也最准确,而邮寄、电话或销售员带回的方式则较慢。由于订单传递时间是订货前置时间内的一个因素,它会通过存货水准的调整来影响客户服务及存货成本,因而传递速度快、可靠性及正确性高的订单处理方式,不仅可以大幅提升客户服务水准,还能有效地缩减与存货相关的成本和费用。

但另一方面,通过电脑直接传递往往较为昂贵,因而究竟要选择哪一种订单传递方式,应比较成本与效益来决定。

二、EOS的工作流程

EOS并非单个的零售店与单个的批发商组成的系统,而是许多零售店和许多批发商组成的大系统的整体运作方式。

(1)在零售店的终端利用条码阅读器获取准备采购的商品条码,并在终端机上输入订货资料,利用电话线通过调制解调器传到批发商的计算机中。

(2)批发商开出提货传票,并根据传票开出拣货单,实施拣货,然后根据送货传票进行发货。

(3)送货传票上的资料成为零售商店的应付账款资料及批发商的应收账款资料,并传递到应收账款的系统中。

(4)零售商对送到的货物进行检验后,就可以陈列出售了。

使用EOS时要注意订货业务作业的标准化,这是有效利用EOS的前提条件。

(1)商品代码的设计:商品代码一般采用国家统一规定的标准,这是应用EOS的基础条件。

(2)订货商品目录账册的做成和更新:订货商品目录账册的设计和运用是EOS系统成功的重要保证。

(3)计算机以及订货信息输入和输出终端设备的添置:这是应用EOS系统的基础条件。

(4)在应用过程中需要制定EOS系统应用手册并协调部门间、企业间的经营活动。

在商业化、电子化迅速发展的今天,EOS越来越显示出它的重要性,同时随着科技的发展和EOS的日益普及,EOS的标准化和网络化已成为当今EOS的发展趋势。

风险防范

某停车场计算机信息系统被破坏案

某停车场管理员报案称其收费室电脑在夜间会"自动操作",在无人使用的情况下"自己删除"相关停车收费数据。经取证分析,警方发现该信息系统被恶意装入"远程控制软件",使得犯罪分子可远程控制收费室电脑,对停车收费金额数据进行删改等操作。经深入侦查,发现此案为该停车场物业管理公司财务经理、收费室管理员以及收费系统运维公司经理互相勾结共同作案。上述3人利用职务之便,在停车场智能收费电脑以及个人手机安装了"远程控制软件",盗取物业公司资产。据统计,该犯罪团伙共计侵吞停车费约30万元。

请思考:如果企业内部网络安全管理制度未落实到位,网络在为办公提供了极大便利的同时,也为犯罪提供了新的渠道。那么如何建立健全日常工作业务相关信息系统的管理制度,减少类似案件的发生呢?

案例分析

服装企业RFID全供应链管理应用方案

一、思创全产业链智能方案

1. 工厂:在服装生产加工的过程中植入RFID芯片,芯片中写入该商品的所有信息,实现源标签计划。

2. 仓库:在仓库中可以实现整箱入库、整箱出库以及快速盘点。通过RFID可以实现智能仓储,大大提高库存准确率以及实现库存可视化。

3. 门店:在门店中同样可以实现整箱收发货,快速盘点。同时,在门店中也可以实现自助收银以及与消费者的互动体验(互动体验主要是在消费者使用"魔镜"、智能试衣间的过程中实现)。互动体验主要是提高消费者的消费体验以及收集消费者数据。

4. 思创云平台:基于全面、卓越、整合的产品和服务组合,思创云平台支持应用级、平台级和基础设施级云,可深入洞察安全性、合规性和服务级别。

二、RFID 全供应链管理的效果

通过思创 RFID 供应链解决方案,以仓储管理中心 80 万～100 万的出库量为例,以往需要设置 5 个岗台,15～16 人同时作业,完成周期为 1 个月;现在通过 RFID 隧道复合出库,岗台精简至 2 个,7～8 人同时作业能确保 10 天内完成。人员和时间成本直接节省了一半以上。更有意义的是,岗台出库人员职责也由原来的"打包兼复核"转变为"纯复核异常事件处理",大大降低劳动强度,提高了数据精准度,使仓储工作变得简单,且降低了人为操作失误带来的风险。同时,可以更好地适应以消费者为导向的市场情况,根据消费者的需求来制订生产计划。

事实上,RFID 在整个供应链的流转过程中发挥的作用远远不止这些,归纳表现如下:

1. 库存管理透明度提升:提升商品透明度;实时掌握商品状况,提升管理水平。
2. 加快供应链:减少库存积压,降低缺货风险,增加销售机会,降低人力资源成本。
3. 销售预测:通过客流系统、试衣"魔镜"等设备,建立销售漏斗分析,做销售预测。
4. 成本降低:RFID 技术既提升了运营效率,又可以减少对人的过度依赖,可打造自主购物平台。
5. 零售体验度提升:通过试衣间"魔镜"、缺货管理等提升服务,增加消费体验,最终提升业绩。
6. 商业模式转型:以市场、消费者为导向,建立柔性供应链体系,提升核心竞争力。

讨论分析:

服装企业是如何应用 RFID 技术有效解决库存高压、盘点不准确,全渠道管理不成熟,门店体验差,数据不透明等痛点的?

关键概念 >>>

一维条码,二维条码,EAN 条码,RF,RFID,EDI,标准报文,EOS

本章小结

本章介绍了条码技术、射频识别技术、电子数据交换技术、电子订货系统的含义、特点、组成、工作原理及在物流领域的应用案例。

实训项目

一、实训目的

1. 熟悉条形码的印制及其货物信息的输入。
2. 掌握货位信息的确定,明确货位信息和货品信息之间的关系。
3. 熟练掌握各种条码阅读器/手持终端等设备的使用。

4. 掌握入库信息的确认、入库单的内容与生成过程。

二、实训组织

将学生分组,每组 4~5 人,学生可以下载不同的条码编制软件来编制条码,熟悉不同软件的编码、排版和存储功能。根据商品性质,按条码规范对条码进行设置,使用条码扫描设备对条码进行扫描和识别,通过操作,熟悉条码的制作和信息采集,完成货物入库。

三、实训内容与成果要求

货物入库时,都要使用条码技术完成货物入库作业。本实训就是训练学生如何使用条码完成入库作业,包括条码的印制、手持条码阅读器的使用、货物信息的输入、货位信息的确定、入库作业的完成等操作过程。

学生分组完成入库作业流程,提交一篇实训报告,注意明确包装条码信息与货品信息之间的对应关系,托盘条码信息与货品信息之间的对应关系。

思考与练习

一、判断题

1. EAS 是一种设置在需要控制物品出入的门口的 RFID 技术。（　　）
2. 条形码所表示的某种产品不再生产时,其对应的产品代码可以重复启用,再分配给其他的产品。（　　）
3. 缩短版商品条码所表示的代码由 13 位数字组成。（　　）
4. 变量储运单元码由 14 位数字的主代码和 6 位数字的附加代码组成。（　　）
5. EDI 是按照统一规定的一套通用标准格式,将标准的经济信息,通过通信网络传输,在贸易伙伴的电子计算机系统之间进行数据交换和自动处理。（　　）

二、单选题

1. 根据工作方式不同,射频标签可分为（　　）、被动式两种类型。
A. 主动式　　　　　　　　　　B. 只读式
C. 一次性编程只读式　　　　　D. 可重复编程只读式
2. 以下码制中,属于二维条码的是（　　）。
A. UPC-A 码　　　　　　　　 B. 交叉 25 码
C. EAN-128 码　　　　　　　 D. PDF417 码
3. 在射频识别系统中,标签与阅读器之间传输数据的发射、接收装置称为（　　）。
A. 信号发射机　　　　　　　　B. 信号接收机
C. 读写器　　　　　　　　　　D. 天线
4. 从 EDI 的定义可以看出,通信网络、EDI 软硬件、EDI 数据标准化是构成 EDI 系统的三要素。其中（　　）是实现 EDI 的关键。
A. 通信网络　　B. EDI 软件　　C. EDI 硬件　　D. 数据标准化
5. 传统的订货方式存在诸多缺陷,故而需采用电子订货系统,即（　　）。
A. ERP　　　　B. EDI　　　　C. EOS　　　　D. EFT

三、多选题

1. 商品编码的原则有(　　)。
   A. 多样性　　　　　B. 唯一性　　　　　C. 无含义性　　　　D. 永久性
   E. 灵活性

2. EAN-13 码的 13 位数字结构的意义是(　　)。
   A. 前缀码由 3 位数字组成　　　　　B. 制造厂商代码由 4 位或 5 位数字组成
   C. 商品代码由 5 位或 4 位数字组成　　D. 校验码是 1 位数字
   E. 由 13 位数字组成

3. EDI 系统软件主要包括(　　)。
   A. 转换软件　　　　　　　　　B. 翻译软件
   C. 通信软件　　　　　　　　　D. 系统
   E. 服务器软件

4. 电子订货系统的构成内容包括(　　)。
   A. 核算系统　　　　　　　　　B. 接单电脑系统
   C. 订货系统　　　　　　　　　D. 数据输出系统
   E. 通信网络系统

5. RFID 系统一般由(　　)组成。
   A. 扫描器　　　　　B. 天线　　　　　C. 射频标签　　　　D. 激光枪
   E. 阅读器

四、简答题

1. 常用物流条码有哪几种？它们的结构如何？
2. 一维条码与二维条码的区别有哪些？
3. 简述射频识别技术的系统组成和技术特点。
4. 调查某行业 EDI 的应用情况，并举例说明。

第四章 物流信息地理分析与跟踪定位技术

知识目标

- 了解 GIS、GPS、北斗卫星的基本概念；
- 掌握 GPS 的组成及特点；
- 掌握 GIS 的系统组成、工作原理；
- 了解 CNNS 的未来发展。

技能目标

- 能够应用 GPS 解决现实中的物流运输问题；
- 能够利用 GIS 系统提高对物流信息处理的能力。

素质目标

- 培养物流信息获取、分析、处理、整合和利用能力；
- 树立将物联网、大数据、云计算等技术手段应用于物流管理的创新意识。

第四章 物流信息地理分析与跟踪定位技术

任务导入

北斗"引路",京东物流科技

在2020年2月26日的央视《新闻联播》上,亿万观众看到了在中国北斗卫星导航系统助力下,全国数十万台北斗终端进入物流行业。交通运输部还通过全国道路货运车辆公共监管与服务平台入网的北斗车载终端,向600余万入网车辆持续推送疫情信息,推荐道路行驶及运输服务信息。目前基于全国2 600个北斗地基增强系统全天候、高稳定性运行,服务可用性高达99.99%。

在北斗卫星的帮助下,京东物流的无人配送车、无人机纷纷上阵,无人配送车上搭载的定位系统全部由京东物流自主研发,车辆在配送站点上初始化时通过接收高精度北斗设备输出的经纬度确定车辆的初始位置,并用此初始位置向服务端请求运营路线的高精度地图。车辆在运营过程中,由高精度北斗、多线激光雷达、高精度地图等组合生成实时高精度位置和姿态,为自动驾驶指路。京东物流所投入的多台配送、消毒无人机,也同样采用高精度INS/BD组合导航系统,采用自建RTK基站的形式,实现了各应用场景下以厘米级定位精度执行任务的能力。

实际上,京东物流以北斗导航应用技术为基础,早已开始布局,并正在利用无线通信、现代物流配送规划等技术,研发基于北斗的云物流信息系统,实现对物流过程、运载车辆、一线工作人员时空定位的全面管理等个性化服务,确保安全的同时,降低物流成本并提高物流配送效率。通过为物流车辆、物流一线员工安装配备基于北斗的智能车载和手持终端,实现基于北斗的物流智能位置服务。

(资料来源:金融界网站,2020.2.28)

北斗定位系统都有哪些功能?它能给我们带来什么变化?本章将介绍几种典型的物流信息地理分析与跟踪定位技术的特点和功能。

第一节 地理信息系统及其应用

一、地理信息系统(GIS)概述

(一)GIS的定义

地理信息系统(Geographic Information System,GIS)是融计算机图形学和数据库于一体,用来存储和处理空间信息的高新技术,它把地理位置和相关属性有机地结合起来,根据用户的需要将空间信息及其属性信息准确真实、图文并茂地输出给用户,以满足城市建设、企业管理、居民生

微课:GIS技术

活对空间信息的要求,借助其独有的空间分析功能和可视化表达功能,进行各种辅助决策。其核心是管理、计算、分析地理坐标位置信息及相关位置属性信息的数据库系统。它表达的是空间位置及所有与位置相关的信息,其信息的基本表达形式是各种二维或三维电子地图。因此,GIS可定义为"用于采集、模拟、处理、检索、分析和表达地理空间数据的计算机信息系统"。

对于什么是GIS,我们可以从以下三方面来认识:
- GIS使用的工具:计算机软、硬件系统。
- GIS研究的对象:空间物体的地理分布数据及属性。
- GIS数据的建立过程:采集、存储、管理、处理、检索、分析和显示。

我们可以认为GIS是一种具有信息系统空间专业形式的数据管理系统,如图4-1所示。地理信息系统的主要特征是存储、管理、分析与位置有关的信息,主要作用是将表格型数据(无论它来自数据库、电子表格文件或直接在程序中输入)转换为地理图形显示,然后对显示结果进行浏览、操作和分析。地理信息系统的显示范围可以从洲际地图到非常详细的街区地图,显示对象包括人口、销售情况、运输线路以及其他内容。

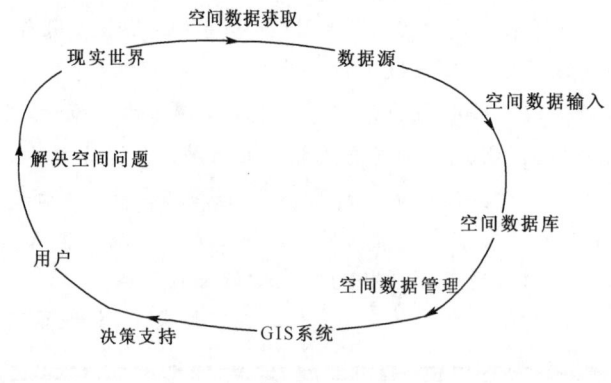

图4-1 GIS

(二)GIS的分类

地理信息系统按内容、功能和作用的不同可分为两类:工具型地理信息系统和应用型地理信息系统。

1. 工具型地理信息系统

工具型地理信息系统是一种通用型GIS,它有GIS的一般功能和特点,向用户提供了一个通用的GIS操作平台或开发工具,如北京超图地理信息技术有限公司开发的Super Map GIS,如图4-2所示。Super Map GIS由多个软件组成,形成了适合各种应用需求的完整的产品系列,提供了包括空间数据管理、数据采集、数据处理、大型应用系统开发、地理空间信息发布和移动/嵌入式应用开发在内的全方位的产品,涵盖了GIS应用工程建设的全过程。

2. 应用型地理信息系统

应用型地理信息系统是在比较成熟的工具型地理信息系统基础上,根据用户的需求和目的而设计的一种解决一类或多类实际问题的地理信息系统,它有特定的用户和应用

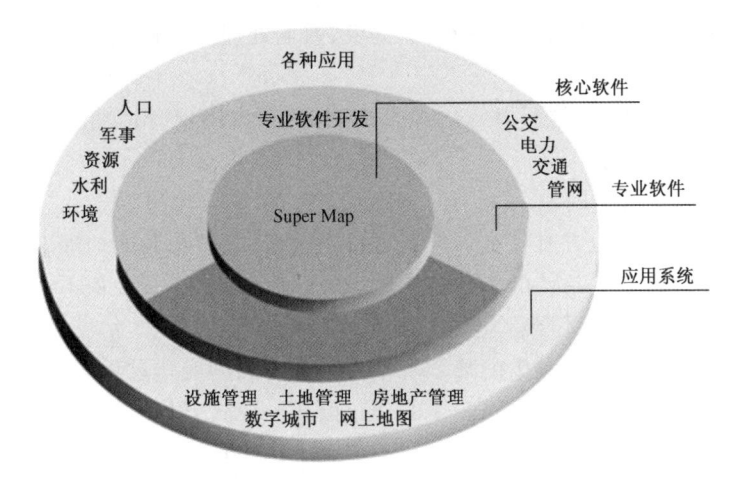

图 4-2　Super Map GIS

目的，具有为满足专门用户的专门需求而开发的地理空间实体数据库和应用模型，它继承了工具型地理信息系统开发平台提供的大部分功能和软件，并具有专门开发的用户应用界面，如用于城市抗震防灾规划的智能型 GIS、用于城市供水管网管理的 GIS、用于城市电力网络管理的 GIS、用于土地管理的 GIS、中小城市应用型 GIS 等。

应用型地理信息系统按研究对象的性质和内容又可分为专题地理信息系统(Thematic GIS)和区域地理信息系统(Regional GIS)。专题地理信息系统是具有有限目标和专业特点的地理信息系统，为特定的目的服务。区域地理信息系统主要以区域综合研究和全面信息服务为目标，可以有不同的规模。

(三) GIS 的主要功能

不同类型的地理信息系统，其具体业务功能会有所不同，但其基本功能可归纳如下：

1. 数据输入

从不同的数据采集设备获取的地理数据在用于 GIS 之前，必须转换成适当的数字格式，此时需要对采集到的数据进行格式转换、关联性处理等操作。

2. 数据编辑

对于一个特定的 GIS 来说，需要将数据转换或处理成某种形式，以适应不同的 GIS 系统。

3. 数据存储与管理

一个 GIS 所涉及的地理数据和地理空间数据是庞大的，并且存在大量的数据间的关联，而对于 GIS 分析、统计、计算的各种数据，也需要进行有效的存储与利用，因此在 GIS 中需要使用相应的数据库管理系统(DBMS)来帮助存储、组织和管理这些庞大的数据资料。

4. 空间查询与分析

空间查询与分析是 GIS 最重要的功能，也是 GIS 区别于其他信息系统的本质特征。它使地图图形信息以及各种专业信息的利用深度和广度大大增强，用户可以从中获取很多派生信息和新知识，可用来完成经济建设、环境和资源调查中的综合评价、规划、决策、预测等任务。它包括比例尺和投影的数字变换、数据处理和分析，还包括地理或空间模型的建立。

GIS 具有丰富的查询功能，既有属性查询功能，又有图形查询功能，还可以实现图形与属性之间的交叉查询。

GIS 能解决以下五类问题：

(1) 位置，即在某个地方有什么。位置可以是地名、邮政编码或地理坐标。

(2) 条件，即符合某些条件的实体在哪里，如在某个地区寻找面积不小于 1000 ㎡ 的未被植被覆盖的且地质条件适合建大型建筑物的区域。

(3) 趋势，即在某个地方发生的某个事件及其随时间的变化过程。

(4) 模式，即在某个地方的空间实体的分布模式。模式分析揭示了地理实体之间的空间关系。地理信息系统将现有数据组合在一起，能更好地说明正在发生什么，找出发生事件与哪些数据有关。确定模式（长期观察、熟悉现有数据、了解数据间的潜在关系），然后获得一份报告，说明该事件发生在何时何地、显示事件发生的连续轨迹。

(5) 模拟，即某个地方如果具备某种条件会发生什么情况。建立模型（如选择标准、检验方法等），产生满足特定的所有特征的列表，并着重显示被选择特征的地图，提供一个有关所选择的特征详细的报表。

例如，要兴建一个儿童书店，用来选址的评价指标可能包括 10、15、20 分钟可到达的空间区域，附近居住的 10 岁以下的儿童人数，附近家庭的收入情况，周围潜在竞争对手的情况。

5. 可视化表达与输出

空间查询与分析的结果在提供给客户时，必须是以一种直观的、客户容易接受的模式，此时就需要对空间查询与分析的结果进行可视化表达，如以不同图层的形式向客户提供。以不同图形、颜色的形式展现出来，便于客户使用各种打印设备打印地理数据信息等。

二、GIS 的构成

地理信息系统的构成包括五个主要部件：硬件、软件、数据、人员、方法，如图 4-3 所示。

(1) 硬件是指操作 GIS 所需的一切计算机资源。硬件的性能影响到处理速度、使用是否方便及可能的输出方式，是开发、应用地理信息系统的基础。硬件主要包括计算机、打印机、绘图仪、数字化仪、扫描仪等。

(2) 软件是指 GIS 软件本身，同时还包括各种数据库、数据库管理系统以及绘图、统计、影像处理及其他应用程序。

(3) 数据是指地理信息系统数据库存储的各种空间数据和空间属性数据。这些以地球表面空间位置为参照的自然、社会、人文经济、景观等数据，可以

图 4-3 地理信息系统的构成

是图形、图像、文字、表格和数字等。它是由系统的建立者通过数字化仪、扫描仪、键盘、磁带机或其他系统输入 GIS 中的，是系统程序作用的对象，是 GIS 所表达的现实世界经过模型抽象的实质性内容。各种数据的精确性和可用性会影响查询和分析的结果。

(4)人员是指 GIS 的开发人员以及熟练的操作人员。人员是 GIS 中最重要的组成部分,GIS 不同于一幅地图,而是一个动态的地理模型,仅有系统软硬件和数据还不能构成完整的地理信息系统,还需要人员进行系统组织、管理、维护和数据更新、系统扩充完善、应用程序开发,并采用地理分析模型提取多种信息,为地理学研究和地理决策服务。

(5)方法是指 GIS 需要采用何种技术路线、何种解决方案来实现系统目标。方法的采用会直接影响系统性能,影响系统的可用性和可维护性。GIS 要求明确定义一致的方法来生成正确的可验证的结果。

三、GIS 在物流方面的应用

GIS 应用于物流分析,主要是指利用 GIS 强大的地理数据功能来完善物流分析技术。国外公司已经开发出利用 GIS 为物流分析提供专门服务的工具软件。完整的 GIS 物流分析软件集成了车辆路线模型、网络物流模型、分配集合模型和设施定位模型等。

1. 车辆路线模型

该模型用于解决在一个起始点、多个终点的货物运输中,如何降低物流作业费用,并保证服务质量的问题,包括决定使用多少辆车、每辆车的行驶路线等。

2. 网络物流模型

该模型用于解决寻求最有效的分配货物路径的问题,也就是物流网点布局问题。如将货物从 N 个仓库运往 M 个商店,每个商店都有固定的需求量,因此需要确定从哪个仓库提货送给哪个商店的运输代价最小。

3. 分配集合模型

该模型可以根据各个要素的相似点把同一层上的所有或部分要素分为几个组,用于解决确定服务范围和销售市场范围等问题。如某一公司要设立 X 个分销点,要求这些分销点覆盖某一地区,而且要使每个分销点的顾客数目大致相等。

4. 设施定位模型

该模型用于确定一个或多个设施的位置。在物流系统中,仓库和运输路线共同组成了物流网络,仓库处于网络的节点上,节点决定着路线,如何根据供求的实际需要并结合经济效益等原则,在既定区域内确定设立多少个仓库、每个仓库的位置、每个仓库的规模以及仓库之间的物流关系等问题,运用此模型均能很容易地解决。

第二节 全球定位系统及其应用

一、全球定位系统(GPS)概述

(一)GPS 的定义、主要功能及特点

1. GPS 的定义

全球定位系统(Global Positioning System,GPS)是利用空间卫星星座(通信卫星)、地面控制部分及信号接收机,对地球上任何地方的用户都能进行全方位导航和定位的系统。全球定位系统也称全球卫星定位系统。

微课:GPS 技术

GPS最早由美国军方开发使用,用于定时、定位及导航。从1978年第一颗GPS卫星升空,历时十多年,耗资200多亿美元,于1994年全面建成的GPS,是具有在海、陆、空进行全方位实时三维导航与定位能力的新一代卫星导航与定位系统。

GPS对静态、动态对象进行动态空间信息的获取,能快速、精度均匀、不受天气和时间的限制反馈空间信息。

2. GPS的主要功能

(1)陆地应用,主要包括车辆导航、应急反应、大气物理观测、地球物理资源勘探、工程测量、变形监测、地壳运动监测以及市政规划控制等。

(2)海洋应用,包括远洋船最佳航程航线测定、船只实时调度与导航、海洋救援、海洋探宝、水文地质测量、海洋平台定位以及海平面升降监测等。

(3)航空航天应用,包括飞机导航、航空遥感姿态控制、低轨卫星定轨、导弹制导、航空救援和载人航天器防护探测等。

3. GPS的主要特点

GPS具有高精度、全天候、高效率、多功能、操作简便、应用广泛等特点。

(1)全球地面连续覆盖。由于GPS卫星数目较多且分布合理,所以在地球上任何地点均可连续同步地观测到至少4颗卫星,从而满足了全球、全天候连续实时导航与定位的需要,并不受恶劣气候的影响。

(2)实时定位速度快。随着GPS的不断完善,软件的不断更新,实时定位速度不断加快。目前GPS接收机的一次定位和测速工作在1秒甚至更短的时间内便可完成,这对高动态用户来讲尤为重要。

(3)功能多、精度高。GPS可为用户连续地提供高精度的三维位置、三维速度和时间信息。GPS的定位精度很高,其精度由许多因素决定。用C/A码做差分定位时,一般精度是5 m,采用动态差分定位的精度小于10 cm,静态差分定位精度达到百万分之一。GPS的测速精度为0.1 m/s。单机导航精度约为10 m,综合定位精度可达厘米级和毫米级。但民用领域开放的精度约为10 m。

(4)抗干扰性能好、保密性强。由于GPS采用扩频技术和伪码技术,用户只接收而不必发射信号,因而GPS卫星所发送的信号具有良好的抗干扰性和保密性。

(二)GPS的构成

GPS包括三大部分(图4-4):空间部分——GPS卫星星座;地面控制部分——地面监控系统;用户设备部分——GPS信号接收机。

1. 空间部分(Space Segment)

GPS的空间部分是由分布在两万多千米高空的24颗GPS工作卫星共同组成的,这些GPS工作卫星组成了GPS卫星星座,其中21颗为可用于导航的工作卫星,3颗为在轨备用卫星。这24颗卫星均匀分布在6个轨道平面内,对于地面观测者来说,位于地平线以上的卫星颗数随着时间和地点的不同而不同,最少可见到4颗,最多可见到11颗。在用GPS信号导航定位时,为了计算观测站的三维坐标,必须观测4颗GPS卫星,这被称为定位星座。这4颗卫星在观测过程中的几何位置分布对定位精度有一定的影响。对于某地某时,甚至不能测得精确的点位坐标,这种时间段叫作间隙段。但这种间隙段是很短

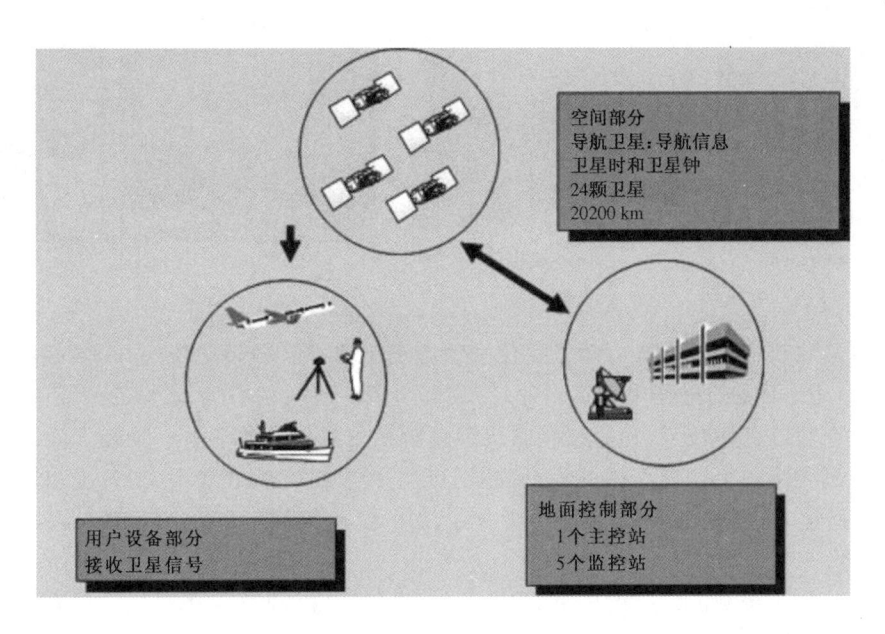

图 4-4 GPS 的构成

暂的,并不影响全球绝大多数地方全天候、高精度、连续实时的定位。

2. 地面控制部分(Control Segment)

GPS 地面控制部分由分布在全球的由若干个跟踪站所组成的监控系统所构成,根据其作用不同,这些跟踪站又被分为主控站、监测站和注入站。地面控制部分由均匀分布在美国本土和三大洋的美军基地上的 5 个监测站、1 个主控站和 3 个注入站构成。该系统的功能是:对空间卫星系统进行监测、控制,并向每颗卫星注入更新的导航电文。

主控站有一个,位于美国科罗拉多州的空军基地,它的作用是根据各监测站对 GPS 的观测数据,计算出卫星的星历和卫星钟的改正参数等,并将这些数据通过注入站注入卫星中去;同时,它还对卫星进行控制,向卫星发布指令,当工作卫星出现故障时,调度备用卫星,替代失效的工作卫星工作;另外,主控站也具有监测站功能。监测站有五个,除了主控站外,其他四个分别位于夏威夷、阿松森群岛、迭戈加西亚、卡瓦加兰,监测站的作用是接收卫星信号、监测卫星的工作状态,并将观测数据传送给主控站。注入站有三个,当 GPS 卫星飞越其上空时,注入站将主控站推算的卫星星历、导航电文、钟差和其他控制指令以一定的格式注入相应卫星的存储系统,并监测注入信息的准确性。

3. 用户设备部分(User Segment)

GPS 的用户设备部分是由 GPS 接收机、GPS 数据处理软件及相应的用户设备(如计算机气象仪器等)组成,但其中心设备是 GPS 接收机,它的作用是接收 GPS 卫星所发出的信号,利用这些信号进行导航定位工作,如图 4-5 所示。

(1)GPS 接收机

GPS 接收机的内部结构分为天线单元和接收单元两大部分。GPS 接收机能够捕获到按一定卫星高度截止角所选择的待测卫星的信号,并跟踪这些卫星的运行,对所接收到的 GPS 信号进行变换、放大和处理,以测量出 GPS 信号从卫星到接收机天线的传播时间,解译出 GPS 卫星所发送的导航电文,实时地计算出观测站的三维位置,甚至三维速度和时间。

手持型GPS机　　　车载型GPS机　　　双频机

图 4-5　用户设备部分

　　GPS 接收机的定位方式有静态定位和动态定位两种。静态定位中，GPS 接收机在捕获和跟踪 GPS 卫星的过程中固定不变，接收机高精度地测量 GPS 信号的传播时间，利用 GPS 卫星在轨的已知位置，计算出接收机天线所在位置的三维坐标。而动态定位则是用 GPS 接收机测定一个运动物体的运行轨迹，GPS 接收机天线在跟踪 GPS 卫星的过程中相对地球而运动，接收机用 GPS 信号实时地测得运动载体的状态参数（瞬间三维位置和三维速度）。

　　GPS 接收机按载波频率的不同可以分为单频接收机和双频接收机。单频接收机只能接收 L1 载波信号，通过测量载波相位观测值进行定位。由于不能有效消除电离层延迟影响，单频接收机只适用于短基线（小于 15 km）的精密定位。双频接收机可以同时接收 L1、L2 载波信号，利用双频对电离层延迟的不同，可以消除电离层对电磁波信号延迟的影响，因此双频接收机可用于长达几千公里的精密定位。

　　GPS 接收机按用途的不同可以分为导航型接收机（车载型、航海型、航空型、星载型）、测地型接收机、授时型接收机。

　　(2)GPS 数据处理软件

　　GPS 数据处理软件是 GPS 用户设备部分的重要组成之一。其主要作用是对 GPS 接收机获取的卫星测量记录数据进行"粗加工"，并对处理结果进行平差计算、坐标转换及综合分析处理，解得观测站的三维坐标、测体的坐标、运动速度、方向及精确时刻。

二、GPS 的工作原理及应用

(一)GPS 的工作原理

　　一般情况下，在任一时间和全球的任一位置都能接收到多个卫星的信号。在测量经纬度时，必须要有三颗可同时接收信号的卫星，如果还要同时测量高度，则还需要第四颗卫星。

　　接收机测量由不同卫星（A、B、C）所发信号到达接收机的时间，将该时间与发射信号中包含的发射时间相比较，来计算接收机与这几颗卫星之间的距离。由于卫星的位置（在空间坐标系中的坐标）已知，通过三角测量的交会方法，接收机可以计算出自身所在位置的经纬度和高度，如图 4-6 所示。

　　因为 GPS 定位是通过接收信号发出时间和测量信号到达时间的时间差来计算位置的，所以每个 GPS 卫星都载有同步的、能提供精确时间的原子钟，该时间信息被加载于卫星的编码广播中，以使接收机能持续接收到卫星信号发出的时间。该信号还包含计算接收机所在位置所需的其他数据和为精确定位进行调节所需的数据。由于来自 GPS 卫星

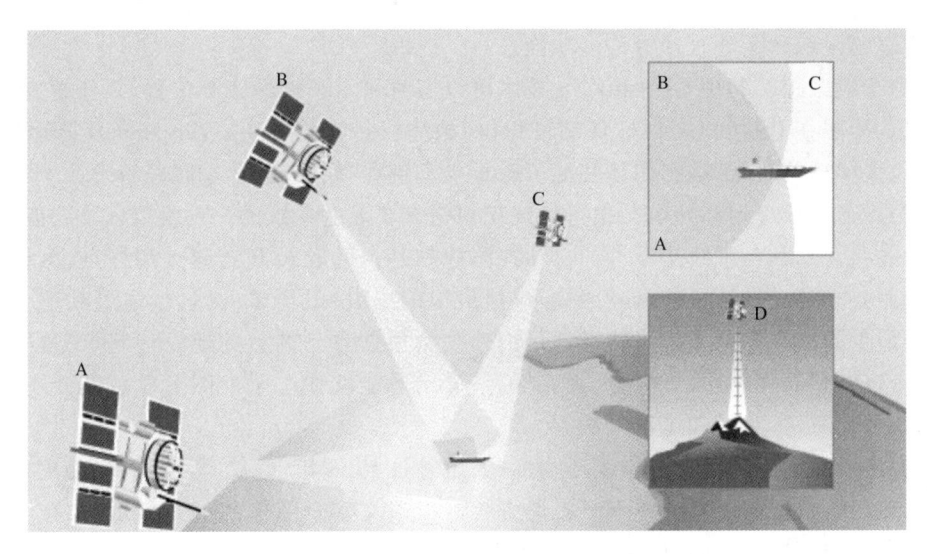

图 4-6　用 GPS 定位

的信号必须穿过电离层和大气层,因此接收机在定位计算中,必须考虑由电离层和大气层引起的传输延迟或信号速度减小等修正量。

(二)GPS 的应用

GPS 技术已发展成多领域(陆地、海洋、航空航天)、多模式(GPS、DGPS、LADGPS、WADGPS 等)、多用途(在途导航、精密定位、精密定时、卫星定轨、灾害监测、资源调查、工程建设、市政规划、海洋开发、交通管制等)、多机型(测地型、定时型、手持型、集成型、车载型、船载型、机载型、星载型、弹载型等)的高新技术国际性产业。GPS 的应用领域,上至航空航天器,下至捕鱼、导游和农业生产,无所不在,正如人们所说:"今后 GPS 的应用,将只受人类想象力的制约。"

1. GPS 在道路工程中的应用

GPS 在道路工程中目前主要是用于建立各种道路工程控制网及测定航测外控点等。高等级公路的迅速发展,对勘测技术提出了更高的要求,由于线路长,已知点少,因此用常规测量手段不仅布网困难,而且难以满足高精度的要求。目前,国内已逐步采用 GPS 技术建立线路首级高精度控制网,再用常规方法布设导线加密。实践证明,在几十公里范围内的点位误差只有两厘米左右,达到了常规方法难以实现的精度,同时也大大提前了工期。GPS 技术也同样可应用于特大桥梁的控制测量中。由于无须通视,可构成较强的网形,提高点位精度,同时对检测常规测量的支点也非常有效。GPS 技术在隧道测量中也具有广泛的应用前景,GPS 测量无须通视,减少了常规方法的中间环节,因此速度快、精度高,具有明显的经济和社会效益。

2. GPS 在汽车导航和交通管理中的应用

三维导航是 GPS 的首要功能,飞机、轮船、地面车辆以及步行者都可以利用 GPS 导航器进行导航。汽车导航系统是在全球定位系统的基础上发展起来的一门新型技术,由 GPS 导航、自律导航、微处理机、车速传感器、陀螺传感器、CD-ROM 驱动器、LCD 显示器组成。GPS 导航系统与电子地图、无线电通信网络、计算机车辆管理信息系统相结合,可以实现车辆跟踪和交通管理等许多功能。

(1)车辆跟踪。利用GPS和GIS技术可以实时显示车辆的实际位置,并任意放大、缩小、还原、换图;GPS可以随目标移动,使目标始终保持在屏幕上;GPS还可实现多窗口、多车辆、多屏幕同时跟踪,利用该功能可对重要车辆和货物进行运输跟踪管理。

(2)出行路线规划和导航。出行路线规划是汽车导航系统的一项重要辅助功能,它包括自动线路规划和人工线路设计。自动线路规划是由驾驶员确定起点和终点,由计算机软件按照要求自动设计最佳行驶路线,包括最快的路线、最简单的路线、通过高速公路路段次数最少的路线等。人工线路设计是由驾驶员根据自己的目的地设计起点、途经点和终点等,自动建立线路库。线路规划完毕后,显示器能够在电子地图上显示设计线路,并同时显示汽车运行路径和运行方法。

(3)信息查询。为用户提供主要物标(如旅游景点、宾馆、医院等)数据库,使用户能够在电子地图上根据需要进行查询。查询资料可以以文字及图像的形式显示,并在电子地图上显示其定位位置。同时,监测中心可以利用监测控制台对区域内任意目标的所在位置进行查询,车辆信息将以数字形式在控制台中心的电子地图上显示出来。

(4)话务指挥。GPS指挥中心实时监测区域内车辆的运行状况,对被监控车辆进行合理调度。指挥中心也可以随时与被跟踪目标通话,实行管理。

(5)紧急援助。通过GPS定位和监控管理系统可以对遇有险情或发生事故的车辆进行紧急援助。监控台的电子地图可显示求助信息和报警目标,公安、消防、医疗急救通过GPS迅速确定各个警车、消防车、救护车的位置,在第一时间制定到达目的地的最快路线,缩短反应时间,规划出最优援助方案,并以报警声、光提醒值班人员进行应急处理。

3.GPS的其他应用

GPS除了用于导航、定位、测量外,还有许多其他应用。由于GPS的空间卫星上载有的精确时钟可以发布时间和频率信息,因此,以空间卫星上的精确时钟为基础,在地面监测站的监控下,传送精确时间和频率是GPS的另一重要应用。应用该功能可进行精确时间或频率的控制,为许多工程、实验服务。此外,还可利用GPS获得气象数据。

物流科技

京东智能快递车

京东的L4级别自动驾驶智能快递车,在不需要人工干预的情况下,即可实现自主行驶、智能避障、识别红绿灯、智能取货等功能,还可实现全场景覆盖和全天候运行。目前,京东物流第四代智能快递车已经在全国超10个城市运营。

这些L4级别的自动驾驶智能快递车,除了提供日常的配送服务外,在特殊时刻还能发挥意想不到的作用。比如新冠肺炎疫情期间,京东物流智能快递车就发挥了重要作用,实现了无接触投送医疗物资以及急需的日常用品。有数据统计,这些智能快递车往返行驶总里程超6 800公里,运送包裹约1.3万件。

请思考:这些原先只是实验室的概念产品,正开始逐步走进大众视野。如何让更多人工智能技术走进现实企业?

第三节　北斗卫星导航系统及其应用

一、北斗卫星导航系统(CNSS)概述

(一)CNSS 的概况

北斗卫星导航系统(以下简称北斗系统)是中国着眼于国家安全和经济社会发展需要,自主建设运行的全球卫星导航系统,是为全球用户提供全天候、全天时、高精度的定位、导航和授时服务的国家重要时空基础设施。2020 年 7 月 31 日,北斗三号全球卫星导航系统正式开通,标志着北斗"三步走"发展战略圆满完成,北斗迈进全球服务新时代。

北斗卫星导航系统和美国 GPS、俄罗斯 GLONASS、欧盟 GALILEO 是被联合国卫星导航委员会认定的全球四个卫星导航系统核心供应商。

北斗系统目前在轨服务卫星共计 45 颗,包括北斗二号卫星 15 颗,北斗三号卫星 30 颗,健康状态良好,在轨运行稳定。北斗系统已全面服务交通运输、公共安全、救灾减灾、农林牧渔等行业,融入电力、金融、通信等基础设施,广泛进入大众消费、共享经济和民生领域,深刻改变了人们的生产和生活方式,产生了显著的经济和社会效益。

(二)CNSS 的发展历程

20 世纪 70 年代,我国就想建立自己的卫星导航系统。结合当时国内经济和技术条件,陈芳允院士于 1983 年创新性地提出了双星定位的设想。之后,北斗系统工程首任总设计师孙家栋院士进一步组织研究,提出"三步走"发展战略。

第一步,2000 年,建成北斗一号系统(北斗卫星导航试验系统),为中国用户提供服务。

第二步,2012 年,建成北斗二号系统,为亚太地区用户提供服务。

第三步,2020 年,建成北斗全球系统,为全球用户提供服务。

1994 年,我国正式启动了北斗一号系统的建设。2000 年,我国发射了 2 颗地球静止轨道卫星,建成系统并投入使用。北斗一号采用有源定位体制,为中国用户提供定位、授时、广域差分和短报文通信服务。2003 年,我国又发射第 3 颗地球静止轨道卫星,进一步增强北斗一号系统的性能。

2004 年,我国启动了北斗二号系统的建设。北斗二号并不是北斗一号的简单延伸,它克服了北斗一号系统存在的缺点,提供海、陆、空全方位的全球导航定位服务,类似于美国的 GPS 和欧盟的 GALILEO。

2007 年 4 月 14 日 4 时 11 分,第一颗北斗二号导航卫星从西昌卫星发射中心被长征三号甲运载火箭送入太空。

2009年4月15日,第二颗北斗导航卫星由长征三号丙火箭顺利发射,位于地球静止同步轨道。

2012年,我国完成14颗卫星的发射组网。这14颗卫星分别运行在3种不同的轨道上,其中5颗是地球静止轨道卫星、5颗是倾斜地球同步轨道卫星,还有4颗是中圆地球轨道卫星。北斗二号在兼容北斗一号技术体制基础上,增加无源定位体制,为亚太地区提供定位、测速、授时和短报文通信服务。

这种中高轨混合星座架构,为全世界发展卫星导航系统提供了全新范式。

2019年5月17日23时48分,我国在西昌卫星发射中心用长征三号丙运载火箭,成功发射了第45颗北斗导航卫星。该卫星是我国北斗二号工程的第4颗备份卫星,至此,我国北斗二号区域导航系统建设圆满收官。

2020年7月31日,北斗三号全球卫星导航系统建成暨开通仪式在人民大会堂隆重举行。习近平总书记在人民大会堂郑重宣布:"北斗三号全球卫星导航系统正式开通!"

这标志着中国自主建设、独立运行的全球卫星导航系统已全面建成开通,中国北斗迈进了高质量服务全球、造福人类的新时代。

(三)CNSS 的组成

北斗系统由空间段、地面段和用户段三部分组成。

1. 空间段

北斗系统空间段由若干地球静止轨道卫星、倾斜地球同步轨道卫星和中圆地球轨道卫星等组成。

2. 地面段

北斗系统地面段包括主控站、时间同步/注入站和监测站等若干地面站,以及星间链路运行管理设施。

3. 用户段

北斗系统用户段包括北斗兼容其他卫星导航系统的芯片、模块、天线等基础产品,以及终端产品、应用系统与应用服务等。

(四)CNSS 的功能

北斗系统具有实时导航、快速定位、精准授时、位置报告和短报文通信五大功能。

1. 实时导航

结合交通、测绘、地震、气象、国土等行业监测站网资源,提供实时米级、分米级、厘米级等增强定位精度服务,生成高精度的实时轨道、钟差、电离层等产品信息,以满足实时用户要求。

2. 快速定位

北斗系统的性能达到国外同类系统水平,其中瞬态和快速定位指标居国际领先地位,可为服务区域内用户提供全天候、高精度、快速实时定位服务。

3. 精准授时

北斗系统时钟通过星载高精度的铷原子钟、氢原子钟和UTC时间同步,地面用户北斗接收机接收到来自卫星的时钟信号后，即可完成高精度的时间传递。

4.位置报告

用户将卫星无线电导航业务（RNSS）定位结果，通过北斗组网星座中全球连续覆盖的入站链路发送至地面控制中心，实现位置报告功能。

5.短报文通信

北斗系统是全球首个在定位、授时之外集报文通信为一体的卫星导航系统，短报文通信是北斗系统的核心优势。它通过空间卫星将信号传输到接收机（如船舶接收机）上，既可以避免传输距离近的弊端，又可以提高通信质量。

二、CNSS的工作原理及应用

（一）CNSS的工作原理

首先，由中心控制系统向卫星Ⅰ和卫星Ⅱ同时发送询问信号，经卫星转发器向服务区内的用户广播。用户响应其中一颗卫星的询问信号，并同时向两颗卫星发送响应信号，经卫星转发回中心控制系统。中心控制系统接收并解调用户发来的信号，然后根据用户的申请服务内容进行相应的数据处理。对定位申请，中心控制系统测出两个时间延迟：从中心控制系统发出询问信号，经某一颗卫星转发到达用户，用户发出定位响应信号，经同一颗卫星转发回中心控制系统的延迟；从中心控制系统发出询问信号，经上述同一卫星到达用户，用户发出响应信号，经另一颗卫星转发回中心控制系统的延迟。

由于中心控制系统和两颗卫星的位置均是已知的，因此由上面两个延迟量可以算出用户到第一颗卫星的距离，以及用户到两颗卫星距离之和，从而知道用户处于一个以第一颗卫星为球心的球面和以两颗卫星为焦点的椭球面之间的交线上。另外，中心控制系统从存储在计算机内的数字化地形图查询到用户高程值，又可知道用户处于某一与地球基准椭球面平行的椭球面上，从而中心控制系统可最终计算出用户所在点的三维坐标，这个坐标经加密后由出站信号发送给用户。

（二）CNSS的应用领域

自北斗卫星导航系统提供服务以来，我国卫星导航应用在理论研究、应用技术研发、接收机制造及应用与服务等方面取得了长足进步。随着北斗卫星导航系统建设和服务能力的发展，已形成了基础产品、应用终端、系统应用和运营服务比较完整的应用产业体系。国产北斗核心芯片、模块等关键技术全面突破，性能指标与国际同类产品相当。相关产品已逐步使用推广到交通运输、海洋渔业、水文监测、气象预报、森林防火、通信时统、电力调度、救灾减灾等诸多领域，正在产生广泛的社会和经济效益。特别是在南方冰冻灾害，四川汶川、芦山和青海玉树抗震救灾，北京奥运会以及上海世博会期间发挥了重要作用。

（1）在交通运输方面，北斗卫星导航系统广泛应用于重点运输过程监控管理、公路基础设施安全监控、港口高精度实时定位调度监控等领域。

(2)在海洋渔业方面,基于北斗卫星导航系统,为渔业管理部门提供船位监控、紧急救援、信息发布、渔船出入港管理等服务。

(3)在水文监测方面,成功应用于多山地域水文测报信息的实时传输,提高灾情预报的准确性,为制定防洪抗旱调度方案提供重要支持。

(4)在气象预报方面,成功研制一系列气象测报型北斗终端设备,启动"大气海洋和空间监测预警示范应用",形成实用可行的系统应用解决方案,实现气象站之间的数字报文自动传输。

(5)在森林防火方面,成功应用于森林防火,定位与短报文通信功能在实际应用中发挥了较大作用。

(6)在通信时统方面,成功开展北斗双向授时应用示范,突破光纤拉远等关键技术,研制出一体化卫星授时系统。

(7)在电力调度方面,成功开展基于北斗的电力时间同步应用示范,为电力事故分析、电力预警系统、保护系统等高精度时间应用创造了条件。

(8)在救灾减灾方面,基于北斗系统的导航定位、短报文通信以及位置报告功能,提供全国范围的实时救灾指挥调度、应急通信、灾情信息快速上报与共享等服务,显著提高了灾害应急救援的快速反应能力和决策能力。

(三)CNSS 的应用展望

1. 大众化领域的应用前景

随着 5G 网络的不断扩大,北斗系统的开发将会和 5G 通信技术相融合,结合北斗导航系统的短报文功能,有助于在更多的电子科技领域应用和开发更丰富的功能,展开新的全球服务。现阶段,北斗产业链已经全部打通,中国芯片、主板等技术产业已经可以进行大批量生产,生产水平已接近或达到国际一流,依靠科技人员和企业的积极性降低价格,5G 通信技术再结合北斗系统中的短报文功能和北斗系统的定位功能,进而发展到手机用户端,短报文功能可直接利用卫星系统进行定位。在电子设备(如手机、车载导航等)上安装北斗系统,实现移动手机、车载导航等也可以运用北斗系统进行精确导航。北斗系统与 5G 通信技术的融合将会为用户提供更加丰富的信息化服务和更加精确的定位服务。

2. 国家安全治理方面的应用前景

北斗卫星导航系统安全、可靠、稳定,适合军队、公安、消防等关键部门开展规模化的深度应用。北斗应用在公安系统中,可实现警用车辆和人员信息的综合采集和管理,可以监管到每一辆车和每一个人的实时位置和轨迹,在调度和监控方面大大提高透明度和效率,从而提高公安机关的快速响应能力,以及精确指挥、多警种协同作战、应急处突和规范执法的服务能力。

北斗应用在对社区矫正、嫌疑人或其他有问题的人员监管时,可有效解决这些人员定位难、脱管、漏管、监管成本高等问题,极大地提高司法行政工作的管理和服务水平。目前,陕西、四川、安徽、河南、河北、江苏、云南等多个省份的北斗公安车辆监控或司法社区矫正项目已纷纷落地实施,全国其他省份也在大力普及和推广当中。

3. 智慧城市建设方面的应用前景

近年来,国家在大力推动智慧城市的建设,而北斗定位是智慧城市建设的基本元素之一。采用北斗技术可以实现智能交通,它可以应用于城市各种车辆的监管、紧急救护、网络约车、小孩和老人的看护、食品安全运输监管、餐厨剩余物的监管、重要物品或危险品的运输监管、智慧物流配送、智慧停车导引等各个领域。

在智能交通方面,它可以用于治理交通拥堵。在城市拥堵路段,如果划出拥堵收费的车道或者收费区域,同时提供非拥堵不收费路段的信息,可以适时引导车辆在非拥堵路段行驶,从而缓解局部交通状况。而这一措施的实现,需要依靠高精度的北斗定位和导航技术。

在物流配送方面,目前从城市周边的集散地到城市每一家、每一户的配送大都采用的是不能保障安全的三轮车或其他低端车辆,如果统一升级到电动汽车,以及采用北斗技术将城市内运行的物流空车信息与物流配送要求相结合,不但能实现物流配送的全面升级,还能为改善城市市容以及环保做出贡献。

4. "一带一路"建设中的作用

目前,在"一带一路"沿线国家GPS系统虽然占据较大市场,但北斗技术在特定领域已显示出更优越的性能。比如,在低纬度地区北斗的定位效果比GPS优越,已获得业内公认,而低纬度地区覆盖的东南亚、南亚正好是"一带一路"沿线国家。导航产业在这些国家和地区拥有庞大的潜在应用市场,而这些国家和地区多数并没有能力自行组织大规模、高水平的应用,现有的应用规模较小。随着"一带一路"建设的持续推进,将有更多的产业需要用到北斗系统及其位置信息服务。

同时,北斗系统于2018年形成"一带一路"沿线国家全球初始服务的基本能力。对国内北斗相关企业来讲,围绕"一带一路"倡议,积极推进北斗产业海外布局,顺应多系统兼容的产品发展趋势,积极与GPS、GLONASS、GALILEO等其他卫星导航系统的标准与技术进行对接,开发多系统兼容的产品,这些对北斗产业发展具有重大意义。

未来在国家"一带一路"倡议等发展带动下,在国防建设、安全应急、智慧城市、区域产业经济转型升级等许多方面,北斗产品和服务正越来越多地迈向国际,产业发展将迎来千载难逢的机遇。

5. 军事方面的应用前景

北斗卫星导航系统是精确武器制导和海、陆、空等全军联合作战的关键技术保障,它确保了国家重要战略平台可靠的任务执行能力。在导弹制导方面,北斗卫星导航系统可以作用于机动式弹道导弹、远程巡航导弹、航母编队、远程战略轰炸机及弹道导弹、核潜艇等全程或某些特殊时刻的精确定位或位置校准。对于固定目标的打击,采用全球卫星导航系统可以大大提高精度,用户只要输入目标的坐标,导弹可以自动寻找和精准地打击目标,精度达到几米,甚至更高。同样,对于飞机上的航空炸弹,如果没有采用卫星导航系统或激光制导等方式,其命中率是极低的,击中一个目标可能要投几十枚,甚至上百枚炸弹。而采用导航卫星制导或激光制导后,就可以实现智能化,基本可以做到百发百中。地面上的炮弹和火箭弹也是如此,采用卫星导航系统,可以实现炮弹或火箭弹的智能化,大大提高命中率。

对于海军方面的应用,北斗系统不但为所有舰艇、船只提供可靠的导航,而且它独有的双向短报文通信功能也为舰艇编队之间,以及舰艇船只与陆地之间的通信联络提供了全新的方式。以前观通部门只能通过发报或者通过特殊卫星渠道传输信息,其流程复杂、信息更新速度慢;而北斗系统保密性好,发报速度快,可以满足一般性报文通信需要,使其通信时间大大缩短。北斗卫星导航系统为海军水面舰艇部队提升战斗力提供了有力的信息支撑。

陆、海、空联合作战方面,由于北斗卫星导航系统能够为所有陆军的车辆、坦克、装甲,海军的船只、舰艇、航母,空军的战斗机、无人机,以及所有的海、陆、空参战人员等提供导航和定位,通过数据链系统,可以将它们全部连于一体,实现现代化的、远程指挥的海、陆、空全谱系联合作战。同时,通过将参战人员的生命体征与位置信息以及无人机搜救相结合,可以实现高效率的战场救援。

行业前瞻

智能运输背后的科技

运输行业在发展中需要应对多重挑战,如运输易腐生鲜食品,除了需要监控车厢温度,防止食品腐败,控制制冷系统外,还要求实现记录、追溯的功能。这背后都少不了物联网技术的功劳。

在运输车辆上装物联网卡,借助网络,就可以实时查看车辆位置状态了,这是用户能及时查到快递物流信息的原因。利用传感器+物联网+无线智能设备,就可以监测集装箱的电量、温度、湿度等状况,轻松监控食物温度和湿度。

请思考:如何让物联网技术应用于更多的物流环节,助推物流行业更上一层楼?

案例分析

无人技术助力末端配送更高效

对于物流企业而言,末端配送既是挑战,也是机遇。如果各个物流企业能够将挑战转变为机遇,改变传统末端配送运营模式,利用科技手段提升末端配送服务质量,将会打造出完善高质的终端配送,有效改善人们的生活方式,使消费者的体验感得到极大提升。

基于此,各家物流企业也在积极探索和推出更加智能、便捷、高效的终端自动配送设备。例如,顺丰旗下末端服务平台"驿收发智慧驿站"推出的智能配送机器人"小优",具备自动化派送、自主搭乘电梯、错峰服务、云呼通知、取件码快速取件等服务特点,驿站工作人员只需要在驿收发系统预约,系统便会自动呼叫"小优"派件,"小优"可以无障碍完成从驿站到各个楼层的派件。值得一提的是,除了送快递,"小优"还可以配送外卖。

2020年9月17日,阿里巴巴在云栖大会上发布了第一款机器人"小蛮驴",标志着阿里巴巴开始正式进军机器人赛道。据了解,"小蛮驴"充4度电就能跑100多公里,每天最多能送500个快递,无论是打雷闪电、风霜雨雪,还是地下车库、狭窄隧道等极端环境都不会影响其工作效率。

如今,互联网+物流已经成为物流业发展的主流。科技的应用使物流业发展更趋智慧化,物流智慧化不仅有利于降低物流成本,还有利于提升物流业运转效率,是物流业转型升级迈出的重要一步。

物流业自身发展的同时,也为国家经济发展、社会稳定、人民幸福做出了贡献,让人们的生活方式更便捷。未来,物流业不再是简单的靠人力驱动的运输业,而是由高科技赋能的服务业。

(资料来源:长城号,2021.6.9)

讨论分析:
1. 请结合案例,总结智慧物流在配送中的解决方案。
2. 请查阅相关资料,列举物流科技的应用案例。

关键概念 >>>

GPS、GIS、北斗卫星导航系统

本章小结

本章介绍了地理信息系统、全球定位系统、北斗卫星导航系统的含义、特点、组成、工作原理及应用案例,重点了解地理信息系统和全球定位系统在物流领域的应用。

实训项目

一、实训目的

1. 掌握 Google Earth、电子地图及导航软件的功能及应用。
2. 能够进行 Google Earth、电子地图及导航软件操作,并掌握其在物流中的应用等。

二、实训组织

学生个人完成实训项目。

三、实训内容与成果要求

1. 在本地计算机安装 Google Earth,并进行相关查询与操作。
2. 下载百度地图、高德导航软件安装到手机,并进行地图搜索、交通线路及驾车查询等相关操作。
3. 高质量提交实验报告,要求图文并茂,严禁抄袭。实验报告内容包括实验名称、实验目的、实验任务、内容及操作步骤、实验结果、实验过程中存在的问题、解决问题的方法、实验心得体会(不少于800字)。

思考与练习

一、判断题

1. 地理信息系统的构成包括硬件、软件、数据三部分。（   ）
2. GIS 研究的对象是空间物体的地理分布数据及属性。（   ）
3. GPS 是利用分布在约两万千米高空的 24 颗卫星对地面目标的状况进行精确测定以进行定位、导航的系统。（   ）
4. GPS 地面控制部分由 5 个监测站、1 个主控站和 3 个注入站构成。（   ）

二、单选题

1. GIS 是指（   ）。
   A. 地理信息系统　　　　　　　B. 全球定位系统
   C. 智能交通系统　　　　　　　D. 管理信息系统
2. 北斗卫星导航系统空间卫星一共有（   ）颗。
   A. 30　　　　B. 32　　　　C. 35　　　　D. 40
3. GPS 是指（   ）。
   A. 地理信息系统　　　　　　　B. 全球定位系统
   C. 智能交通系统　　　　　　　D. 管理信息系统
4. GPS 卫星星座由（   ）颗卫星组成。
   A. 24　　　　B. 21　　　　C. 9　　　　D. 3
5. 一般来说，GPS 接收机硬件的组成部分有主机、天线和（   ）。
   A. 网络　　　　B. 软件　　　　C. 电源　　　　D. 系统

三、多选题

1. GPS 的主要特点有（   ）。
   A. 定位精度高　　　　　　　　B. 覆盖全球范围
   C. 全天候的导航定位能力　　　D. 定位快
   E. 抗干扰性能好
2. GPS 由（   ）组成。
   A. 空间导航卫星星座　　　　　B. 地面监控系统
   C. 手持终端　　　　　　　　　D. 用户接收机
   E. 数字化仪
3. GIS 系统的构成主要包括（   ）。
   A. 硬件　　　　B. 软件　　　　C. 数据　　　　D. 人员
   E. 方法

4. 下列属于 GIS 软件系统应具备的基本功能的是（　　）。

A. 数据输入　　　　B. 数据管理　　　　C. 数据输出　　　　D. 空间分析

E. 及时报警

5. 全球导航卫星系统主要包括（　　）。

A. GPS　　　　　　B. GIS　　　　　　C. CNSS　　　　　　D. GLONASS

E. GALILEO

四、简答题

1. 简述 GIS 系统的概念和组成。

2. 简述 GPS 在物流领域中的应用。

3. 北斗卫星导航系统的建设原则是什么？

第五章 物联网与智能物流系统

知识目标

- 了解物联网和智能物流的概念及特征；
- 熟悉物联网基础技术；
- 了解物联网的工作原理及基本结构；
- 掌握物联网与 RFID、传感器网络和泛在网络的关系；
- 掌握物联网与智能物流系统的应用。

技能目标

- 学会应用 RFID 技术提升物流管理效率的解决方案；
- 学会规划架构典型的基于物联网技术的智能物流系统。

素质目标

- 培养应用智能物流提升作业效率的创新能力；
- 树立信息技术应用的安全意识、法律意识。

任务导入

物联网技术应用

物联网技术作为一项前沿技术，正以一种潜移默化的方式影响着人们的生活方式和生产方式。物联网的本质是将物理世界与数字世界完美融合，打破传统观念的束缚，实现物与物直接的信息联系、融合、传递等，真正达到物物相连的网络模式，使人与人直接的信息交换上升到物与物直接的信息交换。

物联网工作的应用涉及生活的方方面面，典型的应用关系体现在物联网技术与专业技术行业的结合，实现智能应用的解决；物联网应用层让信息技术与行业结合，对经济和社会产生影响，可以说物联网是继计算机和互联网之后的第三次革命，它主要有九大应用领域：智能工业、智能农业、智能物流、智能交通、智能电网、智能环保、智能安保、智能医疗、智能家居等。

以智能物流为例，现在的物流管理有着明显的信息化发展。随着物联网技术的发展，特别是物联网技术与卫星定位技术、GSM/GPRS/CDMA 移动通信技术、GIS（地理信息系统）相结合，使物流管理的每一个流程都被准确无误地感知和掌握。GIS 与 GPS、感知信息的结合，构成了物流信息一张强大的网。

（资料来源：千家网）

什么是物联网？物联网有哪些特征？物联网与智能物流技术能给我们带来什么变化？本章的学习给出了上述问题的答案。

第一节 物联网概述

一、物联网的定义

物联网（Internet of Things）这个词，国内外普遍认为是由 MIT Auto-ID 中心（美国麻省理工学院自动识别中心）Ashton 教授 1999 年在研究 RFID 时最早提出来的。在 2005 年国际电信联盟（ITU）发布的同名报告中，物联网的定义和范围发生了变化，覆盖范围有了较大的拓展，不再只是指基于 RFID 技术的物联网。

微课：物联网的概念

物联网概念是在互联网概念的基础上，将用户端延伸和扩展到任何物品与物品之间进行信息交换和通信的一种网络概念。其定义是：通过传感器、射频识别技术、全球定位系统等技术，实时采集任何需要监控、连接、互动的物体或过程，采集其声、光、热、电、力学、化学、生物、位置等各种需要的信息，通过各种可能的网络接入，实现物与物、物与人的泛在链接，从而实现对物品和过程的智能化感知、识别和管理。

物联网中的"物"能够被纳入物联网的范围是因为它们具有接收信息的接收器；具有数据传输通路；有的物体需要有一定的存储功能或者相应的操作系统；部分专用物联网中的物体有专门的应用程序；可以发送和接收数据；传输数据时遵循物联网的通信协议；物体接入网络中需要具有世界网络中可被识别的唯一编号。

物联网通俗地讲是指将无处不在的末端设备和设施，如贴上 RFID 的各种资产、携带无线终端的个人与车辆等"智能化物件或动物"或"智能尘埃"，通过各种无线/有线的长距离/短距离通信网络实现互连互通(M2M)、应用大集成以及基于云计算的 SaaS 营运等模式，在内网(Intranet)、专网(Extranet)和互联网(Internet)环境下，采用适当的信息安全保障机制实现对"万物"的"高效、节能、安全、环保"的"管、控、营"一体化。

物联网概念的问世打破了之前的传统思维，过往的思路一直是将物理基础设施和 IT 基础设施分开，一方面是机场、公路、建筑物；而另一方面是数据中心、个人电脑、宽带等。而在物联网时代，钢筋混凝土、电缆将与芯片、宽带整合为同样的基础设施，在此意义上，基础设施更像是一块新的地球工地，世界的运转就在它上面进行，其中包括经济治理、生产运行、社会治理乃至个人生活。

综上，物联网是利用感知手段将物的属性转化为信息，而在相关标准规范的约束下，通过传输介质进行物与物之间的信息交互，进而实现物与物之间控制与管理的一种网络。

二、物联网的特点

物联网作为新技术时代下的信息产物，在其漫长的演化与发展过程中，不断对自身进行着完善。和传统的互联网相比，物联网有其鲜明的特征。

物联网具有全面感知、可靠传输、智能处理三大特点，如图 5-1 所示。

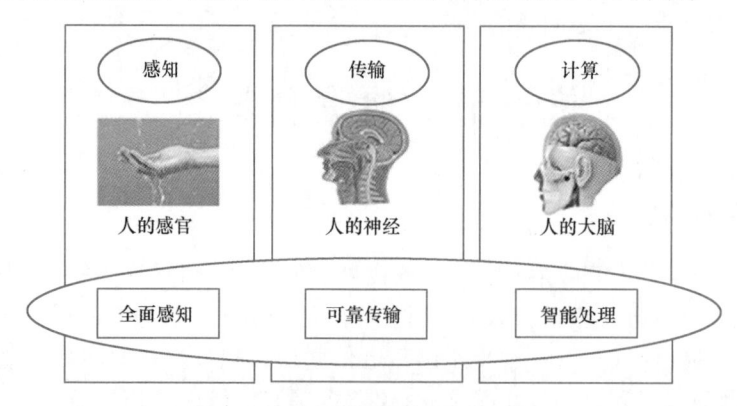

图 5-1 物联网的三大特点

物联网要将大量物体接入网络并进行通信活动，对各物体的全面感知是十分重要的。全面感知是指物联网随时随地获取物体的信息。要获取物体所处环境的温度、湿度、位置、运动速度等信息，就需要物联网能够全面感知物体的各种状态。全面感知就像人身体系统中的感觉器官，眼睛收集各种图像信息，耳朵收集各种音频信息，皮肤感觉外界温度等。所有器官共同工作，才能够对人所处的环境条件进行准确的感知。物联网中各种不同的传感器如同人体的各种器官,对外界环境进行感知。物联网通过 RFID、传感器、二维码等感知设备对物体各种信息进行感知获取。

可靠传输对整个网络的高效正确运行起到了很重要的作用,是物联网的一项重要特征。可靠传输是指物联网通过对无线网络与互联网的融合,将物体的信息实时准确地传递给用户。获取信息是为了对信息进行分析处理从而进行相应的操作控制,将获取的信息可靠地传输给信息处理方。可靠传输在人体系统中相当于神经系统,把各器官收集到的各种不同信息进行传输,传输到大脑中方便人脑做出正确的指示,同样也将大脑做出的指示传递给各个部位进行相应的改变和动作。

在物联网系统中,智能处理部分将收集到的数据进行处理运算,然后做出相应的决策,来指导系统进行相应的改变,它是物联网应用实施的核心。智能处理指利用各种人工智能、云计算等技术对海量的数据和信息进行分析和处理,对物体实施智能化监测与控制。智能处理相当于人的大脑,根据神经系统传递来的各种信号做出决策,指导相应器官进行活动。

三、物联网的工作原理

物联网用途广泛,遍及智能交通、环境保护、政府工作、公共安全、平安家居、智能消防、工业监测、环境监测、老人护理、个人健康、花卉栽培、水系监测、食品溯源、敌情侦查和情报搜集等多个领域。物联网的应用领域如图 5-2 所示。

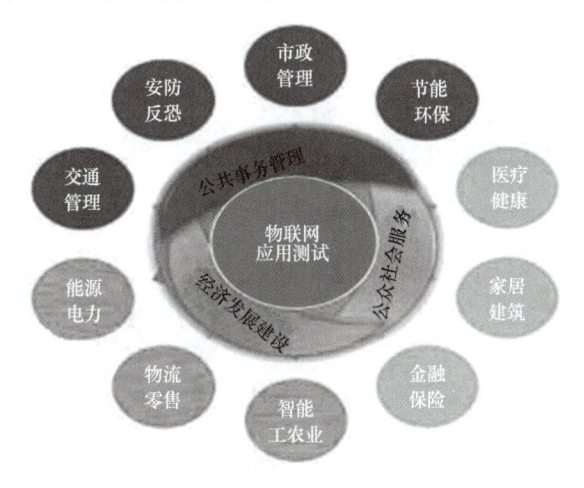

图 5-2 物联网的应用领域

物联网是一种建立在互联网上的泛在网络,物联网技术的重要基础和核心仍旧是互联网,通过各种有线和无线网络与互联网融合,将物体的信息实时准确地传递出去。物联网的工作原理主要有以下几个过程:

1. 信息的感知

信息来源于对物体属性的感知过程。首先对物体属性进行标识,物体属性包括静态属性和动态属性,静态属性可以直接存储在标签中,动态属性需用传感器实时探测;其次通过识别设备完成对物体属性的读取,并将信息转换为适合网络传输的数据格式。

2.信息的传输处理

物体属性通过感知采集过程转化为信息,再通过网络传输到信息处理中心(信息处理中心可能是分布式的,如家用计算机或者手机,也可能是集中式的,如中国移动的 IDC),由处理中心完成物体通信的相关计算,将有效信息进行集中处理。

3.信息的应用

物体的有效信息分为两个应用方向:一个方向是经过处理反映给"人",经过"人"的高级处理后,再根据需求进一步控制"物";另一个方向是直接对"物"进行智能控制,而不需要"人"进行授权。

物联网的工作原理如图 5-3 所示。

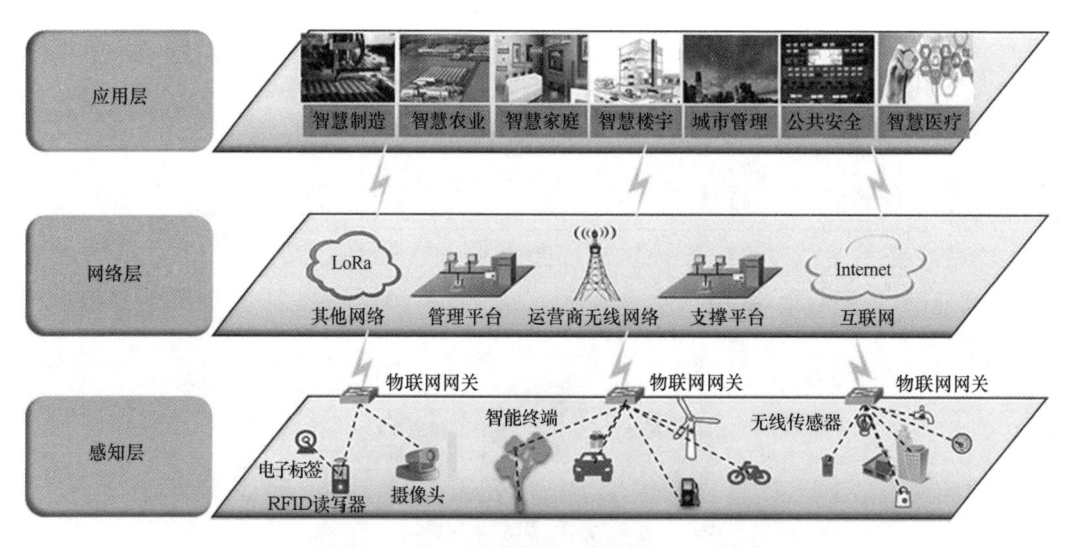

图 5-3 物联网的工作原理

第二节 物联网的基本结构

一、物联网的基本结构概述

物联网的基本结构是物联网系统化的重要体现,物联网各组成部分分工协作、有机结合,以实现物与物之间的交互沟通和基于物联网的工作组织。物联网的基本结构分为三层,自下向上依次是:感知层、网络层、应用层。物联网的基本结构如图 5-4 所示。

(一)感知层

感知层是物联网的核心,是信息采集的关键部分。感知层位于物联网三层结构中的最底层,其功能为"感知",即通过传感网络获取环境信息。感知层是物联网的"皮肤和五官"——用于识别物体,采集信息。感知层包括二维码标签和识读器、RFID 标签和读写

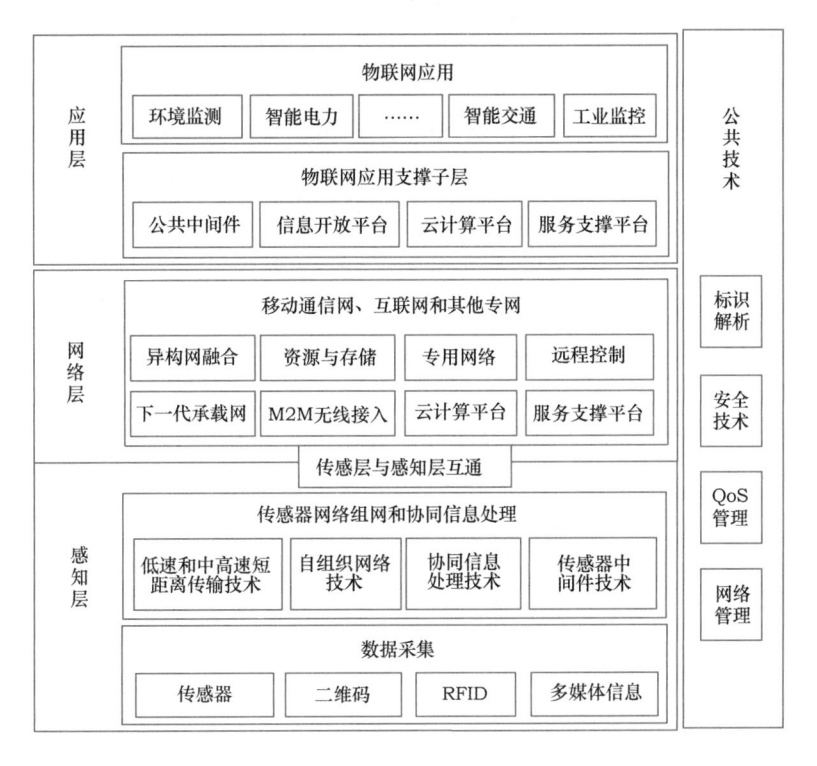

图 5-4 物联网的基本结构

器、摄像头、GPS、传感器、M2M 终端、传感器网关等,主要功能是识别物体、采集信息。

感知层由基本的感应器件(如 RFID 标签和读写器、各类传感器、摄像头、GPS、二维码标签和识读器等基本标识和传感器件)以及感应器组成的网络(如 RFID 网络、传感器网络等)两大部分组成。该层的核心技术包括射频识别技术、新兴传感技术、无线网络组网技术、现场总线控制技术(FCS)等,涉及的核心产品包括传感器、电子标签、传感器节点、无线路由、无线网关等。一些感知层常见的关键技术如下:

(1)传感器:传感器是物联网中获得信息的主要设备,它利用各种机制将被测量信息转换为电信号,然后由相应的信号处理装置进行处理,并产生响应动作。常见的传感器包括温度、湿度、压力、光电传感器等。

(2)RFID:RFID 是一种非接触式的自动识别技术,可以通过无线电信号识别特定目标并读写相关数据。它主要用来为物联网中的各物品建立唯一的身份标识。

(3)传感器网络:传感器网络是一种由传感器节点组成的网络,其中每个传感器节点都具有传感器、微处理器以及通信单元。节点间通过通信网络组成传感器网络,共同协作来感知和采集环境或物体的准确信息。而无线传感器网络(Wireless Sensor Network,WSN)则是目前发展迅速、应用最广的传感器网络。

对于 RFID 系统网络来说,附着在设备上的 RFID 标签和用来识别 RFID 信息的扫描仪、感应器都属于物联网的感知层。在这一类物联网中被检测的信息就是 RFID 标签的内容,现在的电子(不停车)收费系统(Electronic Toll Collection,ETC)、超市仓储管理系统、飞机场的行李自动分类系统等都属于这一类结构的物联网应用。

(二)网络层

网络层位于物联网三层结构中的第二层,其功能是"传送",即通过通信网络进行信息传输。网络层作为纽带连接着感知层和应用层,它由各种私有网络、互联网、有线和无线通信网等组成,相当于人的神经中枢系统,负责将感知层获取的信息安全可靠地传输到应用层,然后根据不同的应用需求进行信息处理。

物联网网络层包含接入网和传输网,分别实现接入功能和传输功能。传输网由公网与专网组成,典型传输网络包括电信网(固网、移动通信网)、广电网、互联网、电力通信网、专用网(数字集群)。接入网包括光纤接入、无线接入、以太网接入、卫星接入等各类接入方式,实现底层的传感器网络、RFID网络最后一公里的接入。

物联网的网络层基本上综合了已有的全部网络形式,来构建更加广泛的"互联"。每种网络都有自己的特点和应用场景,互相组合才能发挥最大的作用,因此在实际应用中,信息往往经由任意一种网络或几种网络组合的形式进行传输。

由于物联网的网络层承担着巨大的数据量,并且面临更高的服务质量要求,因此物联网需要对现有网络进行融合和扩展,利用新技术以实现更加广泛和高效的互联功能。物联网的网络层自然也成为各种新技术的舞台,如 3G/4G 通信网络、IPv6、Wi-Fi 和 Wi-MAX、蓝牙、ZigBee 等。

(三)应用层

应用层位于物联网三层结构中的最顶层,其功能为"处理",即通过云计算平台进行信息处理。应用层与最低端的感知层一起,是物联网的显著特征和核心所在,应用层可以对感知层采集的数据进行计算、处理和知识挖掘,从而实现对物理世界的实时控制、精确管理和科学决策。

物联网应用层的核心功能围绕两个方面:一是"数据",应用层需要完成数据的管理和数据的处理;二是"应用",仅仅管理和处理数据还远远不够,必须将这些数据与各行业应用相结合。例如,智能电网中的远程电力抄表应用,安置于用户家中的读表器就是感知层中的传感器,这些传感器在收集到用户用电的信息后,通过网络发送并汇总到发电厂的处理器上。该处理器及其对应工作就属于应用层,它将完成对用户用电信息的分析,并自动采取相关措施。

从结构上划分,物联网应用层包括以下三个部分:

(1)物联网中间件:物联网中间件是一种独立的系统软件或服务程序,中间件将各种可以公用的能力进行统一封装,提供给物联网应用使用。

(2)物联网应用:物联网应用就是用户直接使用的各种应用,如智能操控、安防、电力抄表、远程医疗、智能农业等。

(3)云计算:云计算可以助力物联网海量数据的存储和分析。依据云计算的服务类型可以将云分为:基础架构即服务(IaaS)、平台即服务(PaaS)、软件即服务(SaaS)。

从物联网三层结构的发展来看,网络层已经非常成熟,感知层的发展也非常迅速,而应用层不管是受到的重视程度还是实现的技术成果上,以前都落后于其他两个层面。但因为应用层可以为用户提供具体服务,是与我们最紧密相关的,所以应用层的未来发展潜力很大。

二、物联网的结构特点

从不同角度看物联网,具备各自不同的特征:

(1)从传感信息本身来看,物联网具备的特征如下:

①多信息源。在物联网中会存在难以计数的传感器,每一个传感器都是一个信息源。

②多种信息格式。传感器有不同的类别,不同的传感器所捕获、传递的信息内容和格式会存在差异。

③信息内容实时变化。传感器按照一定的频率周期性地采集环境信息,每一次新的采集就会得到新的数据。

(2)从传感信息的组织管理角度看,物联网具备的特征如下:

①信息量大。物联网上的传感器难以计数,每个传感器定时采集信息,不断地积累,形成海量信息。

②信息的完整性。不同的应用可能会使用传感器采集到的部分信息,存储的时候必须保证信息的完整性,以适应不同的应用需求。

③信息的易用性。信息量规模的扩大导致信息的维护、查找、使用的困难也迅速增加,从海量的信息中方便地使用需要的信息,要求提供易用性保障。

(3)从传感信息使用角度看,物联网具备多角度过滤和分析的特征。对海量的传感信息进行过滤和分析,是有效利用这些信息的关键,面对不同的应用要求从不同的角度进行过滤和分析。

(4)从应用角度看,物联网具备领域性、多样化的特征。物联网应用通常具有领域性,几乎社会生活的各个领域都有物联网应用需求。

三、物联网技术体系

(一)物联网相关技术需求分析

物联网融合各种技术和功能,实现一个完全可交互的、可反馈的网络环境的搭建。物联网技术给消费者、制造商和各类企业都带来了巨大的潜力。首先,为了连接日常用品和设备并导入至大型数据库和通信网络,一套简单、易用并有效的物体识别系统是至关重要的,无线射频识别技术提供了这样的功能。其次,数据收集受益于探测物体物理状态改变的能力,使用传感器技术就能满足这一点。物体的嵌入式智能技术能够通过在网络边界转移信息处理能力而增强网络的威力。另外,小型化技术和纳米技术的融合优势意味着体积越来越小的物体能够进行交互和连接。所有这些技术融合到一起,将世界上的物体从感官上和智能上连接到一起。

随着物联网产业的发展,信息技术又产生了一次新的革命,人们对物联网技术提出了更高的要求,在实现人与物、物与物智能化控制的同时,也加大了物联网信息技术的集成化管理。由于物联网相关技术是构建物联网信息技术平台架构的基础,因此,从物联网技术角度可将物联网技术需求分为感知技术、传输技术、应用技术、服务技术和安全技术需求。

1. 物联网感知技术需求

由物联网结构与组成可知，感知技术是物联网中的一个重要技术组成，它是通过 RFID 技术、射频识读及传感器与无线传感网等感知技术来实现对"物"的感知，将"物"的属性转化为信息。在感知过程中，包括信息采集与传输，需要采集的数据包括静态信息数据和动态信息数据。静态信息数据是指物品的编码信息，这类信息包含在物品标签内，通过 RFID 技术、射频识读器来实现对产品制造商、产品类型等相关数据的采集；动态信息数据是指物品移动或所属状态信息，主要通过传感器和传感网及嵌入式技术对物品的物理和化学属性进行采集。

2. 物联网传输技术需求

物联网信息采集过程将实体"物"转化为信息和数据传输到网络环境中，再通过通信网络、无线或有线网络将感知信息传递至物联网应用平台中。通过物联网传输技术，在物联网运行过程中，将信息传递至"人"并对信息进行相应的处理和应用，保证信息数据能够正确地在人与物或物与物之间进行传输，从而完成信息传输过程中的复杂交互。因此，信息数据传输在物联网平台中起着信息桥梁的作用。

3. 物联网应用技术需求

物联网信息平台中存储了大量的信息资源，这些信息资源单一、零散，为了保证物联网与企业系统之间能够无缝连接，将物联网海量信息资源中有效的信息传递至客户终端，对单一、零散的数据进行有机整合与筛选，可以有效实现"物"对"物"信息的集中控制，从而完成信息的高度集成化管理。因此，在物联网应用层采用云计算、数据仓库等技术对物的信息进行存储与计算，并对信息进行集中融合与有效处理，能够为物联网的应用平台提供良好的基础。

4. 物联网服务技术需求

物联网服务技术面向服务体系架构（SOA），为物联网应用提供服务平台，将服务支撑平台运用到企业，为物联网提供协同信息服务模式，可对信息数据进行查询、访问与监控。物联网信息服务系统能够作为客户的服务器主机网关，在存货跟踪、自动处理事务、供应链管理等方面发挥重要作用。

5. 物联网安全技术需求

随着物联网技术的发展与深入，企业与国家对物联网安全问题的需求越来越多。目前，我国物联网信息安全技术存在的主要问题是标签识别码能在远程被扫描，标签能自动、不予区别地对误读器进行回应，造成信息的泄露，给国家及企业的安全带来一定的威胁。同时，在网络环境中传播的病毒、黑客、恶意软件等也将会对物联网用户造成损害。因此，在发展物联网技术的同时，也应加快与物联网相关的安全技术措施的建设，提高物联网安全防范技术水平，使物联网信息安全得到保障。

（二）物联网技术体系结构

虽然物联网的定义目前没有统一的说法，但物联网的技术体系结构基本得到了统一认识。根据物联网的服务类型和节点等情况，下面给出一个由感知层、接入层、网络层和应用层组成的四层物联网技术体系结构，如图 5-5 所示。

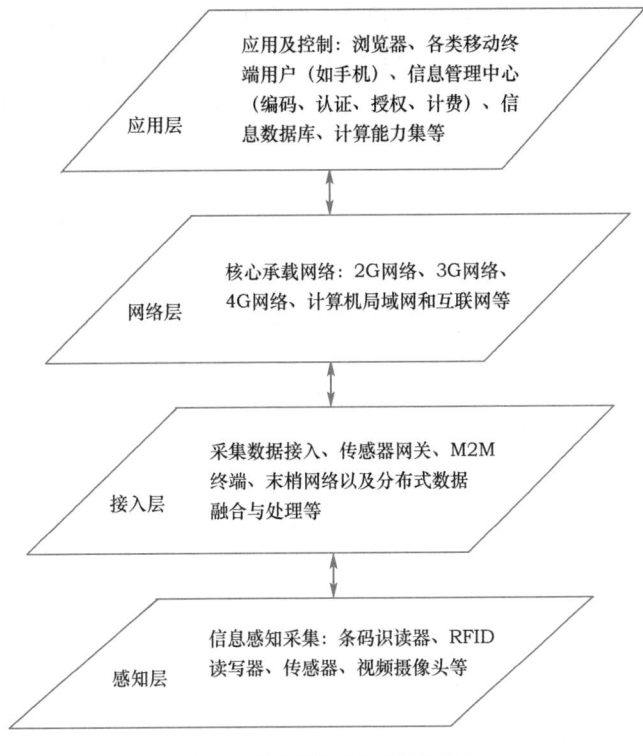

```
┌─────────┐     ┌──────────────────────────────┐
│         │     │ 应用及控制：浏览器、各类移动终   │
│         │     │ 端用户（如手机）、信息管理中心  │
│  应用层  │     │ （编码、认证、授权、计费）、信  │
│         │     │ 息数据库、计算能力集等          │
└─────────┘     └──────────────────────────────┘
                            ↕
┌─────────┐     ┌──────────────────────────────┐
│         │     │ 核心承载网络：2G网络、3G网络、 │
│  网络层  │     │ 4G网络、计算机局域网和互联网等 │
└─────────┘     └──────────────────────────────┘
                            ↕
┌─────────┐     ┌──────────────────────────────┐
│         │     │ 采集数据接入、传感器网关、M2M │
│  接入层  │     │ 终端、末梢网络以及分布式数据  │
│         │     │ 融合与处理等                   │
└─────────┘     └──────────────────────────────┘
                            ↕
┌─────────┐     ┌──────────────────────────────┐
│  感知层  │     │ 信息感知采集：条码识读器、RFID │
│         │     │ 读写器、传感器、视频摄像头等   │
└─────────┘     └──────────────────────────────┘
```

图 5-5 物联网技术体系结构层次

1. 感知层

感知层是让物品说话的先决条件，主要用于采集物理世界中发生的物理事件和数据，包括各类物理量、身份标识、位置信息、音频和视频数据等。物联网的数据采集涉及传感器、RFID、多媒体信息采集、二维码和实时定位等技术。感知层又分为数据采集与执行、短距离无线通信两个部分。数据采集与执行主要是运用智能传感器技术、身份识别以及其他信息采集技术，对物品进行基础信息采集，同时接收上层网络发送来的控制信息，完成相应执行动作。这相当于给物品赋予了嘴巴、耳朵和手，既能向网络表达自己的各种信息，又能接收网络的控制命令，完成相应动作。短距离无线通信能完成小范围内的多个物品的信息集中与互通功能，相当于物品的脚。

2. 接入层

接入层由基站节点（Sink 节点）和接入网关（Access Gateway）组成，完成应用末梢各节点信息的组网控制和信息汇集，或完成向末梢节点下发信息的转发等功能。也就是说，在末梢节点之间完成组网后，若末梢节点需要上传数据，则将数据发送给基站节点，基站节点收到数据后，通过接入网关完成和承载网络的连接；当应用层需要下传数据时，接入网关收到承载网络的数据后，由基站节点将数据发送给末梢节点，从而完成末梢节点与承载网络之间的信息转发和交互。接入层的功能主要由传感网（指由大量各类传感器节点组成的自治网络）来承担。

3. 网络层

网络层包括各种通信网络与物联网形成的承载网络。承载网络主要为现行的通信网络,如3G网络、4G网络和5G网络,或者是计算机互联网、移动通信网和企业网等,把感知层感知到的信息快速、可靠、安全地传送到地球的各个地方,使物品能够进行远距离、大范围的通信,以实现在地球范围内的通信,完成物联网接入层与应用层之间的信息通信。这相当于人借助火车、飞机等公共交通系统在地球范围内的交流。

4. 应用层

应用层完成物品信息的汇总、协同、共享、互通、分析、决策等功能,相当于物联网的控制层、决策层。物联网的根本还是为人服务,应用层完成物品与人的最终交互,前面几层将物品的信息大范围地收集起来,汇总在应用层进行统一分析、决策,用于支撑跨行业、跨应用、跨系统的信息协同、共享、互通,提高信息的综合利用度,最大限度地为人类服务。其具体的应用服务又回归到前面提到的各个行业应用,如智能交通、智能医疗、智能家居、智能物流、智能电力等。

5. 公共技术

公共技术不属于物联网技术的某个特定层面,而是与物联网技术架构的四层都有关系,它包括标识解析、安全技术、网络管理和服务质量管理。

物联网是一个十分复杂而又庞大的系统,其体系结构是影响未来发展应用的关键所在,需要分阶段、有计划地开展深入的科学研究。

(三)物联网、RFID、传感器网络和泛在网络的关系

从物联网的体系结构可以看出,物联网、传感器网络和泛在网络之间存在着紧密关系,如图5-6所示。

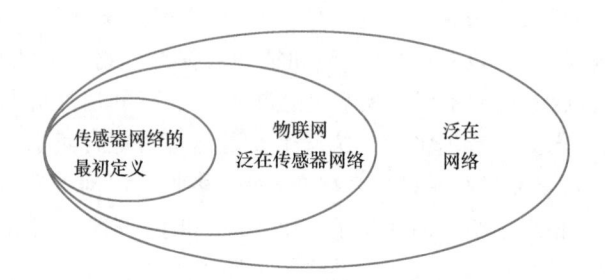

图5-6 物联网、传感器网络和泛在网络之间的关系

1. 传感器网络与RFID的关系

RFID和传感器具有不同的技术特点,传感器可以监测感应到各种信息,但缺乏对物品的标识能力,而RFID技术恰恰具有强大的标识物品的能力。尽管RFID也经常被描述成一种基于标签的并用于识别目标的传感器,但读写器不能实时感应当前环境的改变,其读写范围受到读写器与标签之间距离的影响。因此提高RFID系统的感应能力,扩大RFID系统的覆盖能力是有待解决的问题。而传感器网络较长的有效距离将拓展RFID技术的应用范围。传感器、传感器网络和RFID技术都是物联网技术的重要组成部分,它们相互融合和系统集成将极大地推动物联网的应用,其应用前景不可估量。

2. 物联网与传感器网络的关系

传感器网络(Sensor Network)的概念最早由美国军方提出,起源于1978年美国国防部高级研究计划局(DARPA)开始资助卡耐基梅隆大学进行分布式传感器网络的研究项目,当时此概念局限于由若干具有无线通信能力的传感器节点自组织构成的网络。随着近年来互联网技术和多种接入网络以及智能计算技术的飞速发展,2008年2月,ITU-T发表了《泛在传感器网络(U-biquitous Sensor Networks)》研究报告。报告中指出传感器网络已经向泛在传感器网络的方向发展,它是由智能传感器节点组成的网络,可以以"任何地点、任何时间、任何人、任何物"的形式被部署。该技术可在广泛的领域中推动新的应用和服务,从安全保卫和环境监控到推动个人生产力和增强国家竞争力。从以上定义可见,传感器网络已被视为物联网的重要组成部分,如果将智能传感器的范围扩展到RFID等其他数据采集技术,从技术构成和应用领域来看,泛在传感器网络等同于现在我们提到的物联网。

3. 物联网与泛在网络的关系

泛在网是指无所不在的网络,又称泛在网络。最早提出U战略的日本和韩国给出的定义是:无所不在的网络社会将是由智能网络、最先进的计算技术以及其他领先的数字技术基础设施武装而成的技术社会形态。根据这样的构想,U网络将以"无所不在""无所不包""无所不能"为基本特征,帮助人类实现"4A"化通信,即在任何时间、任何地点、任何人、任何物都能顺畅地通信。故相对于物联网技术的当前可实现性来说,泛在网属于未来信息网络技术发展的理想状态和长期愿景。

行业前瞻

深圳中心书城智慧停车管理模式

捷顺科技为深圳中心书城打造的全流程一站式智慧停车系统,以联通人、书、物、场的一站式服务理念,为中心书城提供捷停车·云托管全流程无人值守+Ⅶ型车位引导为主的整体解决方案,实现市民出行导航、消费积分、会员优惠、线上缴费、线上月卡、错峰停车等便捷的智慧停车服务,同时也为中心书城车场管理运营降本增效。

其中,捷停车·云托管实现全流程无人化车场管控。同时,云托管模式还颠覆传统的运维模式,提供"AI大脑"24小时自动监控、智能运维,解决车场稳定运行的后顾之忧。通过将车场车位联网上线,中心书城还将平台上的车位数据对公众开放,市民出发前可实时查看停车场车位信息,合理安排出行计划。

请思考:在智慧停车系统中,如何快速跟踪和寻找车辆信息?如何解决运维成本等后顾之忧?

第三节 物联网系统的基本组成

互联网可以把世界上不同角落、不同国家的人们通过计算机紧密地联系在一起,而采用感知识别技术的物联网也可以把世界上不同国家、地区的物品联系在一起,彼此之间可以互相"交流"数据信息,从而形成一个全球性物物相互联系的智能社会。

从不同的角度看物联网会有多种类型,不同类型的物联网,其软硬件平台组成也会有所不同。从系统组成来看,可以把它分为软件平台和硬件平台两大系统。

一、物联网硬件平台组成

物联网是以数据为中心的面向应用的网络,主要有信息感知、数据处理、数据回传以及决策支持等功能。其硬件平台由传感网、核心承载网和信息服务系统等几个大的部分组成,如图5-7所示。其中,传感网包括感知节点(数据采集、控制)和末梢网络(汇聚节点、接入网关等);核心承载网为物联网业务的基础通信网络;信息服务系统主要负责信息的处理和决策支持。

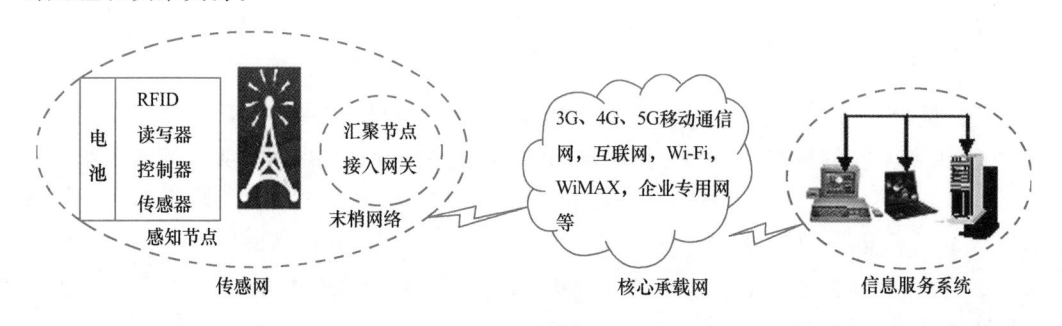

图 5-7 物联网硬件平台

(一)感知节点

感知节点由各种类型的采集和控制模块组成,如温度传感器、声音传感器、振动传感器、压力传感器、RFID读写器、二维码识读器等,实现物联网应用的数据采集和设备控制等功能。

感知节点的组成包括4个基本单元:传感单元(由传感器和模数转换功能模块组成,如RFID、二维码识读设备、温感设备);处理单元(由嵌入式系统组成,包括CPU微处理器、存储器、嵌入式操作系统等);通信单元(由无线通信模块组成,实现末梢节点间以及它们与汇聚节点间的通信);电源/供电部分。感知节点综合了传感器技术、嵌入式计算技术、智能组网技术及无线通信技术、分布式信息处理技术等,能够通过各类集成化的微型传感器相互协作,实时监测、感知和采集各种环境或监测对象的信息,通过嵌入式系统对信息进行处理,并通过随机自组织无线通信网络以多跳中继方式将所感知的信息传送到接入层的基站节点和接入网关,最终到达信息服务系统。

(二)末梢网络

末梢网络即接入网络,包括汇聚节点、接入网关等,实现应用末梢感知节点的组网控制和数据汇聚,或实现向感知节点发送数据的转发等功能。也就是在感知节点之间组网之后,如果感知节点需要上传数据,则将数据发送给汇聚节点(基站),汇聚节点收到数据后,通过接入网关完成和承载网络的连接;当用户应用系统需要下发控制信息时,接入网关接收到承载网络的数据后,由汇聚节点将数据发送给感知节点,完成感知节点与承载网络之间的数据转发和交互功能。

感知节点与末梢网络承担物联网的信息采集和控制任务,构成传感网,发挥传感网的功能。

(三)核心承载网

核心承载网可以有很多种,主要承担传感网与信息服务系统之间的数据通信任务。根据具体应用需要,承载网可以是公共通信网,如 2G、3G、4G 等移动通信网,Wi-Fi、WiMAX,互联网以及企业专用网,甚至是新建的专用于物联网的通信网。

(四)信息服务系统

物联网信息服务系统硬件设施由各种应用服务器(包括数据库服务器)组成,还包括用户设备(如 PC、手机)、客户端等,主要用于对采集数据的融合/汇聚、转换、分析,以及对用户呈现的适配和事件的触发等。对于信息采集,从感知节点获取的是大量的原始数据,这些原始数据对于用户来说只有经过转换、筛选、分析处理后才有实际价值。对这些有实际价值的信息,由服务器根据用户端设备进行信息呈现的适配,并根据用户的设置触发相关的通知信息;当需要对末端节点进行控制时,信息服务系统硬件设施生成控制指令并发送,以进行控制。针对不同的应用将设置不同的应用服务器。

二、物联网软件平台组成

以前,在构建一个信息网络时,硬件往往被作为主要因素来考虑,软件仅在事后才考虑。现在人们已不再这样认为了。网络软件目前是高度结构化、层次化的,物联网系统也是这样,既包括硬件平台系统,又包括软件平台系统,软件平台是物联网的神经系统。不同类型的物联网用途是不同的,其软件平台系统也不相同,但软件平台系统的技术实现与硬件平台密切相关。相对硬件技术而言,软件平台开发及实现更具有特色。一般来说,物联网软件平台建立在分层的通信协议体系之上,通常包括数据感知系统软件、中间件系统软件、网络操作系统(包括嵌入式系统)以及物联网信息管理系统等。

(一)数据感知系统软件

数据感知系统软件主要完成物品的识别和 EPC(产品电子代码)的采集和处理,主要由企业生产的物品、物品电子标签、传感器、读写器、控制器、物品代码等部分组成。存储 EPC 的电子标签在经过读写器的感应区域时,其中的物品 EPC 会自动被读写器捕获,从而实现 EPC 信息采集的自动化,所采集的数据交由上位机信息采集软件进行进一步处理,如数据校对、数据过滤、数据完整性检查等,这些经过整理的数据可以为物联网中间件、应用管理系统使用。对于物品电子标签,国际上多采用 EPC 标签,用 PML(物理标示语言)来标记每一个实体和物品。

(二)中间件系统软件

中间件是位于数据感知设施(读写器)与后台应用软件之间的一种应用系统软件。中间件具有两个关键特征:一是为系统应用提供平台服务,这是一个基本条件;二是需要连接到网络操作系统,并且保持工作运行状态。中间件为物联网应用提供一系列计算和数据处理功能,主要任务是对感知系统采集的数据进行捕获、过滤、汇聚、计算以及数据校对、数据解调、数据传送、数据存储和任务管理,减少从感知系统向应用系统中心传送的数据量。同时,中间件还可提供与其他 RFID 支撑软件系统进行交互操作等功能。引入中间件使得原先后台应用软件系统与读写器之间非标准的、非开放的通信接口变成了后台应用软件系统与中间件之间,读写器与中间件之间标准的、开放的通信接口。

一般来说,物联网中间件系统包含读写器接口、事件管理器、应用程序接口、目标信息服务和对象名解析服务等功能模块。

(1)读写器接口。物联网中间件必须优先为各种形式的读写器提供集成功能。协议处理器确保使中间件能够通过各种网络通信方案连接到 RFID 读写器,作为 RFID 标准化制定主体的 EPC-global 组织负责制定并推广描述 RFID 读写器与其应用程序间通过普通接口来相互作用的规范。

(2)事件管理器。事件管理器用来对读写器接口的 RFID 数据进行过滤、汇聚和排序操作,并通告数据与外部系统相关联的内容。

(3)应用程序接口。应用程序接口是应用程序系统控制读写器的一种接口;同时,需要中间件能够支持各种标准的协议(例如,支持 RFID 以及配套设备的信息交互和管理),同时还要屏蔽前端的复杂性,尤其是前端硬件(如 RFID 读写器等)的复杂性。

(4)目标信息服务。目标信息服务由两部分组成:一个是目标存储库,用于存储与标签物品有关的信息并使之能用于以后查询;另一个是提供由目标存储库管理的信息接口的服务引擎。

(5)对象名解析服务。对象名解析服务是一种目录服务,主要是将每个带标签物品所分配的唯一编码与一个或者多个拥有关于物品更多信息的目标信息服务的网络定位地址进行匹配。

(三)网络操作系统

物联网通过互联网实现物理世界中的任何物品的互联,在任何地方、任何时间可识别任何物品,使物品成为附有动态信息的"智能产品",并使物品信息流和物流完全同步,从而为物品信息共享提供一个高效、快捷的网络通信及云计算平台。

(四)物联网信息管理系统

物联网也要管理,类似于互联网上的网络管理。目前,物联网大多数是基于 SNMP(简单网络管理协议)的管理系统,这与一般的网络管理类似,提供对象名解析服务。对象名解析服务类似于互联网的 DNS,要有授权,并且有一定的组织架构。它能把每一种物品的编码进行解析,再通过 URL 服务获得相关物品的进一步信息。

物联网信息管理机构的信息管理系统包括:企业物联网信息管理中心负责管理本地物联网,它是最基本的物联网信息服务管理中心,为本地用户单位提供管理、规划及解析服务;国家物联网信息管理中心负责制定和发布国家总体标准,负责与国际物联网互联,并且对现场物联网管理中心进行管理;国际物联网信息管理中心负责制定和发布国际框架性物联网标准,负责与各个国家的物联网互联,并且对各个国家的物联网信息管理中心进行协调、指导、管理等工作。

第四节 智能物流系统概述

随着智能技术的发展,物流也在朝着智能化方向发展,智能物流(Intelligent Logistics)的概念随之出现。智能物流是一个复杂的系统,是多学科交叉、渗透、融合的产物,涉及自然科学(包括人工智能、信息技术、物流科学、交通运输、机械工程等)和社会科学(组织行为学、心理学、认知科学等)等多个学科领域。通过将信息技术、智能技术、计算机技术等高新技术引入物流领域,并与其他技术集成,能够有效地整合物流系统的各种资源,提高整个社会的物流效率,降低物流成本。目前,智能物流已成为现代物流业的一个重要领域,引起了国内外学者以及产业界的广泛关注。

一、智能物流系统的定义

物联网技术的发展为智能物流赋予了新的内涵,使智能物流系统的信息采集和共享更为方便和快捷。智能物流是以物联网广泛应用为基础,利用先进的信息采集、信息传递、信息处理、信息管理技术和智能处理技术,通过信息集成、技术集成和物流业务管理系统的集成,实现贯穿供应链全过程,生产、配送、运输、销售以及追溯的物流全过程优化以及资源优化,并使各项物流活动高效运行,为供方实现最大化利润,为需方提供最佳服务的同时,消耗最少的自然资源和社会资源,最大限度地保护生态环境的整体智能社会物流管理体系。

智能物流在实施的过程中强调的是物流过程数据智慧化、网络协同化和决策智慧化。智能物流在功能上要实现六个"正确",即正确的货物、正确的数量、正确的地点、正确的质量、正确的时间、正确的价格,在技术上要实现物品识别、地点跟踪、物品溯源、物品监控、实时响应。

随着电商物流、生产物流、商贸物流、应急物流、农业物流、冷链物流、交通物流等行业物流应用需求不断增加,以物联网及云计算为技术基础,利用物联网技术,突破货物跟踪定位、智能交通、移动物流信息服务等关键技术,可以加快先进物流设备的研制,开展全物流可视化运营服务,提高物流系统全程监管平台化水平。物联网技术可实现智能仓储和智能运输的协同管理,搭建协同物流可视化公共信息平台,与相关企业合作开展物流全程可视化系统应用,探索基于智能物流系统协同发展的相关问题,提高我国物流行业和运输行业的运营效率,降低运输成本、减少能源消耗、减少运输车辆安全事故,加快推动智能物流系统快速发展。

微课:智能制造与智能物流

根据智能物流的概念和内涵,智能物流系统具有以下特征:

(1)物流信息化。物流信息化表现在物流产品本身的信息化,物流信息收集的数据库化和代码化,物流信息处理的电子化,物流信息传递的网络化、标准化和实时化以及物流信息存储的数字化等方面。物流领域中应用的任何先进技术设备都是依靠物流信息这个纽带来进行相互协作，进而实现各种物流业务的。

（2）物流智能化。智能化是智能物流系统的核心特征，是区别于其他物流系统的主要标志。智能物流系统的智能化主要体现在物流作业的智能化和物流管理的智能化两个方面。在物流作业活动中，通过采用智能化技术，可以有效提高物流作业的效率和安全性，减少物流作业的差错率。物流管理的智能化主要体现在智能化获取、传递、处理与利用信息，为物流管理决策服务。

（3）物流自动化。物流自动化是指物流作业过程中的设备和设施自动化，包括运输、包装、分拣、识别等作业过程的自动化，其基础是物流信息化，核心是机电一体化。物流自动化借助自动识别系统、自动检测系统、自动分拣系统、自动存取系统、货物自动跟踪系统以及信息引导系统等技术来实现对物流信息的实时采集和追踪，进而提高整个物流系统的管理和监控水平，提升物流作业能力，提高物流生产效率和减少物流作业的差错等。

（4）物流集成化。智能物流系统的集成化主要体现在技术集成、物流环节集成和物流管理系统集成三个方面：通过技术集成将先进的信息技术、智能技术和物流管理技术等集成在一起；通过信息共享和集成，将物流管理过程中的运输、存储、包装、装卸、配送等环节集合成一体化系统；通过将物流的各种业务系统（如运输管理系统、仓储管理系统、物流配送系统等）集成在一起，可以构建一体化的集成管理系统。智能物流系统的集成化能有效实现物流各环节的信息共享和物质资源整合，有效缩短交货期，降低成本，提高企业乃至整个供应链的竞争力。

（5）物流网络化。物流网络化包括物流设施及业务网络化和物流信息网络化两方面的内容。物流信息网络化是根据物流设施、业务网络的发展需要，利用计算机通信网络和物联网建立物流信息网。现代物流网络化强调的是物流信息的网络化，其基础是物流信息化：一方面，现代物流配送系统通过计算机网络通信、物联网、EOS、EDI 等技术，将物流配送中心与其上游的供应商和下游的顾客之间建立起有机的联系，保证了物流信息的畅通；另一方面，企业内部各部门通过局域网完成其组织的网络化，以实现企业内部的信息交流。

二、智能物流系统应用架构

物联网建设是企业未来信息化建设的重要内容，也是智能物流系统形成的重点组成部分。目前在物流业应用较多的感知手段主要是 RFID 和 GPS 技术，今后随着物联网技术的不断发展，激光、卫星定位、全球定位、地理信息系统、智能交通、M2M 等多种技术也将更多集成应用于现代物流领域，用于现代物流作业中的各种感知与操作。基于物联网的智能物流系统应用架构如图 5-8 所示。

建立智能物流系统是一项复杂的系统工程，涉及多个部门不同参与者的利益。在建立智能物流系统体系的过程中，为了避免各个部门、各个环节各自为政而造成的重复建设、标准不统一、系统不兼容、资源浪费等混乱的场面，避免由于所建立的物流体系因管理分散不能充分发挥其应有的作用，智能物流系统应用架构需要统一规划，科学设计。

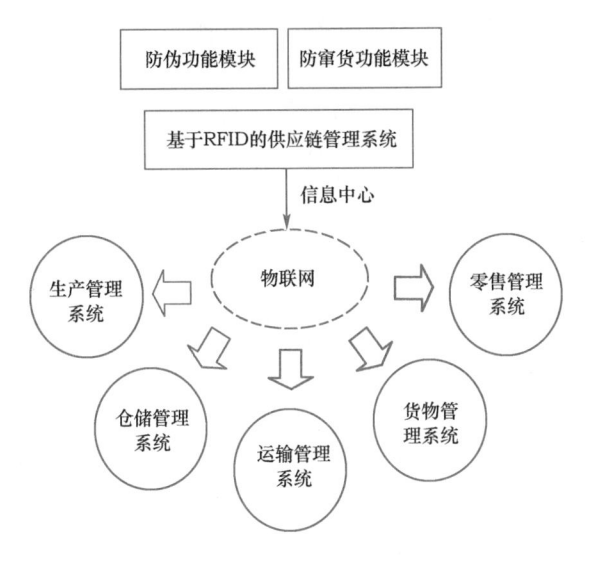

图 5-8　基于物联网的智能物流系统应用架构

三、智能物流的发展趋势

智能物流是利用集成智能化技术，使物流系统能模仿人的智能，具有思维、感知、学习、推理判断和自行解决物流中某些问题的能力。智能物流的未来发展将会体现出四个特点：智能化、一体化和层次化、柔性化与社会化。也就是，在物流作业过程中的大量运筹与决策的智能化；以物流管理为核心，实现物流过程中运输、存储、包装、装卸等环节的一体化和智能物流系统的层次化；智能物流的发展会更加突出"以顾客为中心"的理念，根据消费者需求变化来灵活调节生产工艺；智能物流的发展将会促进区域经济的发展和世界资源优化配置，实现社会化。智能物流系统实现了四个智能机理，即信息的智能获取技术、智能传递技术、智能处理技术、智能运用技术。

智能物流是一个完整的体系，具有显著的复杂性和系统性。智能物流是物联网当中的重要应用之一，随着网络技术和信息技术的发展，物联网技术推进了智能物流的发展，物联网的兴起和发展对于我国物流业的发展来说，具有划时代的意义，同时它也是一把双刃剑，既是机遇，也是挑战。物联网的运作完全颠覆以往的物流方式，因此，大力发展智能物流，促进我国物流行业有效可持续发展，是未来社会经济的发展方向。

第五节　物联网与智能物流系统的应用

一、智能生产

随着智能制造和工业 4.0 时代的到来，制造业供应链运作模式正发生着巨大变革。在智能生产物流系统中，生产者、机器和资源相互之间进行即时通信，企业资源计划（ERP）、制造执行系统（MES）、仓储信息管理系统（WMS）、产品生命周期管理（PLM）等多个应用系统集成在一起，如图5-9所示。

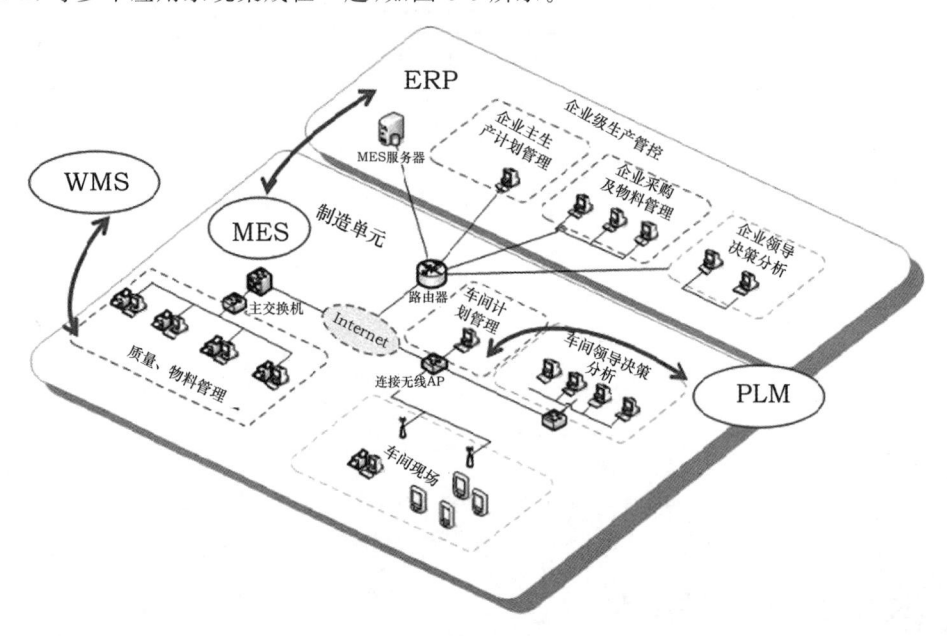

图 5-9 智能生产物流系统集成

在智能生产物流系统中，根据各环节先后顺序开展生产物流业务，生产过程可分为采购、收货、入库、分拣、出库、配送和发货等业务流程。MES是信息流传递的核心控制系统，是所有围绕生产层面的计划、采购、物资、配送、质量、工艺等信息的集中调度指挥中心。其中，计划、采购、质量信息在MES和ERP系统间传递，物资、配送信息在MES和ERP系统、WMS间传递，工艺信息在MES和PLM系统间传递。通过多个信息系统的集成控制，智能生产物流系统将实现全过程的企业级生产管控，为产品制造提供可行、智能的决策分析支持。

采购入库是指从供应商处采购检验后运送至制造企业仓库时所产生的作业。在收货作业中，仓管员需根据采购计划订单对到货物料进行清点、查收，确认到货数量、物资包装完好性、条码可识别性。ERP采购入库系统中涉及与条码技术、无线射频识别技术的集成。仓管员经过质量检验，对合格物料办理入库。入库需将物资送至仓库内指定库位，经确认无误后办理入账手续。该作业主要发生于仓库存储区，其流程的关键在于如何实现自动化物料入库。因此，系统采用智能自动化立体仓库技术，并同步导入仓储信息管理系统、仓储控制系统（WCS）。

当原材料需要领用出库前，仓管员需根据领料单将待出库原材料从存储区内拣选至出库区。在分拣作业中，存在出库订单的合并与拆分过程，根据出库的品类和数量，一般采用摘果式和播种式两种拣选方式。其流程控制的关键在于如何实现原材料的分拣智能化、高效化。因此，系统采用智能自动化立体仓库系统和"货到人"拣选系统。

原材料在出库区完成拣选作业后，将办理出库手续，同时配送到生产线加工区。其流程控制的关键在于如何确保出库物料的齐套性、标识可识别性，为配送作业奠定基础。因此,生产系统驱动电子看板、自动导引小车(AGV)、配送台车等运送工具。

生产制造完工后,产成品检验入库。ERP 系统与 WMS 集成,完成生产过程。

风险与挑战

警惕制造业盲目智能化带来的风险

制造业智能化是新一轮工业革命的核心内容,是我国制造业转型升级的主攻方向,也是建设制造强国的必由之路。在加快推进制造业智能化发展的热潮中,一个令人忧虑的现象是很多地方和企业无视制造业智能化的内在逻辑及要求,"一窝蜂"式地推进制造业智能化,盲目上项目、扩投资。这样推进制造业智能化,蕴藏着一定的危险性,特别是在这个变化速度非常快的时代,一旦失误将损失巨大,甚至直接关系到企业存亡和行业发展前景,进而影响国家整体经济运行。

请思考:如何在当前制造业智能化热潮中保持高度的清醒和冷静,真正遵循制造技术演变与创新发展的规律,避免盲目跃进思维的干扰,谨慎决策,规避风险,从而稳妥地推进我国制造业智能化发展?

二、智能仓储

智能仓储系统是一种通过计算机系统控制,能够对于仓库和物料位置全面掌握,通过相关搬运设备实现自动出入库和仓储管理的一种系统。整个工作过程中不需要人工直接参与,大大提高了工作效率。

(一)智能仓储系统的特点

智能仓储是物流过程的一个环节,智能仓储的应用保证了货物仓库管理各个环节数据输入的速度和准确性,确保企业及时准确地掌握库存的真实数据,合理保持和控制企业库存。在电商行业迅猛发展的推动下,仓储管理更加智能化,智能仓储解决方案要求具备全面物资管理功能,同时还要具备以下特性:

微课:仓储管理系统

- 动态盘点:支持"多人+异地+同时"盘点,盘点的同时可进行出入库记账,盘点非常直观。
- 动态库存:重现历史时段库存情况,方便财务审计。
- 单据确认:入库、出库、调拨制单后需要进行确认,更新库存。
- RFID 手持机管理:使用手持机进行单据确认、盘点、查询统计。
- 库位管理:RFID 关联四号定位(库、架、层、位)。
- 质检管理:强检物品登记、入库质检确认、外检通知单。
- 定额管理:领料定额、储备定额、项目定额。
- 全生命周期管理:物资从入库到出库直至报废全过程管理。
- 工程项目管理:单项工程甲方供料管理。
- 需求物资采购计划审批:审批权限、审批流程、入库通知单、实现无限制审批层级。

智能仓储解决方案通常还配有入库机、出库机、查询机等诸多硬件设备供选择。通过科学的编码,还可方便地对库存货物的批次、保质期等进行管理。利用仓储系统的库位管理功能，更可以及时掌握所有库存货物当前所在位置，有利于提高仓库管理的工作效率。

建立一个智能仓储系统需要物联网的鼎力支持，现代仓储系统内部不仅物品复杂、形态各异、性能各异，而且作业流程复杂，既有存储，又有移动，既有分拣，又有组合。因此，以仓储为中心的智能物流中心经常采用的智能技术有自动控制技术、智能机器人堆码垛技术、智能信息管理技术、移动计算技术、数据挖掘技术等。

（二）智能仓储管理系统

微课：手持终端在仓储管理中的使用

基于RFID技术的仓储管理改变了传统的仓库管理的工作方式和流程，把所有关键的因素通过贴上RFID标签，在仓库管理的核心业务流程（出库、入库、盘点、库存控制）上实现更高效、准确的管理。RFID技术以识别距离远、快速、不易损坏、容量大等条码无法比拟的优势，简化繁杂的工作流程，有效改善仓库管理的效率和透明度，为企业经营决策提供依据。

一个良好的智能仓储管理系统设计，需要围绕现代仓储的功能、意义、设计原则和基本要求进行规划。系统建设需达到如下目标：

(1)实现库存信息可视化：库存物料及其状态的可视化跟踪，可视化查询结果的输出，自动生成库存操作单据，为管理者提供多方位、直观的统计信息。

(2)软件与硬件相结合，解决库房仓储管理中各个业务流程环节的数据采集、识别与信息交互。

(3)运用自动识别技术的处理手段，极大地提高工作效率，降低人为出错率，从而确保用户需要的快速响应度。

(4)系统设计坚持灵活性、易用性、兼容性和扩展性的特点，可以保证用户已有的IT设备与资源的投入及系统的不断升级要求。

(5)对业务处理的全过程记录与历史信息的查询，由于历史信息的查询能满足资源信息的全程追溯的需求，充分保障了用户的利益。

(6)为信息管理工作中业务流程的延伸提供了预留的技术接口。

（三）智能仓储管理系统的业务流程

分析业务流程可以深入了解仓储系统中各环节的管理活动，掌握管理业务的内容、作用及信息的输入输出、数据存储和信息的处理方法及过程等，为建立管理信息系统数据模型和逻辑模型打下基础。业务流程图是掌握现行系统状况、确立系统逻辑模型不可缺少的内容，是系统分析和描述现行系统的重要工具，是业务流程调查结果的图形化表示。

1. 库存管理业务流程

基于物联网的库存管理业务流程如图5-10所示。其主要业务流程：基础资料管理、收货入库管理、库存盘点管理和拣货出库管理。

总体来讲，现代库存管理的业务流程如下：采购部门向供应商发送采购订单后，供应商安排发货，经过收货验证等程序后，仓储部门安排货物入库，并向财务部门发送货物入库单据。仓储部门要定期对存货进行盘点，当盘点数据与企业库存数据有差异时，企业需要对这些货品的仓储数据进行更新，并向财务部门发送相关数据，以调整存货信息。销售部门接收到来自客户的订单，并向仓储部门发送客户订单要求发货，仓储部门根据订单安

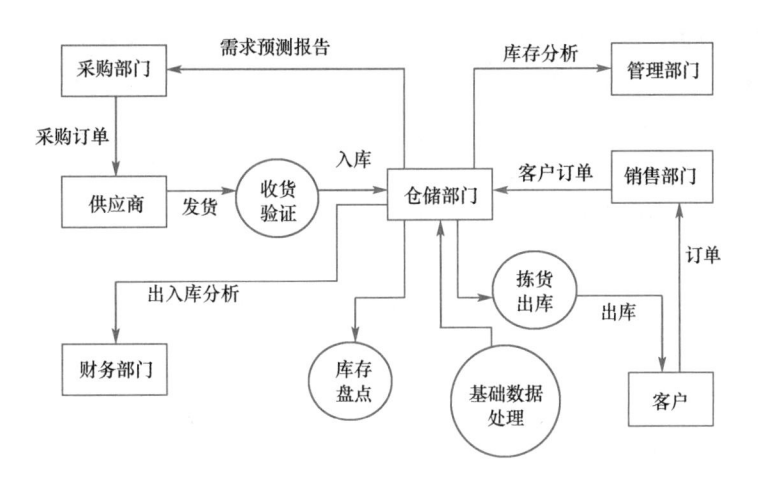

图 5-10 基于物联网的库存管理业务流程

排拣货出库,并向客户发送货物。

2. 主要作业流程

库存管理系统的基础数据管理模块负责原始信息的录入,建立起用户和系统所需的完善而强大的资料库,负责整个系统的配置所需的一切资料。用户可通过不同权限查看本权限以内的各种资料。在其他模块中输入单据时,可通过参照基础数据管理中的项目来快速输入,主要包括库位和库存货号输入。这些基础数据包括仓库系统设置、仓库基本信息、库位基本信息、立体货架位置、物品分类信息等。

(1)收货入库流程

在收货入库管理模块处理入库单,对入库单上的货物进行验收以及上架处理,主要步骤如图 5-11 所示。

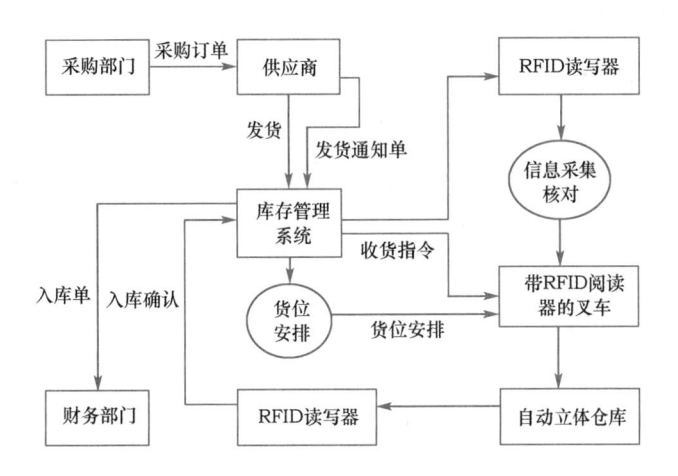

图 5-11 收货入库业务流程

①仓库接收到供应商的发货通知单。

②库存管理系统根据货物的类型选择仓库,然后根据所选的仓库进行货物的库区和储位的分配存储。

③货物到达待检区时,入库门口的固定 RFID 阅读器批量读取货物标签,采集货物信

息,即对实际验收通过的入库货物数量进行确认并与进货通知单核对。

④核对无误,仓库管理系统通过无线网络检索空闲叉车,并发送收货作业指令以及安排货位。

⑤叉车搬运货物,入库设备根据货位安排将货物上架。

⑥入库处将处理结果通过手持读写器上传至后台数据库中。

(2) 盘点流程

仓库盘点是对现在仓库的库存进行数量的清点,主要是实际库存数量与账面数量的核对工作,其业务流程如图 5-12 所示。

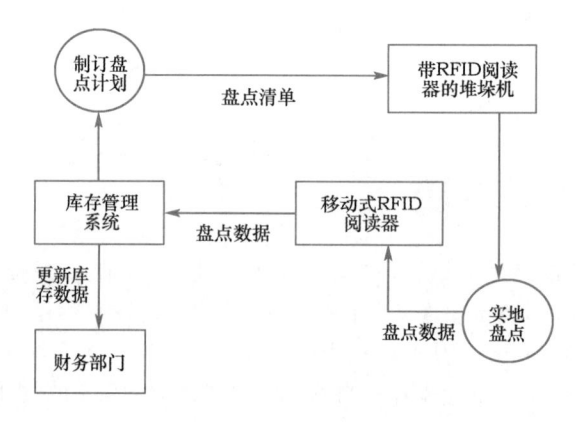

图 5-12　盘点业务流程

①选择要盘点的仓库、库区等。

②制定盘点表,生成盘点清单。

③堆垛机定位到需要进行盘点的货位后,管理系统通过无线网络控制读写器开始读取数据。

④读写器通过无线网络将盘点数据(仓库存储的货物的实际数量)传送到后台管理系统。

⑤系统进行盘点处理,计算出盘点仓库货物的溢损数量。

(3) 拣货出库流程

拣货出库主要指根据货物出库单对出库的货物分拣处理,并进行出库管理,其业务流程如图 5-13 所示。

①库存管理系统接收到销售部门的客户订单以及发货通知。

②库存管理系统根据一定的出库原则计算出出库货物的货位,并打印出库单或者发出出库指令。

③叉车或者堆垛机到指定的库位依次取货。

④手持移动设备或者固定读写器将操作结果通过无线网络传输给库存管理系统。

⑤分拣出的货物被送上自动分拣系统。

⑥安装在自动分拣系统上的自动识别装置在货品运动过程中阅读 RFID 标签,识别该货品属于哪一个用户订单。

⑦计算机随即控制分选运输机上的分岔结构,把货品拨到相应的包装线上进行包装

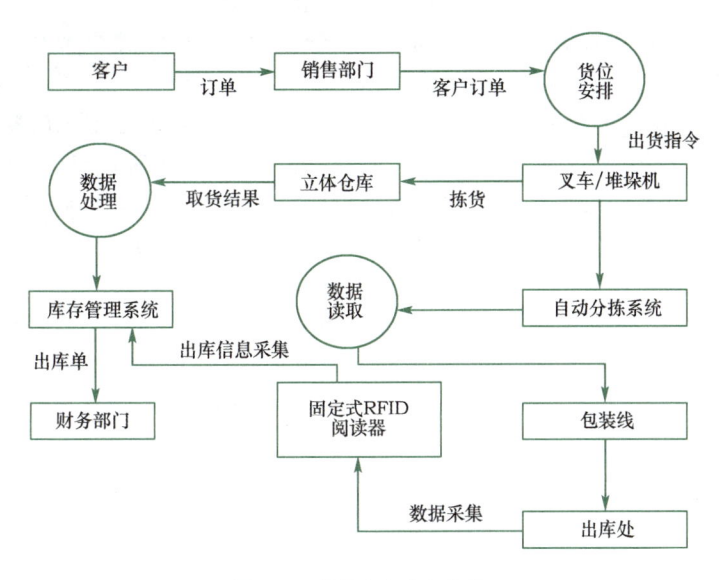

图 5-13 拣货出库业务流程

以及封口。

⑧货品被运送到出库处,手持移动设备扫描验证货品信息。

三、智能超市

在超市管理中引进信息化管理系统,可以实现超市庞大数量商品的控制和传输,从而方便销售行业的管理和决策,为超市管理人员解除后顾之忧。一款好的超市销售管理系统,应该可以帮助销售部门提高工作效率,帮助超市工作人员利用计算机对超市的有关数据进行管理、输入、输出、查找等,使繁杂的超市数据具体化、直观化、合理化。

(一)智能超市中的商品管理

1. 智能价签系统

目前,超市货架上大多为纸质价签,这明显已经赶不上商品更换的速度。智能价签系统是一种放置在货架上、可替代传统纸质价格标签的电子显示装置。因此,智能超市中的价签将更换成 LED 显示屏,并且在每个商品上粘贴 RFID 标签,在货架上安装电子天线和微电脑处理器。当理货员将商品放置在货架上时,电子天线就会检测到该商品,并与价格控制系统联系,将最新的价格回传至货架上的微电脑处理器,最终快速地显示在 LED 显示器上。智能价签系统不仅能够快速准确地显示价格,还能对超市商品的保质期进行监控,一旦发现过期产品,LED 价签就会显示出来。

通过智能价签系统可以实现商超、门店商品的摆放位置变更、价格变更、摆放策略执行及价格策略执行等品类货架管理流程的数据采集、流程控制、汇总分析及跟踪的全流程管理。系统运用互联网、物联网、无线射频、电子货架标签、条形码识别和移动数据采集等多项先进的信息技术及设备,实现自动化商超及门店内的价格数据推送及货架空间数据采集,从而达到提高超市及门店内货架的有效利用,提高位置及价格变更的执行效率,节省运营成本的目的。

智能价签系统的硬件主体主要包含三个层级架构，并通过"数据对接层"与用户数据进行交互。

(1)系统管理层。系统管理层主要是为了完成整个智能价签系统的状态管理，通过RFID数据采集服务体系来实现数据的采集、传送和状态的实时检查。与用户的数据对接也是通过RFID数据采集服务器完成的。标签价格信息本身来自商超已有的POS机服务器系统，通过智能价签系统管理软件可以实现与商超目前现有的数据库系统同步，确保系统的数据信息全部来自目前超市本身的POS数据系统。这个对接部分可以延伸为"数据对接层"，该层可以灵活匹配对应不同用户的数据对接方式。

(2)无线发送层。无线发送层主要由完成服务器的数据信息通过通信协议处理转发给相应需要显示的电子标签终端。无线发送层主要由数据处理基站组成，每个基站控制的区域和电子标签终端是预设好的，实现了根据客户自定义需求对标签信息进行更新。

(3)终端显示层。终端显示层主要是电子标签节点，显示了从服务器分发下来的标签显示内容，这些电子标签终端安装在货架上。终端显示层从超市需求角度出发，保证了无线通信数据的高可靠性，提供超市稳定安全的价格管理方案。

在日常的运行过程中，也可以实现基本的无人工作模式，从超市修改商品信息到最终的电子标签信息更新，整个过程都是由服务器和无线通信系统来自动完成的，可以实现对电子标签的批量数据修改、实时价格更新，大大提高超市价签管理的效率，降低管理成本和错误率。

智能价签系统提供大量的系统接口，可轻松实现与POS后台、营业系统或ERP系统的对接，最终可视电子货架管理系统为外部管理系统的一个独立分系统，紧密地与外部系统一起协调地工作。

2. 生鲜商品的实时检测

生鲜商品的质量检测一直是困扰超市的主要问题，因为超市生鲜商品繁多，保存标准不同，这也给超市商品的质量带来了严峻的挑战。物联网技术能很好地解决这个问题。将超市里各生鲜商品的各种冷藏标准上传至超市物联网系统，建立超市保险设施以及实时控制机制，然后在商品上粘贴RFID标签，当商品进入冷藏箱时，系统检测并识别该商品，并根据事先制定的保鲜方案，调节冷藏柜的温度、湿度等一系列保鲜条件。当商品超过保质期时，系统马上发出过期预警，提醒超市工作人员更换。

3. 库存控制系统

当消费者将贴有RFID标签的商品放入安装有电子天线的购物车时，系统就会将此信息上传至物联网控制系统中，系统随即开始分析该商品的销售速度和销售状况，联系季节、节日、库存量等一系列动态因素，制定出科学的供货方案，力争实现商品的"零库存"。

(二)智能超市中的结算管理

1. 智能导购车

智能导购车是运用RFID原理，实现智能化超市的重要工具之一。智能导购车主要由购物车体和车上终端两部分组成。在购物车上安装带电子天线的微电脑处理器，当贴有RFID标签的商品离开货架，放置在购物车中的时候，商品就已经被购物车记录下来，当消费者完成购物的时候只要拿出银行卡，在超市指定地点轻轻一刷，就完成了结算环节，免去了目前收银员要拿着扫描枪扫描每一个条码的麻烦。未来如果出现带有 RFID 功能的银行卡，只要消费者拿着商品走出超市，结算就自动完成了。还有当消费者想买的商品找不到时，只需在购物车的触摸屏上输入商品名称，显示屏上就会立刻显示一条能找到该商品的最优路线，还可以随时查看目前所购商品的总价。智能导购车如图 5-14 所示。

图 5-14　智能导购车

基于 RFID 的超市智能导购系统不仅可以提供一般导购系统的功能，还可以给目标客户提供个性化的服务。一般导购系统有商品查询等功能，基于 RFID 的超市智能导购系统个性化部分主要有两方面：一是给目标客户推荐商品，不需要客户记忆购物清单，系统将根据关联性推荐给客户个性化的商品，极大地方便了客户；二是会给目标客户推荐最优购物路径。

从总体上说，基于 RFID 的超市智能导购系统由硬件和软件系统两个部分组成。硬件系统主要包括读写器、标签、服务器、购物车、区域通信设备等，主要用于信息采集以及与后台数据库进行通信；软件系统包括 RFID 中间件和基于.net 的应用程序，用于对硬件系统采集的数据信息进行处理，并传输处理后的信息。智能导购车系统结构原理如图 5-15 所示。

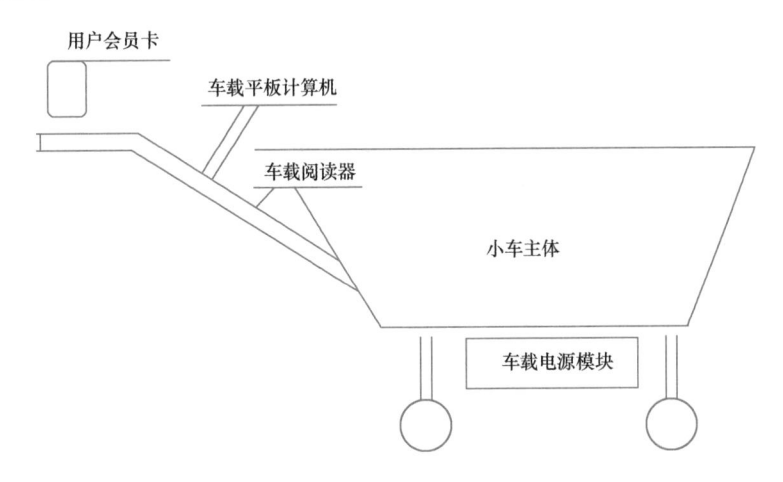

图 5-15　智能导购车系统结构原理

2. 智能银行卡

将 RFID 技术引入银行卡行业，顾客只要在消费场所手持未结算商品走出大门，系统就会自动从消费者的银行卡中扣除货款，大大加快了购物效率。

四、智能冷链物流

(一)智能冷链物流概述

冷链物流信息平台就是通过对冷链物流相关信息的采集和集成,为生产、销售及冷链物流企业的信息系统提供基础冷链物流信息,满足企业信息系统对冷链物流公用信息的需求,支撑企业信息系统各种功能的实现。通过冷链物流共享信息,支撑政府部门间行业管理与市场规范化管理方面协同工作机制的建立和运作等,智能冷链物流应运而生。

微课:冷链物流

智能冷链物流系统是指利用系统集成技术,使物流系统能模仿人的智能,具有思维、感知、学习、推理判断和自行解决冷链物流经营问题的能力,从而使物流系统高效、安全地处理复杂问题,为客户提供方便、快捷的服务。

(二)智能冷链物流的主要技术

智能冷链物流建立在物流信息技术发展的基础之上,包括基于各种通信方式的移动通信手段、全球卫星定位技术、地理信息技术、计算机网络技术、自动化仓库管理技术、智能标签技术、条形码以及射频识别技术、信息交换技术等现代尖端科技。在这些尖端技术的支持下,形成以移动通信、自动化仓储管理、业务管理、客户服务管理、财务管理等多种信息技术集成的现代物流管理体系。

比如,运用全球定位系统,用户可以随时看到自己的货物状态,包括运输冷链货物车辆所在的位置、货物名称、数量、重量等,大大提高了监控的透明度。如果需要临时变化线路,也可以随时指挥调动,大大降低冷链货物的空载率,做到资源的最佳配置。

通过先进的 RFID 技术,在生鲜食品和药品的物流管理和生产流程管理中,将温度变化记录在"带温度传感器的 RFID 标签"上,对产品的新鲜度、品质进行细致的、实时的管理,可以解决食品、药品流通过程中的变质问题,可对环境温度进行严格的监控、记录、分析、决策,并可以无线传输到计算机,通过专业软件对数据进行分析和输出。

将有源 RFID 标签集成,通过温度传感器实时获取温度数据,然后传送给与之连接的 RFID 标签储存,RFID 标签获得的数据则在进入阅读器阅读范围时被读出,传输给控制系统。通过这种方法,可以实现对运输/配送过程中温度发生改变时的预警,或是对过程中的温度变化进行记录,从而帮助辨识可能由温度变化引发的质量变化及具体发生时间,并有助于质量事故的责任认定。例如,在医疗用血液的运输中,温度应该严格地控制在 $4℃(±0.5℃)$,若利用传统温度监测手段,只能监测端到端的节点温度,但即使节点测量温度正常,也并不能保证运输过程中的温度始终正常,而利用 RFID 技术,可以了解血液在运输过程中是否发生了温度变化以及可能由此引起的质量变化。

(三)智能冷链物流信息平台的设计

1. 冷链物流信息平台的构成

基于物联网技术的冷链物流信息平台集成了传感器、RFID 技术、电子标签、无线移动自动分拣等先进技术,建立全自动化的物流配送中心。借助配送中心智能控制、自动化操作的网络,可实现商流、物流和信息流的全面协同。冷链物流系统管理平台使用

B/S结构(浏览器/服务器模式),利用C++编程语言结合Oracle数据库开发管理软件,实现仓储管理、运输管理、销售终端以及信息追溯,用户角色主要有司机、仓库调度员、管理员、操作员等,终端设备主要有传感器、射频标签、手持终端读卡器、GPS终端以及PC终端。数据交换中心通信基础设施包括宽带网络、基础网络、4G无线网络以及Wi-Fi等多种通信类型。冷链物流信息系统功能结构如图5-16所示。

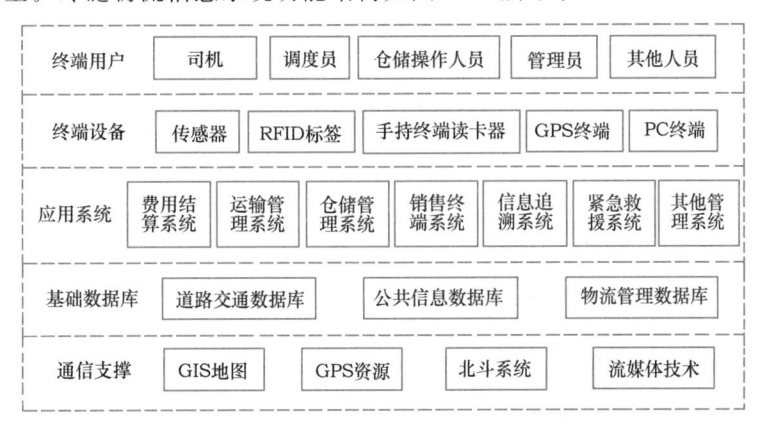

终端用户	司机	调度员	仓储操作人员	管理员	其他人员
终端设备	传感器	RFID标签	手持终端读卡器	GPS终端	PC终端
应用系统	费用结算系统	运输管理系统	仓储管理系统	销售终端系统	信息追溯系统	紧急救援系统	其他管理系统
基础数据库	道路交通数据库	公共信息数据库	物流管理数据库
通信支撑	GIS地图	GPS资源	北斗系统	流媒体技术

图5-16 冷链物流信息系统功能结构

2. 冷冻储藏的设计

冷冻储藏由冷库、温度传感器、信号传输设备和信息采集装置等组成。冷库的功能有温度控制、湿度监控与报警等。

冷藏库安装了温湿度监测设备,当实际检测的温湿度超出规定上下限时可以实现即时启动温湿度调控设备进行温湿度调控,直到温湿度达到设定数值温湿度调控设备才停止,并在指定地点声光报警和对指定人员通信提示,多渠道保证冷藏库的安全。

(1)RFID感温电子标签大量安放在货架上,定时采集周围存储环境的温湿度,采集的频率可以预先设定。

(2)冷库中的RFID读取器定时读取RFID感温电子标签,根据用户需要可以设定采集频率和采集范围,实现根据需求采集需要的数据,提高效率。

(3)RFID读取器的检测数据通过有线网络或者无线网络实时传输到RFID中间件服务器。中间件服务器负责软件系统和RFID硬件设备之间的通信,并对输入数据进行过滤、存储和整理,然后上传至信息中心的中央服务器,由专用管理软件对采集的原始数据进行处理。

冷藏库系统由视频探头、温湿度传感器、货架、RFID感温电子标签、制冷设备、叉车等组成。

3. 冷链运输与配送的设计

冷链运输与配送由集成GPS、温度检测、电子地图和无线传输技术组成,实现对所有冷藏车的跟踪、精确定位和数字化管理,并将信息和企业的业务资源进行整合处理。通过RFID技术、GPS技术、无线通信技术和传感器技术的有机结合,在需要合适的温度调节来保证生鲜物品的物流管理中,将温度变化记录在带温度传感器的RFID电子标签上或实时地通过GPS及带温度传感功能的终端结合无线通信技术上传到运输系统管理平台上,对产品的新鲜度进行精确的、实时的管理。

冷链运输管理系统主要实现以下功能：冷链运输管理系统结合GPS车载终端和传感技术的温度标签，对货物所处环境温度进行测量和记录，实时判断物品在运输过程中环境温度是否超出允许范围，并进行报警，提醒配送人员及时处理，反馈数据到监控中心，记录在配送日志之中；监测配送过程的温度情况；监控配送路径和轨迹；历史数据的查询和追溯功能；温度超标报警功能；货品装卸货管理等配送相关业务。温度传感器安装在冷车车厢内，实现对运输物品进行温度监控。温湿度传感器通过传感探头采集车内温湿度数据，并将数据传输给GPS车载终端设备，同时通过外置天线和GPRS无线网络发送到通信数据中心服务器，这样就可以实现远程对车内的温度、湿度的采集和分析。GPS＋GPRS移动温湿度监控基站如图5-17所示。

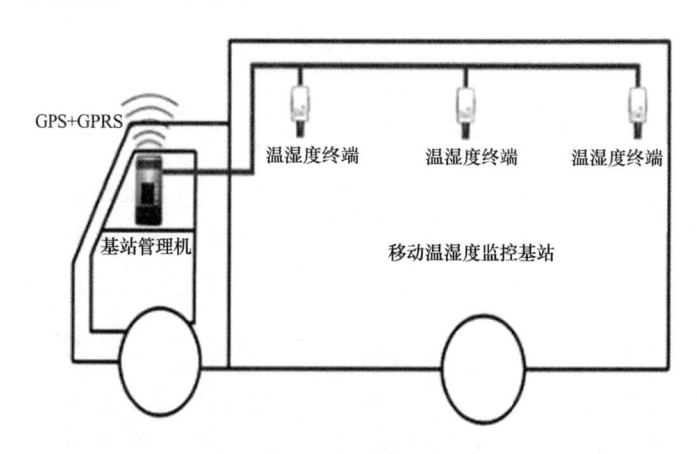

图5-17　GPS＋GPRS移动温湿度监控基站

冷链运输系统主要包括三部分：

（1）GPS车载终端：安放于运输车车头位置，GPRS天线可对车厢温度监控的目标进行全球定位跟踪。

（2）温湿度传感器：安装在冷藏车内，主要作用是记录车内温湿度，同时能够及时实现温湿度报警。管理人员可设定温湿度标签发送间隔时间、接收间隔时间和记录周期等因子，实现根据货物的不同种类设置超限温湿度以及间隔时间。

（3）GPRS传输设备：数据处理器与温湿度传感器读写器连接在一起，管理者通过处理器可有效地调整管理方式，实现调节目标温湿度；需要的有效数据通过中央控制器由GPRS传输系统上传到信息处理中心。

案例分析

技术赋能时代：物流机器人的发展展望

1. AI＋物流＋物联网

在当前新商业变革和零售革命的消费环境下，京东物流提出AI赋能智能物流的愿景。在泛零售领域，京东早已用其来进行需求预测和操作效率改善，如实现基于图像的产品搜索，借助大数据应用，将推荐引擎与销售、库存管理、客户分析打通，以及预测商品需求与优化定价、促销等。

人工智能、物联网和物流机器人的融合趋势越发明显,现代物流机器人装备需要具备三方面能力:"状态感知"(机器人自身和周边的状态)、"实时决策"(在特定场景下应该如何动作)、"准确执行"(按照决策的结果做出精准的动作)。相应地,物联网技术、人工智能技术和机器人技术恰好对应了"感知"、"决策"和"执行"这三个方面。未来的高性能机器人装备一定不是单纯的硬件,而是集上述三种技术的综合体,让数据自由地流动,让算法指挥硬件发挥最大的效能。

另一方面,业界专家认为:人工智能、机器人等技术在2020—2030年可能迎来拐点:自然语言处理、认知推理、区块链等技术有望克服目前应用中的难点(性能瓶颈、安全问题等),而5G等技术的成本也会降低,达到可以商用的范围。这使得人们可以用比较低的代价获得物联网/人工智能/机器技术的帮助,从而真正推动智能装备的普及化,迎来机器人应用的下一个高峰。

2. 场景交互与自主感知

未来的物流机器人不仅在仓库内应用增加,在其他场景(如配送等)也会规模化应用,因此面临的场景将更加复杂化和多元化,机器人需要识别环境中的更多元素并与之互动。在此需求之下,激光导航技术日渐兴起。在这项技术出现之前,物流机器人主要是沿固定路径行走(例如靠埋在地下的磁导轨来引导),但这显然缺乏柔性。

激光导航技术是指在行进的过程中一边定位自身,一边描绘地图。它不需要周边环境中架设大量硬件设施,只需要机器人自带的激光器向四面八方发射,就可以通过反射回来的结果描绘出周边环境,并实时画出来。这种技术已经应用在多种物流机器人和无人驾驶车辆上。

3. 智能仓储解决方案

智能仓储产业链主要分为上、中、下游三个部分。上游为设备提供商和软件提供商,分别提供硬件设备(输送机、分拣机、AGV、堆垛机、穿梭车、叉车等)和相应的软件系统(WMS、WCS等);中游是智能仓储系统集成商,根据行业的应用特点使用多种设备和软件,设计建造智能仓储物流系统;下游是应用智能仓储系统的各个行业,包括医药、汽车、零售、电商等诸多行业。

当前,无论是工业机器人还是服务机器人领域,许多硬件制造商和系统集成商正在朝智能物流整体解决方案提供商转型。仓储物流机器人在实际应用中需要与装卸、输送、分拣、补货等环节协同,这方面的应用不是一个环节的部署就可以的,未来各行业会有专业化的仓储物流机器人解决方案提供商出现是大势所趋。

讨论分析:

1. 物流机器人给仓储业带来了哪些竞争优势?智能仓储涉及哪些技术?智能仓储相比传统的仓储模式有什么好处?

2. 除了物流机器人外,请列举两个智能物流在其他领域应用的案例。

关 键 概 念 >>>

物联网,传感器,体系结构,物联网中间件,智能物流

本章小结

本章介绍了物联网的背景、特点、历史溯源和发展趋势;分析了物联网的工作原理和基本结构,阐述了物联网与 RFID、传感器网络和泛在网络的关系;针对物联网体系结构的特点,介绍了感知层、接入层、网络层和应用层的功能,物联网硬件平台组成和软件平台组成。本章还介绍了智能物流系统的特征、应用架构和智能物流的发展趋势,重点分析了智能生产、智能仓储、智能超市和智能冷链物流的应用。

实训项目

一、实训目的

1. 增进学生对物联网和智能物流系统应用的直观认识,加深对物联网技术应用理论的掌握。

2. 使学生真切体会到各种信息技术在物流领域中应用的成果和优越性,提升学生对先进物流系统的认识。

3. 加强学生的团队合作精神和沟通交流能力。

二、实训组织

以 4～6 人为一组,选择一家物流企业或生产企业进行实地调研,没有条件的学生也可上网收集资料,提交成果。

三、实训内容与成果要求

1. 提交该企业已有信息系统的应用现状报告,分析目前仓储管理中存在的问题,提出改进建议。

2. 根据该企业仓储部门的出入库业务分析,设计 RFID 技术的应用流程图及 RFID 设备的布局图。

3. 为所选企业的仓储部门设计一个基于物联网技术的仓储管理系统应用方案。

思考与练习

一、判断题

1. 物联网是将其用户端延伸和扩展到任何物品与物品之间,进行信息交换和通信的一种网络概念。   (   )

2. 物联网不仅仅提供了传感器的连接,而且其本身也具有智能处理的能力,能够对物体实施智能控制。   (   )

3. RFID 标签上的芯片可提供对物理对象的多种标识,不具有唯一性。   (   )

4. 物联网中间件负责实现与 RFID 硬件以及配套设备的信息交互和管理,同时作为一个软硬件集成的桥梁,完成与上层复杂应用的信息交换。   (   )

5. 智能价签系统不仅能够快速准确地显示价格,还能对超市商品的保质期进行监控,一旦发现过期产品,LED 价签就会显示出来。   (   )

二、单选题

1. 物联网技术的重要基础和核心仍旧是( )，通过各种有线和无线网络与互联网融合，将物体的信息实时准确地传递出去。

   A. 互联网　　　　　B. 泛在网络　　　　C. 局域网　　　　　D. 通信网

2. RFID是物联网的基础技术，它通过( )，自动识别目标对象并获取数据。

   A. 网络信息　　　　B. 条码信息　　　　C. 射频信号　　　　D. 无线信号

3. 物联网自主体系结构由数据面、控制面、知识面和( )四个面组成。

   A. 网络面　　　　　B. 管理面　　　　　C. 结构面　　　　　D. 采集面

4. 物联网中间件系统包含读写器接口、事件管理器、应用程序接口、( )和对象名解析服务等功能模块。

   A. 承载网络任务　　　　　　　　　　　B. 网络操作任务
   C. 目标信息服务　　　　　　　　　　　D. 数据采集服务

5. 物联网软件和中间件处于物联网三层架构的中上层和( )。

   A. 交易层　　　　　B. 顶层　　　　　　C. 底层　　　　　　D. 多层

三、多选题

1. 冷链运输系统主要包括( )三部分。

   A. GPS车载终端　　　　　　　　　　　B. 温湿度传感器
   C. GPRS传输设备　　　　　　　　　　 D. 服务器
   E. RFID

2. 感知节点与末梢网络承担物联网的( )任务，构成传感网，实现传感网的功能。

   A. 信息采集　　　　B. 控制　　　　　　C. 数据编码　　　　D. 识别
   E. 软件功能

3. 智能物流在功能上要实现六个"正确"，即( )及正确的价格。

   A. 正确的货物　　　　　　　　　　　　B. 正确的数量
   C. 正确的地点　　　　　　　　　　　　D. 正确的质量
   E. 正确的时间

4. 物联网中间件的特点包括( )。

   A. 高成本的硬件和软件系统　　　　　　B. 独立于架构
   C. 数据处理　　　　　　　　　　　　　D. 数据流
   E. 处理流

5. 感知节点由各种类型的采集和控制模块组成，如( )。

   A. 温度传感器　　　　　　　　　　　　B. 压力传感器
   C. RFID读写器　　　　　　　　　　　 D. 二维码识读器
   E. 管理软件

四、问答题

1. 什么是物联网?物联网有什么特征?
2. 物联网体系结构的特点有哪些?
3. 物联网体系结构有几层?各个层次的功能分别是什么?
4. 物联网中间件系统软件的作用是什么?
5. 什么是智能物流系统?
6. 物联网与智能物流系统的关系如何?
7. 试举出一个智能物流系统应用案例。

第六章

物流信息系统开发

知识目标

- 了解物流信息系统开发方法；
- 了解物流信息系统规划方法；
- 了解物流信息系统分析、设计的步骤；
- 了解物流信息系统实施的主要内容；
- 了解物流信息系统运行、维护与评价的内容；
- 了解物流信息系统维护的基本概念、目的与任务；
- 理解物流信息系统维护的对象与类型及物流信息系统维护的实施；
- 了解物流信息系统安全的基本概念；
- 理解物流信息系统安全体系及安全控制措施。

技能目标

- 会进行物流信息系统分析，包括需求分析、业务流程分析和数据流程分析；
- 学会组织结构图、业务流程图、数据流程图的设计；
- 学会对物流信息系统进行日常运行管理；
- 学会对物流信息系统实施常规维护；
- 学会防火墙、防病毒系统、虚拟专用网、入侵检测系统、数据备份系统的部署方式。

素质目标

- 培养发现、分析及处理信息系统问题的能力；
- 培养软件项目管理和协调能力。

任务导入

云计算技术物联网仓储管理系统设计

物联网仓储是将物联网技术运用在仓储管理中,是以信息技术作为载体,在对存储物资快速识别的过程中采用射频识别技术或者条形码技术进行实现。物联网仓储通过计算机技术,能够实现对仓储物资的精细化和批量管理以及操作,并在后台系统中,通过云计算技术对仓储内部的物品整体情况进行实时掌控,保证仓储管理中的各个环节都能够高效无误进行,提升仓储管理的精确性,同时能够对仓储内部的情况进行科学合理的掌控。

在现阶段,仓储管理已经不再是简单地对物资进行存储保管,而是对商品存储空间的整体管理,其中包括对物资的接收、分类、计量、包装、分拣、配送以及盘点等多种功能。因此,传统的仓储管理方式已经不能满足时代发展的需求。在实际工作和生活中,各个仓库之间的物品需要进行穿插配送,然后通过人工记录的方式对出入库情况进行记录。在工作的过程中,人工作业会存在一定疏漏的情况,最终将会导致出现物品的具体位置不明、库存数量不对等情况,需要对各个库房进行重新盘点,并且无法进行明确追责,这对仓储管理工作的开展具有极大的阻碍。

在进行物联网仓储管理系统设计时,需要对设计思路以及设计原则进行明确,设计中将主要遵循3个设计思想与原则。第一,要具有目的性。首先系统设计的目标要具有明确性;其次进行系统设计的过程中,要将系统的各个板块的功能界限划清;最后板块界面的设计也要具有明确性。第二,要具有可靠性,保证整个系统能够保持相对稳定的运行情况。第三,要具有一致性,即系统布局与系统操作要具有一致性,为客户提供方便快捷的体验和感受。在设计仓储管理系统时,要对仓储工作的流程进行充分的了解,通过智能物流系统、控制固定端接口与手持端(移动端)及智能分拣分类归置系统,在进行物品储存以及提取的过程中,实现对物品身份的识别,并将其自动进行分类,规定放置位置。同时,能够对操作人员的身份进行识别,将全部数据上传到管理系统之中,从而实现对仓储管理的集中化以及智能化,大大提升仓储管理工作的质量和效率。系统连接采用5G通信技术,能够保证信息传输的稳定性与快速性,与传统方式相比,信息传达更加迅速,而且可以文字留存,能够保证员工的权益和工作的迅速性,为企业仓储管理工作的效率提升起到推进作用。

[资料来源:洛洁婷,赵杰峰.云计算技术物联网仓储管理系统设计.信息与电脑(理论版),2021,33(20)]

物流信息系统的开发需要遵循哪些原则?使用什么开发方法?开发步骤如何?如何规划物流信息系统并进行系统分析设计等?本章将对这些问题进行解答。

第一节　物流信息系统开发概述

物流信息系统的开发是一个较为复杂的系统工程,涉及计算机处理技术、系统理论、组织结构、管理功能、管理认识、认识规律及工程化方法等方面的问题。

一、物流信息系统的基本功能

物流信息系统是物流系统的神经中枢,它是整个物流系统的指挥和控制中心。通常可以将其基本功能归纳为以下几个方面:

1. 数据的收集和输入

物流数据的收集首先是将数据通过收集子系统从系统内部或者外部收集到预处理系统中,并整理成为系统要求的格式和形式,然后再通过输入子系统输入到物流信息系统中。这一过程是其他功能发挥作用的前提和基础,如果一开始收集和输入的信息不完全或不正确,在接下来的过程中得到的结果就可能与实际情况完全相左,这将会导致严重的后果。因此,在衡量一个信息系统性能时,应注意其收集数据的完善性、准确性,以及校验能力、预防和抵抗破坏的能力等。

2. 信息的存储

物流数据经过收集和输入阶段后,必须存储在系统中。物流信息系统的存储功能就是要保证物流信息能够不丢失、不走样、不外泄、整理得当、随时可用。无论哪一种物流信息系统,在涉及信息的存储问题时,都要考虑到存储量、信息格式、存储方式、使用方式、存储时间、安全保密等问题。如果这些问题没有得到妥善的解决,信息系统是不可能投入使用的。

3. 信息的传输

物流信息在物流系统中,一定要准确、及时地传输到各个职能环节,否则信息就会失去其使用价值。这就需要物流信息系统具有克服空间障碍的功能。物流信息系统在实际运行前,必须要充分考虑所要传递的信息种类、数量、频率、可靠性要求等因素。只有这些因素符合物流系统的实际需要,物流信息系统才是有实际使用价值的。

4. 信息的处理

物流信息系统的最根本目的就是要将输入的数据加工处理成物流系统所需要的物流信息。数据和信息是不同的,数据是得到信息的基础,但数据往往不能直接利用,而信息是数据经加工后得到的,它可以直接利用。只有得到了具有实际使用价值的物流信息,物流信息系统的功能才能充分发挥。

5. 信息的输出

信息的输出是物流信息系统的最后一项功能,也只有在实现了这个功能后,物流信息系统的任务才算完成。信息的输出必须采用便于人或计算机理解的形式,力求易读易懂,直观醒目。

二、物流信息系统的开发原则

1. 创新原则,体现先进性

计算机技术的发展十分迅速,要及时了解新技术,使用新技术,使目标系统较原系统有质的飞跃。

2. 整体原则,体现完整性

企业管理可以理解为一个合理的"闭环"系统。目标系统应当是这个"闭环"系统的完善。企业完整地实现计算机管理不一定必须在企业的各个方面同时实现,但必须完整地设计系统的各个方面。

3. 不断发展原则,体现超前性

为了提高使用率,有效地发挥信息系统的作用,应当注意技术的发展和环境的变化。物流信息系统在开发过程中应注重不断发展和超前意识。

4. 经济原则,体现实用性

大而全和高精尖并不是成功的物流信息系统的衡量标准。事实上许多物流信息系统失败的原因正是由于盲目追求高新技术而忽视了实用性,盲目追求物流信息系统的完善而忽视了本单位的技术水平、管理水平和人员素质。

前沿科技

中国外运的物流信息系统

中国外运以其业界领先的信息系统为客户提供一流的物流综合解决方案和全程供应链物流信息服务。按照"场景+科技""客户+科技"的发展路径,中国外运持续研发和推广智慧物流技术应用,基于A(人工智能)、B(区块链)、C(云计算)、D(大数据)、T(物联网)等核心数字化科技持续发展产品创新能力、平台支撑能力、数据挖掘和算法能力,已实现从接收客户订单到服务操作、财务结算和电子支付的智能、高效、协同运作,满足不同行业客户多样化、个性化和及时准确的服务需求;实现与客户/合作伙伴信息系统和第三方公共平台的数据对接和信息共享,广泛应用各种物联网技术,提供全程物流可视化与增值服务。

请思考:中国外运的物流信息系统体现了哪些开发原则?现阶段的信息系统具有什么特点?

第二节 物流信息系统开发方法

常用的物流信息系统开发方法主要有生命周期法、原型法和面向对象法。

一、生命周期法

生命周期法是被广泛应用的系统开发方法。它将物流信息系统比作生物的一个生命周期,有开始、中间及结束等各个不同的阶段。每个阶段都有特定的工作内容,完成本阶段的工作以后才能进入下一个阶段。这种方法至今仍在许多复杂的大中型项目开发中被普遍采用。

(一)生命周期法的开发过程

整个开发过程可分为五个基本阶段,即系统规划、系统分析、系统设计、系统实施、系统运行与维护,如图6-1所示。

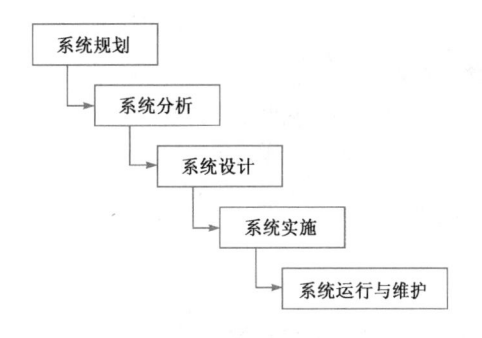

图6-1 生命周期法的开发过程

(1)系统规划阶段的任务是明确系统开发的总目标,并进行初步调查,提出系统的功能、性能、可行性以及接口方面的设想。

(2)系统分析阶段的主要任务是对组织结构与功能进行分析,理清企业业务流程和数据流程,并将企业业务流程与数据流程抽象化,通过对功能数据的分析,提出新系统的逻辑模型。

(3)系统设计包括总体设计和详细设计。总体设计需要确定的内容包括:系统需要实现哪些功能?开发需要什么软件?在什么样的硬件环境下开发?需要的人力及时间如何?需要遵循的规则和标准有哪些?在总体设计完成后,就需要给客户一个系统的方案。接下来就进入详细设计阶段,该阶段的主要任务是把解决问题的办法具体化,如处理模块的设计、数据库系统的设计、输入输出界面的设计和编码的设计等,以完成程序的详细规格说明。

(4)系统实施阶段的主要任务包括程序设计、对系统模块进行调试、进行系统运行所需要的数据准备、对相关人员进行培训等。

(5)系统运行与维护阶段的主要任务是进行系统的日常运行管理,评价系统的运行效率,对运行费用和效果进行监理审计。若出现问题则对系统进行修改、调整。

(二)生命周期法的优缺点

1. 优点

生命周期法的突出优点是强调系统开发过程的整体性和全局性,强调在整体优化的前提下考虑具体的分析设计问题,即自顶向下的观点。它从时间角度把软件开发和维护分解为若干阶段,每个阶段有各自相对独立的任务和目标。这降低了系统开发的复杂性,提高了可操作性。另外,每个阶段都对该阶段的成果进行严格的审批,发现问题及时反馈和纠正,保证了软件质量,特别是提高了软件的可维护性。实践证明,生命周期法大大提高了软件开发的成功率。

2. 缺点

生命周期法开发周期较长,因为开发顺序是线性的,所以各个阶段的工作不能同时进行,前阶段所犯的错误必然带入后一阶段,而且所犯错误越靠前,对后面工作的影响越大,更正错误所需的工作量就越大。而且,在功能经常变化的情况下,这种方法难以适应变化要求,不能支持反复开发。

二、原型法

原型法是针对生命周期法的主要缺点而发展起来的一种快速、廉价的开发方法。它是指在获取用户的基本需求后,快速地建立一个目标系统"原型",并把它交给用户试用、补充和修改,在"原型"的基础上再进行新的版本开发。反复进行这个过程,直到用户对系统满意为止。

(一)原型法的工作步骤

利用原型法设计物流信息系统,分四步进行:确定用户的基本需求;建立系统初始原型;运行和评价模型;修改初始原型、建立新原型,建立最终系统。原型法的开发过程如图 6-2 所示。

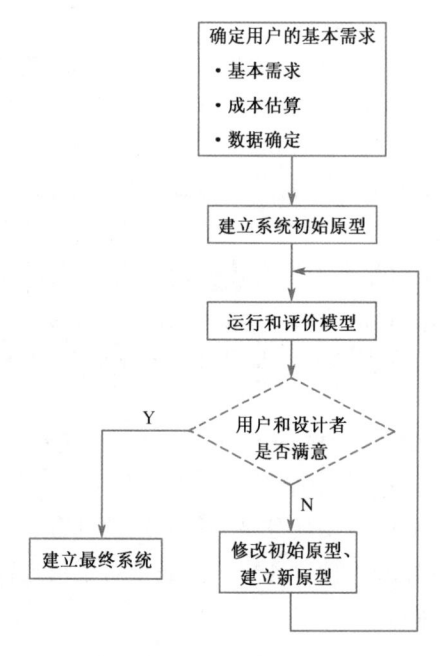

图 6-2 原型法的开发过程

(二)原型法的优缺点和适用范围

1. 优点

原型法的优点包括:符合人们认识事物的规律,系统开发循序渐进,反复修改,确保较高的用户满意度;开发周期短,费用相对低;由于有用户的直接参与,系统更加贴近实际;易学易用,减少用户的培训时间;应变能力强。

2. 缺点

原型法的缺点包括:不适合大规模系统的开发;开发过程管理要求高,整个开发过程要经过"修改—评价—再修改"的多次反复;用户过早看到系统原型,误认为系统就是这个模样,易使用户失去信心;开发人员易用原型取代系统进行分析;缺乏规范化的文档资料。

3. 适用范围

原型法适合处理过程明确、简单,涉及面窄的小型系统。它不适合用于大型、复杂的系统,难以模拟;运算量大、逻辑性强的处理系统;管理基础工作不完善、处理过程不规范的系统;大批量处理数据的系统。

三、面向对象法

面向对象法(Object-Oriented Method)是一种把面向对象的思想应用于软件开发过程中,指导开发活动的系统开发方法,简称 OO(Object-Oriented)方法,是建立在"对象"概念基础上的方法学。对象是由数据和允许的操作组成的封装体,与客观实体有直接对应关系,一个对象类定义了具有相似性质的一组对象。而继承性是对具有层次关系的类的属性和操作进行共享的一种方式。所谓面向对象,就是基于对象概念,以对象为中心,以类和继承为构造机制,来认识、理解、刻画客观世界和设计、构建相应的软件系统。

面向对象法可理解为:客观世界中事物都是由对象组成的,对象是在各种事物基础上抽象的结果,任何复杂的事物都可以通过对象的某种组合构成。对象由属性和方法构成,属性反映了对象的信息特征,方法则是用来定义或者改变属性状态的各种操作。用对象这个概念及其方法能完整地反映客观事物的静态属性和动态属性。

(一)面向对象法的开发过程

面向对象法的开发过程分为四个阶段:需求分析、面向对象分析、面向对象设计和面向对象程序设计。

1. 需求分析

通过与用户的广泛交流得出所要完成的目标系统必须具备哪些功能,应该为用户完成什么工作,即确定"目标系统必须做什么"。需求分析相当于在用户和软件设计人员之间架设了一道桥梁,软件设计人员通过需求分析得到用户的需求,成为软件开发所需实现的目标。

2. 面向对象分析

面向对象分析的目的是对客观世界的系统进行建模。首先要找出问题领域的对象和类,并确定这些对象和类的属性和行为。对象是通过一个对象名、状态和行为来表示的,类也用类似的方法表示。通常将对象分为实体对象、接口对象和控制对象三种。实体对象相当于客观世界中的对象,接口对象包括用户接口和其他应用的接口,控制对象协调其他对象行为,即实体对象联系数据储存,接口对象负责用户接口,控制对象负责处理逻辑。

3. 面向对象设计

分析阶段已建成问题领域的所有对象和类,设计阶段将这些对象和类根据设计要求加以整理和求精。设计阶段进一步提出接口对象和类、控制对象和类以及基础对象和类,这些对象和类配合问题领域的对象和类,以便更好、更有效地完成任务。

4. 面向对象程序设计

一般采用一种面向对象程序设计的语言来编写,如 C++、Delphi、Visual Basic 等语言,根据已规定好的每一对象和类的静态属性、动态属性以及对象和类之间的关系,就能很容易地编写出对象化的程序模块。

(二)面向对象法的优缺点

1. 优点

面向对象法的优点包括:复杂对象的构造能力使得该方法对于客观世界的模拟能力增强、方式自然;封装性向开发人员和最终用户屏蔽了复杂性和实现细节,降低了信息系统开发和维护的难度;继承性使得数据库设计和编程可重复使用,对于建立大型、复杂的物流信息系统具有重要意义。

2. 缺点

面向对象法的缺点是需要一定的软件基础支持才可以应用。在开发大型物流信息系统时,一开始就自底向上采用面向对象法,将造成系统结构不合理、各部分关系失调等问题。因此,面向对象法一般和生命周期法结合使用。

第三节 物流信息系统规划

一、物流信息系统规划的必要性

物流信息系统开发是一项巨大的系统工程,一般的系统工程均有三个成功要素,即合理确定系统目标、组织系统性队伍、遵循系统工程的开发步骤。一个有效的战略规划可以使物流信息系统和用户有较好的关系,可以做到信息资源的合理使用和分配,促进物流信息系统应用的深化,为企业创造更多的利润。

物流信息系统规划要求企业站在战略管理的高度上,以满足企业经营效益目标为主要目的,对IT技术在企业管理中的应用进行整体的设计规划工作。这就要求企业对其组织结构、业务流程和业务信息、当前的运行情况及其发展方向都有深入的认识。在物流信息系统规划过程中,信息化项目的整体策划、对企业现状的深刻调查和描述以及在此基础上展开的企业管理诊断及未来管理竞争力水平定位,都是必不可少的重要工作。

物流信息系统规划是系统生命周期中的第一个阶段,也是系统开发过程的第一步,其质量的好坏直接影响物流信息系统开发的成败。现代企业用于物流信息系统的投资越来越多,物流信息系统的建设是个投资巨大、历时很长的工程项目,规划不好会给企业造成很大的损失,因此要把物流信息系统的规划摆到重要的战略位置。

二、物流信息系统规划的主要任务

物流信息系统开发的过程如图6-3所示。

物流信息系统规划的根本目的在于根据企业当前的管理现状进行管理模式的重新设计,建立系统的管理模型,并依此提出对物流信息系统的总体需求。

物流信息系统规划的任务是根据用户的需求,开展初步调查、明确问题,确定系统目标和总体结构,确定分阶段实施进程,并进行可行性研究。系统规划的交付物是可行性研究报告。

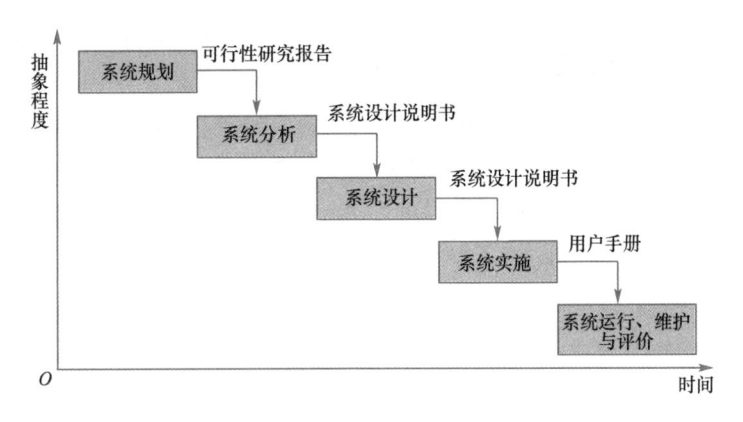

图 6-3 物流信息系统开发的过程

三、物流信息系统规划的主要方法

用于物流信息系统规划的方法很多，主要有关键成功因素（Key Success Factors，KSF）法、战略目标集转移（Strategy Set Transformation，SST）法和企业系统规划（Business System Planning，BSP）法。

(一)关键成功因素法

关键成功因素（KSF）法是物流信息系统规划的方法之一，由哈佛大学教授 William Zani 于 1970 年提出。

1. KSF 法的基本思想

其基本思想：先通过分析找出使得企业成功的关键因素（对企业成功起关键作用的因素），然后围绕这些关键因素来确定系统的需求，并进行规划。

2. KSF 法的基本步骤

(1)确定企业或物流信息系统的战略目标。

(2)识别所有的成功因素，主要是分析影响战略目标的各种因素和影响这些因素的子因素。

(3)确定关键成功因素。不同行业的关键成功因素各不相同，即使是同一个行业的组织，由于各自所处的外部环境的差异和内部条件不同，其关键成功因素也不尽相同。

(4)明确各关键成功因素的性能指标和评估标准。

可使用鱼刺图识别出所有的关键成功因素，如图 6-4 所示。

关键成功因素法的优点是能够使所开发的系统具有很强的针对性，能够较快地取得收益。应用关键成功因素法需要注意的是，当关键成功因素解决后，又会出现新的关键成功因素，从而需要重新开发系统。

(二)战略目标集转移法

战略目标集转移（SST）法是由 William King 提出的一种确定信息系统战略目标的方法。该方法认为组织的战略目标是一个"信息集合"，由组织中的使命、目标、战略和其他影响战略的相关因素组成。其中，影响战略的因素包括发展趋势、组织面临的机遇和挑战、管理的复杂性、改革面临的阻力、环境对组织目标的约束等。战略目标转移过程如图 6-5 所示。

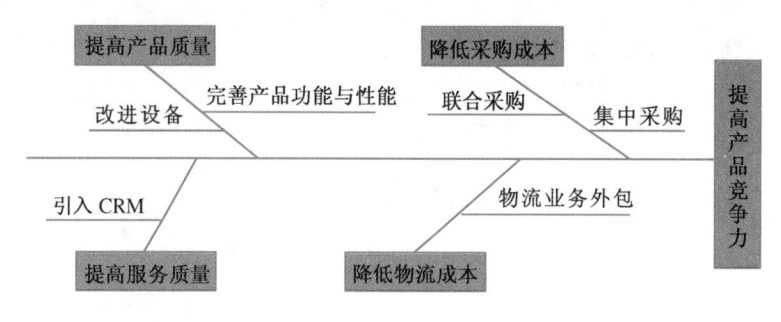

图 6-4 用鱼刺图识别关键成功因素

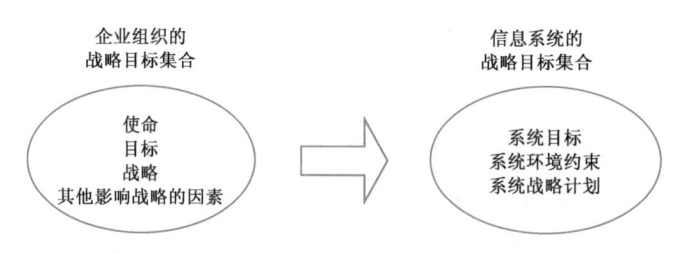

图 6-5 战略目标转移过程

1. SST 法的基本思想

其基本思想:识别组织的战略目标,并将组织的战略目标转化成信息系统的战略目标。

2. SST 法的基本步骤

(1)识别组织的战略目标。目标是组织在确定时限内应该达到的境地和标准,是根据组织使命制定的,通常表现为一定的层次结构,包括总目标、分目标和子目标。

(2)组织的战略目标转化成信息系统的战略目标。信息系统是为组织战略目标服务的,所以制定信息系统的战略目标必须以组织的战略目标为依据。首先根据组织的目标确定信息系统目标;其次根据组织战略集的元素识别相应信息系统的战略约束;最后根据信息系统目标和约束提出信息系统战略。

(三)企业系统规划法

企业系统规划(BSP)法是 IBM 在 20 世纪 70 年代提出的。该方法是从企业目标入手,逐步将企业目标转化为管理信息系统的目标和结构,目的是帮助企业制定信息系统规划,以满足企业近期和长期的信息需求。它较早运用面向过程的管理思想,是现阶段影响最广的方法之一。

1. BSP 法的基本思想

其基本思想:要求所建立的信息系统支持企业目标;表达所有管理层次的要求;向企业提供一致性信息;对组织机构的变革具有适应性,即把企业目标转化为信息系统战略的全过程。

2. BSP 法的基本步骤

(1)准备工作。成立由最高领导牵头的委员会,下设一个规划组,并提出工作计划。

(2)调研。规划组成员通过查阅资料,深入各级管理层,了解企业有关决策过程、组织职能和部门的主要活动以及存在的主要问题。

（3）定义业务过程（又称企业过程或管理功能组）。定义业务过程是系统规划方法的核心。业务过程指的是企业管理中必要且逻辑上相关的、为了完成某种管理功能的一组活动。

（4）业务过程重组。业务过程重组是在业务过程定义的基础上，找出哪些过程是正确的，哪些过程是低效的，需要在信息技术支持下进行优化处理，还有哪些过程不适合采用计算机信息处理，应当取消。

（5）定义数据类。数据类是指支持业务过程所必需的逻辑上相关的数据。对数据进行分类是按业务过程进行的，即分别从各项业务过程的角度将与该业务过程有关的输入数据和输出数据按逻辑相关性整理出来归纳成数据类。

（6）定义信息系统总体结构。定义信息系统总体结构的目的是刻画未来信息系统的框架和相应的数据类，其主要工作是划分子系统，具体实现可利用 U/C 矩阵（过程/数据矩阵）。

（7）确定总体结构中的优先顺序。对信息系统总体结构中的子系统按先后顺序排出开发计划。

（8）完成 BSP 研究报告，提出建议书和开发计划。

企业系统规划过程如图 6-6 所示。

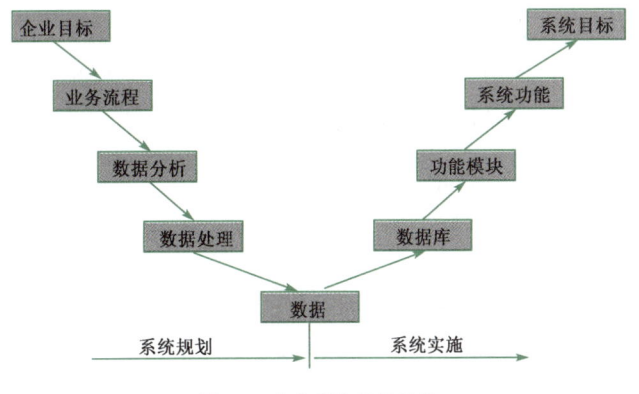

图 6-6　企业系统规划过程

观察与启发

信息系统的数智化

移动互联技术的发展和扩散，使得信息系统的应用形态从早期的企业化，逐渐具有了社会化和智能化特点：通过向个体外扩至移动客户端，包括大量的移动应用系统，如我国各类 APP 数量超过 300 万个（工信部，2021 年），大大提升了整个社会的数字化水平；同时，通过人工智能技术的应用和数字化升级，大大提升了信息系统的赋能水平。

请思考：现阶段企业规划信息系统需要考虑哪些因素？

第四节　物流信息系统分析与设计

一、物流信息系统分析

系统分析是在总体规划的指导下,对系统进行深入、详细的调查研究,确定新系统的逻辑模型的过程。系统分析的主要任务是定义或确定新系统应该"做什么"的问题。具体包括需求分析、业务流程分析和数据流程分析,以确定系统逻辑模型,形成系统分析说明书。

(一)需求分析

所谓需求分析,是指对要解决的问题进行详细的分析,弄清楚问题的要求。它解决"做什么"的问题,目的是全面地理解用户的各项要求,并准确地表达所接受的用户需求。

需求分析阶段的工作包括问题识别、分析与综合、制定规格说明书和评审四项内容。

1. 问题识别

问题识别是从系统角度来确定对所开发信息系统的综合要求,并提出这些需求的实现条件,以及应该达到的标准。这些需求包括:功能需求(做什么)、性能需求(要达到什么指标)、环境需求(如机型、操作系统等)、可靠性需求(不发生故障的概率)、安全保密需求、用户界面需求、资源使用需求(信息系统运行所需的内存、CPU等)、信息系统成本消耗与开发进度需求。

2. 分析与综合

逐步细化所有的系统功能,找出系统各元素间的联系、接口特性和设计上的限制,分析它们是否满足需求,剔除不合理部分,增加需要部分,最后综合成系统的解决方案,给出要开发的系统的详细逻辑模型。

3. 制定规格说明书

描述需求的文档称为系统需求规格说明书。需求分析阶段的成果是需求规格说明书,以便向下一阶段提交。

4. 评审

对功能的正确性、完整性和清晰性以及其他需求进行评审。评审通过才可进行下一阶段的工作,否则重新进行需求分析。

(二)业务流程分析

1. 组织结构与功能分析

组织结构与功能分析是系统分析中比较简单的环节,主要内容包括三部分:组织结构分析、业务过程与组织结构之间的联系分析、业务功能汇总。

组织结构与功能分析是对组织内各部门的职能和部门间的关系进行分析。组织结构分析的结果是获得一张反映组织内部之间隶属关系的组织结构图,如图6-7所示。

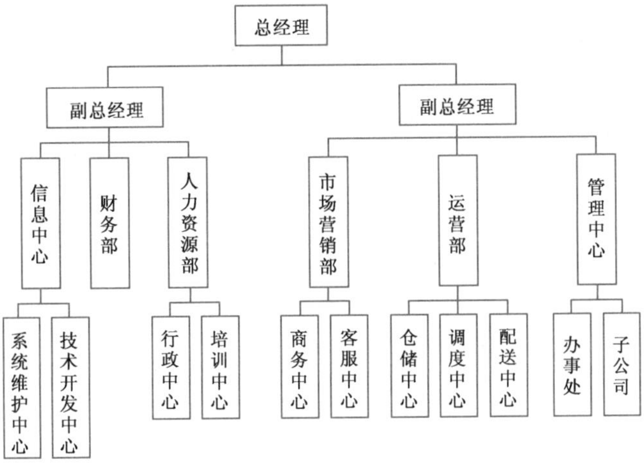
总经理
副总经理
副总经理
信息中心
财务部
人力资源部
市场营销部
运营部
管理中心
系统维护中心
技术开发中心
行政中心
培训中心
商务中心
客服中心
仓储中心
调度中心
配送中心
办事处
子公司

图 6-7　某公司的组织结构图

业务功能分析的结果是获得一张反映该部门业务功能的汇总表，见表 6-1。

表 6-1　　某仓储中心业务功能汇总表

功能	作业规划				入库管理				储存及保管				出库管理		安全卫生管理		
项目	日常作业管理	仓库货区规划	货位规划	物品编码	入库前的准备	物品接运	物品验收	入库资料管理	货品储存	货品盘点	货品保管	货品储存控制	货品发放	货品出库	安全作业管理	消防管理	卫生管理

2. 描述业务工作流程

这是对业务功能分析的进一步细化，通常使用业务流程图(Transaction Flow Diagram，TFD)来描述业务工作流程。TFD 是一个反映企业业务处理过程的“流水账本”。业务流程图的符号说明如图 6-8 所示。图 6-9 所示的是货品入库业务流程。

系统外部
数据存储
业务处理
实物/单据
实物/信息
流动方向

图 6-8　业务流程图的符号说明

(三)数据流程分析

数据流程分析就是把数据在现行系统内部的流动情况抽象出来，隐藏了具体的组织机构、信息载体、处理工作等物理组成，单纯从数据流动过程来考察实际业务的数据处理模式。现有的数据流程分析大多是通过分层的数据流图(DFD)来实现的。因此，数据流图是系统分析员与用户之间交流的有效手段，也是系统设计的主要依据之一。数据流图的符号说明如图 6-10 所示。

把图 6-9 所示的货品入库业务流程抽象为货品入库数据流图，如图 6-11 所示。

图 6-9 货品入库业务流程

图 6-10 数据流图的符号说明

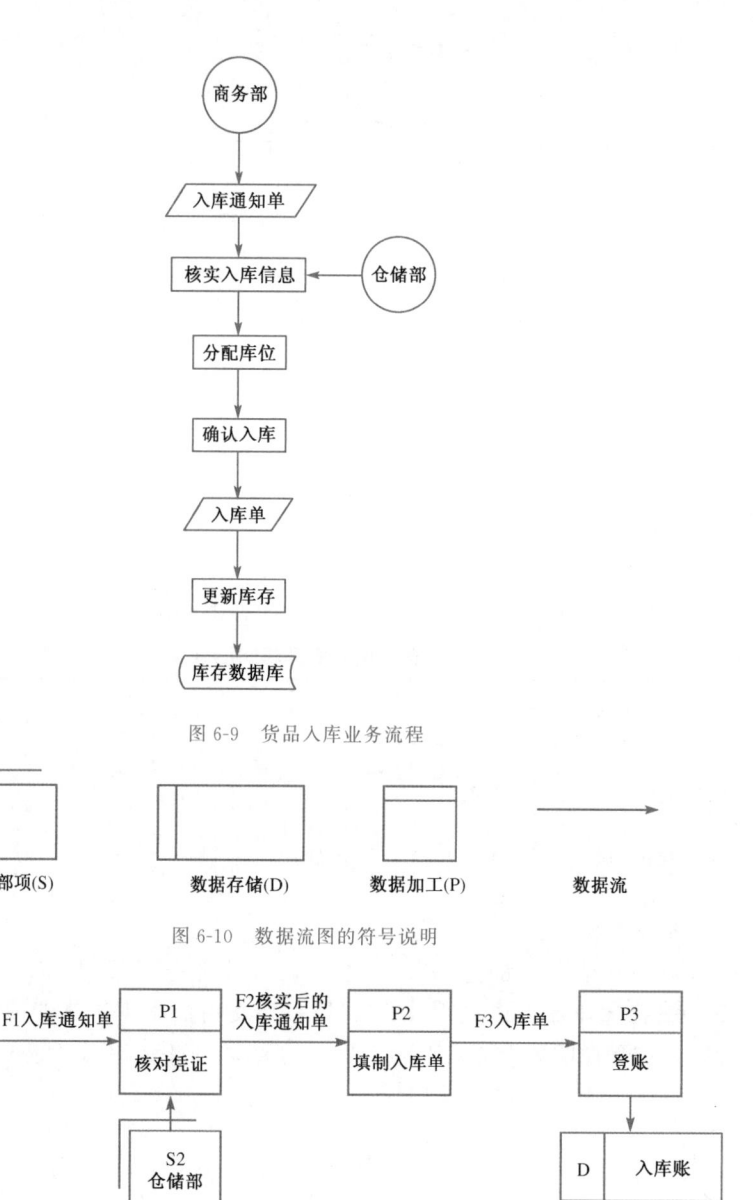

图 6-11 货品入库数据流图

二、物流信息系统设计

物流信息系统设计的目的是将物流信息系统分析阶段提出的反映用户需求的系统逻辑方案转换成可实施的、基于计算机与通信系统的物理(技术)方案。系统设计分两步完成,分别是概要设计和详细设计。

(一)概要设计

概要设计是将用户需求转化为软件的系统结构、数据存储结构和空间布局结构。概要设计包括系统总体结构设计和功能模块设计。

系统的总体结构是指整个系统由哪些部分组成,系统总体结构设计的任务是根据系统分析的逻辑模型设计应用软件系统的物理模型。系统物理模型必须符合逻辑模型,能够完成逻辑模型所规定的信息处理功能。

功能模块是指数据说明、可执行语句等程序元素的集合,它是指单独命名的可通过名字来访问的过程、函数、子程序或宏调用。功能模块化是将程序划分成若干个功能模块,每个功能模块完成一个子功能,再把这些功能模块综合起来组成一个整体。

运用结构化的设计方法,对新系统进行划分,即按功能划分子系统,明确子系统的子目标和子功能,按层次结构划分功能模块,画出系统结构图。图 6-12 所示的是某公司的物流信息系统总体结构。

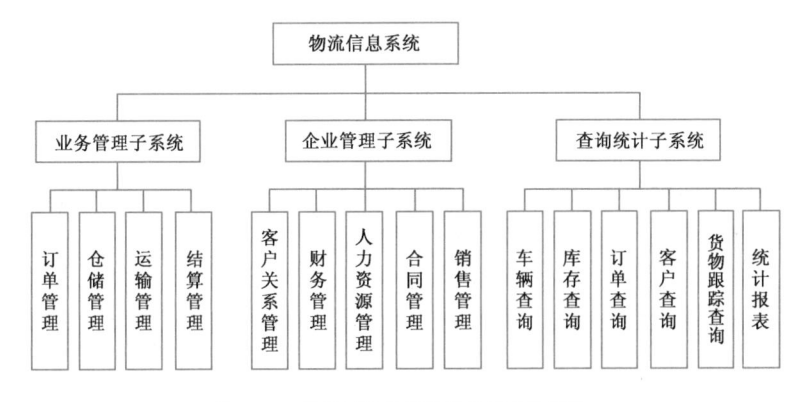

图 6-12 某公司的物流信息系统总体结构

(二)详细设计

详细设计是在系统总体设计的基础上,对系统的各组成部分进行细化,得到详细的数据结构、算法、输入输出界面等。详细设计包括数据库设计、代码设计、输入输出设计和处理过程设计。详细设计的成果是程序设计说明书。

1. 数据库设计

数据库设计主要是指根据用户的需求,在某一具体的数据库管理系统上,设计数据库的结构和建立数据库的过程。它是信息系统开发的核心技术。数据库设计分为六个步骤,如图 6-13 所示。

图 6-13 数据库设计的步骤

在需求分析阶段,数据库设计人员调查和分析用户的应用需求;概念设计的目标是设计出一个能反映组织信息需求的概念模型,如实体-联系模型(E-R 模型);逻辑设计的任务是把概念模型转换成数据库管理系统所支持的数据模型,目前大多数是转换成关系数据模型;为一个设计好的逻辑模型选择一个最符合应用要求的物理结构的过程,称为物理设计,物理设计完全依赖于给定的数据库软件和硬件设备;确定了数据库的逻辑结构和物理结构后,就可以利用数据库管理系统提供的数据定义语言建立数据库的结构,称为数据库实施;数据库设计与应用开发完成后,系统就进入运行与维护阶段。

2.代码设计

代码是表示客观实体或属性的符号(如数字、字母或它们的组合),能够实现人和计算机的沟通。代码设计的目的是设计出一套为系统各部分所共用的代码系统。在计算机系统中,多以代码来表征实体。例如,用车牌号表征汽车,用身份证号表征某国公民,用货物编号表征货物等。

3.输入/输出设计

输入设计要确保向信息系统提供正确的信息,输入设计的任务是要确定输入数据项名称、数据类型、精度、位数、数值取值范围及输入格式。计算机系统对数据加工处理的结果,只有输出才能为用户所使用,故输出的内容与格式是用户最关心的问题。输出设计包括对信息的输出方式、内容和格式的设计。此外,输入输出设计还包括用户界面设计。

4.处理过程设计

处理过程设计就是对系统中各功能模块进行具体的物理设计,包括处理过程的描述、绘制处理流程图,与处理流程图相对应的输入、输出和文件的设计。

系统设计阶段的主要成果是信息系统设计说明书,它从总体的角度出发对系统建设中各主要技术方面的设计进行说明,其重点在于阐述系统设计的指导思想以及所采用的技术路线和方法。编写系统设计说明书将为后续的系统开发工作从技术和指导思想上提供必要的保证。系统设计说明书包括模块设计、代码设计、输入输出设计、数据库设计、网络设计、安全可靠性设计及实施方案说明书等内容。

三、物流信息系统设计案例

将 RFID 应用于物流信息系统的管理将会带来巨大的进步,提高物流的供应链管理水平是其中最重要的一点。在物流运送过程中始终存在着物流信息不对称、得到信息不及时等弊病,很难实现实时协调和处理突发的问题。然而随着全球一体化的推进和社会信息流动的提高,对管理、调度物流供应链之间的资源的要求越来越高,这就需要引入 RFID 技术来管理物流信息系统,以 RFID 和电子标签来构造物联网。除此之外,RFID 技术还能帮助企业降低成本。RFID 是全自动化的信息管理,将会省去信息识别和采集等很多成本,有助于企业进一步提高利润。

在物流行业用 RFID 技术替换掉传统的条形码扫描技术将会对物流行业的发展产生深远和积极的影响,进而带动其他行业的发展,而且也有助于将我国的产品融入全球的供应链中。

(一)系统的设计目标与要求

信息系统是现代物流的核心。数据模型和实际运用都表明,RFID 在物流行业中的应用将会使物流行业发生颠覆式的变化。在构建基于 RFID 技术的现代物流信息系统时,应实现对物流的整个环节进行实时监控、减少库存、提高经营的效率,将物流信息作为系统管理而不是一般的功能上的企业活动,高效地支持物流服务和物流增值服务等几个方面的设计目标。在设计基于 RFID 技术的物流信息管理系统时,要保证信息的准确性、有效性等传统信息管理的要求,加强信息流活动的组织和控制。基于 RFID 技术的数据管理系统在数据管理上采用 B/S 模式,基于这种模式的数据管理分为输出层、功能层和数据层三层,这就要求系统的设计采用模块化的工作模式。

(二)物流信息识别及采集技术

1. 物流信息系统

现代物流的主要功能是完成以下 3 个方面的运作,即商品的流动、信息的流动和资本的流动。其中信息的流动是核心,其他都是建立在信息高效流动的基础上的。物流信息系统是人、计算机、网络通信设备等组成的人机交互系统,主要功能是对物流信息的搜集、存储、维护和输出,为管理者提供运作战略和战术的制定依据并提供运作决策的支持,最终提高物流的运作效率并给企业带来更高的效益。物流信息系统具有以下功能:市场交易活动功能;业务控制功能;决策和战略功能;工作协调功能。正是由于这些重要的作用,对物流的管理越来越被各个国家所重视。中国要成为亚太地区的物流中心,建设现代化的物流信息管理系统是我国信息化建设的重中之重。在一个物流信息系统内部,需要将硬件和软件结合在一起对物流活动进行管理和控制。如图 6-14 所示为物流信息系统的结构和流程。

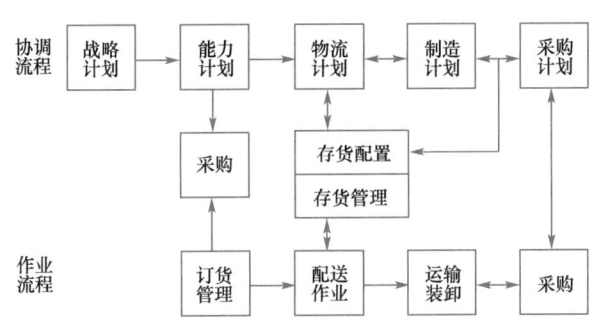

图 6-14 物流信息系统的结构和流程

从图 6-14 中可以看到,物流信息系统分为协调和作业两个流程,协调在宏观方面去操控、调配,作业则从微观方面完成运转。现代物流是一项十分复杂的活动,涉及各个领域的知识,要组织和筹划这一活动,离不开物流信息系统的支持。

2. 条形码和 RFID 技术

信息在现代物流中起着决定性的作用,是物流行业的"血液",因此对信息流的管理应该贯穿物流的整个过程。信息的识别和采集又是物流信息管理的关键,在现代物流中,信息的识别和采集主要使用的是条形码技术和 RFID 技术。条形码技术的优点十分突出,输出数据快而且可靠准确,易于制作而且成本很低,因此条形码很快推广开来,在各个行业获得了广泛的应用。条形码的采集系统和光电信号的转换是由光电扫描器自动完成的,并通过信号放大器和滤波器对信号放大整形,最后输出给译码器的是二进制的脉冲数字信号,但是由于条形码的功能比较简单,在更高层的领域或者是未来的技术中,我们需要另外一种更先进的技术,RFID 技术就是在这种情况下发展起来的。

典型的 RFID 系统由电子标签、阅读器和天线组成,针对不同的应用环境还需要加上不同的硬件和软件的支持。条形码和 RFID 技术从概念上来说很相似,都是为了快速而准确地追踪目标物体,但两者的差异也很明显,条形码的防伪技术不如 RFID。表 6-2 给出了条形码和 RFID 技术一些功能上的比较。

表 6-2　　　　　　　　　条形码和 RFID 技术的比较

功能	条形码	RFID 技术
容量	小	大
读取距离	较短	长
读取数量	一次一个	一次多个
读取能力	信息不可更新	信息可反复读写
读取方便性	表面定位读取	全方位穿透性读取
适用性	条码污秽或损坏无法读取	在恶劣环境下仍可读取,全天候工作
成本	低	高

(三)基于 RFID 的模块化物流信息系统

1. 系统总框架

基于 RFID 的物流信息系统将会在多用户、多数据库和不安全的网络环境下工作,传统的两层客户/服务器模式不再适用,三层 Web 结构不仅适合以上的特点,而且具有良好的灵活性和拓展性,因此基于 RFID 的物流信息系统采用三层 Web 的结构。这种模式将应用功能分为 3 层:客户层、业务逻辑层和数据层。客户层直接面向用户,用户可以登录操作,数据层是系统的底层,用来定义、维护和更新数据并管理应用对数据的请求,业务逻辑层位于客户层和数据层之间,将数据以封装的形式展现给用户并将用户操作层和底层数据代码分开。三层式的结构具有很好的稳定性和执行效率,是建立基于 RFID 的物流信息系统的最佳选择。

物流信息系统采用浏览器/服务器(B/S)应用模式,这种集中式数据存储管理的应用模式可以满足信息系统对实时性的需求,可以实现数据的安全传输并且满足系统维护和升级管理的要求。基于互联网的 B/S 模式的物流信息系统结构如图 6-15 所示。

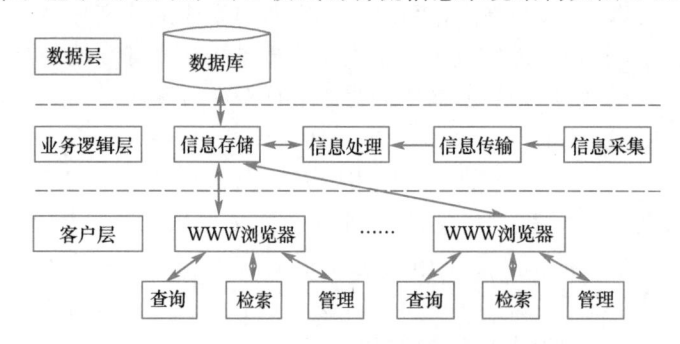

图 6-15　基于互联网的 B/S 模式的物流信息系统结构

2. 技术框架设计

系统采用 VS.NET 2007 和 SQL Server 2003 作为开发工具,用 RPC(Remote Procedure Call Protocol)实现基于 ASP.NET 的三层 B/S 结构。将繁杂的计算、业务逻辑层较强的业务和数据层放到服务器端,其他则在客户端实现,可以充分利用各个计算机的性能。服务器分为数据服务器和应用服务器两类,数据服务器不进行计算等操作,应用服务器则作为业务逻辑层服务器。数据服务器采用备份形式的双机服务器,保证系统的正常运行。ASP.NET 支持多语言开发,因此采用 C# 作为系统的开发语言。

3. 功能模块设计

物流信息系统的功能模块整体上可以分为总控系统模块和子系统模块,总控系统模块的功能主要包括总控程序的处理和子模块接口的确定,子系统部分主要包括子系统的总控和交互界面,主要处理数据的输入和输出等。物流信息系统的功能模块如图 6-16 所示。其中 RFID 动态处理是本系统中最重要的一个模块,是基于 RFID 的物流信息管理系统构建的基石,承载着信息流传递的功能,对前后各个部分的模块合作运转起着维系的作用。

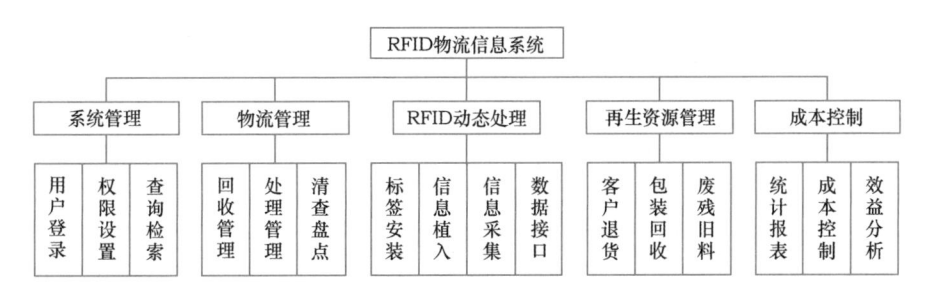

图 6-16 物流信息系统的功能模块

(1) 系统管理模块设计

系统管理模块主要用来确定系统使用者的权限和信息分级申报的管理。登录管理部分完成从客户端获取用户 ID 和密码,用以维护系统的稳定和安全。权限和角色管理可以对由系统认定的不同登录权限进行不同的权限分发,从而对系统的登录进行动态的管理,该模块关系到整个平台的安全,因此采用自动识别和多级加密的方式设计密码校检。

(2) 物流管理模块设计

现代物流是从供应到消费的采用七级链式流动的流程,涉及人、财、物、事四个方面。人是各个环节的操作人员,权限分发和角色设置是关键,财是指各个环节的资金流动,RFID 与财务系统和成本控制是关键,物是指生产日期、售出时间等各种信息,事是指业务流动的各个环节,RFID 技术采用自动识别技术,物品上的信息与信息系统能实现非接触式的交互处理,使得物质和信息之间能快速地完成交互、处理和反馈,形成物联网。

(3) 信息分发与采集模块设计

基于 RFID 的物流信息系统强调物质与信息的交互,将 RFID 应用于信息采集可以提高信息采集和处理、实物运动的操作、管理和决策的自动化和智能化,而在物流跟踪方面,RFID 可以在更大的范围内共享信息以降低成本,使物流链的管理效率达到最高。

(4) 资源管理模块设计

资源管理模块主要对物流过程中的人力、运输等资源进行统一的管理。该模块主要以 RFID 采集模块采集的信息为基本的统计信息,并结合 GPS 等定位系统,最终为管理者提供资源调度等参考,可以降低用户的经济成本。

(5) 成本控制模块设计

物流成本的综合控制包括事前、事中和事后对成本进行预测、分析和反馈等,以达到预期的成本目标。事前控制主要指做好系统的规划,选择最佳的能降低成本的措施。事中控制指在物流过程中对各个环节的成本进行控制,对整个过程进行分析比较并反馈给系统以期达到降低物流过程成本的目标。基于 RFID 的物流信息系统在成本控制方面十分出色。

(资料来源:李栋.基于 RFID 的物流信息系统的构建.电子设计工程,2016)

第五节 物流信息系统实施

一、物流信息系统实施概述

系统分析与系统设计完成后,就进入了系统实施阶段。在系统分析和系统设计阶段,系统开发工作主要集中在逻辑、功能和技术设计方面,工作成果是以各种系统分析和设计文档来体现的。系统实施阶段要在此前各阶段工作的基础上,将技术设计转化为物理实现。系统实施的依据是系统设计说明书。

二、物流信息系统实施的内容

系统实施的内容由程序设计、系统测试、系统安装和新旧系统转换等主要活动构成。

(一)程序设计

程序设计又称编写程序,是指按照详细设计阶段产生的程序设计说明书,用选定的程序设计语言编写源程序。它是系统实施阶段最主要的工作。

(二)系统测试

系统测试是将已经确认的软件、硬件、外部设备、网络等其他元素结合在一起,进行信息系统的各种组装测试和确认测试。系统测试是针对整个产品系统进行的测试,目的是验证最终软件系统能否满足用户规定的需求,找出与需求规格不符或与之矛盾的地方,从而提出更加完善的方案。系统测试发现问题之后要经过调试找出错误原因和位置,然后进行改正。系统测试流程如图 6-17 所示。

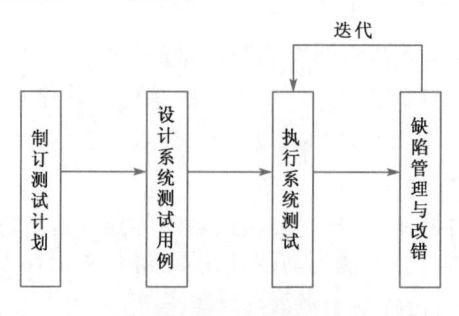

图 6-17 系统测试流程

1. 制订测试计划

系统测试小组各成员共同协商测试计划,计划包括测试范围(内容)、测试方法、测试环境与辅助工具、测试完成准则、人员与任务表。系统测试计划完成后交付项目经理审批。

2. 设计系统测试用例

系统测试小组依据系统测试计划和指定的模板,设计(撰写)系统测试用例。测试组长邀请开发人员和同行专家,对系统测试用例进行技术评审。系统测试用例通过技术评审后,进行系统测试。

3. 执行系统测试

系统测试小组各成员依据系统测试计划和系统测试用例执行系统测试,将测试结果记录在"系统测试报告"中,用"缺陷管理工具"来管理所发现的缺陷,并及时通报给开发人员。

4. 缺陷管理与改错

从第1步至第3步,任何人发现软件系统中的缺陷都必须使用指定的"缺陷管理工具"。该工具将记录所有缺陷的状态信息,并可以自动生成"缺陷管理报告"。开发人员应及时消除已经发现的缺陷。开发人员消除缺陷之后应当马上进行回归测试,以确保不会出现新的缺陷。

(三)系统安装

系统安装主要指各种软件和硬件设备的安装,以及整个系统的调试运行。

(四)新旧系统转换

新旧系统转换也称系统切换与运行,是以新系统替换旧系统,并使之投入使用的过程。

第六节　物流信息系统的维护

一个信息系统由于需求环境的变化及自身的内在问题,在交付使用后,对它进行维护是不可避免的,许多大型软件公司为维护已有系统软件耗费了大量人力和财力。

一、物流信息系统维护的目的与任务

系统维护就是在开发的新系统交付使用后,为保持系统正常工作并达到预期的目标而采取的一切活动,包括系统对功能的改进,以及解决系统运行期间发生的问题和错误。

物流信息系统维护的目的就是保证信息系统正常而可靠地运行,并使系统不断得到改善和提高,以充分发挥作用。

物流信息系统维护的任务就是要有计划、有组织地对系统进行必要的改动,以保证系统中的各个要素不断适应环境,保持更新。

二、物流信息系统维护的对象与类型

物流信息系统维护的所有活动都发生在系统交付并投入运行之后。

(一)物流信息系统维护的对象

物流信息系统维护是面向系统中各种构成因素的,按照物流信息系统维护的对象不同,物流信息系统维护可以分为以下四类:

1. 应用程序维护

在信息系统运行过程中,一旦业务处理过程或程序本身发生问题,就必然引起程序的修改和调整,因此物流信息系统维护的主要活动是对程序进行维护。

2. 代码维护

随着系统应用范围的变化,系统中的各种代码往往需要进行一定程度的增加、修改、删除或编写新的代码。

3. 数据维护

在物流信息系统中,有许多数据需要进行不定期的更新,或随环境和业务的变化而调整,数据的备份与恢复也是数据维护的工作内容。

4. 硬件设备维护

硬件设备维护主要是指对主机及外部设备的日常维护和管理,如机器部件的清洗、润滑,设备故障的检修,损坏部件的更换等。

(二)物流信息系统维护的类型

按照物流信息系统维护活动的性质不同,物流信息系统维护可以分为以下四类:

1. 纠错性维护

纠错性维护是为诊断和改正系统中潜藏的错误而进行的活动。系统测试不可能排除系统中所有的错误,系统交付之后,用户将成为新的测试人员,在使用过程中,一旦发现错误就要向开发人员报告并要求维护。

2. 适应性维护

适应性维护是为适应环境的变化而修改系统软件的活动。一般应用系统软件的使用寿命较长,但其运行环境却更新得很快,硬件基本是一至两年一代,操作系统不断地推出新版本,外部设备和其他系统元素也频繁地升级和变化。因此,对信息系统进行适应性维护是十分必要且经常发生的。

3. 完善性维护

完善性维护是根据用户在使用过程中提出的一些建设性意见而进行的维护活动。在信息系统运行期内,用户也可能请求增加新的功能,建议修改已有功能或提出某些改进意见。完善性维护通常占所有系统维护工作量的一半以上。

4. 预防性维护

预防性维护是为了进一步改善信息系统软件的可维护性和可靠性,并为以后的改进奠定基础。

三、物流信息系统维护的实施

物流信息系统维护的实施一般包括以下内容:

1. 建立维护小组,确定维护目标

维护小组首先应分析问题产生的原因及严重性,确定维护目标和维护时间。

2. 制订维护计划

维护工作应当有计划、有步骤地进行，维护计划应包括维护任务的范围、所需资源、维护费用、进度以及验收标准等。

3. 修改程序及调试

在修改程序的过程中，维护人员往往只注意程序的修改，而忽略未改变的部分，这样产生潜在错误的可能性就会增加。因此，在程序修改完成后，维护人员还需要对程序及系统的有关部分进行重新调试。

4. 修改文档

软件修改调试通过后，则可以修改相应文档并且结束本次维护过程，修改后的文档应及时归档。

总之，系统维护是信息系统运行阶段的重要工作内容，必须给予充分的重视。维护工作做得好，信息资源的作用才能得以充分发挥，信息系统的使用周期也就越长。

第七节 物流信息系统的安全管理

一、信息系统安全的概念

信息系统安全是指采取技术和非技术手段，通过对信息系统建设中的安全设计和运行中的安全管理，使运行在计算机网络中的信息系统有保护，没有危险，即组成信息系统的硬件、软件及数据资源受到有效的保护，不因自然和人为因素而破坏、更改或者泄露系统中的信息资源，以使信息系统能连续正常运行。

根据国务院公布的《中华人民共和国计算机信息系统安全保护条例》，信息系统安全是指"保障计算机及其相关的和配套的设备、设施（含网络）的安全及运行环境的安全，保障信息的安全，保障计算机功能的正常发挥，以维护计算机信息系统的安全运行"。

从信息的价值角度，信息安全属性一般包括保密性、完整性、可用性等，主要面向信息是否公开（或开放共享）、信息质量和状态、对信息的使用三方面。

二、信息系统安全体系概述

信息系统是一个系统工程，本身很复杂。要保护信息系统的安全，仅仅靠技术手段是远远不够的。

（一）信息系统安全体系框架

信息系统安全的总需求是物理安全、网络安全、数据安全、信息内容安全、信息基础设备与公共信息安全的总和，安全的最终目的是确保信息的机密性、完整性、可用性、可审计性和抗抵赖性，以及信息系统主体（包括用户、团体、社会和国家）对信息资源的控制。从信息系统安全总需求来看，其中的网络安全、数据安全和信息内容安全等可通过开放系统互连安全体系提供的安全服务、安全机制及其管理中获得，但所获得的这些安全特性只解决了与通信和互连有关的安全问题，而涉及与信息系统构成组件及其运行环境安全有关的其他问题(如物理安全、系统安全),还需从技术措施和管理措施两方面的结合上来考虑解决方案。

为了系统、完整地构建信息系统的安全体系框架,可以从技术体系、组织机构体系和管理体系三方面来考虑。信息系统安全体系结构如图6-18所示。

管理体系	培训	安全策略与服务	密钥管理	状态检测	入侵检测	OSI安全管理	安全服务	物理安全	系统安全
							安全机制		
		审计			OSI安全技术		运行环境及系统安全技术		
	制度	技术管理				技术机制			
		技术体系							
	法律	机构		岗位			人事		
		组织机构体系							

图 6-18 信息系统安全体系结构

(二)技术体系

1. 技术体系的内容和作用

技术体系是全面提供信息系统安全保护的技术保障体系。OSI安全体系通过技术管理将技术机制提供的安全服务分别或同时放在OSI协议层的一层或多层上,为数据、信息内容和通信连接提供机密性、完整性和可用性保护,为通信实体、通信连接和通信进程提供身份鉴别、访问控制、审计和抗抵赖保护。这些安全服务分别作用在通信平台、网络平台和应用平台上。保障和运行安全体系是与OSI安全体系不同的技术保障体系,该体系由两大类安全技术构成。

(1)物理安全技术

物理安全技术运用于物理保障环境(含系统组件的物理环境),通过物理机械强度标准的控制实现信息系统的建筑物、机房条件和硬件设备条件满足信息系统的机械防护要求;通过对电力供应设备以及信息系统组件的抗电磁干扰和电磁泄漏性能的选择性措施的设置可达到安全目的。

(2)系统安全技术

通过对信息系统与安全相关组件的操作系统的安全性选择措施或自主控制,信息系统安全组件的软件工作平台达到相应的安全等级,一方面避免由操作平台自身的脆弱性和漏洞引发的风险,另一方面阻止任何形式的非授权行为对信息系统安全组件的入侵或接管系统管理权。

2. 技术体系框架

信息系统安全体系中技术体系框架的设计,可将安全服务(安全机制)、协议层和信息系统构成单元作为三维坐标体系的三维来表示。安全技术体系的三维结构如图 6-19 所示。

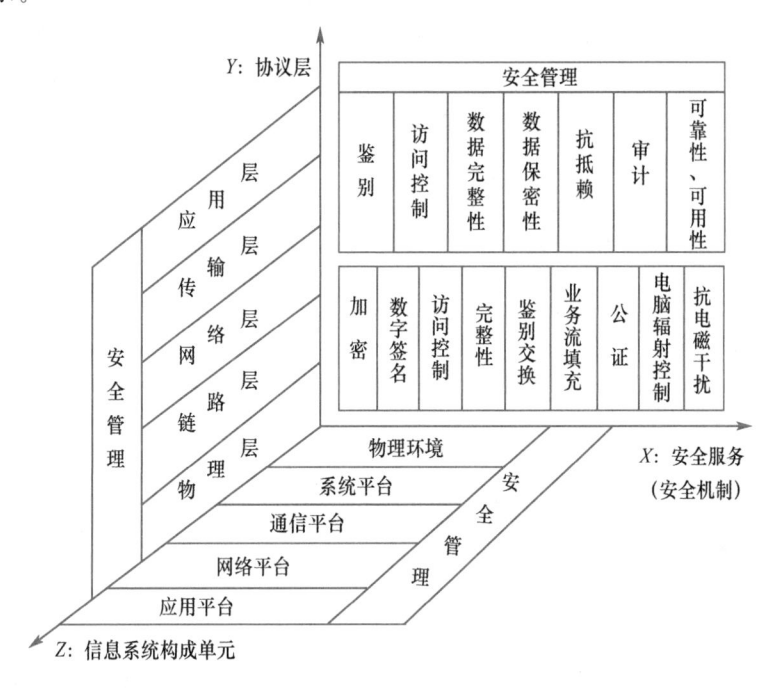

图 6-19　安全技术体系的三维结构

从图 6-19 中可以看出,安全服务(安全机制)选作 X 轴,协议层选作 Y 轴,信息系统构成单元选作 Z 轴。考虑到该三维体系不涉及定量的数值表达式,在 X 轴上,由于安全机制并不直接配置在协议层上,也不直接作用在系统单元上,而是必须通过提供安全服务来发挥作用,因此为便于从三维图中全面地了解信息系统安全体系中的相互关系,特将 OSI 安全体系中的八种机制与物理安全中的电磁辐射安全机制放在一起,可使安全服务中的数据保密性、可靠性和可用性功能具有更为广泛的安全意义,同时也为物理环境的安全提供了重要的安全机制和服务。协议层以 OSI 七层模型为参考,只选择可适宜配置安全服务的五个层次。每个维度中的"安全管理"是一种概念,它是纯粹基于标准(或协议)的各种技术管理。

(三)组织机构体系

组织机构体系是信息系统安全的组织保障系统,由机构、岗位和人事机构三个模块构成。

1. 机构

机构的设置分为三个层次:决策层、管理层和执行层。决策层是信息系统主体单位决定信息系统安全重大事宜的领导机构,以单位主管信息工作的负责人为首,由行使国家安全、公共安全、机要和保密职能的部门负责人和信息系统主要负责人组成。管理层是决策的日常管理机关,根据决策机构的决定,全面规划并协调各方面力量实施信息系统的安全方案,制定、修改安全策略,处理安全事故,设置安全相关的岗位。执行层是在管理层的协调下具体负责某一个或某几个特定安全事务的逻辑群体,这个群体分布在信息系统的各个操作层或岗位上。

2. 岗位

岗位是信息系统安全管理机关根据系统安全需要，设定的负责某一个或某几个特定安全事务的职位。岗位在系统内部可以是具有垂直领导关系的若干层次的一个序列，一个人可以负责一个或几个安全岗位，但一个人不得同时兼任安全岗位所对应的系统管理或具体业务岗位。岗位并不是一个机构，它由管理机构设定，由人事机构管理。

3. 人事机构

人事机构是根据管理机构设定的岗位，对岗位上的雇员进行素质教育、业绩考核和安全监管的机构。人事机构的全部管理活动在国家有关安全的法律、法规政策规定范围内依法进行。

（四）管理体系

管理是信息系统安全的灵魂。信息系统安全的管理体系由法律管理、制度管理和培训管理三部分组成。

1. 法律管理

法律管理是根据相关的国家法律、法规对信息系统主体及其与外界关联的行为的规范与约束。法律管理对信息系统主体行为有强制性约束力，且有明确的管理层次性。与安全有关的法律、法规是信息系统安全的最高行为准则。

2. 制度管理

制度管理是信息系统内部依据系统必要的国家或组织的安全需求制定的一系列内部规章制度，主要内容包括安全管理和执行机构的行为规范、岗位设定及其操作规范、岗位人员的素质要求及行为规范、内部关系与外部关系的行为规范等。制度管理是法律管理的形式化和具体化，是法律、法规与管理对象的接口。

3. 培训管理

培训管理是确保信息系统安全的前提。培训管理的内容包括法律、法规培训，内部制度培训，岗位操作培训，业务素质与技能、技巧培训等。培训的对象不仅仅是从事安全管理和业务的人员，还几乎包括与信息系统有关的所有人员。

三、物流信息系统的安全控制措施

信息系统在交付运行后，将面临各种安全威胁。为有效规避安全威胁，保障信息系统的正常运行，可采用多种安全控制措施，从多个方面加强对信息系统的安全保护。常用的安全控制措施如下：

（一）防火墙

防火墙指的是一个由软件和硬件设备组合而成、在内部网和外部网之间、专用网与公共网之间的界面上构造的保护屏障，用以保护内部网免受非法用户的入侵。防火墙主要由服务访问规则、验证工具、包过滤和应用网关四部分组成。防火墙的部署如图6-20所示。

（二）入侵检测系统

入侵检测系统（Intrusion Detection System，简称IDS）是一种对网络传输进行即时监

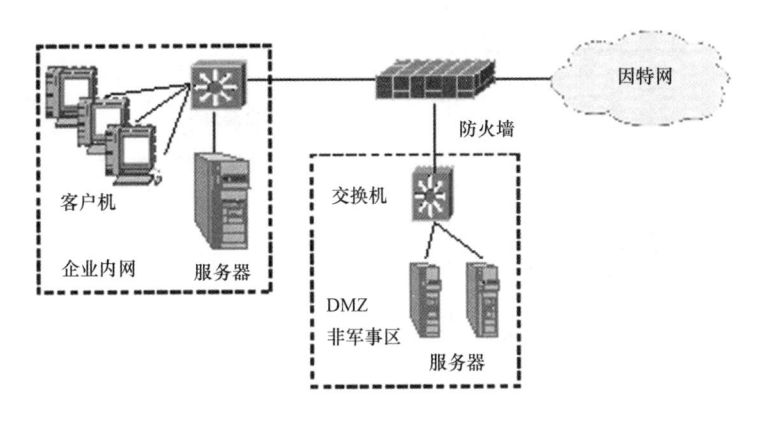

图 6-20 防火墙的部署

视,在发现可疑传输时发出警报或者采取主动反应措施的网络安全设备。与其他网络安全设备的不同之处在于它是一种积极主动的安全防护技术。入侵检测系统最早出现在1980 年 4 月。20 世纪 80 年代中期,入侵检测系统逐渐发展成为入侵检测专家系统(IDES)。1990 年,入侵检测系统分化为基于主机的入侵检测系统和基于网络的入侵检测系统。随后又出现了分布式入侵检测系统。

1. 基于主机的入侵检测系统

基于主机的入侵检测系统(Host-based IDS,简称 HIDS)出现在 20 世纪 80 年代初期,那时网络规模还比较小,而且网络之间也没有完全互联。在这样的环境里,检查可疑行为的审计记录相对比较容易,且当时入侵行为非常少,通过对攻击的事后分析就可以防止随后的攻击。目前,HIDS 仍使用审计记录,但主机能自动进行检测,而且能准确及时地做出响应。通常,HIDS 监视分析系统、事件和安全记录。例如,当有文件发生变化时,HIDS 将新的记录条目与攻击标记相比较,看其是否匹配,如果匹配,系统就会向管理员报警。在 HIDS 中,对关键的系统文件和可执行文件的入侵检测是主要内容之一,通常进行定期检查和校验,以便发现异常变化。此外,大多数 HIDS 产品都监听端口的活动,在特定端口被访问时向管理员报警。

2. 基于网络的入侵检测系统

基于网络的入侵检测系统(Network-based IDS,简称 NIDS)用原始的网络包作为数据源,它将网络数据中检测主机的网卡设为混杂模式,该主机实时接收和分析网络中流动的数据包,从而检测是否存在入侵行为。NIDS 通常利用一个运行在随机模式下的网络适配器来实时检测并分析通过网络的所有通信业务。一旦 NIDS 检测到了攻击行为,NIDS 响应模块就提供多种选项进行通知和报警,并对攻击采取积极的反应。

在大型数据中心部署入侵检测系统时,往往会同时部署 HIDS 和 NIDS。典型入侵检测系统的部署如图 6-21 所示。

(三)虚拟专用网

虚拟专用网(Virtual Private Network,简称 VPN)指的是依靠 ISP(Internet 服务提供商)和其他 NSP(网络服务提供商)在公用网络上建立专用的数据通信网络的技术。在虚拟专用网中,数据通过安全的加密管道在公共网络中传送。虽然是在公共网络的基础

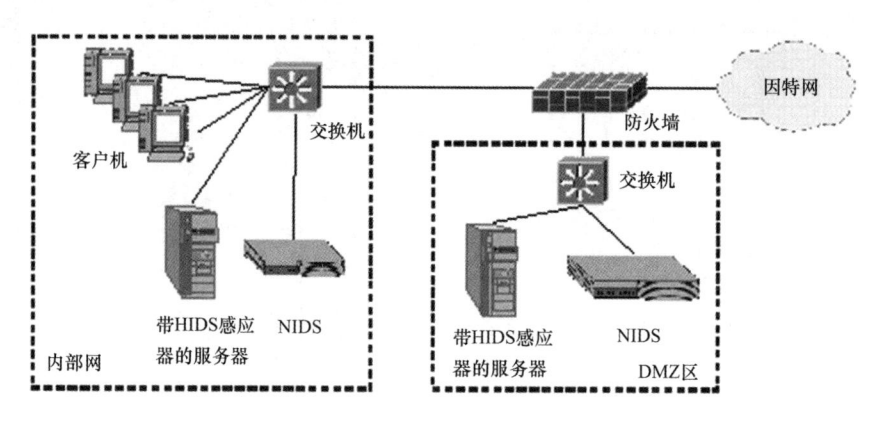

图 6-21 典型入侵检测系统的部署

上建立虚拟网络,但它能够提供与专用网络相同的安全和功能保障。虚拟专用网对用户来说是透明的。

目前,VPN 分类标准较多,其中根据应用的类型,可将 VPN 划分为以下三类:

1. 远程访问 VPN(Access VPN)

远程访问 VPN 又称为拨号 VPN,是指企业员工或企业的小型分支机构通过公网远程拨号的方式构筑的虚拟网。远程访问 VPN 的部署如图 6-22 所示。

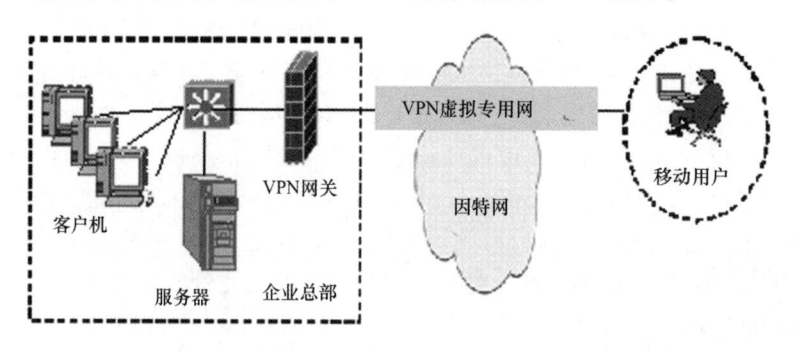

图 6-22 远程访问 VPN 的部署

2. 内联网 VPN(Intranet VPN)

企业分支机构的内部网与总部的内部网通过 VPN 进行网络连接。内联网 VPN 的部署如图 6-23 所示。

3. 外联网 VPN(Extranet VPN)

外联网是不同企业的内部网之间通过公网来构筑的虚拟网。外联网 VPN 的部署方式与内联网 VPN 的部署方式相同。

(四)防病毒系统

计算机网络的普及也为计算机病毒的传播提供了基础。计算机病毒具有传播速度快、传播面广、危害程度大的特点,已经成为信息系统安全的重大威胁。

从技术层面来讲,计算机病毒的防范技术包括计算机病毒预防技术、计算机病毒检测技术和计算机病毒清除技术三个方面。

在信息系统运行中,通常采用防病毒系统对信息系统进行保护。防病毒系统根据部

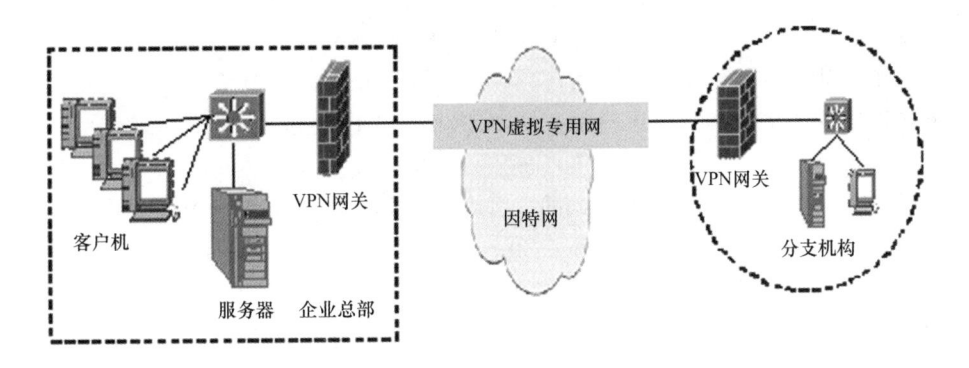

图 6-23　内联网 VPN 的部署

署方式,可分为单机版和网络版。在大型信息系统中,通常采用网络版防病毒系统,其部署如图 6-24 所示。

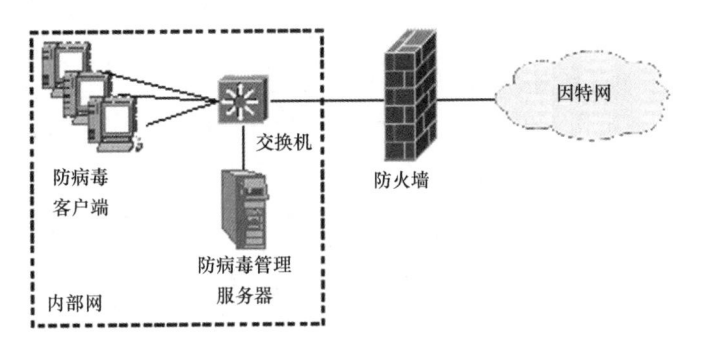

图 6-24　网络版防病毒系统的部署

(五)数据备份系统

数据备份是指按照既定的备份策略,定期备份并测试信息系统中的软件和数据。数据备份应提供完善的备份设备,以确保所备份的软件和数据能够在发生灾难或出现介质故障后进行恢复。

数据备份是容灾的基础,是指为防止系统出现操作失误或系统故障导致数据丢失,而将全部或部分数据集合从应用主机的硬盘或阵列复制到其他的存储介质的过程。传统的数据备份主要是采用内置或外置的磁带机进行冷备份。但是这种方式只能防止操作失误等人为故障,而且其恢复时间也很长。随着技术的不断发展和数据的海量增加,不少企业开始采用网络备份。网络备份一般通过专业的数据存储管理软件结合相应的硬件和存储设备来实现。

1.数据备份软件

数据备份软件是企业用户数据恢复的一个重要工具,用户可以针对自己的企业环境采取相应的备份策略,从而保证企业数据的安全性和完整性。

数据备份软件的功能如下:

- 高效的数据备份。支持全文档格式备份,采用高速流备份技术。
- 文件快速恢复。文件恢复方便,支持批量导出。
- 高效安全的数据传输。对数据通道加密,保障数据传输安全。

- 灵活的备份策略。自定义备份策略，丰富策略模板。
- 智能自动备份。无须人工干预，自动备份文件。
- 备份文件全文检索。快速检索备份文件，提高工作效率。

2. 数据备份技术

数据备份技术作为灾难恢复最基础的一项技术，有多种实现方式，一般有以下几种：

(1) 直接连接存储(Direct Attached Storage，简称 DAS)

在这种方式中，存储设备是通过电缆(通常是 SCSI 接口电缆)直接连接到服务器的。DAS 系统部署如图 6-25(a)所示。

(2) 网络连接存储(Network Attached Storage，简称 NAS)

NAS 是一种专业的网络文件存储及文件备份设备，它是基于局域网的，采用 TCP/IP 进行通信，以文件 I/O 方式进行数据传输。在局域网环境下，NAS 已经完全可以实现异构平台之间的数据级共享，例如 NT、UNIX 等平台的共享。NAS 系统部署如图 6-25(b)所示。

(3) 存储区域网(Storage Area Network，简称 SAN)

SAN 是独立于服务器网络系统的，几乎拥有无限存储能力的高速存储网络，这种网络采用高速的光纤通道作为传输媒体，以 FC+SCSI 的应用协议作为存储访问协议，将存储子系统网络化，实现了真正高速共享存储的目标。SAN 系统部署如图 6-25(c)所示。

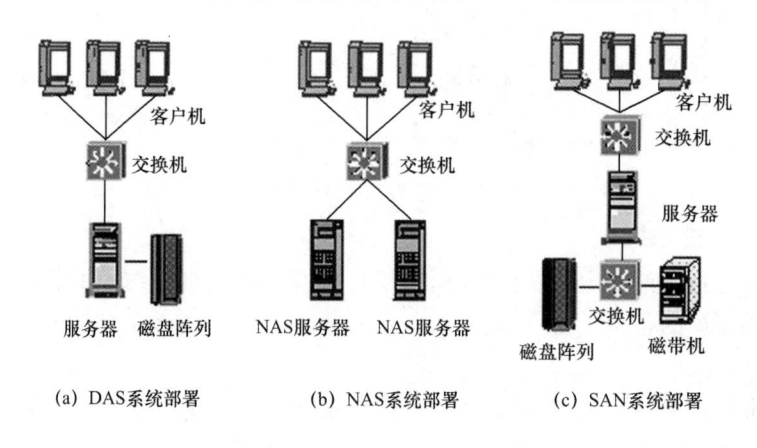

图 6-25 数据备份系统的部署

(a) DAS 系统部署   (b) NAS 系统部署   (c) SAN 系统部署

3. 数据备份策略

选择了存储备份软件和存储备份技术(包括存储备份硬件及存储备份介质)后，还需要确定数据备份的策略。备份策略是指确定需备份的内容、备份时间及备份方式。目前采用较多的备份策略主要有以下三种：

(1) 完全备份

每次备份都对数据进行完整的备份。优点是：当发生数据丢失的情况时，完全备份无须依赖其他信息，即可实现 100% 的数据恢复，其恢复时间最短且操作最方便。缺点是：由于每天都对整个系统进行完全备份，所以备份的数据大量重复。其次，由于需要备份的数据量较大，因此备份所需的时间也就较长。这种备份策略不适用于那些业务繁忙、备份时间有限的单位。

(2) 增量备份

对那些在上次完全备份或者增量备份后被修改了的文件实施备份。优点是:备份数据量小,需要的时间短。缺点是:恢复的时候需要依赖之前的备份记录,恢复时易出问题。

(3) 差异备份

对那些上次完全备份之后被修改过的文件实施备份。因此,从差异备份中恢复数据的时间较短,因为只需要两份数据——最后一次完全备份和最后一次差异备份。缺点是:每次备份需要的时间较长。

在实际应用中,备份策略通常是以上三种的结合。例如,每周一至周六进行一次增量备份或差异备份,每周日进行完全备份,每月月底进行一次完全备份,每年年底进行一次完全备份。

警钟长鸣

工业控制系统攻击

2019年3月,委内瑞拉电力系统遭到大规模网络攻击,国家电力干线也反复遭到电磁攻击。该国最重要的古里水电站遭到恶意破坏,这座水电站供应委内瑞拉80%的电力,导致全国23个州中的21个州停电,历时6天。挪威最大的工业制造公司Norsk Hydro的工控系统遭受攻击,造成多条生产线关闭。Norsk Hydro是全球最大铝制品生产商,此次攻击引发全球铝制品交易市场震荡。

点评:工业基础设施安全关系到国计民生,一直是工控领域关心和研究的重点。随着工业信息化的持续推进,工业设备网络连接、协调化生产日益呈现出加速发展的趋势。工业生产装备、各类传感设备、工业控制系统等极易成为黑客攻击的对象,造成基础制造行业瘫痪、生产停滞、运营中断等严重后果。

(资料来源:国家保密局官网,年度信息安全事件盘点,2020年01月20日)

请思考:信息系统安全事故对国家和国际社会稳定会造成哪些危害?

案例分析

逆向物流信息系统设计

随着经济的飞速发展,经济活动对自然资源和生态环境产生了越来越严重的破坏,给人们的生存造成了极大危害。在这种背景下,逆向物流的发展开始引起人们的极大关注。近年来,许多知名企业如通用汽车、IBM、强生等,通过实施一系列措施,开发信息管理系统,开始在逆向物流管理领域降低由退货造成的资源损失。

一、逆向物流信息系统的基本功能

逆向物流信息系统是以采集、存储、分析处理、传递和显示逆向物流信息为目标的信息系统,可以使使用者及时掌握逆向物流信息,对逆流物及时做出处理决策,以达到对资源的有效配置和充分利用。因此,逆向物流信息系统应具有以下功能:

1. 采集功能

信息采集是逆向物流信息系统的重要功能。逆向物流的发展将产生大量关于逆流物的信息,逆向物流信息系统要把这些信息记录下来,并转化成逆向物流信息系统可以接收的形式,以供下一步的处理。

2. 存储功能

逆向物流信息进入逆向物流信息系统后将保存在系统中,或永久保存,或做暂时之用,以供处理、检索、查询和共享。逆向物流信息系统应该有强大的数据库支持。

3. 分析处理功能

逆向物流信息系统可以根据存储在系统内的"逆流物处理清单"对系统内的信息进行分类整理,然后进行统计分析和分类加工,转换成具有参考价值的信息。

4. 传递功能

逆向物流信息系统可以将各种有价值的信息在系统间进行传递,将有关逆流物的情况,如类别、性质、状态、恢复可能、价值及与之有关的重要信息实现远距离共享和快速传递。

5. 显示功能

逆向物流信息系统建立的目的是方便人们对逆向物流信息的利用,其显示功能能够便于人们检索和查询,并以报表、文字和图形等直观形象的形式输出。

二、逆向物流信息系统的设计

1. 逆向物流信息系统总体结构设计

逆向物流信息系统采用集中式数据存储管理的浏览器/服务器(B/S)方式的应用模式,可以满足系统管理的实时性要求,而且在用户端工作站上不需要安装特制的软件,即可实现数据的安全传输,便于维护和升级管理。基于Internet的浏览器/服务器(B/S)方式正成为新型的企业管理信息系统的结构范式。

2. 逆向物流信息系统功能模块设计

逆向物流信息系统的功能模块可以分为总控系统模块和子系统模块。总控系统模块与总体结构设计中的系统总体结构图相对应,主要包括系统总控程序的处理方式,确定各子系统的接口以及各种检验、保护及后备手段的接口。子系统模块的设计主要是对子系统的总控程序和交互界面、各功能模块和子模块的处理过程,主要有数据的输入、处理和输出等。

(1)系统管理模块。方便用户访问,并对用户设置权限和对部分需要保密的信息进行加密,允许用户在权限之内对系统信息进行利用。

(2)逆流物管理模块。对需要"返回"的逆流物进行回收、分类、保存和盘点,并对逆流物信息进行动态更新,方便对其进行查询检索和做进一步的处理。

(3)处理动态信息模块。对逆流物的处理动态进行记录,以便于统计分析,并对尚未处理的逆流物做出处理决策,或直接再利用,或修理后利用,或再制造利用,或再生利用,并做记录,供以后利用。

(4)原因统计分析模块。对逆流物产生的原因和领域进行统计分析,并从中发现规律,及时采取有效措施,以便控制逆流物的产生,降低企业成本和有效利用资源。

(5)财务成本控制模块。对逆流物产生的会计成本进行统计分析,确定对逆流物的处理是否符合企业的利益需求,便于企业进行成本控制,取得较好的经济效益。

3.逆向物流信息系统安全设计

逆向物流信息系统要求具有较高的安全监控能力,不但要能应对外部的侵扰和攻击,还要能对内部用户进行权限设置,确保系统安全和保密的需要。系统一旦受到破坏和威胁,运行效率就会大打折扣,给企业带来损失,甚至破产,因此有必要对系统进行安全设计。

(1)硬件安全。信息系统的硬件部分都是由大量的电子元件和磁介质等物理设备组成的,对周围的环境有较高的要求。系统开发时,要考虑企业信息系统的运行环境,避开地震和雷击等危害容易波及的区域并安装防尘装置,制定有效的防火、防水、防磁、防静电、防电磁波措施,充分保证系统硬件安全。

(2)数据安全。主要措施是对数据进行加密。加密是一种主动的防卫手段,在网络应用中一般有两种形式,即秘密密钥加密和公开密钥加密,采取哪一种加密算法要结合系统的具体应用环境。同时要进行数据备份,以防受到破坏时丢失重要数据。

(3)网络安全。一般采用防火墙技术来保证网络安全。防火墙是设置在网络之间的安全隔离,用于保证本地网络资源的安全,通常有两种实现方式,即包过滤型防火墙和代理服务型防火墙。防火墙是被动防卫技术,它假设了网络的边界和服务,对内部的非法访问很难进行有效的控制。

(4)系统安全。系统安全包括管理员的账号和密码与对系统数据库的访问权限等问题,可通过物理验证的方法,如根据用户的指纹和声音等生理特征及个人识别符号、磁卡和数字签名等人为物理特征来识别和验证合法用户。

讨论分析:

1.本案例中,涉及了哪些方面的设计问题?
2.站在用户的角度,你对这个系统的设计是否满意?说说你的看法。
3.如果你是这个系统的用户,你认为还需要增加或删除哪些功能?为什么?

关键概念 >>>

物流信息系统,系统开发方法,系统规划,系统分析与设计,系统实施,系统维护,安全体系,防火墙,虚拟专用网,防病毒系统,入侵检测系统,数据备份系统

本章小结

本章首先介绍了生命周期法、原型法和面向对象法三种物流信息系统开发方法;然后介绍了三种信息系统规划方法,包括关键成功因素法、战略目标集转移法和企业系统规划法,讲解了物流信息系统分析和设计过程,简要介绍了物流信息系统实施的内容,介绍了物流信息系统维护的概念、对象与类型,以及系统维护的实施;最后阐述了物流信息系统安全管理的概念、信息系统安全体系,以及常用的信息安全控制措施。

实训项目

项目一　信息系统分析与设计实训

一、实训目的

1. 学会应用信息系统的分析步骤、方法和工具完成信息系统的需求分析、业务流程分析和数据流程分析。
2. 学会应用信息系统概要设计完成系统的总体结构设计。
3. 学会使用画图工具完成正确的业务流程图、数据流程图和系统的总体结构图。

二、实训组织

学生个人完成实训项目。

三、实训内容与成果要求

物流运输信息管理系统分析与设计

阅读和分析下面的4个实训内容,并完成要求的任务,以电子文档形式发给教师,必要时学生对所完成的作业进行讲解和讨论。

注:建议使用 Microsoft Visio 软件辅助设计画图。

1. 物流运输信息管理系统的业务功能需求分析

请根据下述系统的主要功能需求,参考本章的表6-1,整理出物流运输信息管理系统的业务功能需求汇总表。

借鉴目前应用的一些物流运输信息管理系统,总体上,在系统的业务功能实现方面主要包括基础信息管理、运输工具管理、运输计划管理、运力调度管理、在途运输与监控管理以及回单管理。

第一,基础信息管理。系统提供组织信息管理、城市信息维护、运输地信息维护、地址信息维护、产品类型维护、产品信息维护、系统信息维护等功能。组织信息管理是指定义企业组织结构信息以及使用系统的各企业信息(如服务商、客户、分供方等)。组织信息管理主要包括客户管理和承运方信息管理。城市信息维护是对系统中涉及的城市信息进行维护操作,具体包括城市查询、增加、修改等操作。运输地信息维护是指对运输节点(仓库、车站、码头)所在运输区域的维护,建立运输地信息是建立运输信息网络并进行结算的基础,包括运输地信息的查询、新建、失效和修改。地址信息维护主要是指对各个物流运输节点基础信息的维护和管理,具体包括查询、新建、删除和修改等业务功能,该功能提供对地址信息的管理。产品类型维护是在系统中对所要运输的产品进行分类,包括查询、增加、删除、修改等功能。产品信息维护是指管理所要运输的货物,包括查询、增加、删除、修改等功能。系统信息维护提供了对运输方式、配载方式等系统基础信息的维护。

第二,运输工具管理。运输工具管理包括工具信息管理、车辆报警管理、车辆租赁合同管理、事故处理管理等。运输工具包括集团自有车辆、协议挂靠车辆、承运商可调配车辆。对这些运输工具的信息进行管理,可以实现对运力的统一规划。工具信息管理主要包括工具类型管理、驾驶员信息管理等;车辆报警管理是指对需要维修、年审和缴纳各种费用的车辆进行提示;车辆租赁合同管理主要针对协议挂靠车辆的租赁,提供对车辆的评估结果,录入与车辆所有人签订的租赁合同,制作完成后提请审批,并对租赁合同提供查询、浏览等功能;事故处理管理是指当车辆发生事故时通过信息通道及时掌握事故情况并进行处理,如根据情况查询并调度附近车辆等。运输工具管理还包括承运方的其他信息管理,如承运方车辆登记、承运方驾驶员登记、承运方可用车辆上报、承运方业务份额设定、承运方处罚登记以及承运方质损理赔登记、承运方招投标管理、承运方承运历史查询、承运方评估等。根据影响运输服务的因素,综合考虑评价因素的重要程度以及评价因素被满足的程度,选择综合评价最好的作为最终承运方。

第三,运输计划管理。运输计划管理包括对周期运输计划的制订、审批和查询功能。

第四,运力调度管理。运力调度管理是依据运输计划和实际的运输能力资源,对各种运输工具(包括人力)任务的指派。

第五,在途运输与监控管理。在途运输与监控管理是指系统提供发车确认、在途跟踪。

第六,回单管理。回单管理包括对回单的签收和电子归档。回单的签收具有对回单进行签收确认和查询的功能。回单的电子归档提供对回单的电子扫描信息进行归档操作的功能。

2. 物流运输的基本流程分析

请阅读和分析下述物流运输的基本流程(这些流程之间有些是并行,有些是串行),画出物流运输的基本流程图。

基本流程分析如下:

第一,进行托运申请。托运企业向物流企业提出运输请求,并填写运单,运单的具体内容包括:装/卸货的地点;运输货物的数量、重量、货物规格和价值;收货人地址、姓名和联系方式、运送时间等信息。

第二,签订合同。运单受理后,就双方谈判价格、客户服务条款等达成协议后签订合同。

第三,运单管理。物流运输企业对运单进行录入、审核、信息汇总、查询、结算等操作。

第四,运输资源管理。物流运输企业对拥有的运输资源建档,如每辆车的基本信息、车辆维修记录、车辆载重量、车辆在场情况(出/入车场时间)、车辆新旧状况、车辆耗油情况以及司机的基本信息(主要包括驾驶执照的级别,司机的驾龄、年龄、身体健康状况,司机的工作量等)。

第五,线路信息管理。对运输线路的里程、公路状况、收费等信息进行管理,以便在安排线路时综合考虑最优运送路线。

第六,运输计划制订。为了充分利用运能,有时一辆车需要装运多家托运企业的货物,如何将不同种类的货物安全混装以及装运的先后、路线安排等都需要精心考虑。运输计划的制订需在综合运单汇总后得出货物情况、企业的运输资源、线路等信息,然后制定出最优的配载和运输方案。该方案既要满足客户的运达时间要求,又要充分利用运输工具的运能,在保证运达时间的前提下走最节省成本的线路。省钱不仅要考虑公路收费,还要考虑油耗、司机工资补助等因素。

第七,货物装车、运送、卸货交付。

第八,车辆跟踪。为了更加精细化地管理,有时需要在货物运输时对车辆进行定位跟踪。目前,定位跟踪在国内主要用于贵重物品和国家严管物资(如烟草)的运输管理。有时为了提高客户服务水平,满足客户查询货物在途情况的要求,普通的运输也对车辆进行定位跟踪,即通过货物运单与车辆绑定了解货物的在途情况。

第九,运单结算。当货物运送到目的地,收货人验收无误签字后,运单完成。运单完成后即可启动运单结算,并通知托运单位付款。

3. 物流(运单)业务处理流程分析

请阅读和分析下述的物流(运单)业务处理流程,参考本章的图6-9,画出物流(运单)业务处理流程图。

运输信息管理系统主要负责货物的追踪管理和车辆的运行管理。物流公司一般有运输管理部门,该部门负责处理运单,制订运输计划、车辆调度计划等。简化的物流(运单)业务处理流程如下:

首先,运输管理员从货主那里获得运单,运单中包含关于货主、货物和运输的详细信息;其次,运输管理员将运单信息提交给运输计划员,由他们制订运输计划;在制订好运输计划以后,再制订车辆调度计划,并把调度计划信息传递给车辆调度处,同时输出客户货物运输的详细信息;最后,货物运输的详细信息由运单管理员返回给货主。此时货主得到的是货物运输的车辆、货物装运、时间安排等方面的详细信息。

4. 物流运输信息系统的总体功能框架设计

请根据下述系统的主要功能需求,参考本章的图6-12,设计物流运输信息系统的总体功能框架图。

根据中山市星鸿物流公司物流运输信息系统设计的主要目标,开发设计的物流运输信息系统应该主要涵盖以下几方面的功能:运输车辆的信息管理,包括车牌号、车况、种类、车辆的承载能力等;物流运输的调度管理,包括公司能够调度的所有运输工具;物流运输作业管理,主要对物流货物进行分析,对车辆配载进行计算,对物流运输的最佳运输路线进行规划和选择;运输费用管理,主要包括对物流运输的成本进行控制计算,对单车进行核算等;物流运输的跟踪管理,主要是对物流运输过程中车辆和货物在途中的实时查询和状态查看进行管理。

项目二 信息系统调查与安全管理实训

一、实训目的

1. 促进学生对信息系统运行管理的理解。
2. 促进学生对信息系统安全管理的理解。
3. 提高学生的逻辑思维和系统化思维能力。

二、实训组织

第一项实训由小组联合完成,第二项实训由学生个人单独完成。

三、实训任务与成果要求

项目2.1 对本校计算机实训室的系统管理进行调研

调研本校计算机实训室,完成如下工作:

1. 对计算机实训室的IT资产情况进行调研,对IT资产进行分类,并以表格形式进行汇总。
2. 对计算机实训室的病毒防范策略和数据保护策略进行调研,并进行记录。

3. 对计算机实训室的日常运行管理进行调研,包括计算机实训室的管理组织、日常运行管理的内容以及运行管理的制度,并进行记录。

项目 2.2　在个人计算机上通过安全软件实施安全管理

在个人计算机上安装 360 安全软件,对个人计算机进行运行与安全管理。

1. 通过 360 安全软件对应用软件进行升级,记录应用软件升级的步骤。

2. 使用 360 安全软件的防病毒功能保护个人计算机,具体包括对防病毒系统的病毒库进行升级,通过防病毒系统对个人计算机进行扫描,对上述活动进行记录。

思考与练习

一、判断题

1. 原型法的优点是符合人们认识事物的规律,系统开发循序渐进,反复修改,确保较好的用户满意度。（　　）

2. 关键成功因素法是信息系统开发规划方法之一,可使用鱼刺因果图识别出所有的关键成功因素。（　　）

3. 程序设计是信息系统设计阶段的工作内容。（　　）

4. 系统实施的依据是系统设计说明书。（　　）

5. 系统评价主要从技术与经济两方面进行。（　　）

6. 从信息的价值角度,信息安全属性一般包括保密性、完整性、可用性。（　　）

7. 信息系统运行管理的内容包括信息系统日常运行的管理和信息系统运行监控。（　　）

8. 数据备份是指按照既定的备份策略,定期备份并测试信息系统中的软件和数据。（　　）

9. 系统测试是信息系统实施的主要内容之一。（　　）

10. 纠错性维护是信息系统维护的一种。（　　）

二、单选题

1. 常用的信息系统开发方法主要有生命周期法、面向对象法和（　　）。
   A. 原型法　　　　　　　　　　B. 关键成功因素法
   C. 需求分析法　　　　　　　　D. 战略目标集转移法

2. 开发信息系统的过程一般分为五个阶段,即（　　）,系统分析与设计,（　　）,系统运行、维护和系统评价。
   A. 系统实施,系统规划　　　　B. 系统规划,系统实施
   C. 系统规划,系统管理　　　　D. 系统规划,系统使用

3. 战略目标集转移法的基本思想是（　　）。
   A. 通过分析找出企业成功的关键因素,确定系统的需求,并进行规划
   B. 把企业目标转化为信息系统战略的全过程
   C. 识别组织的战略目标,并将组织的战略目标转化成信息系统的战略目标
   D. 分析影响战略目标的各种因素和影响这些因素的子因素

4.物流信息系统分析的结果是形成( )。
A.系统分析说明书　　　　　　　　B.业务流程图
C.需求分析说明　　　　　　　　　D.数据流程图

5.信息系统的详细设计包括数据库设计、( )、输入输出设计和处理过程设计。
A.业务流程设计　　　　　　　　　B.数据流程设计
C.代码设计　　　　　　　　　　　D.组织结构设计

6.数据的收集工作不包括( )。
A.数据收集　　B.数据传输　　C.数据校验　　D.数据录入

7.( )是为诊断和改正系统中潜藏的错误而进行的活动。
A.纠错性维护　　B.适应性维护　　C.完善性维护　　D.预防性维护

8.( )是对上次完全备份之后被修改过的文件实施备份。
A.完全备份　　B.网络备份　　C.增量备份　　D.差异备份

9.防火墙主要由服务访问规则、验证工具、包过滤和( )四个部分组成。
A.应用网关　　B.TCP/IP协议　　C.以太网端口　　D.协议检测

10.虚拟专用网有远程访问VPN、内联网VPN和( )三种类型。
A.外联网VPN　　B.局域网　　C.以太网　　D.互联网

三、多选题

1.物流信息系统的功能有( )。
A.信息输入　　B.信息输出　　C.信息存储　　D.信息处理

2.用于物流信息系统规划的方法很多,主要有关键成功因素法和( )。
A.原型法　　　　　　　　　　　　B.战略目标集转移法
C.鱼刺图　　　　　　　　　　　　D.企业系统规划法

3.信息系统设计分两步完成,分别是( )。
A.功能设计　　B.详细设计　　C.概要设计　　D.流程设计

4.系统实施的内容由( )、系统安装和新旧系统转换等主要活动构成。
A.程序设计　　B.系统测试　　C.数据库设计　　D.流程设计

5.系统维护按照维护对象不同,维护的内容可分为( )。
A.设施维护　　　　　　　　　　　B.系统应用程序维护
C.数据维护　　　　　　　　　　　D.代码维护

6.系统维护的类型包括( )。
A.纠错性维护　　B.适应性维护　　C.完善性维护　　D.预防性维护

7.数据备份常用的技术实现方式包括( )。
A.直接连接存储　　　　　　　　　B.大型机
C.存储区域网　　　　　　　　　　D.网络连接存储

8.信息安全属性一般包括( )。
A.保密性　　B.完整性　　C.可用性　　D.可维护性

9.保障和运行安全体系是与OSI安全体系不同的技术保障体系,该体系由( )构成。
A.物理安全技术　　B.防范安全技术　　C.软件安全技术　　D.系统安全技术

10.信息系统常用的安全控制措施有入侵检测系统和(　　)。
A.防火墙　　　　　B.虚拟专用网　　　C.防病毒系统　　　D.数据备份系统

四、问答题

1.简述物流信息系统的功能。

2.简述物流信息系统三种开发方法的过程。

3.简述物流信息系统分析的基本过程。

4.简述物流信息系统设计的步骤和内容。

5.物流信息系统维护有哪些类型?

6.什么是物流信息系统安全?

7.简述物流信息系统安全控制措施有哪些。

第七章 不同行业物流信息系统分析

知识目标

• 了解生产制造企业、商品流通企业、物流企业、物流园区信息平台和公共物流信息平台的功能和特点；

• 掌握生产制造企业、商品流通企业、物流企业、物流园区信息平台和公共物流信息平台的类型和系统体系。

技能目标

• 能够进行企业物流信息系统的分析；

• 能够进行企业物流信息系统的设计。

素质目标

• 树立流程优化、高效管理的创新意识；

• 培养强烈的市场意识和敏锐的洞察力。

任务导入

京东物流——面向制造业的柔性线边物流机器人及管控平台

京东物流基于云端柔性线边物流管控平台,将电商物流的工艺流程和管理经验移植到制造业中,运用大数据、人工智能及物流机器人等,在3C、汽车等制造行业实现两业深度融合创新发展。

一、做法和经验

(1)结合制造工艺定制研发多款物流机器人。重点针对3C、汽车、消费品等制造行业生产物料多、组合复杂、规格多样、出库流量低但线路多变等难点、痛点,突破多种智能装备混合作业和物流灵活组单技术,研发线边高密度立体仓储系统,基于视觉激光混合导航的水平移动机器人等,实现柔性制造、敏捷制造。

(2)自主开发云端柔性线边物流管控平台。通过物联网、互联网、云计算、人工智能等技术构建云—边协同机制,将机器人集成控制、智能调度、算法等集成到云端平台,实现智能物流机器人复杂业务的智能化、数字化、自动化管控。通过智能设备网关实现感知网络与通信网络,以及不同类型感知网络之间的协议转换,统一不同设备、不同设备厂商、不同系统技术上的接口对接标准;通过智能边缘计算对智能物流设备数据聚合、优化、筛选,进行本地化预分析,在边缘处对数据进行处理,保证实时交互场景下的响应要求,同时将高价值数据上传云端进行复杂业务处理,降低数据量的传输,提高服务器与边缘侧的通信效率。通过数据采集、数据处理、数据存储,经过自感知、自适应、自驱动的智能数据管控,提供在线实时运营分析及资源配置建议等。

(3)引入仿真技术和大数据算法实现管理精益化。仿真技术和大数据算法对于智能制造具有至关重要的作用,京东物流在原有成熟的电商物流数据与仿真团队基础上,组建专门面向智能制造行业的数据与仿真团队,实践检验可大幅缩短系统整体性能爬坡周期,助力精益化制造目标实现。

二、融合效果

京东物流自主研发的综合导航、智能机器人、调度控制算法等技术,特别是物流中心储位动态精准调配、任务优化调配和货物优化路径储运技术等在京东物流运营体系不断检验优化,并应用到制造企业赋能案例中,助力企业降本增效。如在服务某知名家电企业过程中,京东物流通过流程重塑、存储布局规划、系统管理、标准化运营、自动化设备应用等综合解决方案,帮助该家电制造企业整体成本降低10%,库存利用率提升13%,作业效率提升20%,同步实现全程可视化运营。

(资料来源:潇湘晨报官方百家号,2021-12-05)

不同企业如何用信息平台促进经营管理?不同行业的物流信息系统有什么特征?本章将介绍几种典型行业的物流信息系统的特点和功能。

第一节 制造企业物流信息系统分析

一、制造企业物流概述

(一)制造企业物流的概念

企业系统活动的基本结构是投入—转换—产出,对于生产类型的企业来讲,是原料、燃料、人力、资本等的投入,经过制造或加工转换为产品或服务。物流活动便是伴随着企业的投入—转换—产出而发生的。在制造企业中,物流管理贯穿于整个企业的生产活动。一方面,它是制造企业赖以生存和发展的重要条件。企业的正常运转要按生产计划和生产节拍提供各种原材料、能源甚至信息等,同时要将产品不断送出企业,推向市场。另一方面,物流是制造企业本身所必须从事的重要活动。企业生产过程的连续性和衔接性,必须依靠生产过程中不断的物流活动,有时生产过程本身便和物流活动结合在一起。如果把制造企业物流看作一个微观物流系统,这个系统还可以进一步划分为若干物流子系统:供应物流子系统,生产物流子系统,销售物流子系统及回收、废弃物物流子系统。其中,企业供应物流是指企业为保证自身生产的节奏,不断组织原材料、零部件、燃料、辅助材料供应的物流活动;企业生产物流是指企业在生产工艺中的物流活动;企业销售物流是指企业为保证本身的经营效益,不断伴随销售活动,将产品所有权转移给用户的物流活动;企业回收、废弃物物流是指企业对生产、供应、销售的活动中产生的边角余料、废料和排放的无用物进行运输、装卸、处理等的物流活动。

(二)制造企业物流活动的类型

1. 供应物流突出的类型

在这种物流系统中,供应物流突出而其他物流较为简单,在组织各种类型工业企业物流时,供应物流的组织和操作难度较大。例如,采取外协方式生产的机械、汽车制造等工业企业便属于这种物流系统。一个设备的几个甚至几万个零部件,有时来自全国各地甚至国外,这一供应物流范围广、难度大、成本高,但生产成一个大件产品(如汽车)以后,其销售物流就很简单了。

2. 生产物流突出的类型

这种物流系统的生产物流突出,而供应、销售物流较为简单。典型的例子是生产冶金产品的工业企业,供应的是大宗矿石,销售的是大宗冶金产品,而从原料转化为产品的生产过程及伴随的物流过程很复杂。有些化工企业(如化肥企业)也具有这样的特点。

3. 销售物流突出的类型

例如,很多小商品、小五金等,大宗原材料进货,加工也不复杂,但销售却要遍及全国或很大的范围,属于销售物流突出的工业企业物流类型。此外,水泥、玻璃、化工危险品等,虽然生产物流也较为复杂,但其销售时物流难度更大,问题更严重,有时会出现大事故或花费大代价,因而也包含在销售物流突出的类型中。

4. 废弃物物流突出的类型

有一些工业企业几乎没有废弃物的问题,但也有废弃物物流十分突出的企业。例如,制糖、洗煤、造纸、印染等工业企业,废弃物物流组织得如何几乎决定着企业能否生存。

(三)影响制造企业物流系统的主要因素

不同制造企业的物流管理系统的构成是不同的,其主要取决于以下几方面的因素:

1. 生产类型

生产类型是影响生产物流的主要因素。不同的生产类型,生产的产品品种、数量、质量等级、性能精度,产品结构的复杂程度和工艺加工的技术要求都不尽相同,因而对原材料及配件的种类、质量、数量及其在企业内的流动过程的要求也各不相同,这就会影响到生产物流的构成。

2. 生产规模

生产规模越大,则生产过程的结构越复杂,物料需求量越大;生产规模越小,一般其生产过程的结构也较简单,物料需求量也较小。

3. 企业的专业化协作水平

企业的专业化协作水平低,企业内自身生产产品的零部件种类就多,所需的原材料的品种也随之增加,物流流程更复杂且会延长;若企业的专业化协作水平高,生产中需要的一些半成品就可以由厂外工厂供给,企业的物流流程就会缩短。

4. 技术管理水平

企业的技术水平先进,组织管理能力强,就可采用先进的生产设备和工艺,保证各生产阶段、各工序的活动有序开展,可以提高产品质量,降低物资消耗,其生产物流管理也更易于实现。

(四)制造企业物流的特点

制造企业物流现代化的基础首先是采用快速、高效、自动化的物流设备;其次是构建与现代化生产制造企业相适应的物流系统。其中,制造企业物流系统一般都具有结构复杂、物流节奏快、物流路线复杂、信息量大、实时性要求高等特点,所以现代化的制造企业物流系统往往采用计算机进行动态的现代化管理。制造企业物流有以下几个重要特点:

1. 制造企业物流是生产工艺的一个组成部分

物流过程和生产工艺过程几乎是密不可分的,它们之间的关系有许多种,有的是在物流过程中实现生产工艺所要求的加工和制造,有的是在加工制造过程中同时完成物流,有的是通过物流对不同的加工制造环节进行连接。它们之间有非常强的一体化的特点,几乎不可能出现"商物分离"那样的物流活动完全独立运行的状况。

2. 制造企业物流有非常强的"成本中心"的作用

在生产中,物流对资源的占用和消耗是生产成本的一个重要组成部分。由于在生产中,物流活动频繁,对成本的影响很大,因此,工厂物流的观念应当主要是一个成本概念。

3. 制造企业物流是专业化很强的"定制"物流

制造企业物流必须完全适应生产专业化的要求,面对特定的物流需求,而不是面对社会上的、普遍的物流需求。因此,工厂生产物流具有专门的适应性而不是普遍适应性,可以通过"定制"取得很高的效率。

4.制造企业物流是小规模的精益物流

由于面对特定的对象,因此,制造企业的物流规模取决于制造企业的规模,这和社会上千百家企业所形成的物流规模的集约比较起来,相差甚远。由于其规模有限并且在一定时间内规模固定不变,这就可以实现准确、精密的策划,可以运用资源管理系统等有效手段,使生产过程中的物流"无缝衔接",实现物流的精益化。

二、制造企业物流信息系统的子系统

(一)制造企业系统流程

集生产、销售于一体的大型制造企业一般拥有一套从原料进厂到工厂下线再到送达客户,贯穿采购、生产、销售过程的一体化物流服务平台,系统的作业流程由经销商、客户的订单处理开始,包括客户订单的管理、订单执行(原材料采购、产品生产)、针对客户订单的运输管理和销售管理,以及由此产生的财务数据。制造企业系统流程如图7-1所示。

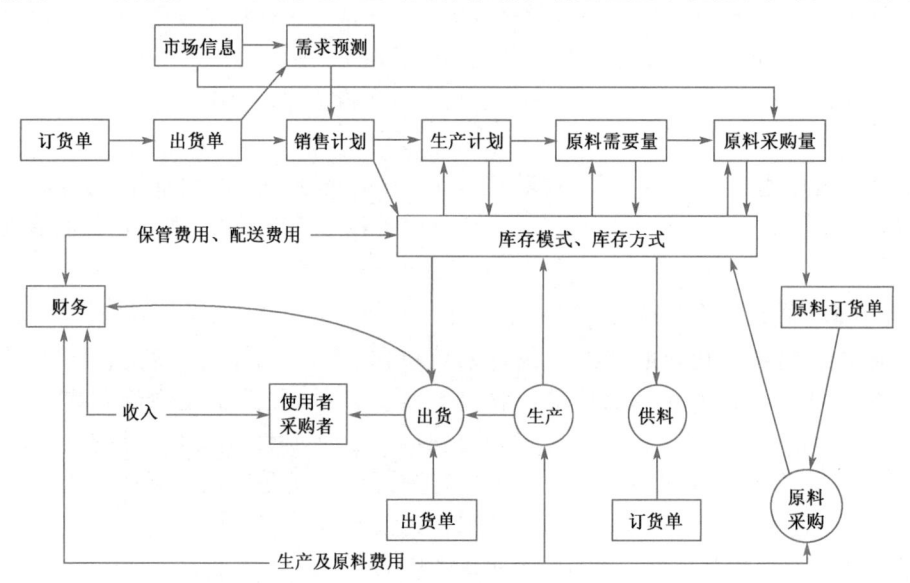

图 7-1 制造企业系统流程

(二)制造企业物流管理业务

一般来讲,制造企业的物流信息主要来自以下几个部门:采购部门、销售部门、制造部门、库存部门和财务部门。

现代生产物流管理业务分三个层次,即管理层、控制层和执行层。制造企业物流管理系统基本组成如图7-2所示。

(1)管理层是一个计算机物流管理软件系统,是物流系统的中枢。它主要完成接收上级系统的指令并将此计划下发、调度运输作业、管理主体仓库库存、统计分析系统的运行情况、处理物流系统信息等任务。

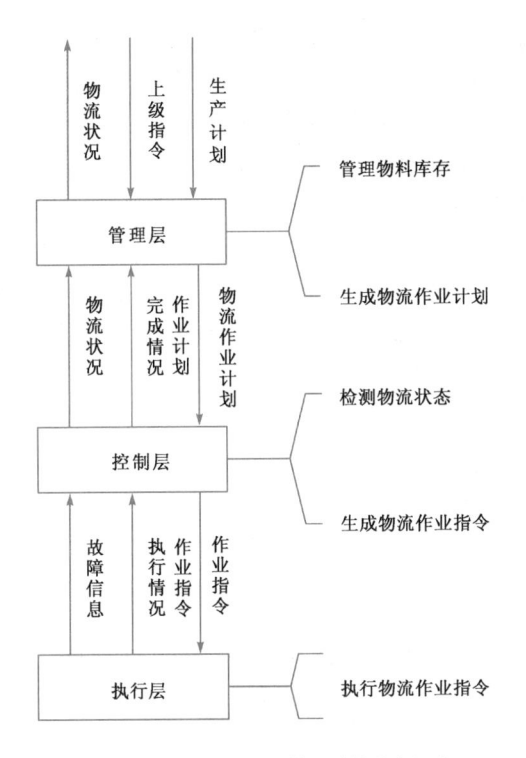

图 7-2 制造企业物流管理系统基本组成

(2)控制层是物流系统的重要组成部分,它接收来自管理层的指令,控制物流机械完成指令所规定的任务,并实时监控物流系统的状态。

(3)执行层由自动化的物流机械组成,包括自动存储/提取系统,即 AS/RS(Automated Storage & Retrieval Systems)、输送车辆和各种缓冲站。物流设备的控制器接收控制层的指令,控制设备执行等各种操作。

由于分工不同,各层次的要求也不同:对管理层要求有较高的职能,对控制层要求有较强的实时性,对执行层则要求有较强的可靠性。

(三)制造企业物流信息的内容

根据企业性质的不同,物流信息的具体内容也不尽相同。物流信息的内容总是与企业物流的各个子系统对信息的需求相一致。一般的制造企业物流系统子系统有:原材料或零部件供应物流子系统、生产产品物流子系统、库存和运输物流子系统以及销售产品物流子系统。

1. 原材料或零部件供应物流子系统

常见的物流信息包括:原材料或零部件(名称、相关物理属性、数量、计量单位、价格、质量要求、存储要求等)、供应商的信息(名称、地址、邮政编码、电子信箱、电话、传真、规模、信誉度等)、供应商交货的信息(交货时间、交货数量、提货方式、支付方式、纠纷处理等)、供应商接收的信息(提货人工号、质量检验、合格情况等)。

2. 生产产品物流子系统

常见的物流信息包括:零部件的信息(名称、相关物理属性、数量、计量单位、价格、质量要求、存储要求等)、产品的信息(名称、相关物理属性、数量、计量单位、价格、质量要求、存储要求、包装要求等)、生产的信息(生产工人工号、车间号、机器号、运行时间、机器状态、机器维修记录、机器折旧等)、检验的信息(检验员工号、质量要求、合格情况、合格率等)、废料或回收物的信息(名称、相关物理属性、处理要求、处理结果、处理费用、法规标准等)。

3. 库存和运输物流子系统

常见的物流信息包括：库存物品的信息(名称、相关物理属性、数量、入库时间、出库时间、存储要求、存储单位、状态等)、库存水平的信息(库存容量、库存编号、库位状态、库存成本、安全库存、自然损耗等)、运输物品的信息(名称、相关物理属性、数量、目的地、搬运要求等)和运输时间的信息(发货时间、发货地点、到货时间、到货地点、运输工具、运输成本等)。

4. 销售产品物流子系统

常见的物流信息包括：客户的信息(名称、地址、邮政编码、电子信箱、电话、传真、规模、信誉度等)、货物的信息(名称、相关物理属性、数量、计量单位、价格等)和订货的信息(订货方、所订货物编号、数量、交货时间、交货方式、支付方式、纠纷处理等)。

三、制造企业物流信息管理系统的体系结构及功能

(一)制造企业物流信息管理系统的体系结构

物流信息管理系统是把各种功能的物流活动联系在一起的纽带,处于物流系统中不同管理层次上的物流部门或人员,需要不同类型的物流信息。图 7-3 说明了现代物流信息管理系统在各个层次上的信息功能。

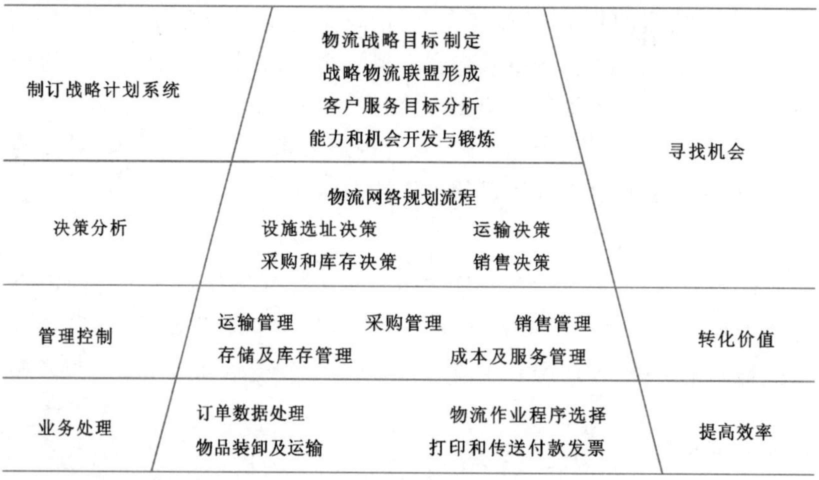

制订战略计划系统	物流战略目标制定 战略物流联盟形成 客户服务目标分析 能力和机会开发与锻炼	寻找机会
决策分析	物流网络规划流程 设施选址决策　　运输决策 采购和库存决策　销售决策	
管理控制	运输管理　采购管理　销售管理 存储及库存管理　成本及服务管理	转化价值
业务处理	订单数据处理　　物流作业程序选择 物品装卸及运输　打印和传送付款发票	提高效率

图 7-3　制造企业物流信息管理系统的体系结构

(二)制造企业物流信息管理系统的功能

对于制造企业而言,物流信息管理系统把从采购到生产直至销售等各个物流环节都联系起来,看成一个物流大系统进行整体设计和管理,以最佳的结构和最好的配合,充分发挥其系统功能和效率,实现了整体物流合理化。制造企业物流信息管理系统一般应实

现下列功能：

1. 商品计划管理

商品计划管理包括采购计划和销售计划的管理，是对材料和产品的实物流动做出预先的规划、制定一定的目标。

2. 仓储管理

仓储管理包括成品或在制品入库、物料在库移动、物料在库保管、核查、出库等管理环节。在仓储管理中，可以根据物料出、入库单，统计物料的使用率与在库量，实现对物料供应商的评定，并传输给物料采购部门。

3. 采购管理

采购管理包括订货、付款条件、交货时间、地点等的管理。

4. 生产与物料管理

这项管理能详细记录物料在生产过程中各道工序上的使用状况，及时掌握物料的耗费，及时补充物料，并保证生产的顺利进行。生产与物料管理和企业的仓储、配送、回收等有着直接的数据处理关系。

5. 物流作业管理

物流作业管理包括出库单证的生成、配送部门记录、配送路线制定、车间货到签收等环节。

6. 回收管理

在制造企业的生产过程中，由于生产加工工期的缩短和多品种小批量的生产，必然会造成生产线上物料产生余料和在制品的积压。回收管理可以减少生产线上不必要的浪费，节约生产成本，统计企业的生产进度。

7. 信息管理

信息管理包括进行与上述活动有关的计划和预测、收集动态信息及有关的费用信息、生产信息、商流信息等。

8. 财务管理

财务管理涉及成本核算、运费计算、未收钱款管理、银行结算等部分。

在设计物流信息管理系统时，不必将系统中的模块和功能严格地一一对应，同样，每个部分中都应包含情报功能。当然竞争性的物流信息管理系统是建立在交易系统的基础上的，所以，还应包括管理控制、决策分析以及制订战略计划等模块。随着模块的开发和提炼，以后的物流信息管理系统会把信息的可靠性、精确性、及时性、异常性、灵活性以及适当的形式化等特点都结合在一起。

前瞻思维

创新供应链思维 提升市场竞争力

供应链作为一种新战略、新动能、新模式，成为新时代的软实力，可以极大地改变一个国家的经济发展方式、产业发展方式、城市发展方式、企业发展方式，政府、行业、企业、个体都应该鼓励建立供应链思维。供应链思维主要体现在整合、共享、协同、创新。国家通过供应链战略提升竞争力;政府通过供应链体系建设加强管理手段和治理能力;城市通过供应链创新更高效、节能、集约地提升综合竞争力;企业通过供应链创新快速响应市场,减少各环节的交易成本,持续增加供应链整体的长期竞争力和营利能力。

请思考:如何应用供应链思维和方法,借助先进的信息技术与智能装备,实现从供应商、生产商、分销商直到最终客户的全流程价值链增值?

第二节 流通企业物流信息系统分析

一、流通企业物流概述

(一)流通企业物流的概念

流通企业的物流可分为采购物流、流通企业内部物流和销售物流三种形式。采购物流是流通企业组织货源,将物资从生产厂家集中到流通部门的物流;流通企业内部物流包括流通企业内部的储存、保管、装卸、运送、加工等各项物流活动;销售物流是流通企业将物资转移到消费者手中的物流活动。

(二)流通企业物流的类型

根据我国流通企业的类型,流通企业的物流可分为以下几种:

(1)批发企业的物流。批发企业的物流是指以批发据点为核心,由批发经营活动所派生的物流活动。这一物流活动对于批发的投入是组织大量物流活动的运行,产出是组织总量相同的物流对象的运出。在批发点中的转换是包装形态及包装批量的转换。

(2)零售企业的物流。零售企业的物流是以零售商店据点为核心,以实现零售为主体的物流活动。零售企业的类型有一般多品种零售企业、连锁型零售企业、直销企业等。

(3)仓储企业的物流。仓储企业是以储存业务为主要盈利手段的企业。仓储企业的物流是以接运、入库、保管保养、发运或运输为流动过程的物流活动,其中储存保管是其主要物流功能。

(4)配送中心的物流。配送中心的物流是集储存、流通加工、分货、拣选、运输等于一体的综合性物流过程。

(5)"第三方物流"企业的物流。"第三方物流"通常也称为契约物流或物流联盟,是指从生产到销售的整个物流过程中由"第三方"进行服务,"第三方"本身不拥有商品,而是通过签订合作协定或结成合作联盟,在特定的时间段内按照特定的价格向客户提供个性化的物流代理服务。它以现代信息技术为基础,实现了信息和实物快速、准确协调传递,提高了仓库管理、装卸运输、采购订货以及配送发运的自动化水平。具体的物流内容包括商品运输、储存、配送以及附加的增值服务等。

二、流通企业物流系统的类型

流通企业物流就是通过批发、零售和储存环节,把各生产企业的产品在一定物流据点集中起来,然后再经过储存、分拣、流通加工、配送等业务,将商品以适当的数量、在适当的时间内送到零售商或消费者手中的整个过程。流通企业物流系统根据商品实体的运行渠道,可以分为商业批发企业物流和零售企业物流两个阶段。

(一)商业批发企业物流

商业批发企业是为进一步转销或加工大批商品而从事商务活动的业务经营机构。商业批发企业位于商品运动的始端和中间部位,其社会功能在于把分散在各地的生产企业的产品输入流通过程中,并完成商品在流通过程中移动的任务。因此,商业批发企业是连接生产过程和流通过程的纽带。商品在流通过程中的运动,有可能经过多次批发环节,被送到更远的地点,如我国的一级站、二级站和三级站批发企业。商业部门的储运设施90%在批发公司,但随着流通体制改革的深入,商品流通渠道发生了很大变化,各批发企业大都出现了萎缩。根据各批发企业的不同情况,可采取商流物流分离或合一的办法重振批发企业。所谓商流物流合一,就是利用批发企业的储运设施、场地,通过建立物流中心或配送中心来扩大服务范围,提高服务水平以吸引货源;而商流物流分离则是把批发企业中的物流活动——运输、保管、储存、加工、编配、物流情报等职能,逐步发展为由不同类型的物流中心和储运企业来承担。后者更适合小型或实力较差的批发企业。

(二)零售企业物流

零售企业是以将商品直接供应给消费者用作生活消费,或供应给社会集团作为非生产性消费为基本任务的商业企业。零售企业的业务过程就是商品从流通领域最终进入消费领域的过程。因而零售企业处于商品流通的最后阶段,是流通过程与消费领域的结合点,当商品经过零售送达消费者手中时,商品运动也就终止了。在商流与物流合一的条件下,我国的百货商店、专营店的物流活动——收货、检验、暂时保管、分类、发货等职能,均由零售企业承担。零售企业的物流设施分散并且条件简陋,使有限的物流设施得不到充分的利用,无法形成集合力,加之批发网点的不尽合理和零售网点分布的分散性,势必造成城市内交通拥挤,加剧了城市交通的紧张程度,直接影响到为消费者提供方便的服务和商品所有权的顺利转手。而在商流与物流分离的情况下,百货商店、专营店的物流形态,有从工厂、批发企业等购进商品的采购物流,有将一些商品转运到分销店和门市部的供应物流,还有把商品发送到消费者手中的销售物流。为了提高百货商店和专营店的物流效率,扩大商品的市场占有率,并减缓城市交通的紧张程度,可在中心城市或交通枢纽地建立物流中心或配送中心,零售店的进货、送货均由物流中心或配送中心来完成,这样使零售业进一步专业化、细分化,销售部门能集中精力研究消费者的需求,做好市场预测与决策,提高销售服务水平。配送中心则采取共同进货、共同送货的方法以减少不必要的流转环节,降低物流费用,进而达到提高物流管理水平,顺利完成商品使用价值运动过程的目的。

三、流通企业物流信息系统的子系统

(一)采购子系统

采购子系统负责物流系统的输入。采购信息是多方面的,主要有:货源信息,包括货源的分布、结构、供应能力;流通渠道的变化和竞争信息;价格信息;运输信息;管理信息;等等。

零售店分布面广,所处地域不同,面对的消费者不同,因此要货的品种、数量、时间也不可能完全相同。一个零售店每次要货的品种可能比较多,但每个品种的要货量不会太大,所以不能充分享受价格折扣。在这种情况下,由物流企业集中各零售店的订货,进行统一采购,采购批量大,就可以享受到价格优惠。

(二)储存子系统

从商业物流企业来讲,储存子系统一方面起集散商品作用,把商品从产地集中起来,形成规模,统一储存。然后根据需要,把商品分别送到零售店去。通过一集一散,衔接供应和销售,降低物流成本。另一方面起检验作用。在物流过程中,为了保障商品的数量和质量,分清事故责任,维护企业利益,必须对采购的商品在各方面进行严格的检验和核对,保证商品在品种、规格、品牌、质量、数量、包装等方面符合要求。商品检验在入库前进行。

零售店的主要任务是现场销售。在场地安排上,营业场所面积一般要占70%以上,而用于商品储存的场地一般不大。零售商店储存的商品在数量上只要能保证在一个较短的时期内不缺货即可。这是和它们的销售功能相适应的。同时,为了加快零售店资金的周转,也不宜储存较多的商品。

(三)流通加工子系统

流通企业所获得的利润,一般只能从生产企业的利润中转移过来。进行流通加工,流通企业不仅能获得从生产领域转移过来的一部分价值,而且能够创造新的价值,从而获得更大的利润。商业物流企业有能力从事流通加工活动。进行流通加工能为商业企业带来利益:一是由于商业物流企业开展流通加工,可以购进加工程度低的便宜商品,降低进货成本;二是由商业物流企业对商品进行加工,可以使商品更适合销售。

商业物流企业进行的流通加工作业有:

(1)分装加工。许多商品零售起点小,而生产企业为了保证高效运输,出厂包装大。为便于销售,商品购进后,要按所要求的零售起点进行重新包装:大包装改小包装,散包装改小包装,运输包装改销售包装。

(2)分选加工。如果购进的农副产品质量规格参差不齐,把这样的商品卖出去一是不受顾客欢迎,二是销售价格低。如果按质量、规格,用人工或机械方式进行分选,并分别包装,质优价高,质次价低,以适应不同顾客的需要,就可以提高商品的附加价值。

(四)配送子系统

配送子系统是商业物流系统或零售物流系统对环境的输出,是商业物流系统服务水平优劣的显示器。配送工作做得好,说明商业物流各子系统运行状态良好,子系统之间协调得好。配送工作做得不好,说明各子系统内部存在问题。如果各零售店的订货没有及时送到,那么商品既可能停滞在配送阶段,也可能停滞在加工阶段,是因为加工中心加工不及时或没有及时向配送组送货;还可能停滞在仓库,保管人员没有及时将商品调出;也可能由于采购不及时,造成库存不足;最后还可能由于信息不畅,造成物流各环节工作滞后。

(五)信息处理子系统

信息处理子系统所具备的功能有：

(1)即时或定时掌握物流状态。通过计算机网络或其他信息传递方式，即时或定时掌握物流系统内各子系统及分店的库存量、库存能力、配送能力等。

(2)接受订货。接受各零售店的订货要求，进行综合处理后，制订供货计划。

(3)指示订货。接受订货后，根据零售店的分布状况确定发货网点，通过计算机网络或其他方式向发货网点下达发货指令。

(4)制订配送计划。发货网点根据发货指令，选定配送路线和配送车辆，制订最优配送计划并发出配送命令。

(5)日常管理。计算订货、发货余额和库存水平等，以进行库存管理和订货、发货管理。

(6)补充订货。根据营销部门的采购计划和零售店的前期订货情况，发出补充库存的指令。

(7)与零售系统外衔接。掌握系统供应商的情况，向供应商发出通知，对系统外发出运输、储存要求并与系统外进行信息交换。

四、流通企业物流信息管理系统的功能

(一)批发企业物流信息管理系统

长期以来，重商流轻物流的运作模式导致众多批发企业，特别是中、小型批发企业的生存出现危机。进入多频次、小批量配送时代，物流已不再是商流的从属，从某种角度来说，批发企业已经到了以物流促进商流发展的阶段，这就要求批发企业必须在物流理念上进行更新，尤其要加强物流信息管理系统的建设，以便在综合物流及供应链管理上发挥更大的作用。

信息化建设是批发企业适应现代化生产与销售，为零售企业提供高效物流配送服务的基础，是批发企业向生产领域提供销售信息反馈的最佳途径。EOS(电子订货系统)的应用是批发企业实现物流合理化的必要条件。EOS不仅用于订发货信息的处理，还可以与仓库管理系统联动，提高库内作业水平。同时，批发企业还应进一步加强仓库管理系统及配送管理系统的建设与完善。

(二)零售企业物流信息管理系统

零售企业物流信息管理系统大致可分为以下几种：

1. 总店管理系统

总店管理系统主要负责供应商、商品、会员的引入和管理，商品的采购、促销以及从整个连锁企业的总体角度来发布商品的配送与调拨指令。在整个系统中，总部作为一个统一的管理平台，协调各个配送中心、各个门店之间的经营运作。

2. 门店信息系统

门店作为零售终端，需要由一个相当完善的信息网络系统进行辅助决策支持。该系统运用商品条形码（UPC码）进行管理，通过销售时点管理系统（POS）迅速掌握畅销商品与滞销商品的情况，以便迅速替换滞销商品、及时补充畅销商品，实现小批量、高频度的订货方式。同时应用EOS进行相关信息数据的交换，通过EOS可以掌握畅销商品、缩短到货周期、减少缺货、降低库存、防止断货，并能够灵活运用其他关联业务的数据。

3. 配送中心系统

配送中心拥有与总部和门店联网的信息系统，主要功能是根据总部的指令进行商品的收发货、调拨、盘点等，体现商品的存储与运输职能，实现库存管理和配送管理。这个系统应用EOS方式处理来自门店的订货，订货数据可以准确、迅速地输入并指示商品出库，减少了计算机的输入量，省去了各类纸质票据的传输，当任何一种商品在配送中心生成订单，即将运往某个门店的同时，门店和总部能够即时获取该批货物的运送情况，适时做好接货准备。

4. 供应链系统

零售商通过与供应商之间基于EDI的电子订货，能提高订货的精确度，降低验货成本。在接收到货时，根据订货明细数据与出库明细数据的核对，可以检验与出货单不符之处，迅速对供货商做出反应。EDI技术的应用可以分为利用增值网络（VAN）的数据交换和利用因特网的Web技术实现与供应商的数据交换，后者由于不需要大量的系统投资，在零售业的应用不断扩大。

通过四种系统的协作，大型零售商对其在全球各地的配送中心、连锁店、仓储库房、货物运输车辆以及合作伙伴进行系统、集中的管理，形成了一个灵活、高效的产品采购、配送和销售网络。

第三节　物流企业信息系统分析

物流企业是独立于生产领域之外，专门从事与商品流通有关的各种经济活动的企业。物流企业以物流为主体功能，同时伴随着商流、资金流和信息流等辅助功能，包括仓储业、运输业、批发业、连锁商业和外贸等行业。GB/T 19680—2013《物流企业分类与评估指标》将物流企业划分为运输型、仓储型、综合服务型三种类型。

一、物流企业概述

物流企业的基本职能是以商品的买者和卖者的双重身份交替出现在市场中，按照供求状况来完成物质的交换，解决社会生产与消费之间在数量、质量、时间和空间上的矛盾，实现生产和消费的供求结合，保证社会再生产的良性循环。

现代化的物流企业通过 EDI 和 Internet，根据所要服务的行业特点建立服务平台，不仅可以实现物流业务的整合管理，而且能够借助信息网络技术的溢出效应，帮助货主企业在供应链的竞争中提升竞争力。物流企业不同程度地承担了货主企业原有的企业内物流，降低了货主企业的存货，加速了流动资金的周转。物流企业的职能如图 7-4 所示。物流企业作为货主企业的服务单位，要维持和货主企业长期的战略协作关系，真正成为货主企业提高服务能力和降低成本的好帮手，就必须优化和改善业务流程模式，使之同货主企业的业务流程互相兼容，统一标准，从而保证物流业务的顺利完成。

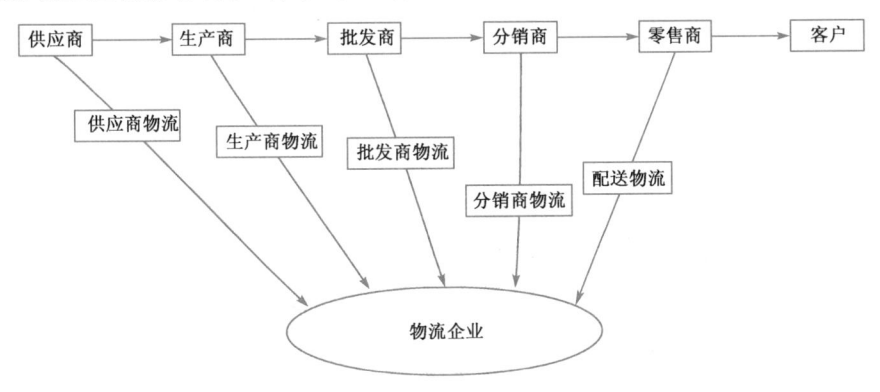

图 7-4　物流企业的职能

二、物流企业信息系统的子系统

(一)物流企业物流信息需求分析

物流企业需要了解四类信息：服务请求类信息(客户所需服务类型，客户的货物信息，客户对服务时间的要求、价格要求和其他个性化要求等)；服务能力类信息(企业设施、设备的规模和数量，人员的素质和数量，任务量的大小以及企业拥有的其他相关资源的信息)；客户分类信息(客户的基本信息、历史交易信息、信用度信息和客户评价信息)；公共政策类信息(相关的法律法规、物流行业政策、地方政策、道路交通法规和实际状况)。

专业从事物流业务的物流企业，必须具备比客户企业自营物流更高的效率、更高的准确性、更低的成本。物流企业物流信息系统要能够从客户企业的商流中和由商流引发的物流中提取与物流相关的信息，进行存储、汇总、分析，从而得到客户企业和物流企业所需要的、经提炼的信息，为客户企业和物流企业的物流运作提供服务。建设高效的物流信息系统是物流企业提供专业物流服务的基础和保证。

(二)物流企业物流信息系统的内容

目前，我国物流企业还缺乏成熟高效的物流信息系统，有些物流企业甚至还停留在手工操作的状态，许多物流企业都进行过物流信息系统的开发，但大多数效果都不太理想。物流企业物流信息系统一般分为三个层次，即业务作业子系统、业务支持子系统和决策管理子系统。物流企业的整体业务流程如图 7-5 所示。

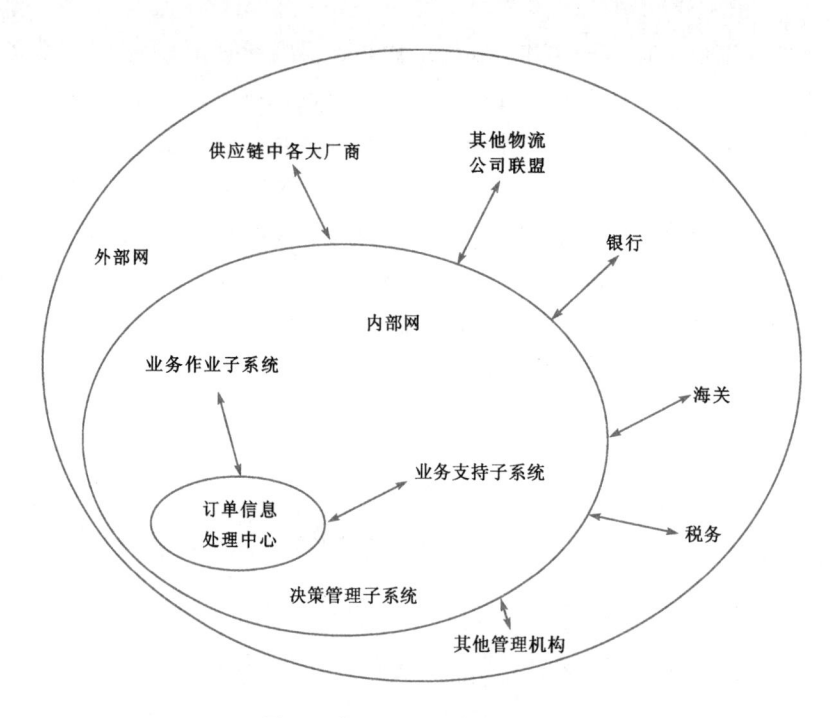

图 7-5 物流企业的整体业务流程

一般而言，物流企业物流信息系统的内容见表 7-1。

表 7-1　　　　　　　　　物流企业物流信息系统的内容

子系统	内含二级子模块	管理层面	职责	信息共享权限级别
业务作业子系统	运输与调度子模块 采购管理子模块 存货管理子模块 配送管理子模块	作业层	发货,进货,运输,装卸,搬运,保管,流通加工等具体事务	★(最低)
业务支持子系统	客户关系管理子模块 财务管理子模块	控制层	订货处理,客户服务,库存计划和控制,生产计划和控制,用料计划和采购等	★★(中等)
决策管理子系统	经营管理子模块	决策层	物流系统战略规划,系统控制和成绩评定等	★★★(最高)

三、物流企业物流信息系统的功能

第三方物流的基本作业流程为：第三方物流企业接受客户的物流请求后，进行有关的订单审核、分类等处理，并根据订单安排货物的进出库，拟订物流计划，力求按照客户需求将货物准确、及时地从市场供应方运送到市场需求方手中。

(一)订单处理

订单处理不但是物流企业业务的开始，也是信息系统中数据流动的起点。高效的订单处理是整个信息系统成功的关键。订单业务贯穿于整个第三方物流的每个环节,无论是仓储管理,还是配送发货,都要按照订单的要求操作。

用户通过 Internet、电话、传真等方式下订单,系统接受后,对客户的身份以及信用额度等进行验证,只有验证通过后,才能提供服务。由于客户的来源不同,其对服务的要求也不同,因而对有的客户请求需要及时响应,而有的请求则可以适当地延迟;也有的客户是会员,即长期的伙伴关系,有的则是第一次的合作伙伴,因此对订单要进行分类整理。订单确认后,系统将设定订单号,并将订单的相关信息传递给仓储、配送、财务等部门。具体的业务流程如图 7-6 所示。

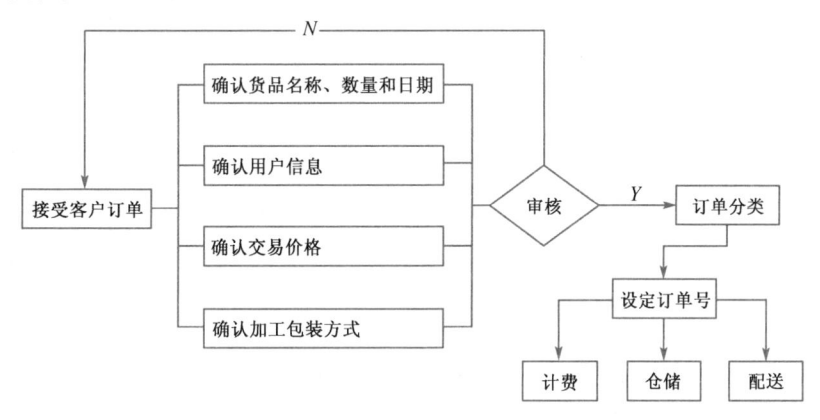

图 7-6 订单处理的业务流程

(二)仓储管理

仓储管理的主要任务是对整个库存商品的现状进行跟踪和全面管理,包括入库管理、出库管理、库存控制等。自动化立体仓库现已广泛应用在企业物流自动化领域。自动化是指由电子计算机进行管理和控制,不需要人工搬运作业,而实现的自动收发作业。立体仓库是指采用高层货架以货箱或托盘存储货物,用巷道堆垛起重机以及其他机械进行作业的仓库。上述两种仓库的作业结合称为自动化立体仓库,它通过计算机技术对存储物资进行编码、入库、出库、分拣管理,并自动完成物资的存取及输送,以及利用射频识别等技术及时掌握库存和库位分配状况,将货物的库存量保持在适当的标准之内。

仓储管理的业务流程如图 7-7 所示。商品送到某仓库后,一般卸在指定的进货区,在进货区装有激光条形码识别装置,经过激光扫描确认后,计算机自动分配入库库位,打印入库单,然后通过相应的输送系统送到指定的正品存放区的库位中。正品存放区的商品是可供配送的,这时总库存量增加。对验收不合格的商品,暂时另行存放,并记录在册,适时退给供应商调换合格商品。调换回的商品同样有收/验/入库的过程。当仓库收到配送中心的配货清单后,按清单要求备货,验证正确后出库待送。在库存的管理中计算机控制系统通过实时监控体系也会发现某些商品因储运、移位而发生损坏,或有些商品因周转慢,即将过期,需及时对这些商品进行处理,移至待处理区,然后进行相应的退货、报废等操作。

(三)配送处理

配送系统是根据订单的要求,结合库存的情况,制订经济可靠的配送计划,对货物进

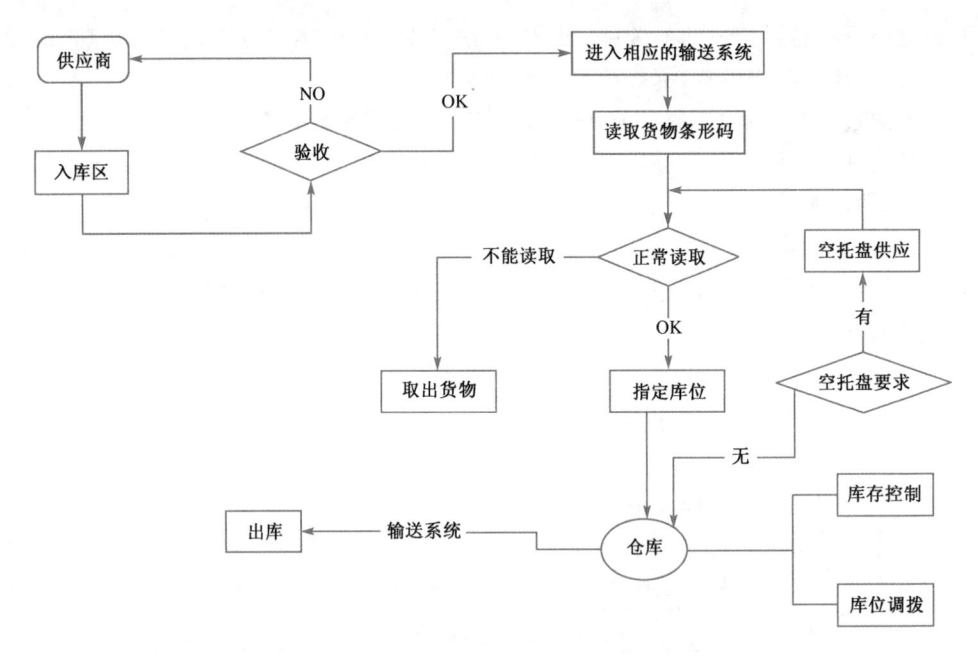

图 7-7 仓储管理的业务流程

行相关的补货、拣货、分货、送货等作业,将货物及时、准确地送到客户手中的系统。配送处理的业务流程如图 7-8 所示。

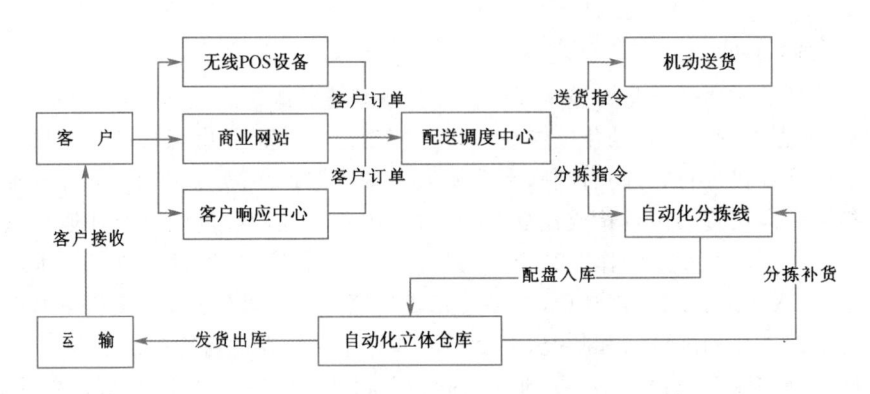

图 7-8 配送处理的业务流程

补货作业的目的是保证拣货区有货可拣。通常是以托盘为单位,将货物从货物保管区移到另一个按订单拣取用的拣货区。

拣货是指配送中心根据订单所规定的商品品名、数量和储存库位地址,将商品从货垛或货架上取出,搬运到理货场所。在现代化的配送中心里,货架的每一个货格上都安装有电子数字显示器,作业人员按照货位指示灯和数字显示器立即可以获知所需商品在货架的具体位置和数量,并可按照指令取货,这就是所说的"电子标签拣选系统"。

微课:电子标签拣选系统

拣货作业完成后,再将商品按照不同的客户或不同的配送路线做分类的工作,就是"分货"。目前,一个配送中心的日分拣量超过 5 万件、一次分拣的客户超过 100 个的情况已很常见,人工分拣根本无法满足大规模配送中心的要求。随着激光扫描、计算机控制、条形码、射频识别技术等高新技术日新月异发展,国内外许多大中型配送中心都广泛使用自动分拣系统,它大体上由收货输送机、喂料输送机、分拣指令设定装置、合流装置、分拣输送机、分拣卸货道口、计算机控制器等七部分组成。

现代送货作业能够通过智能系统、专家系统的决策分析,自动生成最佳的配车计划、配送路线,降低运输的空驶率和运输成本,通过车载终端设备、卫星定位技术、无线通信技术、地理信息系统技术、互联网技术等形成一个完整的GPS车辆监控系统,实时获得监控车辆的地理位置、运行方向、运行速度以及各种状态信息,并实现对车辆的分层次监控、调度、信息交流、报警等功能。

(四)财务结算

财务结算是对企业所有的物流服务项目进行结算,包括各项费用(如仓储费用、运输费用、装卸费用、行政费用、办公费用)的结算,与客户应收、应付款项的结算等。系统将根据合同、货币标准、收费标准并结合相关物流活动自动产生结算凭证,为客户提供完整的结算方案和各类统计分析报表。

素养园地

责任心与执行力

所谓责任心,就是一个人对自己的所作所为负责,是对他人、对集体、对企业、对社会承担责任和履行义务的自觉态度。所谓执行力,就是实实在在履行自己的责任,全力以赴的工作态度,按质、按量、按时完成自己的工作。员工责任心和执行力的强弱取决于两个要素——个人能力和工作态度,能力是基础,态度是关键。

那么如何增强责任心,提高执行力呢?责任心,旨在责任重在心;执行力,重在执行偏在力。责任心与执行力是相互联系、相辅相成的统一体。加强责任心是为提高执行力服务的,是提高执行力的基础和前提,没有责任心,执行力根本无从谈起,执行力是责任心的体现和最终落脚点,二者共同构成了优秀员工立足岗位、奉献于企业的重要素质和能力。

请思考: 随着新技术、新模式的不断涌现,企业需要转型升级、与时俱进,如何把实现组织的目标当成是自己的目标?企业员工有哪些责任和义务?

第四节 物流园区信息平台

一、物流园区信息平台概述

(一)物流园区信息平台的定义

物流园区信息平台是指利用信息平台对物流园区内的物流作业、物流过程和物流管理的相关信息进行采集、分类、筛选、存储、分析、评价、反馈、发布、管理和控制的通用信息交换平台。尤其对于中小物流企业来说,这是实现企业

微课:物流园区信息平台

物流信息化的最优途径。只需接入物流信息平台，就可以真正实现企业之间、企业与客户之间物流信息的共享，可以说，物流园区信息平台为企业提供了低成本实现企业信息化的条件，通过共享信息，企业能以更低的成本为客户提供更好的服务，真正实现物流的现代化。

物流园区信息平台涉及企业间物流、商流、信息流、资金流，以及多个物流枢纽、环节、企业、政府部门。在物流过程中信息的流动是跨企业、跨地区、跨行业进行的，物流信息平台必须实现大跨度的信息实时传输、远程数据访问、数据分布处理等功能。在物流园区信息平台的规划中，必须处理好平台和其他各种信息系统间的交互统一标准和规范，对已有的功能单一的信息系统进行整合，避免重复建设。应充分考虑信息平台与其他相关行业的接口，保证平台的成长性和兼容性。

(二) 物流园区信息平台的分类

1. 开放性物流园区电子交易信息平台

电子交易作为一种新兴的商业模式，在商贸中发挥着越来越重要的作用。与传统交易模式相比，电子交易能够提高交易效率并且降低交易成本，产生电子集成化效应。电子交易精简了企业的采购销售流程，减少了企业在评价、挑选交易伙伴，沟通以及制定合同方面的时间。由于电子交易提供了一个公共的交易平台，信息连接设备的数量与先前的电子数据交换系统相比得到了极大的降低，因此降低了交易伙伴之间的信息交换成本。

电子交易信息平台是园区内信息综合度最高的管理信息系统，它以网络业务管理、信息交换和信息共享为支撑，以建立综合、开放的 B2B、B2C 物流电子商务为目的。其总体目标为，公用信息的及时交换和共享，为用户提供在线的物流交易环境（虚拟交易大厅）和政府各职能部门"一站式"服务的集成环境，智能化实时事务处理，安全认证支持，建立供应链管理中的信息交换枢纽，为政府提供行业管理决策支持，进行各系统平台之间的接口建设，拟定相对的数据规范和通信协议，为中小企业提供高效率、低成本的物流管理专业工具。电子交易信息平台同时还具有物流园区内物流活动的全面监督、协调和信息沟通功能。

2. 物流园区内部公共信息平台

物流园区内部公共信息平台是在政府的引导下，以内部的注册企业为主体，各类客户为会员，引用最新技术，以达到信息共享为目的。企业内部员工通过分配的员工号登录平台后，能查看与自己有关的信息，而客户经过申请注册为平台会员后，可以轻松与其他企业沟通。

3. 电子政务信息平台

电子政务信息平台是指在政府宏观调控的物流园区中，通过运用计算机、网络和通信等现代信息技术手段，实现政府组织到物流园区的自上而下的管理，以审批入园、招商引资、监控监管等模块搭建的信息平台，促进地区经济发展和全方位地向社会提供优质、规范、透明、符合国际水准的管理与服务。

电子政务信息平台主要应用于政府主导型物流园区，在物流基地将运输、集散、中转、储运、配送、租赁、订货、销售、售后服务等功能有机地结合起来"一站式"协调管理，招商引资提高物流设施的利用效率，把集中在大城市中心部位的流通设施向郊区集中搬迁，以提高大城市的流通技能，保证道路通畅，增强城市整体功能。

4. 作业管理信息平台

作业管理信息平台主要是致力于向园区内物流企业提供一个完整的生产作业平台，满足物流企业完成生产过程的各项功能需求。作业管理系统由物流园区整体开发，出租给物流园区内的物流企业用户，具体被租用的物流作业信息平台以虚拟网的形式寄存于物流园区中心信息网络系统，共享中心信息网络系统资源。企业租用作业管理信息平台时，不承担"共享协议"之外的任何责任和义务，与有独立信息网络系统的企业具有同等的待遇。企业的生产经营、日常管理及相应数据信息的保存，以完全独立的形式存在于物流园区中心信息网络系统。

设置作业管理信息平台的目的是满足不自建信息网络系统的物流企业的需求，减少重复建设，从而提高中心信息网络系统资源的利用率，降低物流成本。

二、物流园区信息平台的体系结构

(一)物流园区信息平台体系的基本结构

根据物流园区信息平台应实现的基本功能，可以归纳出物流园区信息平台的应用体系结构。以下从横向和纵向两个维度进行分析。

(1)横向：使平台体系体现连接两端，左端是为企业提供联络相关系统平台的服务，如海关通关贸易系统(EDI)、港口、电子银行、城市电子政务系统和数字城市等系统；而右端是为平台用户提供与各相关单位业务系统的连接，包括与交通、海关、税务、保险等部门系统的联系。同时考虑为国家级、区域级物流公共信息平台提供预留接口，体现平台的行业服务、政府监管等功能。

(2)纵向：在下端以物流设施、政策、法规等为基础，通过平台网络服务，为上端的物流行业参与者服务，上端的服务对象包括物流园区、物流企业、配送企业等。

(二)物流园区信息平台的服务对象

1. 政府、海关等监督检查机构

在政府、海关等机构的严格监督检查下，物流园区信息平台会严格按照有关政策及流程进行物流、资金流、信息流操作，能有效避免逃税、漏税、走私等违法行为。它们代表国家行使权力，既体现了国家主权，也维护了国际货物运输枢纽的安全性。

2. 银行、企业等服务部门

在严格的法律条文规定下，银行保证与其交易的一切财产信息不会被泄露，对银行的每个用户平等对待，并满足其个性化账户要求。企业要求严格保密客户信息，严禁私自传送给他人，即使是合作伙伴也应提前与客户协调，保护自己的知识产权，防止他人盗用。最重要的是，服务机构应尽最大努力为客户提供满意的服务。

3. 个人或公司等需求场所

需求者可以根据各个企业的价格、质量、数量等信息自主决定是否购买，而不应该被强制购买。对于个别企业垄断等违反规定的行为可以予以投诉，以保证自己的利益。

4. 园区内的物流企业

园区内的物流企业得到各个机构部门的共同维护，协调相互之间的关系，能够共享平台信息，高效地进行生产作业，最大限度地满足客户需求。

(三)物流园区信息平台的应用框架

综合考虑物流园区各部门、组织的联系和业务活动,经过详细分析、规划,可以得出,物流园区信息平台整体框架可由基础层、应用基础层和应用层三层构成,如图7-9所示。

通过对区域内物流相关信息的采集、分析和转换,构建物流园区信息平台,可以为物流企业(中心)、制造业企业、政府管理等相关部门的信息系统提供基础的物流信息,满足企业信息系统对物流运营过程中物流信息的需求。

建成后的物流园区信息平台将是区域内物流应用、电子商务应用、电子政务应用之间互联互通的基础;是实现统一门户、统一数据、协同工作的基础平台;是建立统一的物流信息平台的核心组件,各部分组件通过各种接口进行连接和协同。下面对各个层次进行具体介绍。

图7-9 物流园区信息平台整体框架

1.基础层

基础层主要提供平台运行所需要的软件、硬件和网络支撑,包括操作系统数据库、并行处理等,它是平台运行的基础。同时,基础层的内容还可以扩展到支撑平台运营的所有其他保障措施。具体包括平台标准体系和各类标准,平台运营相关的法律、法规、管理办法和规范性文件,平台协调管理机构和组织及各类保障措施和制度等。

2.应用基础层

应用基础层包括基础功能模块、公共服务、数据交换、安全保障等,是平台运行的应用基础。应用基础层由各类基础应用软件构成,必须根据不同时期的实际应用需求,选择合理的软件技术架构和相关软件产品。应用基础层的系统建设按照"开放式""可扩展"等原则进行,根据应用层的各类信息系统数量和要求,提供满足客户使用性要求和安全性要求的基础平台架构。

3.应用层

应用层主要包括平台与政府信息系统的互联互通、面向区域电子商务与物流的具体应用,是平台服务的主体。应用层由各类应用系统构成,涵盖政府与园区集成应用的BTOC系统(如用于园区一站式报关、商检、税务等的应用系统)、物流业务管理系统(如仓储管理、运输管理、配送管理等)、用户服务系统和园区管理系统等。

信息平台门户网站提供了用户(包括内部用户和外部用户)使用平台的唯一界面,平台门户网站通过不同的用户角色的设定,以安全的方式让用户使用平台内各个指定的政府应用、电子商务与物流应用系统。门户网站可以先于整个园区信息平台投入使用,对园区业务、服务功能和信息平台起到宣传作用,也必将提升园区和其信息平台的知名度。物流园区信息平台应用框架如图7-10所示。

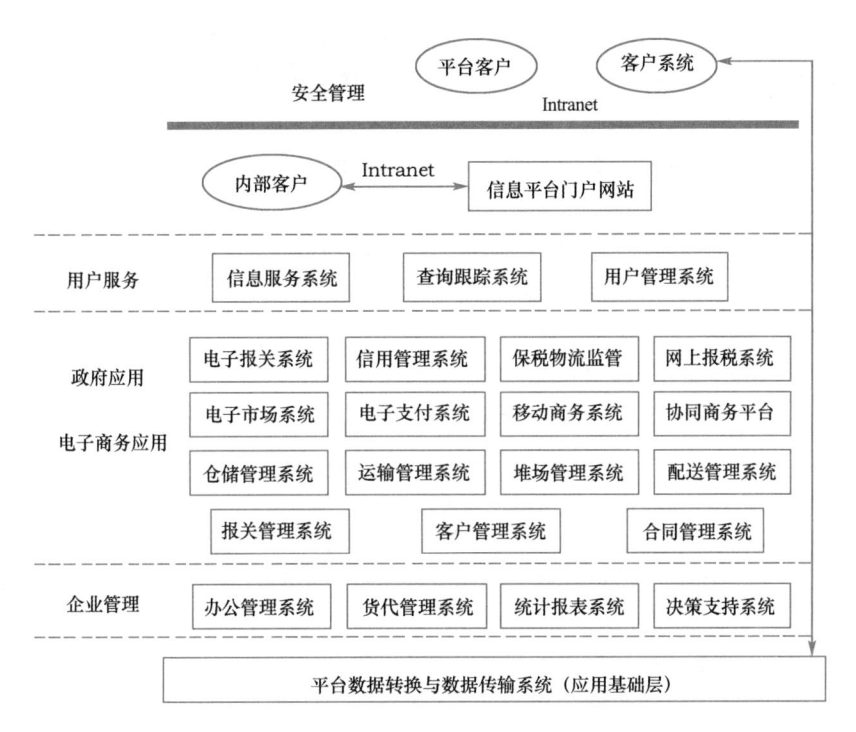

```
                              平台客户    客户系统
          安全管理                      Intranet
  ─────────────────────────────────────────────────
                    Intranet
           内部客户 ←──────→ 信息平台门户网站
  ─────────────────────────────────────────────────
   用户服务   │ 信息服务系统  │ 查询跟踪系统 │ 用户管理系统 │
  ─────────────────────────────────────────────────
   政府应用   │ 电子报关系统 │ 信用管理系统 │ 保税物流监管 │ 网上报税系统 │
             │ 电子市场系统 │ 电子支付系统 │ 移动商务系统 │ 协同商务平台 │
   电子商务应用│ 仓储管理系统 │ 运输管理系统 │ 堆场管理系统 │ 配送管理系统 │
             │ 报关管理系统 │ 客户管理系统 │ 合同管理系统 │
  ─────────────────────────────────────────────────
   企业管理   │ 办公管理系统 │ 货代管理系统 │ 统计报表系统 │ 决策支持系统 │
  ─────────────────────────────────────────────────
           平台数据转换与数据传输系统（应用基础层）
```

图 7-10　物流园区信息平台应用框架

三、物流园区信息平台的功能

(一)物流园区信息平台的基本功能

1. 数据交换功能

这是物流园区信息平台的核心功能，主要指电子单证的翻译、转换和通信，包括网上报关、报检、许可证申请、结算、缴(退)税和多边商务信息交换。

2. 信息发布服务功能

信息以 Web 站点的形式发布，包括平台基本信息、行业信息、园区信息、教育咨询培训信息和各种运输信息。

3. 会员服务功能

该功能主要包括会员单证管理、会员的货物状态和位置跟踪、交易跟踪、交易统计、会员资信评估等。

4. 在线交易功能

该功能主要包括在线接受订货、发货业务，在线记录物流信息，在线记录订货信息。

5. 系统管理功能

该功能规定、控制用户访问和使用信息的权限，维护整个系统的正常运行，保证数据安全。

(二)物流园区信息平台的拓展功能

1. 智能配送功能

该功能是指利用园区的运输资源、商家的供货信息和消费者的购物信息进行最优化配送,使配送成本最低,并在用户要求的时间内将货物送达。它包括路线的选择、配送的顺序、配送的车辆类型、客户限制的发送时间、货物状态跟踪等。

2. 货物跟踪功能

该功能是指采用 GPS 和 GIS 跟踪货物的状态和位置。

3. 库存智能管理功能

该功能是指在满足客户服务的条件下使库存达到最低,如根据订发货信息计算订货余额;根据订货进行预测管理;根据发货进行实际库存管理。

4. 决策分析功能

物流园区信息平台决策分析功能主要表现在以下几个方面:

(1)为物流战略规划提供决策依据。

(2)为建立以顾客为中心的服务战略提供实施依据,确立顾客服务水平和物流保障系统。

(3)为客户的订单处理提供准确可靠的作业指令。订单处理过程是作业指令的发出和进行具体的生产、运输、仓储、配送等方面的执行命令过程,有了及时准确的作业命令,才会有准确率高的物流作业活动。

(4)为物流基础设施投资提供项目可行性建议。

(5)为物流绩效评价提供基础数据和指标体系。

5. 金融服务功能

该功能包括:提供保险、银行、税务、外汇等金融服务;保存大批定期订货信息、自动交付物流费信息、联机通信信息、银行进款信息。

第五节 公共物流信息平台

一、物流信息平台概述

(一)物流信息平台的概念

所谓信息平台,是在现代软件工程的概念上建立的,实施最大限度的软件和系统资源的重用,启动数据共享工程,把真正与相关领域业务需求有关的部分提取出来的,信息基础设施与公共应用支持结合开发成的平台。其外部环境包括通信网络传输系统、数据交换网络的传输系统和用户设备。

电子商务时代的来临,使传统的物流与商流、信息流重新整合。传统的物流由于与商流、信息流相分离,导致运作效率较低,成本居高不下。因此,现代物流已趋向于商流和信息流一体化,通过构建现代物流中心、信息处理中心这一全新的现代物流体系,商流、物流和信息流在物流信息系统的支持下实现互动,进而提供准确和及时的物流服务。

作为一个传统的物流企业,自行建立一个物流信息系统所耗费的资源是巨大的、昂贵的,中国物流企业迫切需要一个公共物流信息平台。通过这个平台整合行业原有资源,对行业资源实现共享,发挥物流行业的整体优势,从根本上改善物流行业的现状。物流企业可以考虑在此基础上采用建立公共物流信息平台的形式达到目标。由于互联网的发展以及物流信息技术运用的成熟,物流信息平台已成为物流行业发展的一大趋势。基于 Internet 的公共物流信息平台的功能与其他物流系统相比,真正实现了物流企业之间、企业与客户之间的物流信息和物流功能的共享:

(1)通过 Internet 可以将分布在不同地区的若干家物流企业连接在一起,远程进行行业内信息发布和业务数据传输。

(2)系统通过公网将各地用户的订单汇总起来,由信息平台根据物流资源统一调控,通过规模物流,做到以最低的成本为客户提供最好的服务。

(3)为客户提供全面的物流信息以及个性化的物流服务。

对于不具备开展信息化条件的中小企业而言,通过会员注册就可以加入物流信息平台,即以最低成本就能开展网上业务,共享物流业内信息,拓展业务范围。

(二)物流信息平台的构成

物流信息平台是由如下部分组成的物流信息系统支撑体系:

1. 数据仓库

数据仓库对公用信息进行数据组织处理,并支撑不同应用层次的公用信息存储、查询、通信等管理服务。在电子商务时代,信息是物流企业的命脉,必须通过建立一体化的物流信息系统,从而持续、简便、无差错地传递数据,实时自动地更新数据,以提高物流全过程的可见性。为此需要解决两个问题:一是建立最具兼容性的数据库。数据库是信息系统的基础,不仅要与企业运行的任何系统兼容,而且要具有可扩容性以满足业务增长需要,目前许多大中型物流企业选用 Oracle,而小型企业大多选用 MySQL。二是选择较好的数据交换工具。信息系统的一体化需要在买方、卖方和物流第三方的许多实体间移动数据和传递指令,传统的 EDI 是大型企业惯用的数据交换工具,但其因复杂性而使许多企业难以接受。随着互联网的兴起,基于互联网的 EDI、XML 等新的工具不断出现,特别是 XML,具有比 EDI 更好的灵活性,能更容易地在数据库之间移动信息,从而使一体化过程简单化。

2. 软件

计算机智能使得物流以新的方式来处理存储与移动产品的传统任务,新的技术与新的物流战略出现。如协同、计划、预测与补充(CPFR)战略使零售商与制造商可以比较各自对特定产品的预测,并对生产和销售目标达成共同的决策;高级计划与调度软件使双方之间的动态协调关系成为可能;预警系统的开发则可以满足波动的需求及根据订货调动库存。又如,在线交易市场依赖于供应链执行与计划软件来处理互联网上的订单,同时也依靠供货方具有库存可见性的软件。新兴的基于互联网的软件模型将使供应链上的中小企业获得运输管理系统(TMS)或仓库管理系统(WMS)的好处,它们可以通过交纳月费或交易费来使用应用服务供应商(ASP)提供的解决方案,而不必因更大范围的软件一体化而支付大量的软件安装与使用费用。

(三)物流信息平台的作用

信息系统是构建现代物流的中枢神经,通过信息在物流系统中快速、准确和实时流动,企业能动地对市场做出积极的反应,并指导企业调整生产经营活动。物流信息平台最重要的作用就是整合各物流信息系统的资源,完成各系统之间的数据交换,实现信息共享。物流信息平台可以担负信息系统中公用信息的中转功能,各个承担数据采集的子系统按一定规则将公用数据发送给信息平台,由信息平台进行规范化处理后加以存储,根据需求规划或者各物流信息系统的请求,采用规范格式将数据发送出去。物流信息平台整合了企业、货主、公路、铁路、港口、银行、海关、税务等多个信息系统,实现以上各系统之间的信息交换和信息传递,满足不同客户的信息需求,提高了物流系统的效率。

通过物流信息平台,可以加强物流企业与上下游企业之间的合作,形成并优化供应链。当合作企业提出物流请求时,物流企业可通过物流信息平台迅速建立供应链,提供相关物流服务。这有利于提高社会大量闲置物流资源的利用率,起到调整、调配社会物流资源,优化社会供应链,理顺经济链的重要作用,不但会产生很好的经济效益,而且会产生很好的社会效益。

物流信息平台的建设有利于实现与电子商务 B to B(Business to Business)或 B to C(Business to Consumer)系统的对接。任何一种交易,都以物的转移或服务的提供为最终目的,电子商务作为一种交易模式,当然也不例外。随着电子商务交易系统建设的深入,如何为其配置电子化的物流系统已成为关键问题,而物流信息平台是解决这一问题的较佳方案。通过物流信息平台建设,可以为电子商务提供很好的物流服务,从而促进电子商务的发展。一般的物流信息平台都提供在线交易功能,这实际上就提供了电子商务的基本功能。

二、公共物流信息平台的框架

公共物流信息平台(Public Logistic Information Platform,PLIP)是指为物流企业、物流需求企业和政府及其他相关部门提供物流信息服务的公共商业性平台,其本质是为物流生产提供信息化手段的支持和保障。

(一)全国和区域性公共物流信息平台的功能需求

公共物流信息平台的建设目的主要在于满足物流系统中各个环节不同层次的信息需求和功能需求,这就要求信息平台不仅要满足货主、物流企业等对物流过程的查询、设计、监控等直接需求,还要满足它们对来自政府管理部门、政府职能部门、企业等与自身物流过程直接相关的信息需求。

公共物流信息平台在通过对公共物流数据的采集、处理和公共信息交换为企业物流信息系统完成各类功能提供支撑的同时,还为政府相关职能部门间的信息沟通起到枢纽作用,从而为政府的宏观规划与决策提供信息支持。一个有效集成的公共物流信息平台,应该能够为物流服务提供商、货主/制造商、交通、银行、海关、税务等政府相关部门提供一个统一高效的沟通界面,为客户提供完整、综合的供应链解决方案。因此,有必要建立一个区域性甚至是全国性的公共物流信息平台,并且该平台应该具有综合信息服务、异构数据交换、物流业务交易支持、货物跟踪、行业应用托管服务等相关功能,如图 7-11 所示。

(二)公共物流信息平台的构建原则

物流信息平台的建设作为大的物流规划的一部分,要在物流整体规划战略的指导下进行,要符合物流规划的目标和原则,服务于物流规划,从而使物流规划的效果能够真正发挥出来。此外,物流信息平台应该统一规划,统一领导,充分利用现有的社会信息化资源,避免重复建设。在政府部门和企业支持下,以物流信息标准化技术为支撑,促进不同物流信息平台之间的信息共享和整合,解决信息化孤岛问题,营造出一个有利于物流信息畅通、良好的物流信息基础环境。

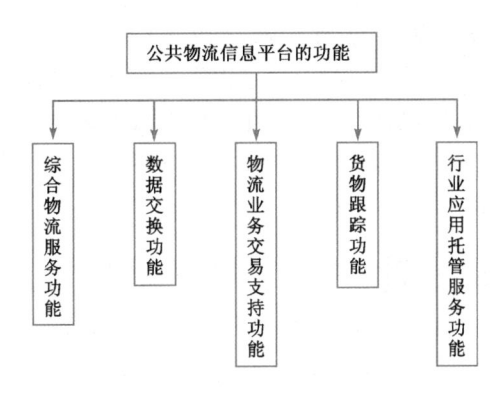

图 7-11 公共物流信息平台的功能

(三)公共物流信息平台的架构

根据全国性和区域性公共物流信息平台的构建原则,公共物流信息平台的架构如图 7-12 所示。

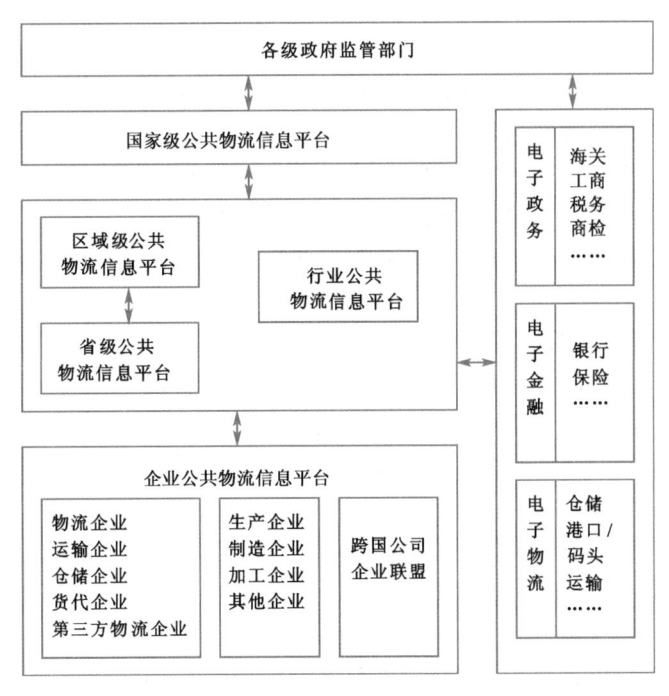

图 7-12 公共物流信息平台的架构

这是一个以政府监管为指导,以税务、交通、银行、海关等为支撑的三层两级体系架构。公共物流信息平台整体上相对独立,各层相互提供信息和数据交换服务,平台与支撑平台之间通过统一规范的接口进行数据交换;支撑平台在各级政府的监管下为整个平台提供相应服务。

国家级公共物流信息平台处于整个公共物流信息平台的顶层,通过标准接口或网络与国外公共物流信息平台相连,并进行相互间的数据交换;省级公共物流信息平台和行业公共物流信息平台通过IP通信网络与国家级公共物流信息平台相连,并进行相互间的数据交换;企业物流信息网络通过IP通信网络与省级公共物流信息平台和行业公共物流信息平台相连,并进行相互间的数据交换。为了确保通信质量和数据安全,各部分之间应通过标准的接口相连,在各个网络边缘加装防火墙,并应采用MPLS、VPN等服务质量保障技术和安全技术。

三、公共物流信息平台的功能

公共物流信息平台以跨行业、跨地域、多学科交叉、技术密集、多方参与、系统扩展性强、开放性好的特点对现代物流的发展构成了有力支撑。企业使用公共物流信息平台可以利用其庞大的资料库以及开放性的商务功能实现企业自身的信息交流、发布、业务交易、决策支持等信息化管理,可以说使用公共物流信息平台是企业信息化的捷径。公共物流信息平台承担供应链管理过程中不同企业间的信息交换枢纽支持,提供车辆跟踪、定位等共享功能服务,提供政府行业管理决策支持等。公共物流信息平台各功能模块具有以下主要的功能:

1. 数据交换功能

提供与第三方电子数据交换的途径,可灵活地配置数据导入导出的方式,支持TXT文本、XML文本和EXCEL三种文件格式。这是信息平台的核心功能,主要是指电子单证的翻译、转换和通信,包括网上报关、报检、许可证申请、结算、缴(退)税、客户与商家的业务往来等与信息平台连接的用户间的信息交换。在数据交换功能中,还有一项很重要的功能——存证管理功能。存证管理是将用户在信息平台上产生的单证信息加上附加信息,按一定的格式以文件形式保存下来,以便将来发生业务纠纷时查询、举证。

2. 信息发布功能

该功能以Web站点的形式实现,企业只要通过Internet连接到信息平台Web站点上,就可以获取站点上提供的物流信息。这类信息主要包括水陆运输价格、新闻和公告、政务指南、货源和运力、航班船期、空车配载、铁路车次、适箱货源、联盟会员、职业培训、政策法规等。

3. 会员服务功能

这是为注册会员提供的个性化服务,主要包括会员单证管理、会员的货物状态和位置跟踪、交易跟踪、交易统计、会员资信评估等。

4. 在线交易功能

在线交易功能为供方和需方提供了一个虚拟交易市场,双方可发布和查询供需信息,对自己感兴趣的信息可与发布者进一步洽谈,交易系统可以为双方进行交易撮合。交易处理过程包括发布与查询信息、网上在线交易、网上支付等。

5. 智能配送功能

该功能是指利用物流中心的运输资源对商家的供货信息和消费者的购物信息进行最优化配送,使配送成本最低,并在用户要求的时间内将货物送达。通常的解决方法是建立数学模型,由计算机运用数学规划方法给出决策方案,管理人员再根据实际情况进行选择。智能配送要解决的典型问题包括路线的选择、配送的顺序、配送的车辆类型、客户限制的发送时间。

6. 货物跟踪功能

采用 GPS/GIS、PDA(Personal Digital Assistant,掌上电脑)、手机等跟踪货物的状态和位置。状态和位置信息存放在数据库中,用户可通过 Call Center 或 Web 站点获得跟踪信息。对履行过程进行监控,实现全程可视化,使托运人能掌握货物位置和状态的实时信息,以保证流程的集成性。

7. 库存管理功能

利用物流信息平台对整个供应链进行整合,使库存量能在满足客户服务的条件下达到最小。最低库存量的获得需要大量历史数据的积累和分析,要考虑客户服务水平、库存成本、运输成本等方面的综合因素,最终使总成本达到最小。可解决的典型问题包括:下一轮生产周期应生产的产品数量;补充货物的最佳数量;补充货物的最低库存点(安全库存)。

8. 决策支持功能

建立物流业务的数学模型,通过对已有数据的分析,帮助管理人员鉴别、评估和比较物流战略和策略的可选方案。典型分析包括车辆日程安排、设施选址、顾客服务分析。

9. 金融服务功能

在有关法律法规的建立和网络安全技术的进一步完善后,可通过物流信息平台网络实现金融服务,如保险、银行、税务、外汇等。在此类业务中,信息平台将起到信息传递的作用,具体业务在相关部门内部处理,处理结果通过信息平台返回客户。

10. 容灾备份功能

公共物流信息平台作为物流的神经网络管理中心,其安全性极为重要,因此,必须从多方面采取措施,保证物流公共信息平台的安全,特别是数据安全。公共物流信息平台需要容灾备份的措施,区域性物流公共信息平台需要异地容灾备份的措施。

11. 综合服务功能

公共物流信息平台具有多种功能的集成化、综合化应用,如供应链管理功能、应急物流管理功能等。行业物流信息平台对上下游供应链不断整合,应对快速变化的市场需求,提高服务水平,减小成本所带来的压力,对自己的客户提供第三方物流服务,如物流业务的在线交易、物流的跟踪等。

12. 供应链可视化管理功能

第三方物流企业的仓库管理系统、运输管理系统、订单管理系统及呼叫中心(Call Center)与公共物流信息平台进行有机结合,为供应链节点(包括报关、商检、税务等)提供可视化管理,一票到底地跟踪查询企业与企业之间的数据交换。通过动态物流资源及物流服务的可视化管理,应用智能调度管理、任务执行监控管理及服务评估考核管理,来进行物流智能化调度执行方案管理,第三方物流企业营运成本和总体营运时间减少到最小,有效快捷地制订物流调度计划,物流调度及时准确、方便快捷。

13. 系统管理功能

对整个信息平台的数据进行管理,包括用户管理、权限管理、安全管理和数据库管理等。物流系统涉及方方面面的使用人员,系统管理模块将对这些人员进行集中管理,为这些人员分配不同模块及使用权限。这样可以保证用户安全地使用自己的模块系统，完成自己的工作与职责，而不会越权使用其他的模块系统。

公共物流信息平台是基于互联网的虚拟供应链，集合了众多的供应商、生产商、仓储、运输、配送等物流服务提供商，突破了时间、空间的限制。公共物流信息平台的建立与成功运转，将大大提高我国物流企业的现代化水平。

四、公共物流信息平台应用案例

青岛港始建于1892年，是具有一百多年历史的国家特大型港口，包括青岛老港区、黄岛油港区、前湾新港区三大港区。青岛港主要从事集装箱、原油、铁矿石、煤炭、粮食等各类进出口货物的装卸、储存、中转、分拨等物流服务和国际国内客运服务，与世界上130多个国家和地区的450多个港口有贸易往来。它现有员工16 000多人，拥有可停靠15 000标准箱船舶的集装箱码头，可停靠30万吨级大船的矿石码头、原油码头，可停靠10万吨级船舶的现代化煤炭码头。

按照大口岸、大通关的发展战略，青岛港投资600万元建设了青岛港物流信息平台，采用现代网络通信技术，实现了与海关、商检、海事、税务、金融、外经贸和交通等政府监管部门的联网和信息共享。该平台与船务、船代、货主、货代、码头、外理、箱站、报关行、储运、机场、铁路、银行、保险等各类企业联网，进行电子交换业务、无纸贸易、无纸放行和信息的增值服务，提高了通关效率，降低了交易成本。

（一）港口信息化过程的概况及存在的问题

信息共享平台是连接与国际贸易有关的政府部门（如交通、海关、外经贸、检验检疫等）、社会服务机构（如银行、保险、运输、仓储、港口、机场等）和各类贸易、生产、运输企业的内部管理信息系统并集成它们的数据，开展电子数据交换和电子商务服务的信息网络系统。

作为口岸物流监管部门和企业间的信息中介，平台提供信息转换、传递、存证等增值服务，帮助相关政府部门实现高效的服务和监管，方便各类企业开展标准化、电子化的国际贸易和电子商务，从而达到改善政府形象、提高通关效率、降低交易成本、增加贸易机会、增强城市综合竞争力的目的。

青岛口岸相关单位，如船舶公司、船代、海关、货主、码头、外理、国检、海事局等都在实际业务操作和管理过程中，感受到口岸贸易中供应链网络中存在的信息流相互交错、信息传递环节多、信息滞后等问题，信息共享性和电子数据的交换量不高，获取和采集信息也不方便。青岛港在信息化进程中，主要存在以下几方面的问题：

（1）口岸贸易相关单位中存在着计算机应用水平很低或没有计算机应用的单位，因此，信息的电子化程度和覆盖率不高。

（2）目前实现电子化的单证相对于整个集装箱贸易过程的单证来说，数量少，覆盖面不宽。

（3）现有业务系统标准不一，数据不通用。电子数据的标准化程度不高，电子单证报文的标准化、统一性差距很大。

(4) 口岸贸易相关单位的计算机技术支持方面基本需要聘请总部或外单位人员承担，在技术保证上存在一定的差距。

(5) 在信息服务功能和服务范围上集成度不够，运作环节多，效率低。

针对上述问题，以具备良好运转条件的港口信息平台为核心和基础，进一步拓展覆盖范围，扩大应用功能，建设一个为口岸现代物流服务的信息共享平台，提供更多信息采集、加工、利用的手段，集口岸物流业务节点信息发布、查询平台（Web、语音、传真、短消息等），全透明的单证传输和货物跟踪平台，统一的传输数据标准，全面的物流信息技术提供平台于一体，为实现口岸物流相关单位的贸易电子化，降低物流成本，全面提速口岸物流，实现口岸物流信息的统筹管理、信息共享及商务过程电子化已迫在眉睫。

(二) 青岛港物流信息平台的体系结构

青岛港物流信息平台的体系结构如图 7-13 所示。

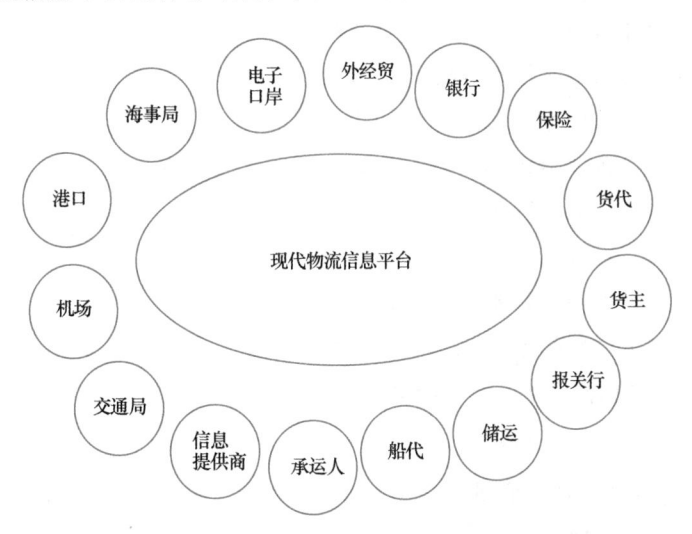

图 7-13　青岛港物流信息平台的体系结构

以港口信息资源为依托，按照大口岸、大通关的发展战略，运用先进的信息技术和现代物流技术，充分整合、挖掘、利用信息资源，逐步实现与海关、商检、海事局、税务、外汇管理、外经贸、交通局等政府监管部门，及与船公司、船代、货主、货代、码头、外理、箱站、报关行、储运、机场、车队、铁路、银行、保险等各类企业公司的联网，实现了港航、空港的电子交换业务、无纸贸易、无纸放行及信息的增值服务，为用户提供信息共享和个性化服务，使信息服务由被动向主动转变，逐步提高了青岛港的信息服务水平、服务质量和辐射范围，建设起北方国际航运中心必不可少的物流信息支撑平台。

微课：出口报关系统

以多式联运信息系统为起点，构建起与国际贸易相关的政府部门、社会服务机构和各类贸易、生产企业开展电子数据交换的信息网络，并最终建成青岛口岸统一、开放的物流信息平台，为北方航运中心的可持续发展奠定了基础。

建立港口信息综合服务系统,集成码头、海关、船公司、箱站、货主、代理等相关航运单位的信息、数据,建设港口信息共享平台。

为政府相关部门便捷高效地进行服务和监管提供良好的应用环境,提高通关效率,增强城市综合竞争力。

各类企业可以方便地开展标准化、电子化的国际贸易和电子商务,降低交易成本,增加贸易机会。

为口岸物流监管部门、企业间的信息中介提供信息转换、传递、存证等增值服务。信息共享平台通过公共网络和专有网络与国际贸易有关的政府部门(如交通、海关、外贸、检验检疫等)、社会服务机构(如银行、保险、运输、仓储、港口、机场等)和各类贸易、生产企业的内部管理信息系统联网,集成它们的数据,开展电子数据交换和电子商务服务。

信息共享平台给口岸管理部门提供了一个统一的信息发布平台。
- 一个完整的外贸及口岸物流相关企业用户群体;
- 一个促进贸易服务水平全面提高的机制;
- 一个集中体现政府办公服务系统的协作网络应用平台。

信息共享平台给企业提供一个即时的业务节点信息查询平台。
- 一个全透明的单证跟踪平台;
- 一个统一的传输数据标准;
- 一个全面的物流信息技术提供平台;
- 一个完整的国际贸易电子化的基础平台。

(三)港口物流信息平台的业务模式

港口物流信息平台的业务模式如图 7-14 所示。与港口物流信息平台连接的节点,彼此间可交换信息。政府部门、企业等均可在信息平台上发布自己的信息,运行自己的业务。贸易企业或生产企业将国际贸易中的相关货物信息,通过港口物流信息平台发送给相关政府部门和运输企业;水运、航空、铁路、公路等运输企业,以及一些码头、仓储、货运代理企业,通过港口物流信息平台,将一些运输信息传递给政府监管部门及相关企业;海关、检验检疫、税收等政府监管部门,通过港口物流信息平台对企业的申报信息进行审批,并将审批信息反馈给相关企业;银行、保险等金融服务机构,根据以上信息为企业提供结算和投保业务。

(四)港口物流信息平台的功能

根据业务功能的模式分析,港口物流信息平台作为一个口岸物流平台,主要包含以下部分:

1. 数据传输系统

这项功能主要包括电子单证的发送,数据转换,数据传输,数据接收、下载、复制与信息跟踪;支持多种通信和数据接入、采集、交互方式,将结构化数据转发、转换给目标用户,

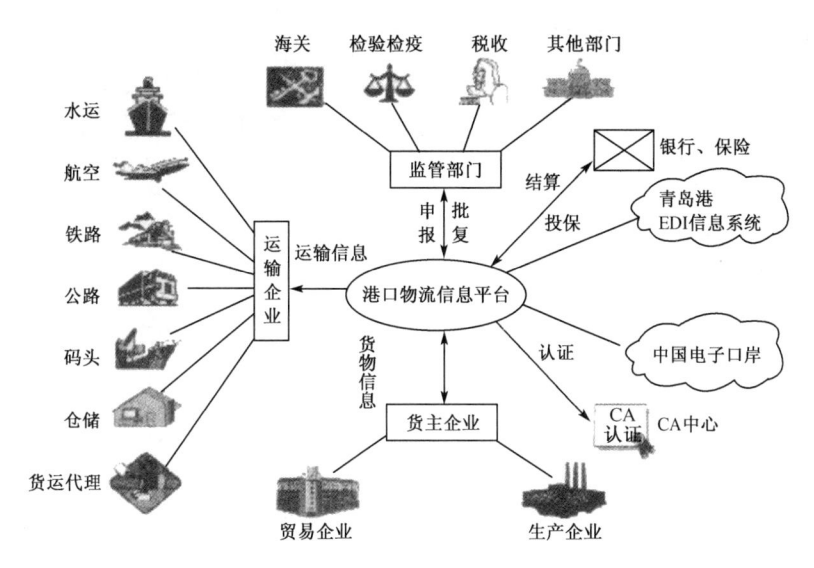

图7-14 港口物流信息平台的业务模式

并转入中心数据库,经系统自动处理或汇总,再以多种格式提供给用户查询、下载、复制、打印或直接传送至目标用户。电子报文要符合相应的各种电子报文标准。

2．信息增值服务系统

利用数据仓库技术,从运力、运价、货种、货运量、市场占有率、货源预测、货主信息等方面提供分析数据,为物流业务伙伴和广大客户提供有效的增值信息服务;采用统一消息方式实现信息的 Web 查询、语音服务、传真服务、短消息服务等。具体信息包括:新闻公告、政务指南及相关政策法规,作业信息和业务信息跟踪和查询,水路、公路、铁路运输价格、船期表、公路、铁路时刻表,货源和运力、统计信息的发布,会员信息及推荐,业务培训,广告服务,会员服务等。

3．电子商务应用系统

电子商务应用系统包括船舶引航、码头作业、货物订舱、货物监管放行、船舶进出港管理和危险品货物管理、物流配送管理、集疏运管理、货物交易等。

4．辅助决策系统

在信息传输和信息增值服务的基础上,提供运力分析系统、箱量分析系统、单证流转效率分析系统和货主行为分析系统等。

5．后台管理系统

后台管理系统包含角色定义、权限管理、动态信息流程管理、信息管理、栏目管理、主页风格管理、用户管理、日志管理、报文传输的存证管理、计费、统计、备份管理等。

6．安全管理系统

安全管理系统除以上系统管理中用户、口令、角色、权限的管理外,还具备 CA 认证和电子印章与数字签名的功能,以便于单证的简单流转和必要的安全保护,并为服务信息系统提供应用用户的身份安全认证。

港口物流信息平台的功能结构如图 7-15 所示。

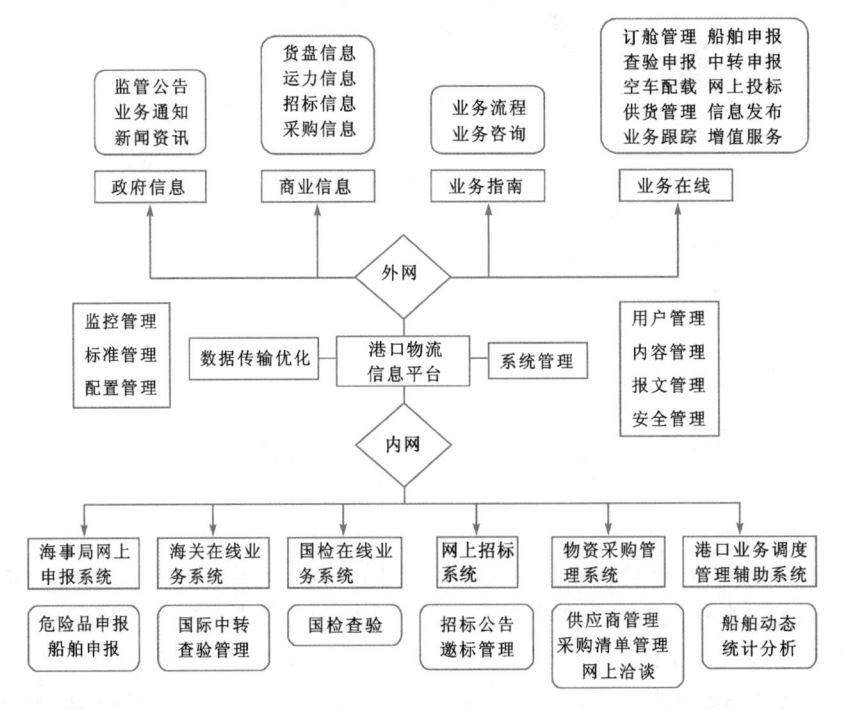

图 7-15　港口物流信息平台的功能结构

案例分析

慧联运智慧物流云平台

安徽慧联运科技有限公司（以下简称慧联运）是秉持"智慧连接运输，数据驱动物流"理念的科技型物流平台公司，致力于推动大数据、云计算、物联网、移动互联等与现代物流相结合，构建智慧物流产业生态链，推动现代物流业高效、快速发展。

慧联运智慧物流云平台围绕降低物流供应链的融资成本进行定制产品设计，结合物流行业的实际业务特点，分别对货主、物流车队/企业/车主提供一站式服务，致力于实现供应链业务执行过程的全流程管理，解决物流企业资金紧张。同时，物流企业或司机可通过使用慧联运智慧物流云平台，从合同、项目、运力、运输等角度实现多维度、全方位物流信息的实时高效管理、异常及时提醒、数据可视化监控，通过智能调车、智能派单、货物轨迹自动跟踪、服务预警、在线回单、在线支付等手段提高物流运行效率，为物流参与方打造真实、安全、高效的物流交易环境，提高信息物流服务水平。

平台要实现"14 大业务用户需求和 4 个访问渠道"的总体目标。

14 大业务用户需求：平台实现合同管理、项目管理、承运商管理、运力管理、调度管理、运单管理、审核管理、异常管理、告警管理、在途跟踪、支付管理、发票管理、资金管理、统计查询等 14 大业务目标，满足货主企业对货物的运输管理、过程跟踪、供应商管理，和下游企业的支付、结算、发票管理要求。同时满足物流公司对运单管理、司机/车辆管理和货主企业的资金结算管理要求。

4个访问渠道：平台要满足货主企业、物流企业、车队和货车司机的使用要求，让用户可以通过APP、公众号、小程序、Web门户4种方式应用慧联运数据智能供应链综合服务平台。

慧联运智慧物流云平台分为客户平台、承运商平台、货主平台、运营平台、接入平台、司机移动应用平台等众多子平台，平台的14大核心功能作为平台落地研发的重点事项，在充分应用大数据＋云计算＋物联网＋5G＋企业智能的基础上，实现了具备通用、灵活、稳定、接入成本低、部署响应快、功能全、强实用、超前沿等先进特性。

（资料来源：中国物流与采购网，2021-08-19）

讨论分析：
1. 物流云平台给慧联运带来了哪些优势？
2. 请根据所学知识，给一家中小型物流公司提出信息化建设方案。

关键概念 >>>

制造业，流通业，物流企业，物流园区，公共物流信息平台

本章小结

不同企业物流信息管理系统作用不同，所设计的功能也不相同。本章从制造企业物流活动类型和作业特点、流通企业物流活动类型和作业特点、物流园区分类及经营特征、公共物流信息平台作用出发，分析不同行业对物流信息系统（平台）的需求和功能特点。

实训项目

一、实训目的
1. 增进对企业使用的物流信息系统的直观认识。
2. 了解不同类型物流企业信息系统的主要技术框架。
3. 通过执行典型工作任务，学会分析企业相关业务流程，掌握如何用信息系统管理业务数据。
4. 加强团队合作精神，提高分析问题、解决问题的能力。

二、实训组织
1人1台电脑，独立完成。选择已有的物流管理软件（包括ERP软件、供应链管理软件、第三方物流管理软件、跨境电商管理软件等），老师给出典型工作任务，学生按要求进行软件流程操作。

三、实训内容与成果要求
熟悉软件功能和操作流程，能够独立完成基础资料建立和业务流程操作，完成作业文件中规定的关键环节表单截图，提交作业成果。

思考与练习

一、判断题

1. 生产物流突出型物流系统,供应物流突出而生产、销售物流较为简单。（ ）

2. 生产规模越大,则生产过程的结构越简单,物料需求量越大;生产规模越小,一般其生产过程的结构也较复杂,物料需求量也较小。（ ）

3. 物流企业物流信息管理系统一般分为三个层次,即业务作业子系统、业务支持子系统和决策管理子系统。（ ）

4. 物流信息平台最重要的作用就是整合各物流信息系统的信息资源,完成各系统之间的数据交换,实现信息共享。（ ）

5. 公共物流信息平台是指为物流企业、物流需求企业和政府及其他相关部门提供物流生产服务的公共的商业性平台,其本质是为物流生产提供信息化手段的支持和保障。
（ ）

二、单选题

1. 关于生产物流体系中物流管理的特点,以下说法错误的是(　　)。
   A. 企业的物流作业内容取决于订货和计划的内容
   B. 采取反工序方法制订生产物流计划,就必须把各工序联合起来进行生产物流管理
   C. 由于不完全连续的生产和阶段之间的物流批量的变化,因此阶段之间的供需调整可有可无
   D. 生产物流管理的目的就是使物流系统的空间组织和时间组织协调,既保证交货日期又能使设备利用率提高

2. 关于第三方物流企业的信息化,以下说法错误的是(　　)。
   A. 信息具备标准化和通用性
   B. 物流信息的静态性强,信息的价值衰减速度慢
   C. 信息具备自动识别功能
   D. 信息系统具备智能化决策功能

3. 交易系统为供方和需方提供一个虚拟交易市场,双方可发布和查询供需信息,对自己感兴趣的信息可与发布者进一步洽谈,交易系统可以为双方进行交易撮合。下列对交易处理过程的简单描述正确的是(　　)。
   A. 终端或自助设备的交易请求上送→预处理→加解密→送往主机→处理结果返回加解密→处理结果返回终端或自助设备
   B. 终端或自助设备的交易请求上送→加解密→预处理→加解密→送往主机→处理结果返回加解密→处理结果返回终端或自助设备
   C. 终端或自助设备的交易请求上送→加解密→预处理→加解密→处理结果返回加解密→处理结果返回终端或自助设备
   D. 终端或自助设备的交易请求上送→加解密→送往主机→处理结果返回加解密→处理结果返回终端或自助设备

4.下列不属于生产物流管理系统执行层所包括的物流机械的是(　　)。
A.自动存储/提取系统　　　　　　B.统计分析工具
C.输送车辆　　　　　　　　　　D.各种缓冲站

5.狭义的物流信息不包括(　　)。
A.商品交易信息　　　　　　　　B.运输信息
C.保管信息　　　　　　　　　　D.包装信息

三、多选题

1.关于合理组织生产物流所应达到的基本要求,以下说法正确的是(　　)。
A.物流过程的连续性　　　　　　B.物流过程的平行性
C.物流过程的双向性　　　　　　D.物流过程的比例性

2.下列属于第三方物流特征的是(　　)。
A.关系契约化　　　　　　　　　B.服务个性化
C.功能专业化　　　　　　　　　D.信息网络化

3.平台以提供物流信息服务为主要收入来源,它应具备的条件包括(　　)。
A.健全的运营机构　　　　　　　B.主动积极的业务推广部门
C.干练的市场营销人员　　　　　D.长期配合的技术厂商

4.物流根据其业务目的可以分为(　　)。
A.供应物流　　　　　　　　　　B.流通物流
C.生产物流　　　　　　　　　　D.销售物流

5.现代生产物流管理系统由(　　)三大部分组成。
A.管理层　　　B.控制层　　　C.执行层　　　D.业务层

四、问答题

1.制造企业物流的概念及特点是什么?
2.制造企业的物流信息管理系统有哪些功能?
3.流通企业物流系统是什么?分几个阶段?
4.请列出物流园区的分类及服务对象。
5.简述建立公共物流信息系统平台的必要性。
6.简述公共物流信息系统平台的功能。

第八章

常用物流信息系统分析

知识目标

- 掌握运输管理信息系统的业务流程及其功能结构；
- 掌握国际货运代理的业务流程，国际货运代理信息系统的功能结构；
- 掌握船舶代理的业务流程，船舶代理信息系统的功能结构；
- 掌握快递管理信息系统的流程及其基本功能；
- 掌握第三方物流管理信息系统的基本功能及其功能结构；
- 掌握跨境电商物流系统的特点及其功能结构。

技能目标

- 掌握各种典型的物流信息系统的功能结构图；
- 理解系统流程与信息系统功能结构之间的关系；
- 学会物流信息系统相关软件的操作。

素质目标

- 树立"管理＋信息技术"的跨界思维模式；
- 培养爱岗敬业的责任心和一丝不苟的执行力。

任务导入

商品车运输网络货运平台

天津长久智运网络货运平台通过整合车辆运输轨迹实时位置、流向数据、司机认证数据、车辆认证数据、车辆空满载状态实时数据、运输业务实时数据等大数据资源,向汽车物流承运商企业提供开放式运力资源调度系统 PAAS(平台即服务)服务,为汽车物流承运商企业提供个体及挂靠运输经营的实时调度、燃油费、路桥费、司机运费预支及结算,回单管理、业务品控等网络货运业务服务,并解决行业普遍存在的在途数据采集难、在途车辆监管难、司机运费结算难、货主企业取票难、返程车辆配货难、空驶率高、信贷难等行业痛点问题,实现企业财税合规以及行业降本增效。

(资料来源:中国物流与采购网,2021-09-02)

从天津长久集团新型商业模式的变革可见,随着物流平台的快速发展,企业信息系统功能也必须同步发展。由于每个企业的经营模式不同,选用的物流管理信息系统也有所差异,本章将选取物流企业典型的管理信息系统进行剖析。

第一节 运输管理信息系统

一、运输管理信息系统概述

(一)运输管理信息系统的概念

运输信息是指在运输业务中发生的信息,主要是产生并证明运输活动发生、完成的各种单据,包括订货通知单、提单、运费清单、货运清单等。运输费用占物流成本很大的比例,如果运输能有效运作,会给企业节约大量的费用,带来丰厚的利润。运输信息准确、及时、畅通是物流运输发展的基本条件。运输管理信息系统可以帮助企业进行日常运输工作的管理,实现运输管理信息化、运输服务最优化和运输利润最大化。

运输信息管理是对运输工具、运输人员、货物及运输过程中各个环节的信息进行管理,主要内容包括货物跟踪管理、运输车辆运行管理和现代物流实时跟踪管理。

1. 货物跟踪管理

货物跟踪管理是指物流运输企业利用物流条形码和 EDI 技术及时获取有关货物运输状态的信息(如货物品种、数量、在途情况、交货期间、发货地和到达地、货主、送货责任车辆和人员等),来提高物流运输服务的方法。也就是物流运输企业的工作人员在向货主取货时、在物流中心重新集装运输时、向顾客配送交货时,利用扫描仪自动读取货物包装或者货物发票上的物流条形码等货物信息,通过公共通信线路、专用通信线路或卫星通信线路把货物的信息传送到总部的中心计算机进行整理并储存。

当顾客需要对货物的状态进行查询时,只要输入货物的发票号码,就可以知道该货物的状态信息。通过货物信息可以确认货物是否将在规定的时间内被送到顾客手中,能及时发现没有在规定的时间内把货物交付给顾客的情况,便于马上查明原因并及时改正,从而提高运送货物的准确性和及时性,提高顾客服务水平。通过货物跟踪系统所得到的有关货物运送状态的信息丰富了供应链的信息分享源,有关货物运送状态信息的分享有利于顾客预先做好接货以及后续工作的准备。

2.运输车辆运行管理

对运输作业中的车辆进行管理,主要通过定位系统,确定车辆在路网中的位置,可以及时调配车辆,快速满足用户需求,避免车辆完成运输任务后放空。

应用全球定位系统(GPS)、地理信息系统(GIS)、地面无线通信系统和定位信息处理等可以实现对运输车辆的在途查询。

3.现代物流实时跟踪管理

现代物流实时跟踪管理综合了货物跟踪管理与车辆运行管理的功能,可以为客户提供增值物流服务。它对物流作业中各种实时信息进行采集、存储、传输、分析和处理,可以实现货物在途情况与车辆运行情况实时跟踪。

(二)运输管理信息系统的目标和特点

1.目标

(1)实现运输作业流程标准化、统一化。

(2)实现运输作业信息高度透明化。

(3)降低空驶率,提高运载效率。

(4)对货品进行全程跟踪。

2.特点

(1)运输管理信息系统是基于网络环境开发的支持多网点、多机构、多功能作业的立体网络运输软件。

(2)运输管理信息系统是在全面衡量、分析、规范运输作业流程的基础上,运用现代物流管理方法设计的先进、标准的运输软件。

(3)运输管理信息系统采用先进的软件技术实现计算机优化辅助作业,特别是对于机构庞大的运输体系,此系统能够协助管理人员进行资源分配、作业分配、路线优化等操作。

(4)运输管理信息系统与现代信息采集技术及物流技术无缝连接,在基于条码作业的系统内可以实现全自动接单、配载、装运、跟踪等。

二、运输管理信息系统的业务流程

不同的运输方式,其业务流程是不同的。而在这些方式中,公路运输是基础的运输方式,因此,运输管理信息系统以公路运输管理信息系统为主。

公路运输业务流程如图 8-1 所示。

公路运输的总体业务流程是:客户服务中心受理托运申请单,录入运输单并确认;调度部门针对已确认的运输单进行调度派车、打印派车单;司机上门装货,并确认装车、签订

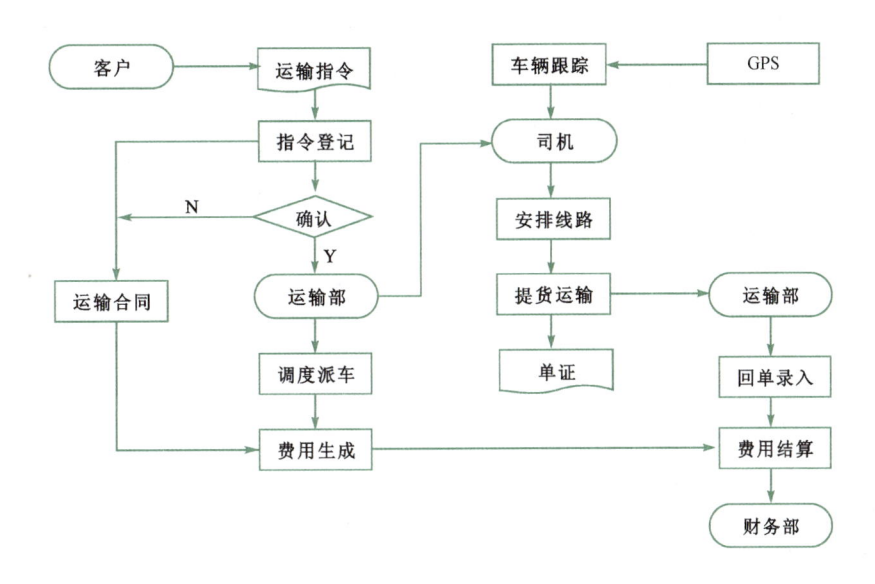

图 8-1　公路运输业务流程

运输合同、打印装车单；确认在途，系统进行跟踪，随时向客户提供车辆的运输情况；运输完成后，进行回单确认，财务结算运费；财务向客户收取运费。

运输管理信息系统的总体流程如图 8-2 所示。

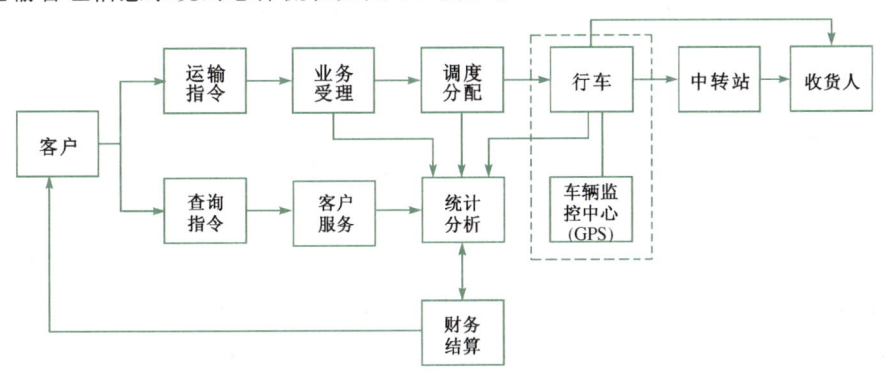

图 8-2　运输管理信息系统的总体流程

三、运输管理信息系统的功能结构

运输管理信息系统的功能主要包括基础信息管理、运输调度管理、运力资源管理、运输过程管理、运输费用管理、查询统计分析等，如图 8-3 所示。

(一)基础信息管理

基础信息管理的功能是完成以下信息的管理。

1. 承运商信息

系统提供承运商基础资料维护以及运价体系维护的功能，并包括承运商所拥有的运输工具和车型，可对承运商进行运输里程数和流量的分析统计。

```
          运输管理信息系统
   ┌────┬────┬────┬────┬────┬────┐
  基础  运输  运力  运输  运输  查询
  信息  调度  资源  过程  费用  统计
  管理  管理  管理  管理  管理  分析
```

图 8-3　运输管理信息系统的功能结构

2. 运输工具信息

系统提供增加、删除运输工具及其类型的维护功能，其中运输工具类型包括实际车型类和虚拟车型类，可提供相关调度人员进行预装车或多载。系统还提供车辆信息查询等功能。

3. 司机信息

系统提供司机基本信息维护以及和运输工具间的关系维护等功能。

4. 区域和场所信息

定义运输装卸地的信息、城市、省份、地区等基础信息。

5. 运输路径、运输时间信息

系统提供自动将两点合并成路径的功能，并可根据路径设置结算里程数。可以建立、修改、删除运输区域或运输路线中路径节点信息，主要包括运输路径名称、起止地、里程数、运输时间、报价等，还可根据客户的需求增加基本路桥费用、路线主要约束条件等，为未来运输成本核算积累基础数据。

(二)运输调度管理

运输调度管理是对调度计划、派车单等的管理，实现对所有可以调度的运输工具（包括自有和协作车辆以及临时车辆）的实时调度管理。

1. 运输计划

根据运输配送要求，将相关的运输任务进行分拆和合并，这就产生了运输计划。分拆包括数量分拆和卸货中转分拆。系统根据运输任务单的初步处理，产生相关列表信息供调度人员进行拼载调度。相关信息包括：到货时间、目的地以及卸货地、货物重量和体积、运输工具车型、载重量和体积等。

2. 计划任务调度管理

调度员在系统里查看所有未经调度或指定条件的订单，根据客户要求、各个订单的发运与到达信息、运力状况、车型等，对客户订单进行安排，统筹安排运输资源，合理分配运量。

根据调度结果，在系统中生成行车单。按照安排好的运输计划分别在规定时间内准备合格的车辆，并及时反馈备好车辆的相关信息（司机、车牌号等）。

若客户对订单的既定运作计划要求得到信息反馈，调度员负责将相关信息提供给客户。调度完毕以后，根据需要确定是否与提货仓确认。

3. 车辆司机调度

根据运输计划进行车辆和司机的委派与确认，包括自有/委外方式。系统在选择运输工具时会根据当前所属运输区域以及隶属区域的承运商的相关约束条件进行性价比统计排序,供调度人员进行具体车辆的委派和人员确认。相关约束条件包括:路线、报价、承运质量、车型、运输里程数等。

4. 智能调度与运输任务自动配载

运输管理信息系统提供用户可选的"智能调度与运输任务自动配载"优化模块,帮助客户进行全方位的运输计划任务管理与分配。"智能调度与运输任务自动配载"优化模块能够基于平均运输时间和最低运输成本两个变动指标的最优化,达成运输计划与车辆需求的最优化结构,从而实现路径最短、时间最短、成本最低、客户满意度最高的目标。

(三) 运力资源管理

该系统实现车辆管理、车辆维修管理、保险理赔、委外管理等功能。

1. 车辆管理

(1) 车辆信息管理。系统中设置车辆的牌照、车辆型号、载重量、容积、司机姓名等信息,可以看到每辆车每天的出车记录(出车日期、客户名称、工作内容、吨位、单价、目的地、合同金额、已付金额、驾驶员、驻勤补助、出差补助、出车小时、运行公里、此次出车工资、搬动费用、其他费用),并生成派车单。

(2) 车辆状态管理。系统可以显示出车车辆、待命车辆、维修车辆的信息。通过车辆管理模块,用户可以进行添加、查看、修改、查询及报废、故障等处理。同时系统支持对车辆进行年检审、保养、保险期限的预设,并提供相关信息。

(3) 车辆油耗/定额油耗管理。系统提供对于自有运输车辆在运输过程中的油耗维护,以及对于定额油耗的设置。未来可根据客户需求,对于实际油耗和定额油耗进行预警提示,并可根据需求将此部分数据导入财务系统中以方便运输成本核算。

(4) 司机档案管理。司机档案管理主要是维护司机基本信息,并对司机的业绩、经费等进行统计查询,包括司机考勤管理等。建立基本信息档案,可以跟踪驾驶员是否出车、车辆位置等情况。基本信息包括姓名、联系方法、住址、驾驶执照编号等内容。

(5) 司机考勤管理。该功能主要实现管理司机姓名、营运车日、完好车日、工作车日、车班、车次、货运量、周转量、全行程、重车行程、运费、燃料消耗、轮胎消耗、材料消耗、行车杂费、维修情况等。

2. 车辆维修管理

(1) 车辆维修管理主要反映车况变化及修理情况,登记每台车辆的维修日期、维修项目、维修地点、维修费用金额、更换配件名称、维修时间等。通过车辆基本信息和修理记录,公司对每台车的情况了如指掌。

(2) 保养管理包含的内容有车辆、车属单位、司机、车型、起始日期、终止日期、保养级别、使用工时、间隔里程、累计行驶里程、作业内容、保养费用、小修费用、备注、未按计划保养原因等。

3. 保险理赔

(1) 车辆保险管理。系统对于自有车辆或租用车辆,均提供车辆险的维护处理,如第三方责任险等。通过此功能,可以在车辆出险时及时启动保险机制,降低物流运输风险和成本。

（2）车辆保险档案维护。车辆保险信息登记内容为车号、类型（正常、加保、退保）、保单号码、保险开始日期、保险终止日期、第三方责任险、车上座位险、车上货物险、玻璃险、自燃损失险、盗抢险、不计免赔特约险、保险合计、保险公司代码、签单日期等。

（3）车辆保险费管理。它包含的内容有车辆类型、车号、保险期限、保险费明细、合计、备注等。

（4）保险索赔记录。对保险索赔后的情况进行记录，并记录与保险公司发生保险业务的状况，主要内容有事故日期、司机、车号、责任、索赔金额、所属保险公司、批转日期、批转金额、返还比例、返还金额、余额、备注。

4.委外管理

在委外业务中，会有和承运商签订临时合约的情况，即按单合约，系统也提供对此业务的维护、审核和跟踪，并可对此业务的价格进行维护，方便费用结算。

（四）运输过程管理

运输过程管理可以实现货物在途情况与车辆运行情况实时跟踪以及货物到达后的签收、回单，对车辆、人员的回归登记等功能。

1.提货

系统提供进库实际装车操作，包括装车后的实际数量、装车时间的信息，并提供和仓管人员进行货物确认以及交接单确认工作的情况。

2.状态跟踪

提供订单、运输任务单、运输计划以及运输工具等条件组合查询，显示运输工具（车辆）、订单的当前状态，以及可用运输工具列表，并提供与GPS系统和短信平台的接口。

3.在途跟踪

在途车辆的跟踪，可以通过集成GPS/GIS来实现，也可根据电话、短信等方式及时了解并记录车辆位置和状况，如正常行驶、故障、中途卸货、出险等。调度中心通过此模块可以和司机随时进行信息交互，即调度监控货物信息，司机可以及时反馈车辆在途动态。

4.签收、回单

货物送达客户处，客户进行签收。车辆返回物流中心进行回车确认后，司机将所有签收单据交付公司，包括客户签收单据及在整个运输过程中产生的其他单据。录入系统时，若回单数量和送货数量不一致，系统会警示并提示输入原因。

5.车辆、人员回归

当天发车司机在每次运输任务完成后，在没有其他任务的情况下，进行车辆和人员的回归登记，车辆和人员状态自动转换为"待发运"状态，方便下次的调度作业。

6.安全管理

对车辆发生事故时的状况进行记录，包含司机、车号、车型、日期、时间、天气（晴、雨、雪等）、等级（轻微、一般、重大、特大）、责任（全责、主责、双责、次责、非责）、经济损失、事故经过、勘察人员、结案时间、快报时间、分析会时间、事故处罚时间、公司垫付事故费、清还时间、经手人、备注等内容。伤亡情况记录内容有姓名、性别、年龄、伤亡情况（轻伤、重伤、死亡）、单位或住址。

(五)运输费用管理

运输费用管理实现对运输业务所发生费用的管理,包括费用登记发票制作,实收、实付的确认和核销,并可生成各种财务分析报表。

1. 费用结算设置

费用类型维护,包括运费、维修费、配件费用、罚款费用等内容。

2. 费率、报价设定

(1)记录实际需要收取的费用。结算员与客户进行对账,并修订相应订单应收金额;待客户确认应收金额无误后,即开具运输发票提交客户,并确认系统实收金额,同时进入财务收款流程。

(2)结算人员可按单或按月以及阶段性与合作方进行费用结算。系统支持按单结算或批量结算,结算后产生的费用清单可给合作方或其他需求方。清单内容包括:客户代号、客户名称、金额、收费项目明细、核算人、审核人、收款人、收款日期、收讫标记等。

3. 实付管理

记录实际支付的费用情况,主要包括付款对象、付款类型、金额等。

4. 客户账户管理

提供客户账务报表,对有欠款的客户,在接受新订单时提示是否接受。其主要包括客户名称、合同号、车次、日期、费用类型、金额、欠款情况等内容。

(六)查询统计分析

该系统可以实现各种业务信息(如发货量、收入、利润、应收款、各种单据等)的查询,可以完成发货汇总、订单统计、运输计划统计、车辆跟踪统计、利润等的统计分析并生成各种相应的统计报表。

第二节 国际货运代理信息系统

一、国际货运代理信息系统概述

(一)国际货运代理业务简介

所谓国际货运代理(简称国际货代)业务,是指接受进出口货物收货人、发货人的委托,以委托人的名义或者以自己的名义,为委托人办理国际货物运输及相关业务并收取服务报酬的行业。

货代企业可以作为代理人从事国际货运代理业务,接受进出口货物收货人、发货人或其代理人的委托,以委托人名义或者以自己的名义办理有关业务,收取代理费或佣金;也可以作为独立经营人从事国际货运代理业务,接受进出口货物收货人、发货人或其代理人的委托,签发运输单证、履行运输合同并收取运费以及服务费。

货代企业在合法的授权范围内接受货主的委托并代表货主办理订舱、仓储、报关、报检、保险、转运以及货物交接、调拨,货物的监装、监卸,集装箱拼装拆箱,国际多式联运,除私人信函外的国际快递,编制有关单证,交付运费,结算、交付杂费等业务。

随着信息技术的发展和企业信息化水平的提高,国际货运代理信息系统的运用为国际货运代理企业快速发展提供了支持,有助于提高国际货运代理企业的服务水平和竞争力。

(二)国际货代管理系统的特点

一套优秀的货代管理系统不但可以出色地完成货代业务所有信息的管理和维护,提供对运输工具的调度管理,对货物进行实时跟踪,而且能够实现数据的一致性,使各系统高效地共享数据,提高工作效率,从而增加货代企业的经济效益。

国际货代管理系统为客户建立了信息系统,覆盖业务、管理和企业战略发展三个层面,其产品和解决方案的重点是为船东、船代、货代、第三方物流企业、运输企业、仓储企业等提供服务,并延伸至货主企业的物流部门(包括制造业、供应商和零售商等)。系统架构首创了"十字平台"处理模式,即面向企业业务全过程的供应链管理的纵向平台和面向企业一体化运作的资源整合的横向平台。该模式既适用于企业现有的业务运作与经营管理,又可推动企业向专业化、规模化的现代物流企业的转型。

二、国际货运代理的业务流程

典型的国际货运代理的业务流程如图 8-4 所示。

图 8-4 国际货运代理的业务流程

国际货运代理的业务流程分为整箱业务和拼箱业务两种流程:

1.整箱业务流程

货代公司建立客户整箱托运单,再根据托运单进行整箱订舱,安排汽车在客户货物所在地进行装车,并委托货代代理报关,等集装箱装上船以后再和货代公司核对提单,最后付款收提单。

2.拼箱业务流程

发货人自己负责将货物运至货运站,货代根据货主的资料建立拼箱客户托运单并进行备箱、配箱、装箱等工作,之后货代公司再根据拼箱配载单资料安排船期订舱,并委托货代代理报关,等拼箱货装上船以后货代再向目的港代理制作提单,并通过它把单票货物交给各个收货人,最后付款收提单。

三、国际货运代理信息系统的功能结构

国际货运代理信息系统是对托运单、操作单、提单、财务结算等进行分析和处理的管理信息系统。典型的国际货运代理信息系统的功能结构包括货运出口管理系统、货运进口管理系统、销售管理系统、费用管理系统、决策支持系统,如图 8-5 所示。

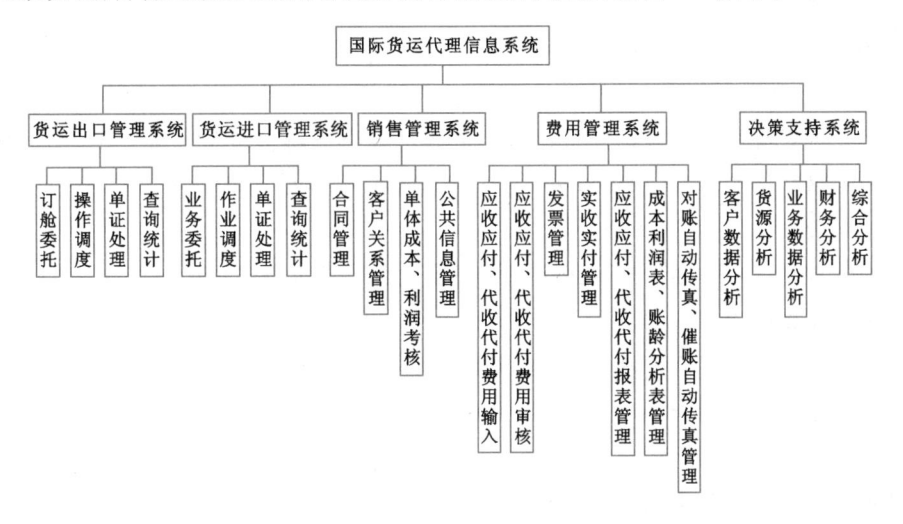

图 8-5 国际货运代理信息系统的功能结构

(一)货运出口管理系统

货运出口管理系统可以完成对国际货运代理企业的海、空出口业务的操作与管理,即接单、制单、订舱、提单签发、费用登记确认等业务流程的管理。其主要功能包括:

1. 订舱委托

接受客户的委托,及时订舱,自动生成委托书。该模块的输入信息是后续操作的基础。

2. 操作调度

完成整箱、拼箱的装箱操作以及集装箱的箱单制作。该功能还可实现安排仓储计划、运输计划等操作。

3. 单证处理

实现提单的制作签发、保管单据的流转及跟踪管理、单据格式的自定义等功能。

4. 查询统计

实现对运箱量、集装箱及提箱信息、费用信息、操作记录以及操作状态等信息的查询统计。

(二)货运进口管理系统

货运进口管理系统可以实现对国际货运代理企业的海、空进口业务的操作与管理,即接单、制单、报关、费用登记确认等业务流程的管理。其主要功能包括:

1. 业务委托

接受客户的委托,对进口货物信息进行登记、查询、跟踪,并输入各项费用。

2. 作业调度

提单及其他单据的管理、运输安排以及拼箱进口的分拨。

3. 单证处理

实现小提单、运输委托单以及费用流转清单的制作。

4. 查询统计

实现对业务量、费用信息以及其他信息的查询统计。

(三)销售管理系统

销售管理系统可以完成国际货运代理企业对客户资料、信用度、客户报价等的管理，进行销售人员业绩的考核、运价等公共信息的维护。其主要功能包括：

1. 合同管理

合同管理是指对合同信息的维护以及根据客户要求进行最优报价处理。

2. 客户关系管理

客户关系管理是对客户基本信息、联系信息、服务信息等信息的维护，如客户信息的添加、修改、删除及查询。

3. 单体成本、利润考核

这是对销售人员的支出成本和利润进行统计分析。

4. 公共信息管理

公共信息管理实现对公开运价、船期等公共信息的维护。

(四)费用管理系统

费用管理系统可以完成国际货运代理企业对整个物流系统中各相关业务的财务信息的收集、审核、管理。其主要功能包括：

1. 应收应付、代收代付费用输入

这是指输入、修改报关、仓储、运输等业务所产生的各项应收应付、代收代付费用。

2. 应收应付、代收代付费用审核

这是指对各项费用进行审核。

3. 发票管理

实现发票的制作、打印、查询等。

4. 实收实付管理

实现实收实付费用的登记、审核、销账。

5. 应收应付、代收代付报表管理

实现各种应收应付、代收代付报表的制作、生成、打印。

6. 成本利润表、账龄分析表管理

实现成本利润表、账龄分析表的制作、生成、打印。

7. 对账自动传真、催账自动传真管理

可以自动生成传真文件。

(五)决策支持系统

决策支持系统能对国际货运代理企业的实际业务情况、经营情况及客户情况做出科学合理的评价。其主要功能包括:

1. 客户数据分析

该功能完成对客户资源、客户忠诚度、客户信用度的分析。通过客户资源分析确认潜在客户以减少企业的无效开支;通过客户忠诚度分析确认忠诚度比较低的客户,以制定合理的措施进行补救;通过客户信用度分析获得该客户的真实信用度,以减少资金的风险性。

2. 货源分析

通过货源分析,合理选择货源,开发具有高附加值的货源。

3. 业务数据分析

实现业务量分析、操作和服务质量分析、KPI指标分析、业务跟踪查询分析等。通过业务量分析,可以对销售人员的业务量进行考核与对比分析;操作和服务质量分析用于计算差错率、任务按时完成率等指标,以便掌握操作与服务的质量;KPI指标分析用于计算完美订单完成率、准时订单完成率、订单破损丢失率等指标;业务跟踪查询分析用于货物跟踪查询、业务执行情况查询等。

4. 财务分析

完成成本利润分析和财务数据分析等。成本利润分析可以对各部门、销售人员进行业绩考核与对比分析;财务数据分析可以完成各类财务数据(如应收账款、销售额等)的统计分析。

5. 综合分析

完成物流业绩效果评估等综合分析。

第三节 船舶代理信息系统

一、船舶代理业务概述

船舶代理是指船舶代理机构或代理人接受船舶所有人(船公司)、船舶经营人、承租人或货主的委托,在授权范围内代表委托人(被代理人)办理与在港船舶有关的业务、提供有关的服务或完成与在港船舶有关的其他经济、法律行为的代理行为。而接受委托人的授权,代表委托人办理与在港船舶有关的业务和服务,并进行与在港船舶有关的其他经济、法律行为的法人和公民,则是船舶代理人。

船舶代理企业可以接受与船舶营运有关的任何人的委托,业务范围非常广泛。它既可以接受船舶公司的委托,代办班轮船舶的营运业务和不定期船舶的营运业务,也可以接受租船人的委托,代办其所委托的有关业务。由于船舶的营运方式不同,而且在不同营运方式下的营运业务所涉及的当事人又各不相同,各个当事人所委托代办的业务也有所不同,因此,根据委托人和代理业务的不同,船舶代理可分为班轮代理和不定期船代理两大类。

在班轮代理的实务中,代理人办理订舱、收取运费,为班轮船舶制作运输单据,代签提单,管理船务和集装箱,代理班轮公司就有关费率及班轮公司营运的事宜与政府主管部门和班轮公会进行合作。总之,凡班轮公司自行办理的业务都可通过授权,由船舶代理人代办。班轮公司为使自己所经营的班轮运输船舶能在载重和舱容上得到充分利用,力争做到满舱、满载,除了在班轮船舶挂靠的港口设立分支机构或委托总代理人外,还会委托订舱代理人,以便广泛地争取货源。

订舱代理人通常与货主和货运代理人有着广泛和良好的业务联系,因而能为班轮公司创造良好的经营效益,同时能为班轮公司建立起一套有效的货运程序。

相对于班轮代理而言,另一种代理方式称为不定期船代理,其业务也很广泛,如代表不定期船船东安排货源、支付费用、进行船务管理、选择、指派再代理人并向再代理人发出有关指示等。

无论是班轮代理还是不定期船代理,其代理业务都是一项范围相当广泛的综合性业务,一般可归纳为以下几个方面:

1. 船舶进出港口服务

其主要工作包括:办理船舶进出港口和水域的申报手续;安排引水、泊位;办理有关海关、港监、边检对进出港船舶要求的手续;办理有关检疫的手续,主要包括卫生检疫、灭鼠消毒、预防接种、进出口动植物和商检检疫等手续;进行船舶动态跟踪等。

2. 组织货运、客运及相关服务

其主要工作包括:代签提单、运输合同,代办订舱业务;办理货物的报关手续;承揽货物、组织货载,办理货物、集装箱的托运和中转;联系安排装卸货物,跟踪装卸情况;办理申请理货及货物监装、监卸、衡量、检验;办理申请验舱、熏舱、洗舱、扫舱的手续;洽谈办理货物理赔、代收代付款项,办理船舶速遣费与滞期费的计算与结算;代售客票、办理乘客上下船舶的手续等。

3. 集装箱管理服务

其主要工作包括:办理集装箱的进出口申报手续;联系安排装卸、堆存、运输、拆箱、装箱、清洗、熏蒸、检疫;负责集装箱的建造、修理和检验;办理集装箱的租赁、买卖、交接、转运、收箱、发箱、盘存,签发集装箱交接单证等。

微课:集装箱码头系统

4. 船舶及船员综合服务

其主要工作包括:负责船舶检验、修理、油漆、熏蒸、洗舱、扫舱以及淡水、饮食、物料等供应和船舶备件的转递;办理船员登岸及遣返手续;洽购船用物资;代办船员护照、领事签证;联系申请海员证书,安排船员就医、调换、遣返、参观旅游、交通车或船接送;申请银行服务;关注港口运作情况、政府政策规定及当地市场信息的咨询服务等。

二、船舶代理信息系统的业务流程

船舶代理信息系统的业务流程如图 8-6 所示。

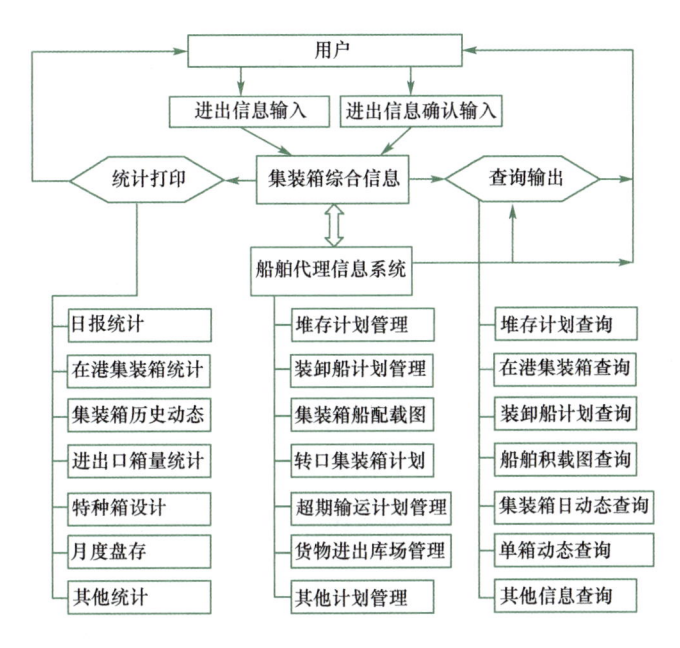

图 8-6　船舶代理信息系统的业务流程

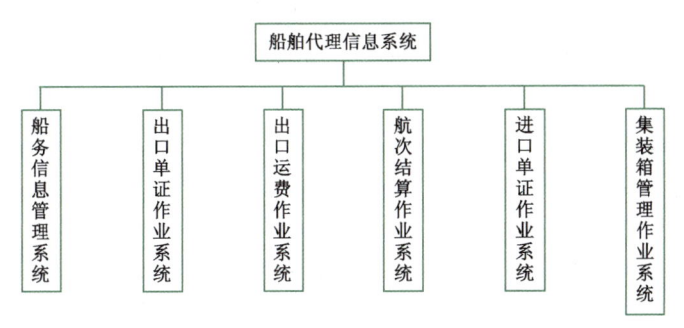

三、船舶代理信息系统的功能结构

船舶代理信息系统主要包括六个业务子系统以及必不可少的财务系统接口，其中六个业务子系统分别为船务信息管理系统、出口单证作业系统、出口运费作业系统、航次结算作业系统、进口单证作业系统、集装箱管理作业系统，如图 8-7 所示。

图 8-7　船舶代理信息系统的功能结构

(一)船务信息管理系统

船务信息管理系统是对船舶的进出口申报、船舶委托方、船舶装卸货、船舶的各种动态、船舶基础资料及有关船舶的各种数据进行管理的综合信息管理系统。

1. 船舶资料管理及委托方管理
(1) 登记、管理委托方基本信息资料;
(2) 登记、管理船舶规范、船舶基本资料;
(3) 登记预抵船舶的船名、航次、船舶所载货物信息、船舶委托方。

2. 委托确认
对委托单位的船务委托信息进行确认,可采用两种方式:按 E-mail 和按 Fax 方式来制作委托确认单。

3. 船舶计划调度
登记需靠泊的船舶资料,如船舶基本航次信息、船员资料、备用金额等,并实时调度当前船舶状态(预抵、锚地、靠泊、离港)。

4. 制作到港申报单
(1) 根据靠泊船舶资料生成各种申报单据,如进出口申请书、货物申报单、船员申报单、船用物品申报单、危险品申报单等。
(2) 向委托方生成并发送通知单,如到港通知单、靠泊通知单、船舶通知单等。

5. 船舶报表管理
(1) 船舶动态表:根据当前船舶状态按照锚地、靠泊等状态生成在港船舶动态表。
(2) 装卸货通知单:根据船名、航次向委托方发送装卸货通知,办理相关手续及作业。

(二) 出口单证作业系统

在海运的过程中,从办理货物托运手续开始,到货物装船、卸船,直至货物交付的整个过程,都需要编制各种单证。这些单证是货方(包括托运人和收货人)与船方之间办理货物交接的证明,是货方、港方、船方等有关方面之间从事业务工作的凭证,也是划分货方、港方、船方各自责任的必要依据。

出口单证作业系统是用于处理船舶代理出口单证业务的软件系统,该子系统具有对船舶代理业务中可能发生的各种出口单证进行处理的功能。

1. 制订船期计划
在制订船期计划的过程中,由计划部门制订船期表,管理委托方船公司需靠泊的船名、航次,提供给业务部门,业务部门根据船名、航次完成出口订舱配载、船务管理、港口费结算等业务功能。

2. 接受货主委托
根据货主托运信息,制作委托单。所谓委托单,是指由货主根据买卖合同和信用证的有关内容向船公司办理货物运输的书面凭证(在这里是由船舶代理公司为船公司代为办理的)。经船舶代理公司与货主对该单签认后,根据船期表和舱位情况决定是否接受,如果接受,录入委托单,包括船名、航次、提单号、发货方、收货方、托运信息、货物等相关信息。

3. 确定装箱方式
根据实际的业务操作,装箱方式分为整箱装箱和拼箱装箱两种,整箱装箱方式,是海运业务中的主要装箱方式。所谓整箱装箱方式,是指由货主负责装箱,填写装箱单,并添加海关铅封,习惯上整箱货只有一个托运人和一个收货人。也就是说,一票提单号装有一个或多个集装箱货物。该模块还能根据委托单的预配箱量进行自动配箱,当箱型为特种箱时,可输入特种箱信息。拼箱装箱方式是指由集装箱货运站负责装箱,填写装箱单,并加海关铅封,习惯上拼箱货涉及几个托运人和几个收货人。也就是说,一个集装箱内装入多票提单货物。

实际中要根据委托方实际订舱情况(整柜或散货)来确定装箱方式。

4. 运费数据录入

提单是用以证明海上货物运输合同和货物已经由船方接受或者装船,以及船方保证据以交付货物的单证。所以,提单具有货物收据、物权凭证和运输合同证明的功能。因此,在运费数据录入的时候,可根据业务提单号按照实际发生的费用录入各种费用名称、金额、币种及付款方式等,然后提交商务部门进行费用审核及结算。

5. 其他作业操作

根据委托方实际业务要求,还需要处理其他方面的一些业务操作,例如:

(1)转船重配:将出口货物按照提单号更改船名、航次,输入新的船名、航次。

(2)退关:将不能出口的货物按提单号或集装箱号码登记进行退关作业,办理货物退关手续。

6. 单证打印

该系统支持用户自定义及打印业务单证,主要包括预配清单、提单、托运单、装箱清单、运费舱单、随船舱单、其他业务单证等。

(三)出口运费作业系统

出口运费作业系统主要用于以船代为主的代理业务中出口费用的处理。该系统具有对海运代理业务中可能发生的各种费用情况进行处理的功能。

1. 运费数据录入

按照船名、航次录入业务单证所发生的应收及应付海运费、包干费等费用,同时提交给审核人员审核。

2. 运费数据审核

根据商务人员录入的应收应付数据进行费用审核,然后根据审核后的运费数据制作费用发票。

3. 发票管理

根据运费数据生成相应的运费发票,分为手工生成、向导支持两种操作模式。同时对已生成的发票进行打印、入账、冲销、作废等处理。

4. 费用核销

(1)根据发票数据核销各种应收海运费及其他包干费用,分为单笔核销和批量核销两种操作模式。

(2)核销应付船公司的海运费用,分为单笔核销和批量核销两种操作模式。

(四)航次结算作业系统

航次结算作业系统主要是用于船舶代理企业进行船舶往来费用分配、船舶费用输入、船舶代理费和杂费计算、船舶使用费结算及账单打印和相关查询,完成航次结算的全部业务流程。

1. 费用录入

按照船名、航次录入船舶靠泊所发生的港口费用，分为按收费方录入和按船名、航次录入两种方式。

2. 费用汇总

将各种港口使用费按费用编码及收费方汇总，并将汇总后的数据根据船名、航次生成凭证数据，导入到财务系统中。

3. 制作费用账单

（1）账单制作：按照船名、航次生成代理费账单、杂费账单、航次账单，并提供打印等功能。

（2）备用金管理：可以按照委托方式预收港口使用费备用金，并生成相应的备账凭证。

（五）进口单证作业系统

进口单证作业系统是用于处理船舶代理进口单证业务的软件系统，该子系统具有对船舶代理业务中发生的各种进口单证业务进行处理的功能。业务功能与"出口单证作业系统"类似。

该系统主要负责进口单证编辑、维护和制作，进口单证业务中提货单审核、签发，进口运费登记、维护，进口运费发票制作和管理等。

（六）集装箱管理作业系统

船舶代理的业务不但包括对集装箱船舶的管理，还需要对船舶公司的集装箱进行管理。这部分业务主要包括集装箱的发放、提运、检验、装载、交接，以及集装箱空箱调运及其跟踪管理等，以提高集装箱利用率、降低配箱率，从而取得较好的经济效益。

集装箱管理作业系统是用于集装箱动态管理的软件系统。该系统具有对集装箱动态管理中可能发生的各种业务情况进行处理的功能。系统提供了强大的查询和统计报表功能，用户可按各种组合条件对所需数据进行处理；系统基于大型数据库，运行速度快、数据安全性高。

1. 制定船期

由计划部门制定船期，管理委托方船公司需靠泊的船名、航次，提供给业务部门，业务部门根据船名、航次完成出口订舱配载、船务管理、港口使用费结算等业务功能。

2. 集装箱动态管理

解决集装箱空箱调运问题的首要条件是公司对集装箱的动态有着全面及时的了解，而随着国际集装箱运输的快速发展，需要的集装箱数量也越来越多，集装箱的流动范围也更为广阔，集装箱的跟踪管理面临更大的挑战。

在集装箱管理作业系统的操作中，按照船名、航次录入动态信息，可以分为两种操作模式：单箱的不同动态录入和批量箱的同一动态录入。该系统还可以支持集装箱动态的转换，根据箱号检索集装箱动态信息，进行动态切换。

3. EIR（设备交接单）管理

（1）登记、处理进出口设备交接单，将集装箱基本信息转入系统中；

（2）支持查询、打印各种设备交接单格式。

4. 堆场费用管理

目前,各种系统对集装箱进行管理已由初级阶段的动态控制、"跟踪管理"发展到高级阶段的编目控制、动态业务管理。利用该系统可掌握堆场费用的各种信息,进行如下操作:

(1)按时间段查询统计应收进出口滞期费;

(2)按提单号生成进出口滞期费账单,同时对已付费用、滞期费可以进行追踪查询;

(3)按照时间段统计出各经营人的堆存费,并可保存成 Excel 文件格式提供给经营人。

第四节 快递管理信息系统

一、快递管理信息系统概述

(一)快递及快递管理信息系统的概念

物流服务需求的多样化及服务需求的不断提高,促进了高质量快速物流服务市场的发展,快递业应运而生。

快递又称速递、快件或快运,是物流的一种形态。快递物流的核心要素是一种门到门的个性化物流服务,更重视速度。为了"快",它必须综合运用各种运输方式(以航空为主,配合地面公路中转、派送),辅以网络化的区域机构。快递主要面向散单,其特点是物流数量相对较少、品种多、经过的中间环节多。

快递管理信息系统(Express Management Information System)是以快递业务的运单为核心,对从收件到派送回单的整个流程、财务结算(成本、代理结算、应收应付、收款、审核等)、客户服务(网上查单、电话语音服务、个性化定制服务等)等进行信息化处理。

(二)快递管理信息系统的目标

快递公司为了扩大自己的业务范围,对未来提供预测,为决策提供更进一步的科学依据,需要实现无纸化办公及加强供应链管理和实现数字化管理,以便更好地管理公司内部的物流、资金流和来自各方面的信息流等要素。快递管理信息系统的主要目标如下:

1. 能够实现业务的动态性和地域的分布性

每一份运单的状态都是实时变化的,从收件开始经历了多次中转、报关、派件、回单、收款等过程。

地域的分布性包括两层含义:一是用户的分布地域具有不确定性;二是快递企业本身的网络架构服务于分布式的客户。

2. 能够实现数据的动态监控

快递的任何状态点都需要及时地反映到总部,这样,客户才能及时查询快递到了什么地方,总部也可以实时动态地监控快件状态。

3. 能够提供多样化的服务

考虑到客户不同的要求，快递需要对客户提供全方位的服务体系。服务包括电话、传真、E-mail、呼叫中心、短信服务、网上查询等方式。

4. 能够实现物流、资金流、商流和信息流的高度统一

信息流伴随着整个业务的流转过程，控制各种流就是对业务的动态控制。

二、快递管理信息系统的业务流程

快递业务包括国内快递和国际快递业务，这里介绍国内（省域）快递业务运作流程，如图8-8所示。

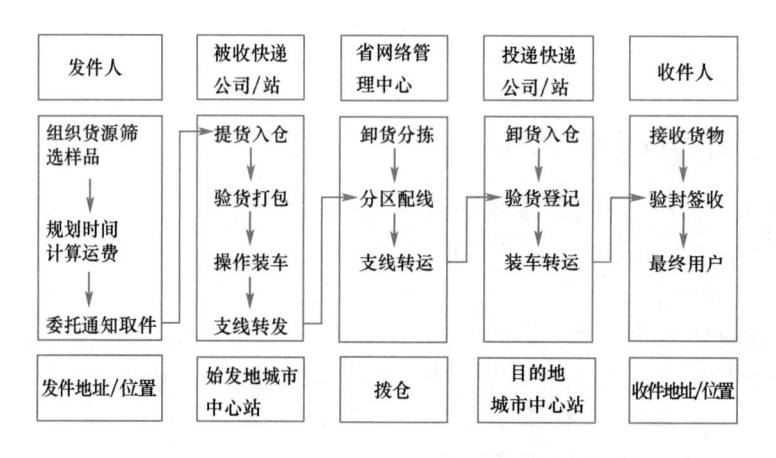

```
发件人          被收快递      省网络管      投递快递      收件人
               公司/站       理中心        公司/站

组织货源筛     提货入仓      卸货分拣      卸货入仓      接收货物
选样品          ↓            ↓            ↓            ↓
  ↓           验货打包      分区配线      验货登记      验封签收
规划时间        ↓            ↓            ↓            ↓
计算运费       操作装车     支线转运      装车转运      最终用户
  ↓             ↓
委托通知取件   支线转发

发件地址/位置  始发地城市    拨仓         目的地        收件地址/位置
               中心站                     城市中心站
```

图8-8 国内（省域）快递业务运作流程

三、快递管理信息系统的功能结构

快递管理信息系统从功能上可以管理日常办公、文件流转、业务单、客户、合作公司信息、报价、应收（应付）账、各种业务流数据分析及资金流数据分析、通信等。系统可采用友好操作界面，并在分析报表时采用多种条件、多种形式报表（包括明细和汇总分析）和图形分析。在通信方面利用Internet，在数据处理上采用大型数据库，数据的容量及运行速度均能满足需求。

快递业务的核心是邮件（快件/运单），所有业务的处理都围绕运单展开。整个系统可以抽象成一条业务主线、两条辅线和两个业务平台，分别是：以运单为中心的核心业务系统，以客户为中心的客户服务系统，以决策为目的的领导决策支持系统，办公自动化平台和电子商务平台。快递管理信息系统总体功能如图8-9所示。

主要功能模块说明如下：

（1）资料管理：主要是对客户、代理委托关系、城市、人员信息的管理。

（2）价格管理：对底价及报价的管理。

（3）运单管理：对客户的业务需求信息进行记录和传递，通过电话、传真等多种形式由营销人员转达；运单管理可以补录运单信息中变化和缺少的信息，签收及进行图像处理，

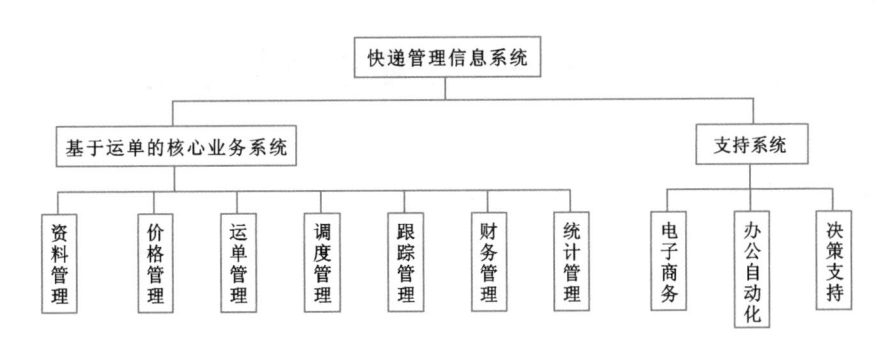

```
                        快递管理信息系统
          ┌─────────────────┴─────────────────┐
    基于运单的核心业务系统                  支持系统
  ┌──┬──┬──┬──┬──┬──┬──┐            ┌──┬──┬──┐
 资 价 运 调 跟 财 统          电  办  决
 料 格 单 度 踪 务 计          子  公  策
 管 管 管 管 管 管 管          商  自  支
 理 理 理 理 理 理 理          务  动  持
                                      化
```

图 8-9　快递管理信息系统总体功能

签单返还，结算账单，结算反馈。

(4)调度管理：通过将运单按运输属性编配到相应的集约运输链路中，并指挥场站为这些运输链路的组成进行场地和取派作业，是运单信息与货物操作的管理衔接点。其主要安排运单的收/发件、车辆运输、航空飞机的业务管理等。

(5)跟踪管理：对运单状态的跟踪及回单的确认管理。

(6)财务管理：对应收/应付、发票、对账单、收/付款及核销的管理。

(7)统计管理：对运费报表、运量统计、运量分析等的管理。

(8)电子商务：基于 Internet 的订单系统和查询系统。

(9)办公自动化：提供收发文、通知会议等办公处理功能。

(10)决策支持：提供多种分析、不同决策过程和不同决策类型的支持功能。

职业道德与素养

快递员的职业道德

我们从媒体上有时能看到个别快递员偷拿客户的商品或调换快递物品的报道。此类现象发生势必会造成恶劣的影响，造成人们对快递行业的不信任，也不利于快递行业的健康发展。

快递员：一方面缺乏职业道德，没有认识到作为快递员的责任意识，没有真正理解作为服务人员的重要性。另一方面法律意识缺失，不了解《消费者权益保护法》《劳动合同法》。

快递公司：一方面招聘不严格，很多快递公司只注重发展速度和规模，过于贪大求快，却忽略了对快递员本身品质的掌握，并且缺少对快递员后期的专业培训和考核机制，在忙碌中无暇规范快递员。另一方面缺乏有效的管理监督机制，只顾追求眼前的利益，出现问题也视而不见，导致管理失范、约束机制失灵等。

请思考：快递业作为一个高速发展的行业，如何树立快递员良好的职业形象，完善快递行业相关法律，让监督和处罚在阳光下运行？

第五节　第三方物流管理信息系统

一、第三方物流管理信息系统概述

物流活动的当事人涉及物流服务的需求方和物流服务的提供方。物流服务的需求方通常是指生产方和消费方,即产品流通过程的起点和终点,又称为物流的第一方和第二方。物流服务的提供方则是为物流的第一方和第二方提供服务的,因此又称为第三方。

现代意义上的第三方物流是一个相对年轻的行业。恰当的第三方物流的定义如下:在物流渠道中由中间商提供服务,该中间商以合同的形式在一定的期限内专门从事向其他公司提供所有或一定数量的物流服务。大多数第三方物流公司是以传统的"类物流"业为起点的,如运输业、仓储业、海运、空运、货运代理、公司物流部等。

开展第三方物流服务的企业可分为非资产型物流企业和资产型物流企业。非资产型物流企业是指除了计算机设备、网络系统和基本的办公设施、场所以外,不具有自己的仓库、装卸设备和运输工具等"硬件"设施而从事物流服务的企业,此种方式又称为"虚拟物流";资产型物流企业虽然可能不具备开展物流服务所需要的所有的"硬件"设施,但至少拥有其中的一种服务设施,或者拥有船队、车队等运输工具,或者拥有仓库、集装箱堆场、港口等场所。

但是,只是拥有物流相关基础设施还不能满足提供第三方物流服务的需求,因为信息是物流竞争的关键因素,第三方物流企业离开物流管理信息系统是难以获得任何竞争优势的。

物流管理信息系统不仅仅作为一种提供信息、管理信息的工具,通过协助完成物流作业来为第三方物流企业及其客户创造价值,同时,系统本身也能够创造价值。一般来说,采用第三方物流服务的客户的第一利润来自自身核心业务成本的降低;第二利润是由第三方物流公司通过供应链的调整而为其节省出来的成本,事实证明这种做法非常有效;第三利润则是通过加强信息的流通来加快其资金流转的速度产生的,这非常有利于企业利润的获得,在此过程中,第三方物流管理信息系统功不可没。

二、第三方物流管理信息系统的业务流程

(一)第三方物流作业流程

第三方物流公司作为物流服务的提供商,其物流作业涉及制造厂商、原材料供应商、分销商、零售商、消费者等之间的物流活动。因此其信息系统需要涉及从供应方到最终消费者的各个层面。

在物流从供应方到需求方的过程中,一般业务流程需经过入库的配送(货物受理)、入库、在库管理、出库管理、面向需求方的配送五个环节,如图8-10所示。

基于仓储配送的物流中心的入库配送环节首先是货物受理,包括接单、验货、信息输入等;之后进入入库环节,物流管理信息系统要对需入库的货物进行分配、搬运等,将货物

第八章 常用物流信息系统分析

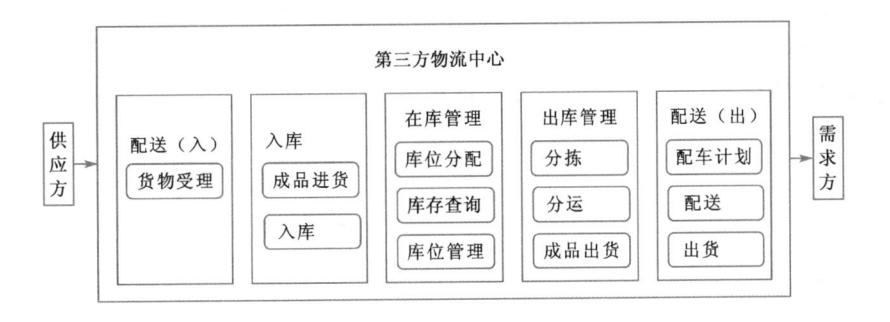

图 8-10 基于仓储配送的第三方物流中心的业务流程

入库;在库管理环节包括库位分配、库存查询、库位管理等过程;出库环节包括分拣、分运、成品出库;配送(送货)环节包括车辆调度、配送计划等流程。

(二)第三方物流管理信息系统的流程

根据上述分析,设计基于仓储配送的第三方物流管理信息系统,其流程如图 8-11 所示。

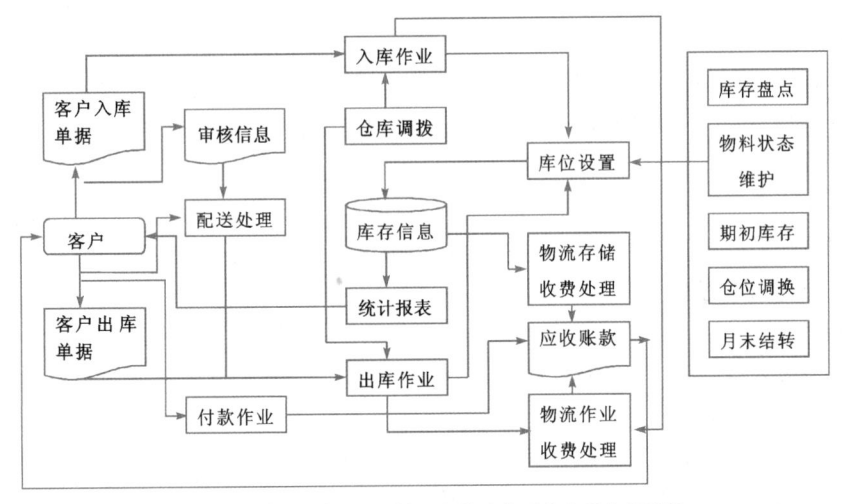

图 8-11 基于仓储配送的第三方物流管理信息系统的流程

三、第三方物流管理信息系统的功能结构

根据上述分析,某公司开发的第三方物流管理信息系统的主要功能模块如图 8-12 所示。

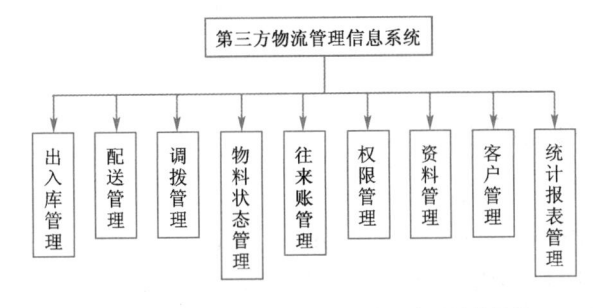

图 8-12 第三方物流管理信息系统的主要功能模块

1. 出入库管理

帮助仓库管理人员对库存物料的入库、出库、盘点等日常工作进行全面的控制和管理。通过期初余额管理功能,完成库存物料初始化,并完成一般出/入库单的输入、审核等各项管理功能,以达到降低库存、避免物品积压及短缺的目的。

2. 配送管理

完成从客户申配受理、配送作业生成,一直到实际配送出库的一系列管理功能,以满足配送业务的需要,保障配送业务有序、高效进行。

3. 调拨管理

对库存物料进行仓位之间的调换以及仓库之间的调拨,以实现仓库最优存放的目的。

4. 物料状态管理

完成物料状态维护作业,实现对库存物料状态的专门管理。

5. 往来账管理

完成各种费用项目设置,与出入库模块、配送模块、调拨模块等无缝衔接,根据定制的计费策略计算各种往来费用。

6. 权限管理

完成系统的用户及用户组授权,通过对每个用户/用户组的客户权限设置和模块权限设置,支持授权用户依照其权限对系统进行访问,保证整个系统安全有序运行。

7. 资料管理

完成仓库和库位信息管理、物料信息管理、部门信息管理、客户信息管理和员工信息管理,这些管理功能包括对各种信息资料的初始设置、修改及维护。在物料信息管理中还包括对安全存量的设置。

8. 客户管理

直接为客户提供基于 Web 模式的在线申配单录入、库存状况查询等服务功能。

9. 统计报表管理

包括仓位库存查询、费用汇总查询、库存汇总查询、月进出仓查询、库存流水表查询等功能,并可打印输出查询结果;可生成库存汇总报表、仓库周报表等一系列报表。报表统计模块与出入库模块、配送模块、调拨模块等充分连接,实现了数据的一致性和共享性。

第六节 跨境电商物流信息系统

一、跨境电商物流概述

(一)跨境电商物流的概念

所谓跨境电子商务(Cross-border Electronic Commerce),是电子商务应用过程中一种较高级的形式,是指在不同的国家或地区间,交易双方通过互联网形式及其相关信息平台的方式实现交易。跨境电子商务同样有 B2C、B2B、C2C 等形式,其中主要是 B2C 和 B2B。

跨境电商的发展离不开跨境物流,但物流的发展离不开信息系统的建立。相较于国际物流巨头联邦快递、联合包裹、TNT以及马士基等而言，中国邮政速递"国际e邮宝"、顺丰速递"SFBuy"以及根据不同电商模式整合资源而形成的各种跨境物流服务，虽在较大程度上促进了我国跨境电商的发展，但在国际物流覆盖面、物流配送模式以及效率、物流信息化建设、供应链集成管理方面仍存在较大差距，难以满足跨境电商企业的发展需求。只有解决好跨境电商物流信息集成问题，才能不断扩大我国在全球跨境电子商务市场的规模。

所谓跨境电商物流，指在两个或两个以上国家之间，商品从供应方国家通过跨境物流方式实现空间位置转移，整个过程通过智能化方式在需求方所在国家内实现最后的物流与配送。跨境电商物流是物流服务发展到高级阶段的一种表现形式，所以跨境电商物流系统不仅是一个管理系统，更是一个网络化、智能化、信息化的系统。

(二)跨境电商物流的特征

从上述分析可以看出，跨境电商物流在克服产需之间的时间和空间差异上获得了更好的效用。除了物流的一般特征以外，它还具有以下几个方面的特征：

1. 智能化

信息化发展和管理的一个基础是物流智能化，物流过程中的信息量不足或错误会直接影响物流各个活动的进行。随着物流信息化程度的提高，各环节除了表明运输物品的数量、重量等信息外，还应包括商品条形码、流通条码等，以实现物流智能化。

2. 标准化

一般来说，物流硬件环境与软件环境存在国家差异，不同国家的标准不同，国内物流、国际物流与目的国物流在衔接上会存在障碍，导致顺畅的跨境物流系统难以构建。国内物流和国际物流不可能是完全同步的，它们之间存在着时空的矛盾，通过智能跨境电商物流可以消除这种矛盾，提高物流的时间和空间效用，保证供求协调。

3. 绿色化

智能跨境电商物流在运作过程中，利用智能信息技术和自动化技术，遵循了各国对绿色化物流的要求，减少运输、包装、仓储中的浪费，节省资源。

4. 机械化

作业机械化是提高物流作业效率、减轻人工作业强度、实现省力的基础。智能跨境电商物流作业机械化加快了各国之间物流的衔接，同时更好地促进跨境电商物流运作流程的实现，一般包括境内物流、出境清关、国际物流、目的国清关与商检、目的国物流、目的国配送等。

二、跨境电商物流的运作模式

跨境电商物流的运作模式逐步向正规化、合法化、多样化等方向转变，已不再拘泥于国际邮政小包、国际快递等模式。目前，跨境电商物流模式多而杂，除了传统的国际邮政小包与国际快递外，海外仓逐渐兴起。此外，还有一些新兴的跨境电商物流运作模式。

微课：国际物流系统总流程

(一)国际邮政小包

国际邮政小包是指通过万国邮政体系实现商品的进出口,运用个人邮包形式进行发货。国际邮政小包在目前的跨境电商中使用较多,且占较大的比例。在国际邮政小包中,使用较多的有中国邮政、比利时邮政、俄罗斯邮政和德国邮政等。国际邮政小包具有价格便宜和清关方便等优点,但递送时效慢,丢包率较高,非挂号件无法跟踪,且在商品体积、重量、形状等方面局限性较大。伴随着各国清关政策的收紧,国际邮政小包的优势受到挑战。

(二)国际快递

跨境电商使用较多的另一种物流模式为国际快递。商品通过国际快递公司进行物流与配送,知名的国际快递公司主要有 UPS、FedEx、中外运敦豪(DHL)等。此外,我国本土快递公司也逐步涉及跨境物流业务,如顺丰、申通等。国际快递可以针对不同的顾客群体,如国家地域、商品种类、体积大小、商品重量等选取不同的渠道实现商品速递。国际快递具有时效性强、丢包率低等优点,但价格高,尤其在偏远地区的附加费更高,且含电、特殊类商品无法速递。

(三)海外仓

海外仓又称海外仓储,指在跨境电子商务目的国预先租赁或建设仓库,通过国际物流预先把商品送达仓库,然后通过互联网销售商品,当接到顾客订单后从海外仓库进行发货与配送。近两年,诸多电商企业纷纷租赁或自建海外仓,如 eBay、亚马逊等跨境电子商务企业推出官方合作的海外仓,大龙网、FocalPrice 等投入巨资自建海外仓,顺丰与韵达等快递也纷纷涉足海外仓业务。海外仓是跨境电子商务与跨境物流的一大突破,能够解决国际邮政小包和国际快递的短板,如物流时效、物流成本、海关与商检、本土化、退换货等问题。但是海外仓的租赁、建设与运营也需要专业的人员与资金,且在商品预运前要有准确的销售预期,否则会在商品运送后因滞销而造成库存与积压。

(四)国际物流专线

国际物流专线是针对某一特定国家或地区的跨境专线递送方式,物流起点、物流终点、运输工具、运输线路、运输时间基本固定,物流时效较国际邮政小包强,物流成本较国际快递低,且保证清关。针对固定路线的跨境电子商务而言,这是一种较好的物流解决方案。国际物流专线具有区域局限性,这是其突出的弊端。国际物流专线主要包括航空专线、港口专线、铁路专线、大陆桥专线以及固定多式联运专线,如郑欧班列、中俄专线、渝新欧专线、中欧(武汉)冠捷班列、国际传统亚欧航线、顺丰深圳-台北全货机航线等。

(五)边境仓

边境仓指在跨境电子商务目的国的邻国边境内租赁或建设仓库,通过物流将商品预先运达仓库,通过互联网接受顾客订单后,从该仓库进行发货。根据所处地域的不同,边境仓可分为绝对边境仓和相对边境仓。绝对边境仓指当跨境电子商务的交易双方所在国家相邻,将仓库设在卖方所在国家与买方所在国家相邻近的城市,如我国对俄罗斯的跨境电子商务交易,在哈尔滨或中俄边境的中方城市设立仓库。相对边境仓指当跨境电子商务的相邻国家的边境城市,如我国对巴西的跨境电子商务交易,在与之相邻的阿根廷、巴拉圭、秘鲁等接壤国家的临近边境城市设立仓库。相对边境仓对买方所在国而言属于边境仓,对卖方所在国而言则属于海外仓。海外仓的运营需要成本,商品存在积压风险;送达后的商品很难再退回国内,这些因素推动着边境仓的出现,如对俄罗斯跨境电子商务中,我国在哈尔滨设立的边境仓和临沂(中俄)云仓。一些国家的税收政策和政局不稳定、货币贬值、严重的通货膨胀等因素,也会刺激边境仓的出现,如巴西税收政策十分严格,海外仓成本很高,那么可以在其接壤国家的边境设立边境仓,利用南美自由贸易协定,推动对巴西的跨境电子商务。

(六)保税区、自贸区物流

保税区或自由贸易区(以下简称自贸区)物流,指先将商品运送到保税区或自贸区仓库,通过互联网获得顾客订单后,通过保税区或自贸区仓库进行分拣、打包等,集中运输,并进行物流配送。这种方式具有集货物流的特点,有利于缩短物流时间和降低物流成本。如亚马逊以中国(上海)自由贸易试验区为入口,引入全球商品线,跨境电子商务企业可以先把商品放在自贸区,当顾客下单后,将商品从自贸区发出,有效缩短配送时间。通过自贸区或保税区仓储,可以有效利用自贸区与保税区的各类政策、综合优势与优惠措施,尤其各保税区和自贸区在物流、通关、商检、收付汇、退税方面的便利,简化跨境电子商务的业务操作,实现促进跨境电商交易的目的。

(七)集货物流

集货物流指先将商品运输到本地或当地的仓储中心,达到一定数量或形成一定规模后,通过与国际物流公司合作,将商品运到境外买家手中,或者将各地发来的商品类似的跨境电子商务企业建立战略联盟,成立共同的跨境物流运营中心,利用规模优势或优势互补的理念,达到降低跨境物流费用的目的。如米兰网在广州与成都自建仓储中心,商品在仓储中心聚集后,通过与国际快递合作将商品发至国外买家。

(八)第三方物流

第三方物流指由买方、卖方以外的第三方专业物流企业,以合同委托的模式承担企业的物流服务。在国内电商中,自建物流已成为一种趋势。但在跨境电子商务中,由于其复杂性,且对物流投入要求很高,虽然个别跨境电商在自建物流体系(如洋码头),但是基于资金、跨境物流的复杂性和各种物流障碍,大多数跨境电商选择第三方物流模式,如与邮政、国际快递公司合作等。即便是邮政或者国际快递公司,在一些国家与地区,也会选择与当地的第三方物流公司合作。在跨境物流链条中,会存在多种或多个第三方物流企业通力合作的现象。包括我国在内的大批海运企业、国际货代企业,拥有丰富的进出口贸易、海外运作经验和海外业务网点布局及国际化操作能力,这些都是跨境电子商务或跨境物流企业可以合作的对象。在巴西,FedEx和UPS等国际快递公司的业务量只能局限于城市,在偏远地区则依托于巴西邮政及其下属的Sedex。

(九)第四方物流

第四方物流指专为交易双方、第三方提供物流规划、咨询、物流信息系统、供应链管理等活动,通过调配与管理自身及具有互补性的服务提供商的资源、能力和技术,提供综合、全面的供应链解决方案。第四方物流通过整个供应链的影响力,在解决企业物流的基础上,整合各类社会资源,实现物流信息共享与社会物流资源充分利用。基于跨境电子商务与跨境物流的复杂性,涌现出一批第四方物流模式,为跨境物流注入新鲜因素。如2015年1月26日,兰亭集势宣布正式启动"兰亭智通"全球跨境物流开放平台,可以整合全球各地物流配送服务资源,提供开放比价竞价、全球智能路径优化、多物流商协同配送、自动打单跟单、大数据智能分析等服务。

行业前瞻

进出口货物搭上"一带一路"这辆快车

自"一带一路"倡议提出以来,我国与"一带一路"沿线国家贸易往来日益紧密。据海关总署统计,2021年我国对"一带一路"沿线国家进出口额达11.6万亿元,增长23.6%,较同期我国外贸整体增速高出2.2个百分点。

2021年2月9日,习近平主席在中国—中东欧国家领导人峰会上发出深化海关贸易安全和通关便利化合作、开展"智慧海关、智能边境、智享联通"合作试点的重大倡议。全国海关认真贯彻落实"三智"理念,将"三智"理念融入进出口业务改革发展,制定并实施了《海关总署关于加快"三智"建设 服务"一带一路"高质量发展的意见》,打通"三智"与"一带一路"工作机制,实现强强联合,促进贸易畅通。

请思考:在"一带一路"背景下,我国外贸企业如何面对困难,抓住机遇,迎接挑战,加快对外贸易的步伐?

三、跨境电商物流信息系统的功能结构

(一)跨境电商物流信息系统的功能定位

基于移动互联网的跨境电商物流信息系统是利用移动互联网技术对于物流活动的各个要素实现了可控制和可感知,并最终实现物流信息系统的精细化管理目标。

按照功能方式进行划分,基于移动互联网的跨境电商物流信息系统的总体框架可分为物流监控系统、移动互联网系统以及移动客户终端系统,该系统的核心采用了B/S结构(浏览器/服务器结构)实现对于各个部分的管理。

跨境物流信息系统的监控中心主要由数据库、GPS服务器以及移动通信服务器等部分构成,其不仅可以实时监控和收集各个入网的移动终端的运行情况和信息参数,而且为物流运输和配送人员发送对应的信息,也可为管理部门发送物流业务的实时信息,从而整合各环节的物流活动。

移动通信网络是以无线网络为传输媒介,为监控中心和移动终端建立联系的桥梁。随着我国移动通信技术的发展,现在4G通信网络已经较为普遍,其应用的范围和传输的速度大大提高,而提供的无线网络完全可以为跨境物流信息系统提供稳定可靠的传输服务。

移动终端设备同样也是物流服务系统的重要组成部分,现在大部分手机或者平板电脑都具有GPS定位功能和无线上网功能,已经具备了收集和发送物流信息的能力。

(二)跨境电商物流信息系统的功能模块

跨境电商物流信息系统的功能结构如图 8-13 所示。

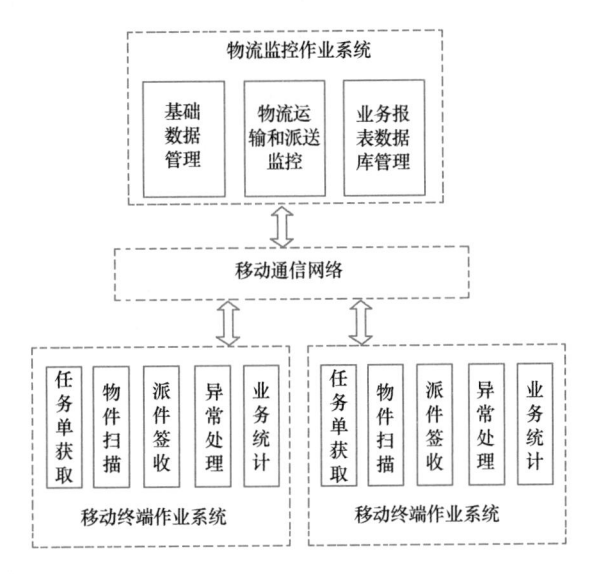

图 8-13　跨境电商物流信息系统的功能结构

1. 移动终端作业系统

该系统是以移动终端设备为设计对象,其功能主要包括任务单获取功能、物件扫描功能、派件签收功能、异常处理功能以及业务统计功能等。

其中任务单获取功能就是利用移动互联网将物流信息(如物流的运输信息、配送人员信息等)传输到移动终端作业系统中,从而提高物流业务人员的工作效率。物件扫描功能就是将货物进行编号和扫描,这样货物和编号一一对应,并将扫描信息上传到监控中心,以便于管理人员查询和调度。派件签收功能就是方便配送人员与接收人员核对物品信息。异常处理功能就是针对物流活动中的异常情况(比如丢件或者货物损坏等)进行处理,并将异常情况保存在数据库中存档。业务统计功能会统计物流活动中产生的业务相关数据,比如配送人员的业务量和配送进度等。

2. 物流监控作业系统

该系统主要包括基础数据管理功能、物流运输和派送监控功能以及业务报表数据库管理功能等。

其中,基础数据管理功能有客户信息管理功能、运输线路规划功能以及物流信息收集和统计功能等。物流运输和派送监控功能不仅为移动终端设备提供 GPS 定位功能服务和导航服务,而且还会及时收集和上传货物的运输状况和线路信息,以便于管理人员和客户查询。业务报表数据库管理功能将各种业务信息报表进行汇总,并将这些报表数据存储在专门的数据库中。

3. 移动通信网络

移动互联模块利用移动通信技术来实现与互联网之间的交互,其应用范围非常广泛,而且还可以在高速移动中实现无缝连接。现在主流的 3G 和 4G 网络技术已经非常成熟,可以保证移动终端传输效率和稳定性。

因此,将移动互联网应用到跨境电商物流信息系统中是可行且必需的,并可为后续物流信息系统的更新换代提供坚实的技术支持。

关键概念 >>>

运输,国际货代,船舶,快递,第三方物流,跨境电商物流

本章小结

本章依据各种典型企业的业务特点,重点介绍了几种常用的物流管理信息系统业务流程及功能模块,如运输管理信息系统、国际货运代理信息系统、船舶代理信息系统、快递管理信息系统、第三方物流管理信息系统。针对近几年高速兴起的跨境电子商务业务,分析了跨境电商物流的特征及跨境电商物流的九种运作模式,最后提出了跨境电商物流信息系统的总体框架和功能结构。

实训项目

一、实训目的

1. 通过企业出入库业务或运输业务的流程调研,了解企业所选用的管理信息系统和实际业务流程之间的关系。

2. 学会根据企业业务流程选择对应的物流管理信息系统。

二、实训组织

以 4～6 人为一组,选择一家国际物流公司进行跨境电商物流业务的调研,了解该企业的跨境电商业务流程,以及管理信息系统的功能架构。

三、实训内容与成果要求

1. 提交该企业主要业务的流程图。

2. 提交该企业所使用的跨境电商信息系统功能模块。

思考与练习

一、判断题

1. 现代物流配送中心信息管理是以完成配送中心的各项功能和作业为目的,其关键是配送中心信息系统的建立。 ( )

2. 配送中心信息系统主要以销售出库与采购入库管理为系统管理的重点。 ( )

3. 物流信息系统软件只能采用 C/S 体系结构。 ( )

4. 所谓跨境电商物流,指在两个或两个以上国家之间,商品从供应方国家通过跨境物流方式实现空间位置转移。 ( )

5. 跨境电商物流只能通过国际邮政一种方式开展运输。 ( )

二、单选题

1. 所谓跨境电子商务,是指在不同的国家或地区间,交易双方通过(   )形式及其相关信息平台的方式实现交易。跨境电子商务同样有 B2C、B2B 及 C2C 等电商形式。

A. 互联网　　　　　B. 物联网　　　　　C. 电话　　　　　D. 传真

2. 下列不是服务器操作系统的是( )。
A. Windows NT   B. Unix
C. Linux   D. SQL Sever
3. 船舶代理可分为班轮代理和( )两大类。
A. 汽轮代理   B. 不定期船代理
C. 航海代理   D. 定期代理
4. 运输管理信息系统是基于网络环境开发的( )支持作业的立体网络运输软件。
A. 多条路、少仓库   B. 定路线、定仓库
C. 多网点、多机构、多功能   D. 定路线、定费用
5. 快递业务的核心是( )，所有业务的处理都围绕运单展开。
A. 邮件(快件/运单)   B. 车辆调度
C. 配送运输   D. 货物出库

三、多选题

1. 第三方物流公司作为物流服务的提供商，其物流作业涉及( )等之间的物流活动。
A. 消费者   B. 制造厂商
C. 原材料供应商   D. 分销商
E. 零售商
2. 运输信息管理的主要内容包括( )。
A. 库存信息管理   B. 货物跟踪管理
C. 运输车辆运行管理   D. 现代物流实时跟踪管理
E. 出入库信息管理
3. 销售分析与预测系统主要包括( )。
A. 销售管理   B. 销售分析
C. 市场分析   D. 商品管理
E. 销售预测
4. 应用( )和定位信息处理等可以实现对运输车辆的在途查询。
A. 全球定位系统(GPS)   B. 地理信息系统(GIS)
C. 地面无线通信系统   D. 仓储系统
E. EDI系统
5. 跨境电商物流信息系统一般包括( )。
A. 移动终端作业系统   B. 生产管理系统
C. 物流监控作业系统   D. 移动通信网络
E. 系统管理

四、问答题

1. 决策支持子系统在国际货运代理信息系统中的作用是什么？
2. 船舶代理业务有哪些？
3. 简述快递管理信息系统的主要功能。
4. 简述第三方物流管理信息系统的主要功能。
5. 试分析跨境电商物流的常见模式。

参考文献

[1] 谈慧.物流信息管理[M].大连:大连理工大学出版社,2019
[2] 唐伏龙.物联网与智能物流[M].湖南:湖南师范大学出版社,2016
[3] 李向文,杨健.物流园区信息平台建设与信息化管理[M].北京:清华大学出版社,2015
[4] 李俊韬.智能物流系统实务[M].北京:机械工业出版社,2013
[5] 王喜富,苏树平,秦予阳.物联网与现代物流[M].北京:电子工业出版社,2013
[6] 上海社会科学院信息研究所.信息安全辞典[M].上海:上海辞书出版社,2013
[7] 李卫东.网络与新媒体应用模式——创新设计及运营战略视角[M].北京:高等教育出版社,2015
[8] 米志强,邓子云.物流信息技术与应用[M].北京:电子工业出版社,2014
[9] 毕岚.基于移动互联网的跨境电商物流服务系统研究[J].西安文理学院学报:自然科学版,2016(11):47-50
[10] 余伟.基于物联网技术的冷链物流信息平台实现分析——以温州现代冷链物流中心为例[J].电子世界,2016(1):11-12
[11] 王玉.苏宁上海物流中心系统升级[J].物流技术与应用,2016(12):116-119
[12] 庄翔翔.中小企业内部网络构建的研究[J].网络与信息工程,2017(1):79-80
[13] 吴亚坤等.大数据技术研究综述[J].辽宁大学学报:自然科学版,2015(3):236-242
[14] 向世静.大数据关键技术及发展[J].软件导刊,2016(10):23-25
[15] 付哲.关于大数据的研究应用概述[J].信息与电脑:理论版,2014(9):91-92
[16] 周路菡.智慧物流:将仓库与消费者高效连接[J].新经济导刊,2017(1):42-45
[17] 张国伍.大数据与智慧物流[J].交通运输系统工程与信息,2015(2):2-10
[18] 陈瞳.大数据技术的发展情况综述[J].福建电脑,2017(3):1-4
[19] 刘虹玉等.大数据在仓储物流中的发展与应用[J].物流技术与应用,2017(3):134-136
[20] 洪琼,张浩.物流信息管理实务[M].北京:北京交通大学出版社,2015
[21] 孙玥.物流信息运作管理实务(修订版)[M].北京:北京交通大学出版社,2015
[22] 陈国青.任明.卫强.郭迅华.易成,数智赋能:信息系统研究的新跃迁[J],管理世界,2022(1):180-195
[23] 洛洁婷,赵杰峰.云计算技术物联网仓储管理系统设计[J].信息与电脑(理论版),2021,33(20)